조선상고사

朝鮮上古史

일러두기

- 이 책은《조선상고사》(위즈덤하우스, 2014)의 개정판이다.
- 한자는 최초 1회 병기를 원칙으로 했으나, 필요할 경우 다시 병기했다.
- 본문에서 괄호로 묶은 부분은 원저자인 신채호의 주석이며, 옮긴이의 설명은 별도의 주석으로 처리했다. 단, 옮긴이의 설명이 본문 중간에 필요할 경우, 괄호로 묶어서 설명하되 설명의 말미에 '옮긴이'를 표기했다.
- 본문에 표기된 한자는 모두 신채호의《조선상고사》원문(이하 원문)에서 가져왔다.
- 광개토대왕은 본문에서 광개토왕, 태왕, 광개태왕, 광개토태왕, 광개토대왕 등으로 혼용해 표기했는데, 이는 신채호의 원문을 따랐다. 그 외의 왕명도 가능하면 신채호의 원문을 따라 표기했다. 단, 필요할 경우 오늘날에 통상적으로 사용하는 것으로 표기하기도 했다.
- 신채호가 언급한 사료 중 오늘날 통칭하는 제목과 다른 경우는 오늘날에 맞게 수정했다. 예) 한백겸의《동국지리설》→《동국지리지》, 정약용의《강역고》→《아방강역고》등.
- 표지와 본문에 사용된 사신도 저작물(강서대묘 널방 동벽 동물무늬 청룡, 강서대묘 널방 남벽 동물무늬 주작(오른쪽), 강서대묘 널방 북벽 동물무늬 현무, 집안 오회분 4호묘 널방 서벽 동물무늬 백호)은 공공누리 제1유형에 따라 국립문화재연구원 누리집(www.nrich.go.kr)의 공공저작물을 이용했다.

단재 신채호 지음 ─ 김종성 옮김

대한민국 교과서가 가르쳐주지 않는 우리 역사

朝鮮上古史

조선상고사

시공사

1천 년을 참은 신채호의 외침

지난 1천 년간 한국에서 가장 인상적인 역사가는 신채호였다. '1천 년간'이란 표현을 사용해도 조금도 지나치지 않다. 그것은 지난 1천 년간 역사학계가 숨기고 감춘 진실을 그가 소리 높여 외쳤기 때문이다. 평생 역사 연구와 독립운동을 하며 지독한 가난에 찌들어 살다가 여순형무소(뤼순형무소)에서 뇌출혈로 초라하게 사망했지만, 그의 외침은 지난 1천 년간 이 땅에서 나온 가장 인상적인 외침이었다.

신채호는 《조선사 연구초》에서 고려 때 묘청과 김부식의 대결을 '조선 역사 1천 년 이래 최대 사건'이라고 평가했다. 김부식이 묘청의 혁명을 진압하고 《삼국사기》를 편찬하면서부터 자주적이고 진취적인 역사관이 사라지고 사대적이고 퇴보적인 역사관이 이 땅을 지배했다고 보았기 때문이다.

김부식의 《삼국사기》를 읽어보면, 지금은 알 수 없는 수많은 역사서들이 그의 시대에 존재했음을 알 수 있다. 그런데 그 많던 책들이 다 사라졌다. 오늘날 우리가 접할 수 있는 고대 역사서는 얼마 되지 않는다.

이는 '사대파' 김부식이 '자주파' 묘청을 꺾은 뒤로 사대파가 자신들의 구미에 맞지 않는 역사서들을 숨기고 감추었기 때문이다. 분서갱유는 진시황의 제국에서만 벌어진 일이 아니다.《세조실록》과《예종실록》을 보면, 분서갱유는 조선 시대에도 자행되었다. 김부식 시대의 탄압을 피해 살아남은 책들이 조선 전기에 다시 한 번 위기를 맞았던 것이다. 단군조선의 역사를 담은《고조선 비사》라든가 신선도의 역사를 담은《삼성기》등이 이 시기에 탄압을 받았다. 이 땅에서 벌어진 분서갱유는 이것으로 끝나지 않았다. 한국을 강점한 일본제국주의는 1910년부터 2년간 군경을 동원하여 20여 만 권의 서적을 수거했다. 그 책의 상당수는 오늘날 일본 왕실도서관에 소장되어 있다.

이렇게 고려·조선·일제강점기에 한국의 고대 역사서들은 계속해서 사라졌다. 세 시기에 사라진 역사서들은 한결같이 한민족의 자주적이고 진취적인 역사를 담고 있었다. 이런 까닭에 한국인의 기상에서 자주성이나 진취성이 점점 감소하는 것은 당연했다. 이런 일의 시작이 김부식이었으니, 신채호가 묘청과 김부식의 투쟁을 조선 역사 1천 년 이래 최대 사건이라고 평했던 것이다.

고려·조선 시대 사대파 역사가들과 일제강점기 친일파 역사가들이 숨기고 감춘 한국 고대사의 진실을 세상에 다시 드러낸 역사가가 바로 신채호다. 열 살 때부터 신동으로 이름나 전前 학부대신의 추천으로 성균관에 입학한 신채호는 조선 사회에서 전도유망한 지식인이었다. 그는 국권이 침탈당한 후에도 본인만 원했다면 얼마든지 '넓은 문'을 통과할 수 있었다. 그러나 굳이 굶주림과 헐벗음을 감수하면서까지 역사 연구와 독립운동이라는 '좁은 문'에 목숨을 건 까닭은 이것이 진정으로 가치 있는 일이라고 판단했기 때문이다. 신채호는 '김부식 시대' 이후 1천 년간 억압받은 한국 상고사의 진실을 세상에 알리고 싶었다. 진실을 구현하는 것만큼 이 세상에 가치 있는 일이 또 있을까? 그래서 그의 외침은 1천 년을 기다린 외침이라 할 수 있다.

신채호의 외침 속에는 1천 년간 사라졌던 역사의 비밀이 있다. 사대파 유학자들이 헤게모니를 지킬 목적으로 은폐한 역사의 진실, 그리고 친일파 역사학자들이 일제에 부역할 목적으로 은폐한 역사의 진실이 그의 역사 연구를 통해 거의 고스란히 모습을 드러냈다.

하지만 우리 시대는 이제껏 그의 말문을 막아왔다. 신채호는 이미 죽고 없는데도, 우리 시대는 죽은 신채호의 입을 계속 꽁꽁 틀어막고 있다. 우리 사회에는 신채호를 폄하하는 목소리가 적지 않다. 독립운동이라는 현실적 이해관계에 얽매인 사람의 역사 연구를 어떻게 믿을 수 있느냐는 것이다. 중국이나 일본에서 나오는 말이 아니다. 바로 한국의 역사학자들이 하는 말이다. 독립운동을 한 사람의 역사 연구라서 믿을 수 없다는 말이 공공연히 나올 수 있는 나라. 이 나라는 과연 진정으로 독립된 나라일까 하는 의문이 든다.

신채호의 행적을 추적해 보면, 독립운동이 역사 연구에 지장을 주지 않았음을 얼마든지 추론할 수 있다. 흔히 신채호를 민족주의자로 분류하지만, 엄밀히 말하면 그는 민족주의자가 아니다. 한민족의 역사를 연구했다고 해서 한국 민족주의자라면, 일본이나 중국의 역사를 연구하면 일본 민족주의자나 중화 민족주의자인 것인가? 대부분의 역사가는 특정 국가의 역사를 연구하기 마련이다. 그렇다면 역사가들은 모두 민족주의자인가? 신채호는 한국 상고사를 연구하기는 했지만, 민족주의자가 아니라 무정부주의자였다. 무정부주의는 민족이나 국가의 이익보다 개인의 자유를 우선시한다. 신채호의 독립운동은 무정부주의적 독립운동이었다. 그는 조선 왕조의 부활을 위해, 혹은 조선 기득권층의 특권 회복을 위해 독립운동을 하지 않았다. 그는 평범하고 힘없는 서민들이 자유를 누리고 보호를 받는 나라를 건설하고자 독립운동을 했다. 신채호의 시대에는 일본제국주의가 서민들의 자유를 침해했다. 신채호가 일제에 대항한 이유다. 민족주의 감정으로 일본을 반대한 게 아니라, 일제가 서민의 이익을 침해하므로 일본을 반대했던 것이다.

그런 무정부주의자가 민족주의 감정에 매몰되어 한국 상고사를 멋지게 포장하려 했을까? 신채호는 한국을 편들지도 않았고 중국을 편들지도 않았으며 일본을 편들지도 않았다. 그는 차디찬 감방에서 한국 상고사의 진실을 밝히고자 영혼과 육체를 다했을 뿐이다. 그래서 우리는 믿음을 갖고 그 말에 귀를 기울일 수 있다.

그런데 우리가 신채호의 말을 경청하는 데는 두 가지의 문제점이 있다. 하나는, 그의 글이 우리 시대의 언어 감각과 일치하지 않는다는 점이다. 그가 사용한 어휘는 우리 시대의 것과 다르다. 신채호는 누구보다도 한글을 애용했지만, 시대 상황 때문에 한자나 한문의 사용을 완전히 외면할 수는 없었다. 그래서 한자나 한문에 대해 깊은 정보를 갖지 않고서는 그의 글을 읽기 힘들다. 또 하나는, 그가 감방 안에서 사료를 이용하는 데 어려움이 많았다는 점이다. 감옥에서 이용할 수 있는 사료가 한정되어 있었기 때문에 신채호는 자신의 기억에 상당 부분 의존하지 않을 수 없었다. 신채호는 기억력이 탁월하다는 평을 받았지만, 사료 기록을 100퍼센트 완벽하게 기억할 수는 없었다. 그래서 그의 사료 인용은 완전하지 못하다. 대부분의 경우에는 사료 내용을 완벽에 가깝게 기억해 냈지만, 어떤 부분에서는 사료를 제대로 기억해 내지 못했다. 더욱 더 안타까운 것은 신채호의 글을 현대적인 언어로 옮긴 번역서들이 그런 오류를 그대로 담고 있다는 점이다.

이런 문제점들 때문에, 필자는 21세기 사람들이 신채호의 말을 경청하는 데에 일종의 보조물이 필요하다고 생각했다. 신채호의 글을 우리 시대의 언어로 바꾸는 한편, 신채호의 사료 인용에서 오류를 제거하는 작업이 필요하다고 생각한 것이다. 《조선상고사》를 필자가 번역하게 된 동기는 바로 여기에 있다. 신채호가 감옥이 아닌 서재에서 《조선상고사》를 집필했다면 나올 수 있었을 진정한 의미의 《조선상고사》를 재현하고자 했던 것이다. '혹시 그런 과정에서 《조선상고사》 원문을 침해하지는 않았을까?' 하고 의심할 필요는 없다. 신채호의 문장과 정신이 훼손되지 않도록 최대한 주의하면서, 독자들이 좀 더 쉬운 문장과 좀 더 정확한 사료로 신채호의 글을 읽을 수 있도록 노력했다.

또 이 책의 중간중간에 필자는 신채호의 글을 이해하는 데 필요한 해설을 두었다. 《조선상고사》는 독자 대중이 편하게 읽기가 힘든 책이다. 그래서 필요한 설명을 본문의 곳곳에 달았다.

《조선상고사》는 신채호가 독립운동으로 10년 실형을 받고 투옥된 지 3년째인 1931년 6월부터 《조선일보》에 〈조선사〉라는 제목으로 연재한 글을 엮은 것이다. 언제까지 연재하려고 계획했는지는 알 수 없으나 그해 10월 '백제부흥운동'을 끝으로 연재를 중단했다. 1931년 12월 《조선일보》에 실린 "10년의 고역을 무사히 마치고 나오게 된다면 수정하여 발표하고자 합니다"라는 신채호의 글로 미루어보아 수정하고 보완할 의지가 있었으나 건강이 악화되어 뜻을 이루지 못한 것으로 보인다. 미완으로 마친 신채호의 연재글 〈조선사〉는 신채호가 순국한 지 12년이 지난 1948년에 《조선상고사》로 이름을 바꿔 출간되었다.

《조선상고사》는 신채호 자신의 역사철학에 대한 소개부터 시작한다.

여기서 우리는 그 유명한 '아我와 비아非我의 투쟁'이라는 역사관을 읽을 수 있다. 이어서 대단군조선, 삼조선, 부여의 시대를 설명한다. 이는 단군, 기자, 위만, 삼국이라는 기존의 역사인식 체계를 대신하는 역사인식이다. 신채호의 역사인식 체계는 삼국 시대 서술에서도 확인할 수 있다. 신채호는 김부식의 《삼국사기》처럼 신라 위주로 신라·고구려·백제의 역사를 서술하는 대신, 한민족 전체의 관점에서 고구려·백제·가야·신라의 역사를 서술한다. 무엇보다 중국 역사서를 토대로 우리 역사를 서술하는 자세를 지양했다. 그는 1910년대 이전까지 이 땅에 있었지만 일본제국주의에 의해 사라진 우리 역사서들을 참고해 고구려·백제·가야·신라의 상호 투쟁은 물론 중국과의 대외 투쟁도 다루었다.

　이 번역서가 완전치 못하다는 것을 필자 스스로도 잘 알고 있다. 그렇지만, 이 작업을 통해 신채호의 글이 우리 시대에 좀 더 쉽게 다가왔다고는 확신한다. 신채호가 우리에게 하고 싶었던 말이 좀 더 명확하게 구현됐다고 확신한다. 신채호의 역사 연구가 오늘날 우리에게 좀 더 정확히 전달되고, 이를 통해 한국 역사가 내일을 향해 좀 더 힘차게 전진할 수 있기를 간절히 소망한다.

김종성

제3편

**삼조선
분립 시대**

제5편(二)
**고구려의
중쇠中衰와
북부여의
멸망**

제8편
**삼국 혈전의
개시**

제9편
**고구려의
대對수나라
전쟁**

제1편

총론

1. 역사의 정의와 조선사의 범주

역사란 무엇인가? 역사는 아我와 비아非我의 투쟁이 시간적으로 전개되고 공간적으로 펼쳐지는 정신적[心的] 활동 상태에 관한 기록이다. 세계사는 세계 인류가 그렇게 되어온 상태에 관한 기록이고, 조선사는 조선 민족이 그렇게 되어온 상태에 관한 기록이다.

　무엇을 '아'라 하고 무엇을 '비아'라 하는가? 깊이 파고들 것 없이 쉽게 말하면, 주관적 입장에 선 쪽이 '아'이고 그 이외는 '비아'다. 예컨대 조선 사람은 조선을 '아'라고 하고 영국·러시아·프랑스·미국 등을 '비아'라 하지만, 영국·러시아·프랑스·미국 등은 각기 자기 나라를 '아'라고 하고 조선을 '비아'라 한다. 무산계급은 무산계급을 '아'라고 하고 지주나 자본가 등을 '비아'라 하지만, 지주나 자본가 등은 각기 자기 식구를 '아'라고 하고 무산계급을 '비아'라 한다. 이뿐이 아니다. 학술·기술·직업·의견 표명이나 그 밖의 무엇에서나, 주관적인 '아'가 있으면 '아'와 대립

적인 '비아'가 반드시 있기 마련이다. '아' 속에 '아'와 '비아'가 있으면, '비
아' 속에도 '아'와 '비아'가 있는 것이다. 그래서 '아'에 대한 '비아'의 접근
이 빈번해질수록 '비아'에 대한 '아'의 분투도 더욱 더 맹렬해진다. 그러
니 인류 사회의 활동이 쉴 틈이 없고 역사의 전진이 완결될 날이 없는 것
이다. 그러므로 역사는 '아'와 '비아'의 투쟁에 관한 기록이다.

'아'가, 그리고 '아'에 대비되는 '비아'의 '아'가, 역사적인 '아'가 되려면
두 개의 속성이 반드시 있어야 한다. 첫째는 시간성으로, '아'의 존재는
시간적으로 유지되어야 한다. 둘째는 공간성으로, '아'의 영향력은 공간
적으로 파급되어야 한다.

인류 이외의 다른 생물에도 '아'와 '비아'의 투쟁이 있다. 하지만 다른
생물의 경우에는 '아'라는 의식이 너무 미약하거나 거의 없기 때문에 시
간성과 공간성을 가질 수 없다. 그래서 그들은 역사의 창출을 인류에게
양보할 수밖에 없다.

사회를 떠나 개인적 차원에서 이루어지는 '아'와 '비아'의 투쟁도 없지
않지만, '아'의 범위가 너무 협소하면 시간성·공간성을 띨 수 없다. 그러
므로 인류의 것이라 할지라도 사회적 행위일 때만 역사적 행위가 될 수
있는 것이다.

같은 종류의 행위일지라도, 시간성 및 공간성의 파급력에 따라 역사
적 가치의 크기가 결정된다. 예컨대 조선 시대 학자 김석문이 300년 전
에 지동설을 주창했다고 해서, 조르다노 브루노의 지동설만큼의 역사적
가치를 부여할 수는 없다. 왜냐하면, 브루노의 학설은 유럽 각국의 탐험
열기를 달구고 아메리카 대륙의 발견으로 이어졌지만, 김석문의 학설
은 그런 결과를 낳지 못했기 때문이다. 또 정여립이 400년 전에 군신강
상설軍臣綱常說(군주와 신하 사이의 윤리_옮긴이)을 타파하려 했던 동양의

위인이라고 하여, 《민약론》(《사회 계약론》_옮긴이)을 저술한 장자크 루소와 대등한 역사적 인물이라고 평가할 수는 없다. 왜냐하면, 정여립의 영향을 받은 검계(노비들의 비밀결사_옮긴이)나 살주계 등의 활동이 전광석화처럼 발생하기는 했지만, 루소 이후에 파도처럼 웅장하고 격동적으로 일어난 프랑스 혁명에 비길 수는 없기 때문이다.

'비아'를 정복하여 '아'를 드높이면 투쟁의 승자로서 미래 역사의 주도권을 잡게 된다. 반면에 '아'가 파멸되어 '아'가 '비아'에게 바쳐지면 투쟁의 패자로서 역사의 흔적 정도로 그치고 만다. 이는 동서고금의 역사에서 변함없는 이치다. 승자가 되고 패자가 되지 않으려는 것은 인간의 인지상정이지만 기대와 달리 승자가 아니라 패자가 되는 사람들이 항상 생겨나는 것은 무슨 까닭일까?

선천적 측면을 보면 '아'가 생긴 뒤에 '비아'가 있는 것이지만, 후천적 측면을 보면 '비아'가 있은 뒤에 '아'가 생기는 것이다. 예컨대 조선 민족(아)이 출현한 뒤에 조선 민족과 상대되는 묘족·한족漢族(비아)이 있는 것이니, 이는 선천적 측면에 속하다. 그러나 묘족·한족이라는 대립자가 없었다면 조선이란 국명을 만든다거나 삼경三京(고조선의 세 도읍_옮긴이)을 만든다거나 오군五軍(고조선의 군사 조직_옮긴이)을 둔다든가 하는 '아'의 작용도 없었을 것이니, 이는 후천적 측면에 속한다. 정신적 확립을 통해 선천적 측면을 지키고, 환경적 적응을 통해 후천적 측면을 지키는 것이다. 만약 둘 중 하나라도 부족하면, 패망의 숲으로 들어갈 수밖에 없다. 유대인들이 종교를 갖고도, 돌궐족이 무력을 갖고도 몰락의 화를 피하지 못한 것은 후자가 부족했기 때문이다. 남미가 공화제를 갖고도, 말년의 이집트가 문예진흥을 하고도 쇠락의 환란을 구제하지 못한 것은 전자가 부족했기 때문이다.

신채호의 역사철학

신채호는 역사를 '아'의 활동에 관한 기록으로 보았다. 그는 역사는 '정신적 활동 상태에 관한 기록'이라고 했다. 이 부분이 원문에서는 '심적 활동의 상태의 기록'으로 표현되어 있다. 그에게 역사는 일기와 같은 것이었다. 아의 주체적 관점에서 아와 관련된 것을 기록하는 것이 역사라고 본 것이다.

그는 역사의 특징으로 시간성과 공간성을 들었다. 특정 시간과 특정 공간에서 이루어지는 인간의 행위에서 역사적 행위를 추출한 것이다. 이것은 신채호가 역사의 3대 요소로 인간·시간·공간을 설정했음을 의미한다. "역사는 아와 비아의 투쟁이 시간적으로 전개되고 공간적으로 펼쳐지는 정신적 활동 상태에 관한 기록"이란 부분에 해당하는 원문은 "인류 사회의 아我와 비아非我의 투쟁이 시간부터 발전하며 공간부터 확대하는 심적 활동의 상태의 기록"이다. 신채호가 사용한 '발전'이나 '확대'란 표현은 전개나 펼쳐짐 정도의 의미를 갖고 있다. 이 점은 제1편 제2장에서 드러난다.

역사는 아의 주체적 관점에서 기록하는 것이라고 했으므로, 신채호의 역사학에서 중심이 되는 것은 바로 '아'다. 그런데 이 '아'는 개인적 차원의 '아'가 아니다. ○○○ 혹은 ○○○○라는 이름을 가진 일개인이 생각하는 '아'가 아닌 것이다. 신채호는 인류의 행위 중에서도 사회적 행위만이 역사적인 행위라고 했다. 이것은 신채호의 '아'가 소승적인 '아'가 아닌, 대승적인 '아'임을 의미한다. 그러므로 신채호의 '아'는 실제로는 '우리'다. 이 대승적인 '아'

는 단순히 국가나 민족만을 지칭하는 것은 아니다. 무산계급이나 유산계급도 '아'의 범주에 들어갈 수 있다고 했다. 학술·기술·직업·의견표명을 포함한 제반 분야에서 '아'가 나타날 수 있다고 했다. '우리'라는 공동체의식이 싹틀 수 있는 곳에서 '아'가 형성될 수 있다고 이해한 것이다. 이것은 신채호의 '아'가 점층적 단계로 확장될 수 있음을 의미한다. 다시 말해, 그의 '아'는 작은 '아'에서 더 큰 '아'로 확장될 수 있다. 일개인에서 시작해서 가족-사회-국가-민족-인류의 범위로 확장될 수 있는 '아'인 것이다.

계급·국가·민족을 '아'로 설정할 경우, '아'는 다른 계급·국가·민족에 대해 위험한 배타성을 띠지 않을까? 신채호의 '아'는 그처럼 위험한 '아'가 아닐까? 그렇지는 않다. 그는 "주관적 입장에 선 쪽"을 '아'라고 했다. 이 말은 '아'의 입장은 어디까지나 주관적 입장에 그칠 뿐 객관적 입장이 될 수 없음을 전제로 하는 것이다. 또 그는 "아 속에 아와 비아가 있으면, 비아 속에도 아와 비아가 있는 것"이라고 했다. 이것은 그가 '아'의 상대성을 인정했다는 뜻이다. '아의 아'와 '비아의 아'의 공존 가능성을 인정했던 것이다. 따라서 신채호의 '아'는 '비아의 아'에 대해 평화적 태도를 취하고 있음을 알 수 있다.

신채호의 '아'가 평화적인 '아'라면, 그가 "역사는 아와 비아의 투쟁에 관한 기록"이라며 투쟁을 운운한 이유는 무엇일까? 그의 '투쟁'이 넓은 의미로 쓰였다는 점에 주목해야 한다. "역사는 아와 비아의 투쟁에 관한 기록"이라고 선언하기 전에, 그는 "아에 대한 비아의 접근이 빈번해질수록 비아에 대한 아의 분투도 더욱더 맹렬해지니, 인류 사회의 활동은 쉴 틈이 없고 역사의 전진은 완결될 날이 없는 것"이라고 했다. 그는 접근·분투 같은 다양한

양상이 아와 비아의 관계에 나타날 수 있다고 인식했다. 이것은 그가 말한 투쟁이 물리적인 충돌뿐 아니라 다양한 형태의 관계를 포괄하는 것임을 의미한다. 아와 비아의 접근 및 분투를 '인류 사회의 활동'이란 범주에 포함시킨 것은 그가 말한 투쟁이 넓은 의미를 갖고 있음을 보여준다.

신채호는 '아'의 속성으로 시간성과 공간성을 제시했다. 원문에서는 이것을 "시간적 상속성"과 "공간적 보편성"이라고 표현했지만, 신채호가 방점을 찍은 부분은 시간과 공간이란 부분이다. 문맥을 분석하면, 시간성과 공간성은 '아'의 속성이 아니라 '아의 행위' 즉 역사적 행위의 속성이다.

시간성과 공간성으로 역사적 행위를 인정한다 할지라도 모든 역사적 행위에 동등한 가치를 부여할 수 없다는 것이 신채호의 생각이다. 시간성 및 공간성의 파급력에 따라 역사적 가치가 결정된다고 본 것이다. 예컨대 김석문의 지동설은 조선 내에서 제한적인 영향력을 발휘한 데 비해, 조르다노 브루노의 지동설은 유럽의 탐험 열기를 달구고 결과적으로 아메리카 대륙으로의 진출까지 이어졌다. 두 사람의 지동설은 똑같은 이론이지만 공간적 파급력에서 차이를 보였다. 그래서 역사적 가치도 다를 수밖에 없다는 것이다.

신채호는 '아'의 성립 및 승리 조건도 설명했다. '아'는 '아'만으로 성립하는 것이 아니라 '비아'와의 관계 속에서 성립한다고 했다. "아가 생긴 뒤에 비아가 생기는 것이지만, 비아가 있은 뒤에 아가 생기는 것"이라고 했다. 이것은 '아'의 성립 조건에 관한 말이다. 또 그는 '아'를 올바로 정립하는 데 그치지 않고 '비아'와의 관계에서 성공적으로 적응해야 한다고 했다. 이것은 '아'의 승리

조건에 관한 말이다. 두 가지 조건에서 하나라도 빠지면, 아무리 열심히 투쟁해도 항상 패배할 수밖에 없다는 것이 신채호의 말이다.

이제부터 조선사를 서술하고자 한다. 조선 민족을 '아'로 설정하고, 다음과 같이 서술하고자 한다.

(가) '아'의 성장·발달 과정을 서술의 제1요건으로 삼고자 한다. 최초의 문명은 어디서 기원했는지, 역대 영토는 어떻게 증감했는지, 각 시대 사상은 어떻게 변천했는지, 민족의식은 언제 가장 왕성하고 언제 가장 쇠퇴했는지, 동족인 여진족·선비족·몽골족·흉노족이 언제 분리되고 어떤 영향을 미쳤는지, '아'의 상태와 중흥이 향후 어떻게 될 것인지 등을 설명하고자 한다.

(나) '아'의 대립자인 주변 각국과의 관계를 서술의 제2요건으로 삼고자 한다. '아'에서 분리된 흉노·선비·여진·몽골이나 '아'의 문화적 강보에서 성장한 일본이 '아'의 巨×가 되지 않은 이유, 인도에서 간접적으로 또 중국에서 직접적으로 문화를 수입한 '아'가 수입의 양에 따라 민족적 활기가 약해지고 강토의 범위가 줄어든 이유, 서유럽 문화와 북유럽 사상이 세계의 중심이 된 오늘날에 우리 조선이 그 문화나 사상의 노예가 되어 소멸하고 말 것인지 아니면 그것을 씹고 소화하여 신문화를 건설할 것인지 등을 각각 서술하고자 한다.

(다) 언어·문자처럼 '아'의 사상을 표시하는 도구는 얼마나 정밀했으며, 그것은 어떻게 변천했는지, (라) 지금은 거의 가치가 없는 폐물이 되

《조선상고사》에 대한 일제의 탄압

"巨×"는 원문 그대로의 표현이다. 검열을 받아 거巨 다음의 글자
가 삭제됐다. 1931년에 《조선일보》에 연재된 《조선상고사》는 일
본의 검열을 받을 수밖에 없었다. "巨×"는 일본이 보기에 불온한
표현이기 때문에 삭제됐을 것이다. 문맥을 고려할 때, 신채호가
'臣下'(신하)라는 표현을 사용하려다가 고의로 혹은 실수로 '巨
下'(거하)라고 썼고, 의도를 알아차린 총독부가 하下 자만 삭제했
을 가능성이 있다. 한민족의 문화적 영향을 받은 일본이 한민족
의 신하가 되지 않은 이유를 설명하겠다는 게 신채호가 하고 싶
은 말이었을 것이다.

었지만 고대에는 분명히 민족적 흥망성쇠의 관건이었던 종교가 어떻게
변천했는지, (마) 학술·기예처럼 '아'의 능력을 발휘하는 분야는 어떠
했는지, (바) 의식주·농업·상공업·토지 문제·화폐 제도·경제 조직 등
은 어떠했는지, (사) 인민의 이동 및 증가는 어떠했으며 강역의 증감에
따라 인구는 어떻게 증감했는지, (아) 정치 제도는 어떻게 변천했는지,
(자) 북진 사상이 시대에 따라 어떻게 변모했는지, (차) 빈부귀천의 각
계급이 어떻게 상호 대항하고 투쟁했으며 그 흐름이 어떻게 전개됐는
지, (카) 태곳적에 발생한 지방자치제가 근세에 와서 실질을 잃고 형식
만 남게 된 이유는 무엇인지, (타) 외세의 침략으로 입은 거대한 손실과
그로 인해 얻은 얼마간의 이익은 무엇이었는지, (파) 흉노·여진족 등이

분리된 뒤에 우리와 다시 합치지 못한 이유는 무엇인지, (하) '아'의 문화 창조가 예로부터 적지 않은데 항상 고립적·단편적이 되고 연속성이 없었던 이유는 무엇인지 등을 열심히 논증하고자 한다. '(다)' 이하의 문제를 이 책의 주요 항목으로 삼아 일반 독자들이 조선사의 만분의 일이라도 알 수 있도록 하고자 한다.

2. 역사의 3대 요소와 조선 고대사의 문제점

역사는 역사 자체를 위해 기록해야 한다. 역사 이외의 다른 목적 때문에 기록해서는 안 된다. 정확히 말하면, 사회의 객관적 흐름과 그로 인해 발생한 사실을 있는 그대로 적는 것이 역사다. 작자의 의도에 따라 사실관계에 영향을 주거나 덧붙이거나 바꾸어서는 안 된다. 예컨대 화가가 사람의 얼굴을 그릴 경우를 생각해 보자. 연개소문을 그릴 때는, 생김새가 호걸[魁傑]스러운 연개소문을 그려야 한다. 강감찬을 그릴 때는, 몸집이 작고 못생긴[矮陋] 강감찬을 그려야 한다. 어느 한쪽을 부각시키거나 억누를 목적으로 조금이라도 바꾼다면, 화가의 직분에 어긋날 뿐 아니라 주인공의 진짜 얼굴도 그릴 수 없다. 이처럼 영국사를 쓰려면 영국사답게 써야 하고, 러시아사를 쓰려면 러시아사답게 써야 하며, 조선사를 쓰려면 조선사답게 써야 하는 것이다. 그런데 어찌된 연유인지, 조선에 조선사다운 조선사가 있었는가 하고 생각하면 이를 긍정하기 어려운 게 사실이다.

안정복은《동사강목東史綱目》을 쓰는 중에, 내란의 빈발과 외적의 출몰이 우리나라 고대사를 쓰러뜨리고 무너뜨렸다며 비분강개했다고 한다.

하지만 나는 내란이나 외환보다는 조선사를 기록하는 사람들의 손에 의해 조선사가 쓰러지고 무너졌다고 생각한다. 어째서 그럴까?

앞서 언급한 것처럼, 역사는 시간적으로 전개되고 공간적으로 펼쳐지는 사회활동 상태에 관한 기록이다. 그래서 인간[人]·시간[時]·공간[空] 3자는 역사를 구성하는 3대 요소다. 예컨대 신라가 신라일 수 있는 것은 박씨·석씨·김씨 3성과 돌산고허촌 등 6부의 '인간'이 있었기 때문일 뿐 아니라, 경상도라는 '공간'과 고구려·백제와 동시대라는 '시간'이 있었기 때문이다. 만약 위로 거슬러 올라가 2천 년 이전의 단군왕검과 같은 시점 혹은 아래로 내려와 2천 년 이후의 우리와 같은 시점에 신라가 있다고 한다면, 박혁거세의 지혜와 6부 사람들의 소박함에 더해 계림 땅이라는 영역이 있다 하더라도 본래의 신라와 똑같은 신라가 될 수는 없다. 또 신라가 유럽이나 아프리카에 있었다면 전혀 다른 나라가 됐으면 됐지 우리가 아는 신라가 되지는 않았을 것이다.

이 같은 자명한 이치를 외면한 채, 조선의 기존 역사가들은 자신이 기록하는 역사를 자기 목적을 위해 희생시켰다. 그들은 도깨비도 흉내 못 낼 '땅 옮기는 재주'를 발휘했다. 졸본을 들어다가 성천 혹은 영변에 놓고, 안시성을 들어다가 용강 혹은 안주에 놓고, 아사산을 들어다가 황해도 구월산에 놓고, 가슬라를 들어다가 강원도 강릉군에 놓아두었다. 지리적 근거도 없이 수많은 역사를 지어내어 더도 말고 덜도 말고 압록강 이남만의 이상적 영역을 획정하고자 한 것이다.

무극無亟(極) 일연 같은 불자들의 역사서에는, 불교가 유입된 적 없는 단군왕검 시대의 지명·인명이 온통 인도 산스크리트어로 표기되어 있다. 김부식 같은 유학자들의 역사서에는 공맹의 인의예지 사상을 잘 모르는 삼국 무사들의 입에서 경전 구절이 줄줄 암송되고 있다. 수백 년간 조선의 민심을 지배한 영랑·술랑·남랑·안상 같은 화랑 4대 성인의 이야기는 《삼국사기三國史記》 열전에 나오지도 않는다. 대신, 중국에서 유학한 일개 학생인 최치원에 관한 내용만 풍성하게 서술되어 있다. 또 《여사제강麗史提綱》[1]에는 원효나 의상 같은 대학자들이 고려 시대 사상 계에 어떤 영향을 주었는지가 소개되지 않았다. 여기에는 태조 왕건이 통일을 하기 전에 죽은 최응이 통일 후에 올렸다는 〈간불소諫佛疏〉란 상소가 적혀 있다. 이처럼 시간의 구속을 받지 않는 역사를 지어 자신의 편협한 신앙에 맞추려는 일들도 있었다.

심지어 '인간'에 대해서도 거짓을 기록하는 일이 있었다. 《삼국유사三國遺事》〈황룡사 구층탑〉 편에서는 신라 김씨 왕족이 인도 크샤트리아[2] 출신이라 했고, 《삼국사기》〈의자왕 본기〉에서는 고구려 추모왕이 고신高辛씨(중국 오제 중 한 사람)의 후예라고 했고, 《동국통감東國通鑑》 및 《삼국사기》 등에서는 조선 민족 전체가 진나라·한나라 유민이라 했고, 《동사강목》에서는 전체 조선 민족이 "한인韓人으로서 동쪽으로 온 사람들"이라고 했다. 조선 태종 때에는 역사가들이 더욱 더 맹목적이 되었다. 그들은 조선 사상의 원류인 서운관書雲觀[3] 서적들을 공자의 도에 위배된다 하여 한 덩어리의 불 속에 던져 넣었다.

조선 정조 때 사람인 듯한 이두형은 "근래의 행장[4]과 묘지명을 보면, 글 속의 주인공은 반드시 용모는 단정하고 덕성은 깊고 학문은 성리학

---

1 조선 시대 유계가 지은 고려 시대 역사서.
2 카스트 제도의 4대 계층 중에서 무사계급.
3 천문관측 기구로서 한국 전통의 신선도와 관련된 곳.
4 망자의 일생을 담은 글.

을 배우며 문장은 중국의 한유와 류종원을 숭상한다. 거의 천편일률적이다. 이는 당사자를 왜곡할 뿐 아니라 문장의 가치까지 떨어뜨리는 것"이라고 했다. 이것은 개인 전기집의 오류를 개탄한 글이지만 무엇보다 역사 서술에 대한 비판을 담은 글이다. 이는 군주를 존대하고 백성을 천시하는 춘추필법[5] 아래에서 성장한 후손들이 자기들 선입견으로 삼국의 풍속을 이야기하는 풍조를 비판한 것이다. 또 문약과 편협에 찌든 조선 시대 신하들이 단군조선·부여·삼국·동북국(발해_옮긴이)·고려·조선이라는 5천 년 조선 역사를 마치 한 도가니(쇠붙이를 녹이는 그릇_옮긴이)로 녹여내듯이 뭉뚱그리면서, 상고 시대의 삶을 자기 시대 관점으로 이야기하는 풍조를 비판한 것이다. 이러니 영토의 증감에 따라 민족활동이 바뀌고 시대 변천에 따라 국민사상이 변한 과정을 도무지 찾아낼 수 없는 것이다.

올리버 크롬웰은 화가가 자기 초상화를 그릴 때 왼쪽 눈 위의 혹을 빼려 하자, 이를 용납하지 않고 "나를 그리려면 나의 본모습을 그리라"고 했다. 크롬웰은 화가의 아첨이 싫었을 뿐 아니라 자기의 진짜 모습이 사라질까봐 두려웠던 것이다. 조선사를 지은 기존의 역사가들은 조선의 '혹'을 떼고 조선사를 지으려 했다. 그들이 쓴 안경은 볼록렌즈였다. 그들은 조선의 눈·귀·코·머리 등을 혹이라고 생각하고 이를 떼어버렸다. 그리고 어디선가 가져온 수많은 혹을 대신 갖다 붙였다. 그나마 혹 붙인

---

5 공자가 엮은 것으로 알려진 역사서인 《춘추》에 나타난 역사 서술 방식. 대상에 대한 필자의 가치평가를 단어 선택 등에 반영하는 주관적 서술 방식. 예컨대 필자가 정의롭다고 생각하는 전쟁은 '정벌'로 표기하고, 그렇지 않은 전쟁은 '침략' 등으로 표기하는 방식이다.

| 깊이 읽기 |

신채호의 도전: 유교주의적
역사학자들과 식민사학자들

신채호는 두 가지 부류의 역사학자들에게 도전장을 내걸었다. 《조선사 연구초朝鮮史硏究草》에 실린 논문인 〈조선 역사상 1천 년 이래 최대 사건〉에서 밝혔듯이, 그는 12세기에 사대파 유학자인 김부식이 자주파 승려인 묘청을 제압하고 《삼국사기》를 편찬한 이래로 이 땅의 역사학계는 기본적으로 사대적이고 퇴보적이 되었다고 말했다. 신채호가 도전한 첫 번째 역사학자들은 1천 년 가까이 이 땅을 지배한 유교주의적 역사학자들이다. 이들과 똑같다고는 볼 수 없지만, 궤를 같이하는 또 다른 부류가 신채호 시대에 급성장하고 있었다. 일본제국주의의 역사관을 받아들이는 식민사학자들이 바로 그들이다. 신채호가 도전한 두 번째 역사학자들은 바로 이들이다. 유교주의적 역사학자들과 식민사학자들은 한민족 고대사를 축소·왜곡하는 데 보조를 맞추었다.

신채호가 그 두 부류를 싫어한 것은 결코 국수주의 감정 때문이 아니었다. 그것은 그들이 조선사다운 조선사를 쓰지 않기 때문이었다. 조선사다운 조선사란 무엇인가? 그것은 인간·시간·공간이라는 역사의 3대 요소를 존중하는 가운데서 구현된 조선사를 말한다. 두 부류는 고의적이든 아니든 간에 그 3대 요소를 무시하고 조선사를 기술했다.

두 부류는 조선사의 주체인 조선 민족에 관해 전혀 엉뚱하게 기술했다. 그들은 조선 민족이 진나라·한나라 유민 출신인 것처럼 기술했다. 그들은 단군조선이 중국인으로 알려진 기자와 위만의 조선에 의해 계승되었다는 논리를 폄으로써 고조선 역사의 주체를 중국인들로 바꾸어놓았다. 조선사를 개척한 '인간'을 바꾸어놓은 상태에서 역사를 집필한 것이다.

두 부류는 한민족이 활동한 전체 공간을 무대로 역사를 기술하지 않고 그 공간의 일부였던 한반도만을 무대로 역사를 기술했다. 그들은 "도깨비도 흉내 못 낼 '땅 드는 재주'를 발휘하여" 한민족의 역사 무대를 한반도로 옮겨놓았다. 공간이란 요소를 올바로 살리지 않은 상태에서 역사를 기술한 것이다.

두 부류는 '시간'이란 요소까지 무시했다. 일연이 《삼국유사》에서 단군조선에 불교적 색깔을 입힌 것이 그런 사례에 해당한다. 신선도 영웅인 영랑·술랑·남랑·안상의 시대를 유학자인 최치원의 시대로 둔갑해 놓은 것도 마찬가지다. 신선도가 지배한 시대를 불교나 유교가 지배한 시대로 바꾼 상태에서 역사를 기술했으니 그것이 올바른 역사일 수 없다는 것은 두말할 나위도 없다. 이성계가 건국한 조선의 서민들은 황급한 일이 생기면 "아이고! 천지신명님" 하고 중얼거렸다. 그런데 "아이고! 천지신명님" 대신 "오, 주여! 할렐루야"란 말이 그들의 입에서 나온다면, 이것이 과연 제대로 된 조선의 역사일까? 《삼국사기》나 《삼국유사》가 그처럼 어처구니없는 내용들을 담고 있다는 점을 신채호는 비판하고 있다. 그래서 신채호가 강조하는 점은 '있는 그대로의 역사'를 써야 한다는 것이다. 그는 인간·시간·공간을 왜곡하지 않고, 있는 그대로의 조선사를 써야만 조선사다운 조선사를 쓸 수 있다고 생각했다. 그것이 올바른 조선사를 쓰는 길이라고 생각한 것이다. 《조선상고사》는 조선사다운 조선사, 올바른 조선사를 탐색하는 지침서다.

조선사도 이전에는 읽는 이가 거의 없었다. 온 세계가 통한 뒤로 외국인들로부터 조선사에 관한 질문을 받거나, 조선인보다 조선사를 더 많이 아는 외국인 때문에 창피를 당한 뒤에야 조선사를 읽는 이들이 조금이나마 생겼다. 그러나 조선인이 읽는 조선사나 외국인이 아는 조선사는 모두 다 혹 붙은 조선사요, 올바른 조선사는 아니다.

기존의 책들이 다 틀렸다면 무엇을 근거로 올바른 조선사를 쓸 것인가? 사금을 캐는 사람들은, 한 말의 사금을 캐면 한 알의 금을 얻을까 말까 한다고 한다. 서적에서 사료를 얻는 것도 그처럼 어려운 일이다. 어떤 사람들은 "조선사를 연구하자면, 조선과 만주 등지의 땅속을 발굴해서 수많은 유물부터 발견해야 한다"거나 "금석학·화폐학·지리학·미술학·족보학 등의 학자들이 쏟아져 나와야 한다"고들 말한다. 물론 맞는 말이다. 하지만 지금은 현존하는 서적들을 갖고 장단점을 평가하고 진위를 대조하여 조선사의 앞날을 개척하는 비상처방이 급선무라고 생각한다.

3. 기존 역사서의 종류와 장단점에 대한 평가

조선 역사에 관한 서적을 손꼽자면 《신지神誌》가 최초였다. 신지는, 조선 초기 문신인 권람이 왕명으로 지은 시에서 단군 때 사관으로 소개된 인물이다. 하지만 내가 볼 때 단군은 곧 수두[蘇塗] 임금이요, 신지는 인명이 아니라 수두 임금의 수석 신하인 신치[臣知]를 가리킨다. 역대 신치들은 10월 수두 제사 때마다 우주의 창조와 조선의 건설과 산천지리의 아름다움과 후세에의 가르침을 노래했다. 후대 문인들은 그런 노래를 이두로 편집하거나 한자 오언시로 번역하여 왕궁에 은밀히 보관했다. 그 래서 《신지비사神誌秘詞》니 《해동비록海東秘錄》이니 하는 명칭이 생긴 것 이다. 사실 관계보다는 잠언이 더 많이 적혀 있어, 옛날 사람들은 이것을 예언의 일종으로 보기도 했다.

조선 태종은 유학을 위주로 하고 그 밖의 것은 모두 배척했다. 그는 이단시하는 책자들을 모조리 불태웠으며, 이때 《신지》도 액운을 피하지 못했다. 그저 《고려사高麗史》〈김위제 열전〉에 "저울대·저울추·저울판에 비유하자면, 저울대는 부소량扶蘇樑이고 저울추는 오덕지五德地이며 저울 판은 백아강百牙岡이다. 70개국이 알현하고 항복하니, 덕에 의지하여 거 룩한 뜻을 지켜나갔다. 머리와 끄트머리가 모두 균형을 이루니, 나라를 일으키고 태평성대를 누리는구나. 가르쳐준 세 곳을 폐한다면 왕업이 쇠퇴하게 될 것"이라는 《신지》의 한 구절만 전해지고 있을 뿐이다.[6] 만 일 전부 남았다면 우리의 고대사 연구에 얼마나 큰 힘이 되었을 것인가.

《진서晉書》〈부여전〉에서 "그 나라의 부유함은 옛날 이래로 파괴되지 않았다"고 한 것처럼, 북부여는 단군왕검 이래로 자손들이 보물을 잘 지 키고 태평성대와 부유함을 과시했기 때문에 볼 만한 사료들이 많았다.

---

6   고조선에서는 세 개의 도읍인 삼경이 있었다. 《신지》에서는 이 점을 합리화하고자 삼 경 제도를 저울의 구성에 비유했다. 저울이 저울대·저울추·저울판이라는 3대 요소 로 구성된 점을 활용해서 고조선의 삼경 제도를 합리화한 것이다. 고려 전기인 숙종 (재위 1095~1105년) 때 관료이자 역법가인 김위제는 한성 천도를 주장한 사람이다. 《고려사》〈김위제 열전〉에 따르면, 개경과 서경(평양)에다가 남경(한성)을 추가해서 삼경으로 만든 뒤에 한성으로 수도를 옮기자는 게 그의 주장이었다. 그가 《신지》를 인용한 것은 자신의 주장에 정당성을 부여하기 위해서였다. 그는 개경을 저울대, 한 성을 저울추에, 서경을 저울판에 비유했다. 이렇게 삼경을 만든 뒤에 한성으로 천도 하면 주변 70개 국가가 고려에 복속할 것이라는 게 그의 예언이었다.

하지만 선비족 모용외의 침략 때 나라 이름과 함께 사료들을 잃어버렸다.

고구려의 경우에는, 동명성제·대무신왕 때에 사관史官이 조선 상고 시대부터 고구려 초반까지의 정치적 사실을 기록하여《유기留記》라 명명했는데 100권이었다. 하지만 위나라 장수 관구검의 침략으로 약탈당하고 말았다. 단군왕검의 이름과 삼한·부여의 역사가《위서魏書》에 모두 실린 것은 위나라 사람들이《유기》에서 그런 내용을 알아냈기 때문이다.

그 뒤, 백제 중엽에 박사 고흥이《서기書記》를 짓고, 고구려 말엽에 박사 이문진이《신집新集》을 지었다. 신라에서는 진흥대왕의 전성시대에 거칠부가 신라 역사를 기록했다. 이로써 삼국이 다 참고할 만한 문헌들을 갖추게 되었다. 하지만 오늘날 한마디 말도 한 획 글자도 남은 게 없으니, 이는 동서고금에 없었던 일이다. 역사의 영혼이 있다면 처참한 눈물을 뿌릴 것이다.

지금까지 언급한 것은 모두 일종의 정치사다. 고구려·백제가 망한 후에 신라가 무예를 약화시키고 문학에 치중했기 때문에 상당한 역사서들이 간간이 나왔다. 작자 미상의《선사仙史》는 종교사에 관한 것이고, 위홍의《향가집鄕歌集》은 문학사에 관한 것이며, 김대문의《고승전高僧傳》및《화랑세기花郞世紀》는 학술사[7]에 관한 것이다. 이만하면 역사학이 어느 정도 발전했다고 할 수 있다. 하지만 이것들도 모두 글자가 사라진 비석과 같은 것이 되고 말았다.[8]

고려 시대 들어, 작자의 이름을 알 수 없는《삼한고기三韓古記》·《해동

---

7 신채호는 이런 책들을 학술사 서적으로 봤지만 아무래도 인물사 서적으로 보는 게 타당하다.
8 책의 제목만 알려지고 내용은 알려지지 않은 경우를 글자가 사라진 비석에 비유했다.

고기海東古記》·《삼국사三國史》 등과 김부식의 《삼국사기》, 일연의 《삼국
유사》가 나왔다. 하지만 지금 전해지는 것은 《삼국사기》와 《삼국유사》
뿐이다. 어느 것은 전해지고 어느 것은 전해지지 않은 이유는 무엇인가?
김부식과 일연 두 사람의 저서만이 우수해서 그것들만 전해진 게 아니다.

　고려 초반부터, 평양으로 수도를 옮기고 북쪽으로 진격해서 고토를
회복하자는 화랑 무사들이 한 파를 이루고, 사대주의를 국시로 삼아 압
록강 이남에서 속편하게 살자는 유교도들이 또 한 파를 이루었다. 두 파
가 논리를 정비하고 대결한 지 수백 년 만에, 불교도 묘청이 화랑의 사
상에 음양가의 미신을 보태어 평양에서 군대를 일으켜 북진을 실행하려
다가 유교도 김부식에게 패배했다. 그 뒤 김부식이 사대주의에 기초해서
《삼국사기》를 지었다.

　이런 뒤에 유교도들은 동부여·북부여의 역사를 배제하고 조선 문화
의 근원을 티끌과 흙 속에 묻어버렸다. 발해의 역사까지도 배제함으로
써 삼국 이래 결실을 맺은 문명을 지푸라기 더미에 던져버렸다. 이두인
지 한문인지 분간을 못한 탓에, 한 명을 여러 명으로 바꾸고 한 곳을 여
러 곳으로 바꾼 예도 많다. 국내 서적과 외국 서적을 제대로 취사선택하
지 못한 탓에, 앞뒤가 모순되고 사실 관계가 중복된 예도 많으니 역사
학적 가치를 거의 상실했다고 말할 수 있다. 불행히도 얼마 지나지 않아
고려가 몽골에 패해 쿠빌라이 칸의 위엄이 전국을 뒤흔들었다. 그래서
황경皇京(황제의 도읍_옮긴이)이나 제궁帝宮(황제의 궁궐_옮긴이) 같은 용어
가 삭제되고, 해동천자에게 바치는 팔관악부(팔관회 때 연주된 노래_옮긴
이)도 금지되었다. 기존 문헌에 있었던 독립자존에 관한 것들도 모두 삭
제됐다. 상황이 이러했으니 수많은 역사 기록 중에서 사대주의 주장자
인 김부식의 《삼국사기》와 그 종속물인 《삼국유사》만이 전해질 수 있었

던 것이다.

고려 시대 역사서를 말하자면, 고려 말기의 임금과 신하들은 강성했던 고종 임금 이전의 기록이 몽골의 미움을 초래할까봐 삭제하거나 개작했다. 대신, 비굴한 언사와 풍부한 공물로 북방 강국들에게 복속했던 사실만을 덧붙이거나 위조하여 민간에 퍼뜨렸다. 이런 기록들이 조선 시대 정인지가 편찬한《고려사》의 참고자료가 되었다.

조선 세종은 특히 역사서에 관심을 두었다. 그러나 할아버지인 태조와 아버지인 태종은 호랑이 재상[虎頭宰相] 최영의 북벌군 속에서 반란을 일으켜 사대주의 기치를 들고 역성혁명의 기초를 다진 사람들이었다. 그는 그런 발자취로부터 자유로울 수 없었다. 그래서 그는 몽골의 압박을 받기 전에 존재했던, 단군조선의 실제 기록에 근거하여 역사를 기록하지 못했다. 대신, 몽골의 압박을 받은 이후에 나온, 외국에 아첨하는 문서와 위조된 역사에 근거해 역사를 짓고 구차하게 왕업을 마쳤다. 그는 고려 시대 실록이 세상에 전파되지 못하도록 하고 이것을 규장각에 은밀히 보관했는데 이것은 임진왜란으로 모조리 불타버리고 말았다.

세조는 단종의 왕위를 빼앗은 뒤, 만주 침공의 꿈을 품고 평안도 강계에 둔전병[9]을 설치했다. 하지만 명나라를 존중하는 건국정신과 충돌한다는 이유로 신하들의 비판이 빗발쳤다. 게다가 용맹하고 무예가 뛰어나며 음험하고 사나운 군주인 성조 영락제가 중국 대륙에서 조선을 세밀히 정탐하고 있었다. 결국, 명나라 사신인 장녕[10]이 둔전병을 배치한

---

9 평시에는 농사를 짓고 전시에는 전쟁에 동원되는 군대.
10 장녕이라는 이름의 사신을 보내 세조를 비난한 명나라 황제는 성조가 아니라 영종이었다. 신채호의 착오다.

고대사 청소, 사라진 사료

신채호는 엄청난 독서가로 유명했다. 서적이 비싸고 귀하던 시절에, 가난한 신채호는 책을 읽고 싶어도 마음대로 읽을 수 없었다. 그래서 그는 서적을 많이 소장한 집을 찾아가서 책을 빌려 읽곤 했다. 그에게 가장 많은 도움을 준 인물이 구한말 재상인 신기선이었다. 신기선 집에 소장된 수많은 서적은 사실상 신채호를 위해 준비된 것들이나 다름없었다. 이 집 서고에서 신채호는 수만 권의 서적을 독파했다. 이런 신채호의 열의와 능력을 확인한 신기선은 신채호를 국립대학 겸 행정연수원인 성균관에 추천했다. 이것은 신채호가 서울 무대에 등장하는 계기가 되었다. 그런데 신채호의 학문과 출세에 결정적 도움을 제공한 신기선은 훗날 친일단체인 일진회 회원이 되어 친일파의 길을 걷는다. 그래서 신채호가 언론을 통해 그를 비판하는 상황이 초래되기도 했다. 수많은 서적을 닥치는 대로 독파한 신채호는 일반적인 유학자들과는 전혀 다른 역사인식의 소유자로 성장했다. 그래서 그는 기존 역사학자들이 제대로 파악하지 못한 고대사 사료들까지도 섭렵하게 된다. 제3장 서두에 언급된 《신지》가 바로 그것이다.

　오늘날 우리 앞에 놓인 한국 고대사 사료는 얼마 되지 않는다. 대표적인 것이 《삼국사기》와 《삼국유사》다. 하지만 고대 한민족의 기록문화가 높은 수준이었다는 점은 《삼국사기》만 봐도 잘 알 수 있다. 일례로 《삼국사기》에서는 고구려 초기에 《유기》 100권이 나왔다고 했다. 《삼국사기》가 50권으로 구성된 점을 고려하면 《유기》의 분량이 상당했음을 알 수 있다. 《삼국사기》에서 김부식이 참고했다고 밝힌 사료이지만 오늘날 전해지지 않는 사료는 《유기》 외에도 수없이 많다. 이런 점은 위작 논란이 있는 필사본 《화랑세기》에도 나타난다. 《화랑세기》에는 신라 후궁인 미실이 말년에 700권 분량의 수기를 집필했다는 기록이 나온다. 이런 점들을 보면, 고대 한국의 기록문화가 중국에 결코 뒤지지 않았음을 알 수 있다. 중국과 다른 게 있다면 중국은 기록을 잘 보존한 데 비해 한국은 그렇지 못했다는 점이다.

가장 많이 사라진 사료는 고조선과 신선도에 관한 것이다. 한민족이 천자국이었음을 보여주는 사료들도 집중적으로 파괴되었다. 남은 것은 유교·불교와 관련된 것이나 한민족의 자주성을 훼손하는 것뿐이다. 이런 역사 파괴는 오래 전부터 있었지만 본격화된 것은 12세기 초반부터다. 사대파 김부식이 자주파 묘청을 제압하고 《삼국사기》 체제를 확립한 것이 '고대사 청소'에 결정적으로 기여했다. 김부식은 고대사 사료들을 대거 파괴한 장본인 중 하나다. 그가 편찬한 《삼국사기》에는 적지 않은 사료들이 인용되어 있지만, 오늘날 우리는 그런 사료들을 확인할 길이 없다. 이는 김부식의 《삼국사기》 편찬이 고대사를 정리하기 위한 것이 아니라 고대사를 청소하기 위한 것이었을 가능성을 시사한다.

한편, 본문에 인용된 팔관악부에 관한 보충 설명이 필요하다. 흔히들 팔관회를 불교 행사라고들 한다. 팔관회 때 임금이 불교 사찰에 갔던 것은 사실이다. 하지만 고려 태조 왕건의 유언인 훈요십조를 보면, 팔관회가 불교보다는 전통 신앙에 더 가까웠음을 알 수 있다. 《고려사절요高麗史節要》〈태조 신성대왕〉 편에 따르면, 훈요십조 제6조에서 왕건은 "연등회는 부처를 섬기는 것이고, 팔관회는 천령天靈·오악五嶽·명산대천·용신龍神을 섬기는 것"이라고 했다. 이것을 보면 원래의 팔관회가 전통적인 신선도 신앙과 더 가까웠음을 알 수 있다. 그리고 팔관회의 숭배 대상에서 나타나는 바와 같이, 고려는 이런 행사를 통해 하늘과 직접 소통하고자 했다. 하늘과 직접 소통한다는 것은 천자의 나라만이 할 수 있는 것이었다. 팔관회의 성격이 이와 같았으므로, 팔관회에서 고려 천자를 찬미하는 음악이 연주되는 것은 당연했던 것이다. 그런데 이에 관한 기록이 몽골 간섭기 때 대거 파괴되었다.

신채호는 그렇게 사라진 고대사를 되살리기 위한 조선 시대의 노력을 소개하는 동시에, 그런 노력의 장단점을 설명하고 있다.

이유를 엄중히 따지자, 무예를 숭상하고 공 세우기를 좋아하던[尙武喜功] 세조의 마음은 구름처럼 흐트러져 조선 문헌을 정리하는 것을 자신의 사명으로 삼게 되었다. 이에 따라 불경을 인쇄하고 유학을 장려하며 사료 수집에 매진했다. 그리하여 조선 역대 전쟁사인 《동국병감東國兵鑑》과 조선 풍토지인 《동국여지승람東國輿地勝覽》[11]을 비롯한 많은 서적을 간행했다. 비록 커다란 공헌은 없었지만 작은 공적은 있었다고 할 수 있다.

선조와 인조 이후로 철학과 문학의 거성들이 배출되고 역사학계도 점차 발전했다. 허목의 《동사》에 수록된 〈단군세가〉〈신라세가〉 등은 소략하기는 하지만 이따금 독특한 관점을 보여주었다. 유형원은 역사 전

---

11 《동국병감》은 문종 때, 《동국여지승람》은 성종 때 편찬되었다. 신채호의 착오다. 그러나 세조가 서적 편찬에서 일정한 성과를 거둔 것은 사실이다. 《동국통감》, 《국조보감》, 《동국지도》, 《역대병요》 등의 편찬이 있었다.

문서는 남기지 않았지만, 역대 정치 제도를 논술한《반계수록磻溪隧錄》을 통해 역사학계에 적지 않은 공로를 남겼다.

　한백겸의《동국지리지東國地理志》는 수십 줄에 불과한 간단한 논문이지만, 역사학계에 큰 빛을 던진 책이다. 훗날 정약용의《아방강역고我邦疆域考》, 한진서의《지리고地理考》, 안정복의《동사강목》, 그 외 전문가들의 조선 역사지리에 관한 글은 모두 한 선생의 설명을 부연한 것에 불과하다.

　한백겸이 삼한과 조선을 구분해서 설명한 것은 범엽의〈동이 열전〉(《후한서》의 한 부분_옮긴이)에 나오는 지리 지식을 이해하는 데는 도움이 된다고 생각한다. 하지만 고대 조선 3천 년의 지리를 언급하면서 "예로부터 우리나라는 한강 이남은 삼한이고 이북은 조선이었다"고 결론을 내린 것은 지나치게 섣부르고 독단적이었다. 이런 착오가 생긴 것은, 삼신·삼경·삼한·삼조선이 상호 관련을 갖고 있으며, 발조선·발숙신·부여조선·예맥조선·진국辰國·진국震國·진번조선·진한·마립간·마한·모한 등이 음은 같지만 번역은 다르다는 것을 선생이 몰랐기 때문이다. 하지만 선생에 의해 명확해진 것은〈동이 열전〉에 나오는 삼한의 위치다. 역사 기록은 있고 역사학 연구는 없었던 그동안의 조선 역사학계에서 선생이 처음으로 역사학의 단서를 열었다고 할 수 있다.

　안정복은 평생 역사 한 분야에만 힘을 쏟은, 500년 동안의 유일한 역사 전문가였다. 하지만 초야의 가난한 선비였기 때문에 독서량이 부족했다.《삼국사기》같은 것도, 남이 손으로 베낀 탓에 오자투성이인 것을, 다 늙은 나이에 겨우 얻어서 읽었을 정도다. 이 때문에 그가 저술한《동사강목》에서 궁예의 국호가 '마진기'로 표기되는 웃음거리가 생겨났다. 또 중국 서적 중에 꼭 참고해야 할《위략魏略》이나《남제서南齊書》같은 것이 있다는 사실을 몰랐던 탓에, 고루한 어구도 적지 않게 남겼다. 게다가 당시 유행한 공자의 《춘추春秋》나 주자의 《자치통감강목資治通鑑綱目》이 파놓은 함정에 빠져 기자 편 밑에 단군조선 편과 부여 편을 종속물처럼 붙여놓았다. 또 신라 편 끝부분에서 궁예와 왕건이 참주僭主였다고 하는 망발도 범했다. 게다가 황실 중심주의를 지나치게 고수하고 민족 차원의 활동을 무시하는 경우도 많았다. 그러나 연구의 정밀도에서만큼은 선생을 능가할 이가 없다. 그래서 지리지의 오류를 교정하고 사실 관계를 고증한 점에서는 공로가 가장 크다고 할 수 있다.

유득공의 《발해고渤海考》는 대씨 300년의 내정·군사적 업적을 수록함으로써, 천여 년 동안 압록강 이북을 다루지 않은 역사가들의 문제점을 치유했다. 이종휘의 《수산집修山集》은 단군 이래 조선의 고유한 문화를 서술함으로써 김부식 이후 역사가들의 노예근성을 깨뜨렸다. 별다른 창의성이나 특이한 자료는 담지 못했지만, 이 하나만으로도 불후의 업적이 될 것이다.

한치윤의 《해동역사海東繹史》는 중국·일본 등의 역사서에서 우리나라 역사를 수집해서 만들어낸 거대 분량의 책이다. 《삼국사기》에 빠진 부여·발해·가락·숙신 등에 대해서도 세기世紀를 한 편씩 할애했고, 《동국통감》에 없는 저근·사법명·혜자·왕인 같은 사람들에 대해서도 몇 줄씩의 전기를 배정했으며, 궁중 언어·문자·풍속 등의 분야도 별도로 두었다. 조카 한진서의 《지리고》까지 추가되어 있어서 후세 사람들의 수고를 덜어주었다. 머리를 잘 쓴 역사학 책이라고 할 수 있다.

그러나 지나치게 자구 속에서만 조선에 관한 사실을 찾으려다 보니 민족 역사의 큰 흐름을 놓치는 문제점을 보였다. 예컨대 부루(제2대 단군_옮긴이)와 우임금의 국제 관계로 볼 수 있는 《오월춘추吳越春秋》에 나오는 주신州愼의 창수사자蒼水使者의 역사를 빠뜨렸다. 2천 년간 전개된 삼조선과 흉노·연나라 사이의 전쟁과 평화의 역사도 빠뜨렸다. 또 유교의 위세에 눌려 고죽국이 조선족의 분파라는 점을 깨닫지 못하고 백이·숙제의 이름을 우리 역사에서 탈락시켰다. 사료 선택 역시 치밀하지 못했다. 《진서晉書》〈속석 열전〉에 따르면, 우임금이 백익을 죽이고 태갑이 이윤을 죽인 사실을 담은 《죽서기년竹書紀年》이 진본이고 현존하는 《죽서기년》은 위서다. 그렇지만 위서를 비판 없이 그대로 기재했고, 사마상여의 《무릉서茂陵書》는 당나라 사람이 위조한 것인데 이를 그대로 신뢰했다. 이 밖에도 중국인·일본인들이 우리나라를 모욕하고자 허위로 지어낸 이야기들을 그대로 수용한 곳이 많다는 점도 이 책의 결함이다.

조선 시대를 다룬 역사서를 말하자면, 정종 때 기록된 《수서修書》라는 책을 본 적이 있다.[12] 이 책은 파리머리처럼 깨알 같은 글자[蠅頭細字]로 된 200권의 거질이다. 만일 국가에서 편찬한 《국조보감國朝寶鑑》·《조야첨재朝野僉載》 등과 민간이 저술한 역사서들을 합치면, 아마 수백 대의 수레에 실어야 할 것이다. 이 정도로 조선에 관한 역사서도 적지 않다. 나는 고려 시대 이전의 역사에 대한 의문을 해결하는 데 주안점을 두었기 때문에, 태조 이성계 이후에 관한 책 중에서는 《조야집요朝野輯要》·《연려실기술燃藜室記述》을 비롯한 몇 권을 대강 훑어보았을 뿐 자세히 읽지는 않았다. 그래서 그런 책들의 장단점을 평가할 수는 없다. 하지만 그 책들

---

12 조선 시대(이성계의 조선) 역사를 다룬 200권의 책이 제2대 임금인 정종(定宗) 때 편찬되었을 리는 없다. 제22대 주상인 정조는 1899년까지만 해도 정종(正宗)으로 불렸다. 신채호는 1880년에 출생했다. 한창 책을 읽은 1890년대에 그는 제22대 임금을 정조가 아닌 정종으로 배웠다. 그렇기 때문에 신채호가 언급한 '정종'은 '정조'로 이해해야 할 것이다.

이 열에 일고여덟은 당쟁에 관한 것이라는 점은 단언할 수 있다. 참으로 탄식할 만한 일이다. 건국 이래 수백 년간 조선의 문화사업은 이것으로 그쳤다.

위에 열거한 역사서들을 종합하면, 대개는 정치사에 관한 것들이고 문화사에 대한 것은 얼마 되지 않는다. 이것이 첫 번째 유감이다. 정치사 중에서 《동국통감》과 《동사강목》 외에는 고금을 망라하는 저작이 없고, 다들 일개 왕조의 흥망성쇠로 머리말과 맺음말을 삼았다는 점이 두 번째 유감이다. 공자의 《춘추》를 역사학의 준칙으로 삼아 군주를 높이고 신하를 낮추는 데만 급급해서 민족의 존재를 잊었고, 숭화양이(중국을 높이고 이민족을 물리침_옮긴이)에 치우치다가 결국 제 나라까지 깎아내리는 모순을 범했다는 점이 세 번째 유감이다. 이종휘 학파를 제외하고는, 역사를 국민들에게 거울로 제공하기보다는 외세에 아부하려는 의도가 더 많아, 자기 나라 영토를 야금야금 할양하다가 결국 단군 시대의 수도까지 감추고 말았다는 점이 네 번째 유감이다.

우리 역사학계가 이처럼 맹인·귀머거리·절름발이·앉은뱅이의 병을 모두 가진 채 제대로 발전하지 못한 까닭은 무엇일까? 조선 시대는 비교적 평화스러웠지만 그 외의 시대는 내우외환이 매우 빈번했다. 이런 불가피한 측면은 제외하고 우리 자신의 잘못으로 생긴 문제점들만 생각해 보자.

(1) 《신지》 이래로 역사를 은밀히 보관하는 버릇이 역사학의 고질병이었다. 조선 중엽 이전만 해도 《동국통감》이나 《고려사》 같은 몇몇 관찬 서적 외에는 개인이 역사서를 소장할 수 없었다. 개인이 역사서를 저술하는 것도 마찬가지였다. 실학의 선구자인 이수광이 규장각에 들어간 뒤에야 고려 이전의 비사를 볼 수 있었던 것도 그런 이유 때문이고, 성리

학자 이언적이 사림파의 수난을 역사서 형식으로 묘사한 《사벌국전沙伐國傳》을 지은 뒤 친구에게조차 보여주기를 꺼렸던 것도 그런 이유 때문이다. 현재 왕조의 잘잘못을 기록하지 못하게 하는 사례는 다른 나라에도 간혹 있지만 개인이 고대사를 짓지도 읽지도 못하게 한 사례는 우리나라에만 있었다. 그래서 역사를 읽는 사람들이 적었다.

(2) 송도를 지나게 되면 송악산 기슭의 만월대를 쳐다보라. 반쪽이라도 기와가 남아 있는가? 한 개라도 주춧돌이 남아 있는가? 텅 빈 밭에 만월대란 이름만 남지 않았는가? 슬프다. 만월대란 것은 조선의 아버지뻘 되는 고려 왕조의 궁궐이다. 무슨 전란에 불탔다는 전설도 없건만, 어찌 이토록 무정하게 빈터만 남았을까? 이런 예는 허다하다. 부여에서 백제의 흔적을 찾을 수 없고, 평양에서 고구려의 모습을 볼 수 없다. 이로써 알 수 있는 점은, 나중 왕조가 이전 왕조를 미워하는 데만 급급하여 역사적으로 자랑할 만한 것은 뭐든 다 파괴하고 불태우는 데 주력했다는 것이다. 신라가 강해지면 고구려·백제 역사를 볼 수 없게 되고, 고려가 세워지면 신라의 역사를 볼 수 없게 되고, 조선이 세워지면 고려의 역사를 볼 수 없게 되는 식이다. 과거를 계승하려 하지 않고 항상 말살하고자 했던 것이다. 그래서 역사학에 활용할 자료가 빈약해진 것이다.

(3) 조선 현종이 "조총의 길이가 얼마나 되느냐?"고 묻자, 무신인 유혁연이 두 손을 들어 "요만합니다"라고 표현한 적이 있다. 기주관記注官(춘추관에 속한 사관_옮긴이)이 이 문답의 상황을 받아쓰지 못하고 붓방아만 찧어댔다. 그러자 유혁연이 돌아보며 "주상께서 유혁연에게 조총의 길이를 물어보시자, 혁연이 두 손을 한 자 남짓 벌리고는 이 정도입니다[然擧手尺餘] 하고 대답했다고 쓰면 되지 않느냐?"라고 나무란 적이 있다. 숙종이 박태보를 국문할 때 "여기저기 온통 결박하고 뭉우리돌[13]로 때리

라”고 하자, 주서注書(승정원에서 기록을 담당한 관리_옮긴이)인 고사직이
머뭇거림 없이 “필必 자 형태로 묶고 뭉우리돌로 때리라[必字形縛之 無隅石
擊之]”고 썼다. 그러자 숙종이 크게 칭찬했다고 한다. 궁중에서 미담으로
전해지는 이야기들이지만, 달리 생각하면 남의 글로 제 역사를 기록해
야 하는 고충을 보여주는 것들이다. 우리글이 늦게 생겨난 것도 문제이
지만 우리글이 나온 뒤에도 한문으로만 역사를 서술했다는 것도 이상한
일이다. 역사를 전달할 수단을 제대로 선택하지 못한 것이다.

(4) 회재 이언적이나 퇴계 이황에게 원효대사나 의상대사의 사상사적
위치를 묻는다면, 아마 한마디의 대답도 듣지 못할 것이다. 원효나 의상
에게 소도나 내을柰乙[14]의 종교적 가치를 묻는다면 제대로 된 설명을 듣
지 못할 것이다. 마찬가지로 조선 시대 사람은 고려 시대 삶의 맛을 모
르고, 고려나 고구려·백제·신라 사람들은 삼한 시대 이전 삶의 맛을 모
른다. 이 정도로 음식·주거·신앙·교육 등이 모두 크게 변했다. 이는 마
치, 오늘은 미국인인 사람이 내일은 러시아인이 되는 것과 같은 일이다.
역사가 단절됐기 때문에 이런 일이 생겼다. 사정이 이러하니, 과거를 규
명할 마음이 어디서 생길 것인가.

이런 원인들 때문에 역사학이 발달하지 못한 것이다.

사색당파의 당쟁[黨戰]이 300년간 국가적으로 큰 해악을 끼쳤다고들
말한다. 하지만 당쟁이 격렬해지면 해질수록 자기편은 옳고 상대편은
그르다는 것을 알리기 위한 개인들의 저술이 성행했다. 당파의 시시비
비가 국정에 영향을 주었기 때문에, 그런 시비를 논평하는 과정에서 개

---

13 모나지 않고 둥글둥글하며 큼지막한 돌.

14 박혁거세의 탄생지로,《조선상고사》 원문에는 ‘나을’로 표기됐다.

인의 역사 서술 금지라는 족쇄가 부지불식간에 타파되었다. 그 결과, 한백겸·안정복·이종휘·한치윤 같은 역사학자들이 배출될 수 있었다. 어떤 사람은 "사색당파 이후의 역사 기록은 당파마다 제각각이라, 시시비비를 분간할 수 없기 때문에 역사 연구에 지장을 주고 있다"고 말한다. 하지만 그들이 다툰 쟁점은 '어느 당이 조선 왕조의 충신이냐 역적이냐', '어느 선생이 주자학의 정통이냐 이단이냐' 하는 소소한 것들뿐이어서 역사 연구에 지장을 주기 힘들다. 오늘날 우리의 눈에는 서슬 퍼런 칼날로 군주의 시체를 두 동강낸 연개소문이야말로 진정한 쾌남이고, 성균관 명륜당 기둥에 공자를 비난하고 자기주장을 펴는 글을 내건 윤휴야말로 진정한 걸물이다. 이언적·서경덕·이황·이이를 평가해야 한다면, 냉정한 두뇌로 그들의 학술적 공헌을 따지면 되는 것이다. 주자학의 정통이냐 아니냐 하는 것은 실없는 소리일 뿐이다. 노론·소론·남인·북인의 분쟁이 정치에 미친 영향이 어떠했고, 그들이 조선 왕조의 충복인지 아닌지를 따지는 것은 잠꼬대 같은 소리일 뿐이다.

개인의 아픈 곳을 건드려 명예를 더럽히거나 애매한 사실로 남을 모함해 죽인 수많은 사건들은 사회적 불화의 산물이었다. 이런 것들은 백성과 나라를 해한 통탄스러운 일들이었다. 만약 시어머니의 잔소리와 며느리의 푸닥거리 정도에 불과한 일을 가지고 일일이 재판관을 불러 시시비비를 판결하려 한다면, 이는 스펜서(영국 철학자 허버트 스펜서_옮긴이)의 말처럼 '이웃집 고양이가 새끼를 낳았다는 보고'에 치중하는 것과 같아서, 이런 데 치중하다 보면 좀 더 중요한 역사학적 문제를 간과할 위험이 있으니 무시해 버리는 게 낫다. 지리상의 문제라든가 사상계의 변동이라든가 국민 생활상의 문제라든가 민족적 흥망성쇠라든가 하는 대형 쟁점에 주의를 기울여 거짓을 바로잡고 진실을 추구함으로써 조선 역사학의 표준을 세우는 것이 급선무 중의 급선무다.

4. 사료의 수집과 선택

무엇으로 어떻게 어디서부터 우리의 역사를 연구해야 한 것인가를 묻는다면, 대답하기가 매우 곤란하다. 하지만 나의 경험부터 소개하고자 한다. 나는 지금으로부터 16년 전에 국치[15]에 분노하여 《동국통감》을 읽으면서 역사평론 형식의 《독사신론讀史新論》을 지어 《대한매일신보大韓每日申報》 지면에 발표하고, 학생 수십 명의 요청으로 중국식 연의를 모방해서 역사도 소설도 아닌 《대동사천년사大東四千年史》를 지은 적이 있다. 하지만 두 작업 모두 사고 때문에 중지했다. 그때의 논평이 독단적이고 대담했다는 것을 나는 지금까지 부끄러워하고 있다. 그 후에도 어느 정도 노력했지만 나는 몇 걸음도 더 진보하지 못했다. 그 원인을 국내의 역사 독자들에게 하소연하고자 한다.

1) 옛 비석의 참조에 대하여

예전에 이문홍의 《서곽잡록西郭雜錄》에서 "신립(임진왜란 때 활약한 장군_옮긴이)이 선춘령 밑에 옛 고구려 비석이 있다는 말을 듣고 사람을 은밀히 파견해서 두만강을 건너가 베껴오도록 했다. 식별이 가능한 것은 300여 자에 지나지 않았다. 거기서 황제라고 한 것은 고구려왕이 스스로를 칭하는 표현이었다. 거기서 상가相加라고 한 것은 고구려 대신들의

---

15 을사늑약(소위 을사보호조약)을 지칭한다.

칭호였다"는 구절을 보고 매우 기뻐한 적이 있다. 나는 만주 깊은 산속에는 오랜 역사의 공백을 메울 만한 비석 조각이 이것 외에도 많을 거라고 생각했다. 그래서 해외로 나가면 고구려와 발해의 고토부터 답사하리라고 각오했다. 그 후 블라디보스토크와 하바롭스크를 왕래하는 선객들로부터 "석혁특산[16]에 우뚝 선 윤관 혹은 연개소문의 기념비를 본적 있다"는 말을 들었다. 봉천성 성청 소재지에서는, 이통현[17]을 유람했다는 방문객이 "그곳 읍의 동쪽 70리에서 해부루의 송덕비를 보았다"고 이야기했다는 것을 간접적으로 들었다. 발해의 옛 도읍에 다녀오는 친구로부터는 "폭이 30리인 경박호(고사에 나오는 홀한해)의 앞면에서 미국 나이아가라 폭포와 견줄 만한 아주 높은 폭포를 구경했다"는 말을 들었다. 해룡현(길림성에 속해 있었다._옮긴이)에서 오는 길손으로부터는 "죽어서 용이 되어 일본의 세 섬을 함몰시키겠노라고 한 문무대왕의 옛 사당을 바라보고 절을 올렸다"는 말을 들은 적이 있다. 이런 것들을 귀로만 듣고 눈으로 볼 기회는 없었다.

한 번은 네댓 명의 벗들과 함께 압록강 위쪽의 집안현 즉 제2환도성을 둘러본 적이 있다. 그것은 내 일생을 두고 기념할 만한 멋진 구경이었다. 여비가 부족해서 능과 묘를 모두 구경하지 못했고, 그래서 전부 몇 개가 되는지 세어보지도 못했다. 능으로 인정할 만한 게 수백이고 묘로 인정할 만한 게 1만 개 정도라고 억측해 봤을 뿐이다.

그 뒤 마을 사람이 주은, 대나무 잎이 그려진 쇠자[金尺]와 현지의 일본인이 탁본해서 파는 광개토왕릉비문의 가격만을 물어보았고, 부서진 수

---

16 시호테알린 산맥. 러시아 연해주 지방과 하바롭스크 지방에 걸쳐 있다.
17 지금의 길림성(吉林省) 소재.

백 개의 왕릉 가운데서 요행히 남아 있는 네모반듯한 8층 석탑 형식의 광개토왕릉과 그 오른쪽에 있는 제천단을 붓으로 대강 그려서 사진을 대신했다. 왕릉의 너비와 높이는 직접 발걸음으로 재보았다. 높이는 10장(약 30미터_옮긴이) 가량이고 밑면의 둘레는 80발(1발은 두 팔을 벌린 상태에서 양손의 거리_옮긴이)이었다. 다른 왕릉의 경우에는 윗부분이 부서져서 높이를 알 수 없었지만, 밑면의 둘레는 광개토왕릉과 동일했다. 왕릉 윗부분에 올라 돌기둥 자취와 기와의 파편과 드문드문한 소나무·잣나무를 보고 《후한서後漢書》〈동이 열전〉 고구려 편의 "고구려는 …… 금은보물을 장례식에 다 쓰고, 돌을 쌓아 무덤을 만들고 소나무·잣나무를 심었다"는 간략한 구절을 비로소 제대로 이해할 수 있게 되었다. 그래서 '수백 원이 있으면 묘 한 개를 파보고, 수천 원 혹은 수만 원이 있으면 능 한 개를 파보겠지. 그러면 수천 년 전 고구려의 생생한 모습을 볼 수 있겠지' 하며 꿈을 꾸기도 했다. 슬프다. 하늘이 감춰둔 비사秘史를 보고 나는 무엇을 얻었던가? 인력과 돈이 없으면, 재료가 있더라도 나의 것이 될 수 없음을 알았다.

비록 하루 동안 겉모습만 대략 관찰했지만 고구려의 종교·예술·경제 등이 어떠했는지 눈으로 생생하게 그려볼 수 있었다. 그래서 '집안현을 한 번 보는 것이 김부식의 《삼국사기》〈고구려 본기〉를 만 번 읽는 것보다 낫다'는 판단을 내리게 되었다.

나중에, 우리나라 금석학자인 추사 김정희가 발견한 유적을 기초로 중국인이 발행한 《해동금석원海東金石苑》을 절강성 항주 도서관에서 읽어보니, 신라 말과 고려 초의 사상 및 풍속을 이해하는 데 도움이 될 만한 것이 많았다. 또 한성 친구가 보내준 총독부의 《조선고적도보朝鮮古蹟圖譜》도, 책을 발행한 동기라든가 억지스런 해설 몇 군데를 제외하면 우리

고대사 연구에 도움이 될 만한 점이 많았다. 이것이나 저것이나 우리 같은 가난한 서생의 손으로는 도저히 만들어낼 수 없는 자료라는 생각이 들었다.

2) 서적 간의 비교·대조[互證]에 관하여

첫째.《고려사》〈최영 열전〉에 따르면 최영이 "당태종(당나라 태종)이 우리나라를 공격했을 때, 우리나라는 승군 3만 명을 출동시켜 그들을 격파했다"고 말한 적이 있다. 그런데《삼국사기》전체 50권에는 이런 사실이 기록되어 있지 않다. 그런데 서긍[18]이《고려도경高麗圖經》제18권에서 "재가화상(재가승_옮긴이)은 가사를 입지 않으며 계율을 따로 갖고 있지 않다. 흰모시로 만든 좁은 옷에 검정 비단으로 된 허리띠를 두른다. 맨발로 돌아다니지만 신발을 신는 사람도 있다. 가정을 꾸려 여성과 결혼하고 자녀를 양육한다. 공무에 동원되면 도구를 짊어지고 도로를 청소하고 도랑을 파고 성이나 집을 짓는 일 등에 종사한다. 변경에 위급한 일이 생기면 단결해서 출동한다. 말 타는 데 익숙하지 않지만 꽤 용감하다. 군대를 따라갈 때는 직접 양식을 갖고 가기 때문에 국가에서는 비용을 들이지 않고도 전쟁을 치를 수 있다. 예전에 거란족이 고려에 패배한 것도 이들 때문이라고 한다. 사실은 형기를 덜 마친 노역자들로, 수염과 머리를 깎은 그들을 오랑캐[夷人]들이 승려[和尙]라고 부르는 것일 뿐이다"라고 말했는데 이 기록을 통해 승군의 실상을 대략적으로 알 수 있었다. 하지만 그것이 어디서 기원했는지 하는 의문은 해결되지 않는다. 나중에《통전通典》과《신당서新唐書》등을 보니 '조의(혹은 백의)선인'이라는

---

18 1123년에 고려를 방문한 송나라(북송) 사신단의 간부.

| 깊이 읽기 |

신채호와 가난

신채호는 몹시 가난한 집안에서 성장했다. 열여섯 살 때 이런 일이 있었다. 추운 겨울에 식구들이 며칠째 굶었다. 식구들이 굶어 죽을 지경이 되자, 신채호는 수치심을 무릅쓰고 이웃집 부자한테 식량을 꾸러 갔다. 부자는 몇 시간 뒤에 오라며 회피했다. 그래서 몇 시간 뒤에 다시 가봤으나 부자는 출타하고 없었고 그 집 사람들은 주인이 없다는 이유로 식량을 내주지 않았다. 신채호는 부자가 간 곳을 수소문했다. 부자가 갔다는 곳에 가보니 다른 곳으로 가고 없었다. 그런 식으로 신채호는 하루 종일 부자를 찾아 헤맸다. 결국 해가 다 진 뒤에야 길에서 부자와 마주쳤다. 부자는 기다리면 주겠노라며 또 회피했다. 그 말에 신채호는 치욕과 분노를 느꼈다. 그는 부자에게 달려들어 갓을 찢고 상투를 풀어헤쳤다. 그런 뒤 한마디를 던졌다. "당신 따위를 상대하느니 차라리 굶어죽겠다!" 속 시원하게 욕을 해주기는 했지만, 돌아서는 신채호는 서글펐을 것이다. 가난이란 것에 치를 떨었을 것이다. 가난은 역사학자 신채호를 두고두고 괴롭힌 원흉이었다. 일본제국주의보다야 못했겠지만 가난도 그런 원흉이었다.

명칭이 있었다. 《삼국사기》〈고구려 본기〉에서는 재상인 명림답부를 연나조의라고 불렀다. 《후주서後周書》에서는 조의선인皂衣先人을 예속선인翳屬仙人이라 불렀다. 선인先人이나 선인仙人은 모두 우리말의 '선인'을 한자로 음역한 것이다. 조의나 백의帛衣라고도 부른 것은 《고려도경》에서 말한 것처럼 검정 비단으로 허리를 졸라맸기 때문이다. 선인仙人은 종교 무사단의 단장으로 신라의 국선國仙 같은 인물이었다. 승군은 국선의 수하로, 재가승[在家和尙]이라는 것은 후대 사람들이 붙인 승군의 별칭일 뿐이다. 사신단의 일원으로 우리나라에 와서 승군을 목격한 서긍은 이들의 기원을 몰랐기 때문에 '형기를 덜 마친 노역자들'이라고 추측한 것이다.

이처럼 《삼국사기》에 없는 승군의 존재를 《고려사》를 통해 알게 되고, 《고려사》에 자세히 기록되지 않은 승군의 특성을 《고려도경》을 통해 알게 됐다. 또 승군과 선인과 재가승이 동일하다는 것을 《통전》·《신당서》·《주서》나 신라 고사를 통해 알게 됐다. 30만의 당나라 대군이 고구려의 종교 무사단인 선인군에게 대패했다는 몇 십 자의 간략한 기록을, 예닐곱 서적의 수천 군데를 뒤진 끝에 비로소 이해할 수 있게 된 것이다.

둘째. 당태종이 고구려를 침략했다가 안시성에서 활에 맞아 눈을 다쳤다는 전설이 있다. 이것은 후대 사람들에 의해 역사책에 기록됐다. 이색도 〈정관(당태종의 연호)음貞觀吟〉이란 시에서 "어찌 알았으리오 검은 꽃이 흰 깃털에 떨어질 줄을[那知玄花(目)落白羽(矢)]!"이라고 함으로써 이 이야기에 힘을 실어주었다. 그러나 김부식의 《삼국사기》와 중국의 《구당서舊唐書》·《신당서》에는 이런 기록이 나타나지 않는다. 무슨 까닭일까? 사실 관계를 불문하고 무조건 한쪽만 믿는 것은 역사의 위증죄를 범하는 것이라고 생각했다. 그래서 역사 기록을 통해 해답을 찾아보기로 했다.

나는 '중국 사관이 국치를 숨기고자 당태종의 실명을 《구당서》와 《신당서》에서 뺀 게 아닐까?'라는 가설을 세워보았다. 명나라 학자인 진정의 《양산묵담兩山墨談》에 따르면, 송나라 태종이 거란족을 공격하다가 날아오는 화살에 부상을 입고 도망치듯 귀환한 지 몇 해 만에 부스럼으로 죽었다고 한다. 그런데도 이런 사실이 《송사宋史》나 《요사遼史》에 기록되지 않고, 수백 년 후에 진정의 고증에 의해서 비로소 확인되었다. 중국인은 군주나 신하가 이민족에 패해 다치거나 죽는 것을 국치라 여겨 이를 역사에 기록하지 않는다는 나의 가설이 타당하다는 판단을 이로써 얻게되었다.

그러나 중국인들이 치욕을 숨기는 버릇이 있다고 해서, 당태종이 안시성에서 화살에 맞아 부상을 입고도 이것을 숨겼을 것이라고 곧바로 단정할 수는 없다. 그래서 《구당서》와 《신당서》를 다시 정독해 보았다. 그랬더니 〈태종 본기〉에서는 당태종이 정관 19년 9월[19] 안시성에서 회군했다고 했고, 〈류계 열전〉에서는 같은 해 12월[20]에 태종의 병세가 위급해서 류계가 매우 우려했다고 했고, 〈태종 본기〉에서는 정관 20년[21]에 황제가 위독해서 황태자에게 국정을 위임했다고 했고, 정관 23년 5월[22]에는 황제가 죽었다고 했다. 사망의 원인에 관하여, 《자치통감강목》에서는 이질이 다시 심해졌기 때문이라고 했고, 《자치통감》에서는 요동에서부터 악성 종기가 있었기 때문이라고 했다.

대개, 가까운 사람과 존귀한 사람의 치욕은 숨기는 법이다. 주나라 천자가 정나라 제후의 활에 맞은 사실과 노나라 은공·소공이 피살되거나 쫓겨난 사실을 《춘추》에 기록하지 않은 공자의 편협함이 중국 역사가들의 습관이 되었다. 그래서 당태종의 다친 눈을 유리 조각으로 가리고 진

---

19 양력 645년 9월 26일부터 10월 25일까지.

20 양력 645년 12월 24일부터 646년 1월 21일까지.

21 양력 646년 1월 22일부터 647년 2월 9일까지.

22 양력 649년 6월 15일부터 7월 14일까지.

찰 기록을 죄다 바꿔치기한 것이다. 그래서 화살로 인한 상처가 몸속 질병으로 바뀌고 안질이 항문 질병으로 바뀐 것이다. 전쟁으로 다쳐 죽은 사람이 이질이나 늑막염 등으로 죽었다는 기록이 이래서 나온 것이다.

그렇다면 《삼국사기》에 사실대로 기록하지 않은 이유는 무엇인가? 이는 신라가 고구려·백제 양국을 시기했기 때문이다. 그래서 그 자랑스러운 역사를 불태웠던 것이다. 북위 군대를 깨뜨린 백제 사법명과 수나라 군대를 물리친 을지문덕의 이름이 중국 역사서를 통해 알려진 것은 그 때문이다. 을지문덕이 《삼국사기》에 나타나는 것은 김부식이 중국 역사서를 참고했기 때문이다. 당태종이 실명하고 달아난 것은 고구려 전쟁사에서 특기할 만한 사건이므로, 신라인들로서는 이것을 삭제하지 않을 수 없었던 것이다.

우리는 당태종이 실명한 사실을 전설과 《목은집牧隱集》을 통해 어렴풋이 알아냈다. 그러자 《구당서》·《신당서》나 《삼국사기》에 이것이 기록되지 않은 이유가 궁금해졌다. 뒤이어 진정의 《양산묵담》에서 같은 종류의 사건을 발견하고, 공자의 《춘추》에서 역사 왜곡의 악습을 찾아냈다. 또 《구당서》·《신당서》·《자치통감강목》 등의 모호한 문장 속에서, 첫째로 태종의 질병이 실제와 다르다는 점, 둘째로 이색의 〈정관음〉이 신뢰할 만하다는 점, 셋째로 신라인이 고구려 역사를 훼손한 탓에 당태종의 부상이 《삼국사기》에서 빠지게 되었다는 점을 도출했다. 이로써 얻은 결론은 '당태종이 보장왕 4년[23]에 안시성에서 눈을 다치고 도망했으며, 귀국 후 외과 치료가 불완전하여 거의 30개월간 고통을 겪다가 보장왕

---

23 《조선상고사》 원문에는 '보장왕 3년'으로 되어 있으나, 이 해는 정관 19년과 같은 해로 '보장왕 4년'이 맞다. 신채호의 착오다.

8년[24]에 사망했다'는 것이다. 이 짧은 결론도 대여섯 권의 서적 수천 군데를 수없이 뒤적인 끝에야 불현듯 깨닫거나 의식적으로 도출한 결과이니, 이 노고가 결코 적지 않다.

"승군의 내력을 모른다고 무슨 문제가 생기고 당태종이 부상한 사실을 안다고 무슨 이익이 생긴다고, 이런 사실을 힘들게 파고드느냐?"고 묻는 이가 있을지 모른다. 역사학이란 사실 관계를 수집하여 잘못된 지식을 바로잡고 과거 인류의 활약을 생생히 묘사하여 후손에게 전달하는 학문이다. 승군의 내력을 모르면 고구려가 당나라 30만 대군을 물리친 원동력뿐 아니라, 명림답부가 이끈 혁명군의 중심이나 강감찬이 거란을 격파한 요인을 알 수 없게 된다. 이렇게 되면 고구려 · 백제 · 신라로부터 고려까지 1천여 년 동안의 군사 제도를 이해할 수 없게 되는 것이다.

또 당태종이 안질로 죽은 사실을 모르면, 안시성 전투가 빨리 종결된 이유를 이해할 수 없게 된다. 그렇게 되면 신라와 당나라가 동맹을 맺은 이유, 고구려와 백제가 제휴를 체결한 이유, 당나라 고종과 그의 신하들이 희생을 감수하면서까지 고구려와 장기전을 벌인 이유 등을 알 수 없게 된다.

지금까지 열거한 것은 한두 사례에 불과하다. 이런 사례가 얼마나 되는지 알 수 없을 정도다. 그러므로 조선사의 황무지를 개척하는 일은 한두 사람이 몇 년간 노력하는 것으로는 완성될 수 없을 것이다.

---

24 《조선상고사》 원문에는 '보장왕 5년'으로 되어 있으나, 이 해는 정관 23년과 같은 해로 '보장왕 8년'이 맞다. 신채호의 착오다.

3) 각종 명사의 해석에 대하여

고대 페니키아인이 이집트 상형문자로 알파벳을 만든 것처럼, 우리나라도 이두를 만들 때 한자의 음이나 뜻을 취했다.《삼국사기》에 나오는 인명을 예로 들어보자. "소지炤智왕은 일설에는 비처毗處라고도 한다"고 했다. 빛이란 뜻에서 '소지'란 글자가 나오고, 빛이란 음에서 '비처'란 글자가 나온 것이다. "소나素那는 금천金川이라고도 한다"고 했다. '쇠내'란 뜻에서 '금천'이란 글자가 나오고, 쇠내라는 음에서 '소나'란 글자가 나온 것이다. "거칠부居柒夫는 황종荒宗이라고도 한다"고 했다. '거칠위' 즉 '거친 위'나 '거친[荒] 마루[宗]'란 뜻에서 '황종'이란 글자가 나오고, '거칠위'란 음에서 '거칠부'란 글자가 나온 것이다. "개소문蓋蘇文(연개소문_옮긴이)은 개금蓋金이라고도 한다"고 했다. '소문'은 '신'의 음을 따른 것이고, '금'은 '신'의 뜻을 따른 것이다. "이사부異斯夫는 태종苔宗이라고도 한다"고 했다.《훈몽자회訓蒙字會》에서는 태苔(이끼란 뜻_옮긴이)를 '잇'으로 풀이했다. '잇위'란 뜻에서 '태종'이 나오고, '이사부'는 음에 맞춘 글자다.

지명을 보자. "밀성은 추화推火라고도 한다"고 했다. '밀무'란 뜻에서 '추화'가 나왔고, 밀성密城은 음에 맞춘 글자다. "웅산熊山은 공목달功木達이라고도 한다"고 했다. '곰대'란 뜻에서 '웅산'이 나왔고, '공목달'은 음에 맞춘 것이다. "계립령鷄立嶺은 마목령麻木嶺이라고도 한다"고 했다. '저름'이란 뜻에서 '마목'이 나왔고, '계립'은 음에 맞춘 글자다. "모성母城은 아막성阿莫城이라고도 한다"고 했다. '어미'란 뜻에서 '모'가 나왔고, '아막'은 음에 맞춘 것이다. "흑양黑壤은 금물노今勿奴라고도 한다"고 했다. '거물라'의 '거물'이란 뜻에서 '흑'이 나왔고, '금물'은 음에 맞춘 글자다. '양'과 '노'는 둘 다 '라'의 음에 맞춘 것이다.

관직명을 보자. "각간角干은 발한發翰이라고도 한다"고 했다. '뿔'이란 뜻에서 '각'이 나왔고, '발'은 음에 맞춘 것이다. '각'과 '한'은 둘 다 '한'이란 음에서 나온 것이니, 불한은 군왕의 칭호였다. "누살耨薩은 도사道使라고도 한다"고 했다. '라'란 뜻에서 도道가 나왔고 '라'는 음에 맞춘 것이다. '살'이란 뜻에서 사使가 나왔고 살薩은 음에 맞춘 글자다. '라살'은 지방장관의 칭호였다. '말한·불한·신한'은 삼신에서 기원했는데, 이것은 '천일·지일·태일'이란 뜻에서 나왔고, 음을 맞춘 것이 마한·변한·진한이다. '도가·개가·크가·소가·말가'는 5대 대신의 칭호였다. '도·개·크·소·말'은 뜻에서 나온 것이고 가加는 음에서 나온 것이다. 이것이 저가·구가·대가·우가·마가가 된 것이다.

이처럼 번잡한 고증이 역사학적으로 무슨 의미가 있을까? 그러나 번잡한 듯하지만, 이를 통해 지리지의 오류도 교정하고 사료의 의문점도 해결할 수 있다. 또 고대 문학이나 생활사를 연구하는 데도 열쇠가 될 수 있다.

예를 들어보자. 해모수와 유화왕후가 만난 압록강鴨綠江이 어디인가? 그곳이 지금의 압록강이라고 한다면 당시의 부여 수도인 하얼빈과 너무 멀다는 문제점이 생긴다. 그런데 그곳이 지금의 압록강이 아니라고 한다면, 오늘날 다른 곳에는 압록강이란 지명이 없다는 문제점이 생긴다. 나는 3단계를 통해 이 문제를 해결했다. 제1단계로, 광개토경호태왕(광개토대왕_옮긴이)의 비에서 압록강을 아리수라고 한 것을 보고, 압록이란 표현이 아리에서 나왔음을 깨달았다. 제2단계로, 《요사》에서 요나라 흥종興宗이 "압자하鴨子河를 혼동강으로 고치도록 하라는 조서를 내렸다"란 구절을 보고, 압자鴨子가 '아리'이므로 혼동강 즉 송화강이 고대의 북압록강일 것이라고 가설을 세웠다. 제3단계로, 《동사강목》〈고이〉

에서,《삼국유사》의 "요하는 압록이라고도 한다[遼河—名鴨綠]"는 표현과 주자의 "여진족은 압록강을 거점으로 일어났다[女眞起據鴨綠江]"는 표현을 근거로 "세 개의 압록이 있다"고 한 것을 보고, 고대에는 송화강이 압록 강의 하나였으므로 해모수 부부가 만난 압록강은 송화강이라고 결론을 내렸다.

또 다른 예를 보자.《삼국지》〈동이전〉의 비리卑離를 두고, 청나라 건 륭제의《만주원류고滿洲源流考》〈삼한정류〉에서는 만주어의 패륵貝勒(음 은 패리)과 발음이 같다는 이유로 이것을 관직명으로 해석했다. 그러나 나는 이렇게 생각한다. 삼한의 '비리'는《삼국사기》〈지리지〉백제 편의 '부리夫里'를 가리킨다. 비리와 부리는 모두 '불'의 음을 취한 것으로 '도 회지'란 뜻이다. 마한의 비리와 백제의 부리가 같다는 점을 고려하면, 마 한의 피비리辟卑離는 백제의 파부리波夫里이고, 여래비리如來卑離는 이릉 부리爾陵夫里이며, 모로비리牟盧卑離는 모량부리毛良夫里이고, 감해비리鑑奚 卑離는 고막부리古莫夫里이며, 초산도비리楚山途卑離는 미동부리未冬夫里이 고, 고랍비리古臘卑離는 고막부리古莫夫里다. 한쪽은 음을 따르고 다른 쪽 은 뜻을 따랐기에 서로 다른 글자가 쓰였지만, 대략적인 것은 알 수 있 다. 고조선이 제나라 관중과 싸우던 시절에 산서성이나 하북성 영평부 에 '비이卑耳'란 시냇물이 있었다. '비이'는 '비리'로 곧 '불'을 번역한 것이 다. 이로써 조선 고대의 '불'이 산해관 이서以西에까지 있었음을 알 수 있 는 것이다.

번잡한 고증 자체가 역사학상의 큰일은 아니지만, 역사상의 큰일을 발견하는 도구는 될 수 있다. 한걸음 더 나아가《훈몽자회》나 〈처용가處 容歌〉나 훈민정음을 통해 고어를 연구하고《삼국유사》의 향가를 통해 이 두를 연구한다면, 역사상의 사실을 수없이 발견할 수 있을 것이다. 일찍이 필자도 이 점에 주목했지만, 해외에 나온 뒤로는 책 한 권 구입하기 힘들었다. 《삼국유사》를 곁에 두었으면 했지만, 이것도 10년간 여의치 않았다.

4) 위서의 판별과 선택에 대하여

고대로부터 우리나라는, 조선 태종 때처럼 진귀한 고서들을 불태운 적은 있어도 위서를 조작한 적은 없었다. 그런데 근래에 《천부경天符經》과 《삼일신고三一神誥》가 처음 출현했다. 아무도 이 책들을 반박하지 못했지만 이것들을 고서로 인정하는 사람도 없었다. 하지만 우리나라에서는 각 가문이 족보로 조상의 일을 위조한 것을 제외하면 서적의 진위 판별에 그리 신경을 쓸 필요는 없다.

인접한 중국과 일본은 옛적부터 우리와 빈번하게 교류했기 때문에, 두 나라에는 우리 역사에 참고할 만한 서적이 적지 않다. 그러나 위서가 많기로는 중국 같은 나라도 없을 것이다. 그렇기 때문에 중국 서적의 위작 여부를 가리지 못하면, 잘못된 기록으로 우리 역사를 증명하는 오류를 범하게 된다.

위조에는 여러 유형이 있다.

첫 번째는 책 자체가 위서인 경우다. 예컨대 《죽서기년》의 진본이 사라지고 위작만 남았다는 점은 앞에서 언급했다. 옛날 역사가들은 《단군고기檀君古記》[25]에 나오는 "단군은 요임금이 즉위한 무진년으로부터 50

---

25 원문은 '고기(古記)'다. 《조선상고사》 곳곳에 등장하는 고기란 표현은 원칙상 《단군고기》를 뜻한다. 《삼국유사》〈기이〉 편에서는 《고기》를 인용해서 단군의 건국을 설명했다. 《세종실록》〈지리지〉에서는 《삼국유사》에 인용된 그 내용을 소개하면서

년 뒤에 나라를 세웠다"란 문장을 인용했다. 그래서 단군의 연대를 알고
자 하는 사람들은 항상 요임금의 연대를 참고했고, 요임금의 연대를 알
고자 하는 사람들은 김인산의 《속자치통감강목續資治通鑑綱目》을 참고했
다. 그런데 중국 역사학의 시조인 사마천은 주나라 소왕昭王[26]이나 공화
시대[27]의 연도를 몰라서 《사기》 연표에 기록하지 못했다. 그런데 그보다
훨씬 이전인 요임금 시대의 연대를 어찌 알 수 있겠는가. 《속자치통감강
목》의 연대는 위서인 《죽서기년》에 의거한 것이므로, 《속자치통감강목》
에 의거해 연대를 찾는 것은 연대를 왜곡하는 것이다.

　어떤 사람은 공안국의 《상서공씨전尚書孔氏傳》에 나오는 "구려句麗·간
駻[28]·맥貊"이란 구절을 인용하여 고구려와 삼한이 주나라 무왕과 교류
했다고 주장한다. 그런데 《사기》 〈공자 세가〉에서는 "공안국은 지금 황
제 때 박사가 되고 임회태수가 된 뒤 일찍 사망했다"고 했다. '지금 황제'

《고기》를 《단군고기》라고 표기했다. 또 신채호도 단군조선과 관련된 부분에서 '고
기'란 표현을 자주 사용했다. 일연이 《삼국유사》를 쓰면서 《단군고기》를 《고기》라
고 약칭한 것이나, 조선 시대 사관들이 《세종실록》을 쓰면서 《삼국유사》에 나오는
《고기》를 《단군고기》로 이해한 것을 보면, 과거에는 《단군고기》란 책이 매우 유명해
서 《고기》란 약칭으로 불렸음을 알 수 있다. 신채호 역시 그런 관행에 따라 《단군고
기》 대신 《고기》란 표현을 자주 사용한 것으로 보인다. 이처럼 이 책에서는 《고기》
가 원칙상 《단군고기》를 뜻하지만 그렇지 않은 경우도 많으니 독해에 주의가 필요
하다.

26　중국 학자들이 하나라·은나라(상나라)·주나라의 연대를 밝히고자 벌인 작업인 '하
　　상주 단대공정(夏商周斷代工程)'에 따르면, 소왕이 재위한 기간은 기원전 995~977
　　년이다. 그러나 하상주 단대공정에 대해서는, 중국사의 기간을 의도적으로 확장한
　　작업이라는 비판이 제기되고 있다.

27　주나라 시대로 기원전 841~828년에 해당한다.

28　동이족의 일종을 지칭하는 표현.

는 한나라 무제다. 한무제를 '지금 황제'라고 부른 것은 사마천이 살았을 때 한무제가 죽지 않았기 때문이다. 공안국이 일찍 사망했다고 한 것은 사마천이 살아 있을 때에 공안국이 죽었기 때문이다. 그렇다면 공안국은 사마천보다 먼저 죽고 사마천은 한무제보다 먼저 죽은 게 분명하다. 그런데 《상서공씨전》에는 한무제의 아들인 한나라 소제 때 설치된 금성군이란 지명이 나온다. 공안국이 자신의 사후에 설치될 지명을 미리 알 만한 점쟁이였다면 모르겠지만, 그렇지 않다면 《상서공씨전》이 위서인 게 분명하다. 그러므로 거기에 기록된 구려니 간이니 맥이니 하는 것들은 명백히 허위다.

위조의 두 번째 유형은, 책은 진짜이지만 내용에 위조가 들어간 경우다. 이것은 두 가지로 나눌 수 있다.

하나는 저자 자신이 내용 일부를 위조한 경우다. 일례로 《초학집初學集》이나 《유학집有學集》 등은 명나라 시인인 전겸익이 저술한 책이다. 그러나 이 책에서 우리나라와 관련된 사항은 대개 다 전겸익이 위조한 내용이다. 이에 대해 반박할 증거들이 있었으니 망정이지, 만일 없었다면 단순한 추정만으로 대항하기 힘들었을 것 아닌가.

다른 예로, 《사기》에 나오는 "무왕이 …… 기자를 조선에 책봉했다"는 구절의 진위 문제다. 예전에 장유라는 학자가 두 가지 근거로 이 구절의 허구성을 입증한 적이 있다. 첫째, 그는 《서경書經》〈홍범〉에 나오는 "나는 신하가 되지 않겠다"는 기자의 말을 인용하여, 기자가 남의 신하가 되지 않겠다고 맹세한 이상 무왕의 책봉을 받을 이유가 없다고 했다. 둘째, 그는 《한서漢書》에 나오는 "기자가 (무왕을) 피해 조선으로 갔다"는 구절을 인용하면서, 반고는 사마천보다 충실하고 엄격하기 때문에 반고가 《사기》에 나오는 기자책봉설을 인용하지 않은 것을 볼 때 책봉설은 사실이 아니라고 단언을 내렸다. 이런 것은 인증人證 즉 사람에 의한 증명이다.

또 다른 예로, 중국에 보낸 국서 속의 사대주의적 표현들이다. 고구려·백제·신라 이후부터 몽골 침략 이전까지는 우리의 국력이 강성했다. 그런데 이 시기에 중국과 무력 대결을 벌일 때 우리가 중국에 보낸 국서 속에 우리 스스로를 낮추는 표현이 많았다고 한다. 하지만 이것은 사실이 아니다. 첫째, 다른 나라 사신이 찾아오는 것을 내조來朝('알현하다'란 의미_옮긴이)라고 표현하는 것은 중국인들의 병리적 자존심의 표현이다. 근세에 영국·러시아 등과 통상한 사실을 두고, 청나라가 "아무개 나라가 신하를 자처하며 조공을 바쳤다"고 기록한 것만 보아도 알 수 있다. 이 정도니, 중국 측 기록은 함부로 신뢰할 수 없다. 둘째, 중국인들이 만든 《열조시집列朝詩集》이나 《양조평양록兩朝平讓錄》 같은 시 평론서를 보면, 조선 사람의 시를 실을 때 1구나 1연을 대담하게 바꾼 것을 알 수 있다. 이 정도면 우리 역사를 기록할 때도 얼마든지 내용을 바꿀 수 있는 것이다. 셋째, 몽골이 우리나라에 간섭할 때 우리의 악부樂府나 역사책에서 황도皇都니 제경帝京이니 해동천자니 하는 표현들이 모조리 사라졌다는 사실이 《고려사》에 나타난다. 이런 오류가 그대로 담긴 《삼국사기》나 《고려사》 등이 중국과의 관계에 대한 내용을 사실대로 기록했을 리 없다. 지금 살펴본 것처럼 사실 관계를 근거로 역사책을 검증하는 것을 사증事證이라고 한다.

몇 해 전에 김택영의 《역사집략歷史輯略》과 장지연의 《대한강역고大韓疆域考》에서는, 《일본서기》를 근거로 신공황후 18년(서기 218년경)의 신라 정복설과 수인천황 2년의 임나일본부 설치설을 소개하며 박학다식을 자랑했다. 그런데 신공 18년은 신라 내해이사금 시대다. 내해이사금 때는 신라가 압록강을 구경한 일도 적을 텐데, 내해이사금이 아리나례阿利那禮(압록강)를 가리키며 맹세했다고 하는 것은 무슨 말인가? 수인은 백제와 교류하기 전의 일본 황제다. 백제의 직물이 수입되지 않았던 때인데, 수인 2년에 일본이 임나국 사람에게 붉은 비단 200필을 주었다는 것은 어찌된 말인가? 이치에 맞지 않는 이야기다. 이렇게 이치를 들어 역사 기록을 검증하는 것을 이증理證이라 한다. 이처럼 인증·사증·이증을 통해 역사 기록의 거짓을 알아낼 수 있다.

책 자체는 진짜이지만 내용에 위조가 들어간 또 다른 경우는 후세 사람이 조작하는 것이다. 원래의 책에는 조작이 없었지만 후세 사람이 문구를 넣어 변조한 경우가 여기에 해당한다. 당태종은 고구려를 치기 전에 《사기》·《한서》·《후한서》·《삼국지》·《진서》·《남사南史》·《북사北史》 등에 있는 고조선 관계 기사를 자국에 유리하게 바꾸고자 했다. 그래서 고전학자인 안사고 등에게 사실을 바꾸고 덧붙이고 잘못된 주석을 달도록 했다. 이 때문에 한사군의 연혁이 거짓으로 알려지고 양국이 교환한 국서들이 원래대로 알려지지 않게 되었다. 이에 관한 증거는 본편 제2장에서 볼 수 있다.

위조의 세 번째 종류는 위서가 진실을 담고 있는 경우다. 예컨대 《관자管子》 같은 것은 관중의 작품은 아니지만, 춘추 6국 시대의 저작으로서 조선과 제나라의 전쟁에 관한 진실을 전하고 있다. 이 경우는 비록 위서이기는 하지만 진본 이상의 가치를 갖고 있다고 말할 수 있다.

5) 몽골 · 만주 · 터키족의 언어와 풍속의 연구

김부식은 김춘추와 최치원 이래로 모화주의의 결정체였다. 그의 《삼국사기》에서는 고주몽을 고신씨의 후예라고 했고, 김수로를 김천金天씨의 후예라고 했으며, 진한을 중국 진나라 이민들의 나라라고 했다. 피나 뼈나 언어나 종교나 풍속이나 어느 것 하나도 같은 게 없는 중국을 우리의 동족으로 보고, 말고기에 쇠고기를 섞는 식으로 엉터리없는 붓놀림을 놀렸다. 그 뒤로 그의 오류를 갈파한 이가 없었다. 이로 인해 오랫동안 부여의 계통이 불분명해지고 조선사가 암흑에 처하게 되었다.

언젠가 《사기》〈흉노 열전〉을 읽었다. 성씨가 다른 3대 귀족이 있는 것은 신라와 같고, 좌우 현왕賢王[29]이 있는 것은 고려나 백제와 같고, 5월에 제천행사가 있는 것은 마한과 같고, 무戊나 기己가 들어간 날을 숭상하는 것은 고려와 같았다. 왕공을 한汗이라 하는 것은 삼국의 간干과 같고, 관직명 끝에 '치'가 붙는 것은 신지臣智의 '지', 한지旱支의 '지'와 같았다. 왕후를 가리키는 알씨는 혹시 아씨의 번역어가 아닐까 하는 가설이 떠올랐다. 사람과 가축을 세는 곳을 지칭하는 '담림'이나 '대림'은 혹시 살림이란 뜻이 아닐까 하는 의문도 생겼다. 또 휴도休屠[30]는 소도와 음이 같다. 대휴도를 둔 휴도국이 있고 그 밑에 소휴도가 있으니, 삼한의 소도와 다를 게 없다는 생각이 들었다.[31] 그래서 조선과 흉노가 3천 년 전에는 한집안이었을 것이라는 가설을 세우고 해답을 찾아 나섰다.

그 뒤 청나라 황제인 건륭제가 직접 편찬한 《만주원류고》[32]와 《요

---

29 좌현왕은 흉노족 귀족의 최상위로서 태자가 겸직했고, 우현왕은 좌현왕과 더불어 최고위층을 형성했다.

30 현대 중국어 발음은 '슈투'다.

31 이 문장의 의미는 《조선사 연구초》 제1편에서 확인할 수 있다. 이에 따르면, 중앙에 있는 신소도 아래에 여러 개의 소도가 있었다. 흉노족의 휴도에도 이 같은 위계질서가 있었으므로 이 역시 고조선과 흉노족의 동질성을 보여주는 증거 중 하나라는 게 이 부분에서 신채호가 강조하는 점이다.

사》33·《금사》34·《원사》35의 국어풀이[國語解] 편을 비교해 보았다. 여기에는 몇 가지 오류가 있었다. 예컨대《만주원류고》에서는 부여의 장관 칭호인 '가加'를 발음 그대로 받아들이지 않고 글자 자체에 의미를 부여했다. 가加가 가家의 오자일 것이라고 풀이한 것이다. 또《금사》의 발극렬勃極烈36이 음이 비슷한 신라의 불구내弗矩內37와 같은 것이라고 하지 않고 청나라의 패륵貝勒38과 같은 것이라고 풀이하는 오류를 범했다. 하지만《만주원류고》는 생각할 거리를 많이 주었다. 이 책에서는 주몽의 만주어인 '조린망아39'는 '활을 잘 쏘는 사람'이란 뜻이고, 옥저의 만주어인 '와지'는 삼림의 뜻이라고 했다. 또 삼한의 관직명에 붙은 '치'는 몽골어에서 마관馬官을 '말치'라 하고 양관羊官을 '활치'라 하는 것과 같다고 했고, 삼한의 한韓은 가한可汗의 한汗과 같이 임금의 칭호이지 나라의 칭호가 아니라고 했다.

---

32 만주 지역의 역사와 문화에 관한 책으로, 정식 명칭은《흠정만주원류고》다.

33 거란족이 세운 요나라의 역사를 기록한 책으로, 몽골제국(원나라)이 공식적으로 편찬했다.

34 여진족이 세운 금나라의 역사를 기록한 책으로, 몽골제국이 공식적으로 편찬했다.

35 몽골제국의 역사를 기록한 책으로, 명나라 때 편찬했다. 칭기즈 칸 때인 1206년부터, 몽골제국이 동아시아 패권을 상실하기 직전인 1367년까지의 역사를 기록한 책이다. 몽골제국이 초원으로 쫓겨난 뒤의 역사는 담고 있지 않다.

36 여진족이 추장을 가리키는 표현이었다. 현대 중국어 발음은 '보지리에'다.

37 《삼국유사》〈기이〉편에 따르면, 알에서 갓 태어난 박혁거세에게 부여된 칭호 중에 혁거세 외에 불구내란 표현이 있었다. 불구내의 현대 중국어 발음은 '푸쥐네이'다.

38 청나라에서 만주인 황족과 몽골인 귀족에게 부여한 고급 작위다. 신채호는《조선상고사》원문에서 '패리'로 표기했다.

39 《조선상고사》원문에는 '주림물'로 표기했으나, 이는 신채호의 착오로 조린망아가 정확한 발음이다.

그 뒤 동몽골 승려를 만나 동몽골어의 동서남북을 물어보니, 연나·준나·우진나·회차라고 답변했다. 이것이 《삼국사기》〈고구려 본기〉에서 "동부는 순나, 서부는 연나, 남부는 관나, 북부는 절라라고 한다"고 한 것과 같음을 알았다. 후에 일본 고고학자인 도리이 류조의 연구에 따르면, 조선·만주·몽골·터키 네 개 민족이 공통적으로 사용하는 단어가 수십 개라고 한다. 그중 기억나는 것은, 아기를 귀자貴子라고 하거나 메주를 건장乾漿이라고 하는 것 등이다.

이것을 보고 나는 2단계의 추측을 해보았다. 제1단계로, 조선·만주·몽골·터키의 언어가 같은 계통일 것이라고 추측했다. 이어서, 중국 정사인 '24사史'에서 선비·흉노·몽골 등에 관한 기록을 통해 그들의 종교·풍속을 살펴본 다음, 흉노의 잔존 세력이 터키·헝가리 등으로 이주한 사실을 살펴보았다. 이에 따라 제2단계로, 조선·만주·몽골·터키 민족이 원래 동족이었을 것이라고 추측하게 되었다. 이런 추측의 옳고 그름을 떠나, 조선 고대사를 연구하자면 조선 고어뿐 아니라 만주어·몽골어 등도 연구해야 한다. 그래야만 고대의 지명과 관직명을 이해할 수 있다. 또 그래야만 이주·교통·전쟁의 흔적이나 풍속·문명의 차이를 포함한 역사적 문제를 심도 있게 연구할 수 있고, 오류를 교정하는 데도 도움이 될 것이다.

지금까지, 자료의 수집 및 선택 등을 통해 얻게 된 경험을 소개했다. 그런데, 슬프다. 조선·중국·일본 등 동양의 문헌에 관한 대형 도서관이 없으면 조선 고대사를 연구하기 어렵다. 일본의 경우, 아직 만족할 만한 도서관은 없지만, 그래도 동양에서는 가장 나은 편이다. 서적을 구매 혹은 열람하거나 사료를 수집하는 일도 우리보다 유리하다. 조선의 고서들도 그곳 왕실 도서관에 있지 않은가. 게다가 신사학新史學[40]에 대한 소양까지 갖추고 있다. 그런데도 일본에서 서양학의 걸물이 나오지 못한 것은 무엇 때문일까? 명성이 가장 높은 시라토리 구라키치의 《조선사연구》에 형식상의 참신성은 물론이고 내용상의 창의성도 없는 것은 무슨 까닭일까? (2줄 삭제, 검열에서 삭제된 듯)[41] 그것은 일본인들의 협소한 천성으로 인해 조선을 헐뜯기에만 급급해 균형 감각을 상실했기 때문이 아닐까? 일본인들의 손으로 조선 역사학을 발달시키고 싶은 것은 아니지만, 조선의 사료를 남김없이 가져다가 암흑 속에 썩히고 있으니 탄식하지 않을 수 없는 일이다.

5. 역사의 개조에 대한 의견

역사학 자료에서 사라진 것을 찾아 넣고 빈 곳을 채워 넣고 거짓된 것을 없애버리고 왜곡된 곳을 가려내는 방법은 이미 설명했다. 이것으로 다 끝난 게 아니다. 편찬하고 정리하는 과정에서도 과거의 틀을 고치지 않으면 안 된다. 요즘 새로운 방식으로 역사를 기술했다는 책이 한두 권 나왔다. 하지만 신라사·고려사라 하며 왕조를 나누어 서술하던 것을 상세·중세·근세로 서술하고, 권지일券之一·권지이 하던 것을 제1편·제2편으로 바꾸는 정도였다. 또 재기才技 같은 어휘를 '예술'로 바꾸고, '근왕'이니 한외捍外니 하는 것들을 '애국'이니 '민족적 자각'이니 하는 것들로

---

40 문헌 이외의 자료도 역사학 연구에 활용하는 경향을 의미한다.
41 이 주석은 신채호가 직접 언급한 것이 아니다. 신채호 사후 그가 신문에 연재한 글을 모아 책으로 펴내는 과정에서, 신채호의 원문 두 줄이 삭제된 것이 확인되었다.

바꾸었을 뿐이다. 심하게 말하면, 한장본韓裝本을 양장본으로 바꾼 데 불과하다. 이제, 역사의 개조에 대한 나의 의견을 제시하고자 한다.

1) 맥락[系統]을 찾아라

기존 역사책에서는 갑甲대왕이 을乙대왕의 아버지니, 정丁대왕이 병丙대왕의 동생이니 하는 왕실의 계통을 규명할 뿐 그 외의 계통은 찾으려 하지 않았다. 무슨 사건이든지 하늘에서 거인이 내려오고 평지에서 산이 솟아오르는 식으로 기술한 것이다. 그래서 마치 한 편의 괴기소설을 읽는 기분이었다. 역사학은 인과 관계를 추적하는 학문이거늘, 인과 관계와 무관하게 역사를 기술한다면 역사학이 무슨 필요가 있겠는가? 기존 책들이 그러했던 것은 지은이의 부주의였다. 역사학이 본래 그런 것은 아니다. 기존의 역사책에서 맥락을 밝히지 않았더라도 우리는 그것을 찾아야 한다.

《삼국사기》〈신라 본기〉에 따르면, 신라의 국선 제도는 진흥대왕 때부터 문무대왕 때까지 전성기를 누렸다. 사다함 같은 화랑은 겨우 열대여섯 살 소년이었을 때, 중국 성인인 공자와 견줄 정도로 제자가 많았다. 《삼국사기》에 인용된 김대문의 말에 의하면, 슬기로운 재상, 훌륭한 장수, 충성스러운 신하, 용감한 무사가 모두 여기서(국선 제도_옮긴이) 배출됐다. 그런데 《삼국사기》에 국선 제도가 나타나는 기간은 겨우 수십 년밖에 안 된다. 국선 제도 이전에 그 원형이 있었을 것이고 이후에 그 후예들이 있었을 것 아닌가. 그런데 《삼국사기》 속의 국선은 갑작스레 출현했다가 갑작스레 멸종된 제도 같다. 신라식 괴기소설이 아니고 무엇인가.

그렇지만 국선 제도의 맥락을 영원히 알아낼 수 없는 것은 아니다.

《단군고기》를 보면 단군왕검이 국선의 시조였다는 사실을 알 수 있고, 〈고구려 본기〉를 보면 국선의 후예인 조의선인이 있었다는 사실을 알 수 있다. 이런 기록들을 통해 국선의 계통을 확인할 수 있다. 또 《고려사》에서 이지백이 "선랑仙郎을 중흥시키자"고 한 것이나, 예종이 "사선四仙의 유적을 더욱 영광되게 하라"고 한 것이나, 의종이 "국선의 활로를 넓히라"고 한 것을 보면, 고려 시대까지도 국선의 전통이 이어졌음을 알 수 있다. 이것이 맥락을 찾아 역사를 연구하는 방법이다.

2) 상호 관련성[會通]을 규명하라

사건 상호간의 관계를 규명하는 것을 회통會通이라 한다. 옛 역사서에도 회통이란 표현이 나오지만, 예지禮志(역사서의 의례·제도 부분_옮긴이)나 과목지科目志(역사서의 하위 부분_옮긴이) 같은 곳 말고는 회통을 활용한 곳이 없다. 물론 이런 데서도 회통이 제대로 구사되지 않았다. 대부분의 사건이 홀연히 모였다가 흩어지는 채색 구름처럼, 혹은 돌연히 불었다가 그치는 회오리바람처럼 기술된 탓에, 도저히 감을 잡을 수 없다.

　《고려사》〈묘청 열전〉을 보면, 일개 승려에 불과한 묘청이 "평양으로 천도하여 금나라를 치자"고 하자, 인종 임금을 위시한 신하와 백성들이 순식간에 들고 일어났다. 그런데 묘청은 평양을 거점으로 국호를 대위大爲라 하고 연호를 천개天開라 한 뒤, 인종에게 대위국 황제의 제위에 오르라며 협박장 같은 상소를 올렸다. 반대파 수령이자 일개 문관인 김부식이 왕의 군대를 이끌고 가서 죄를 묻자, 묘청은 변변히 싸워보지도 못한 채 부하에게 죽임을 당했다. 이 때문에 묘청을 미치광이라고 평한 역사서도 있다. 그런데 묘청을 숭상하는 사람들이 그처럼 많았던 이유는 무엇이며, 그가 하루아침에 허무하게 패배한 이유는 무엇일까?

《고려사》의 세가나 열전을 보면, 태조 왕건은 거란족 요나라와 단교하고 북방 고토를 회복하려 했지만 시도도 해보지 못하고 사망했다. 후손인 광종·숙종 같은 제왕들은 그 유지를 실현시키겠다는 뜻을 품었다. 이지백·곽원·왕가도 같은 신하들은 북벌을 열렬히 지지했다. 하지만 다들 결실을 거두지 못했다. 그 후 예종과 윤관이 두만강 이북을 경영하기 위해 전쟁을 벌였지만, 반대파가 너무 많은 탓에 이미 점령한 아홉 성(동북 9성_옮긴이)까지 금나라 태조에게 돌려주고 말았다. 무인들은 이것을 천추의 한으로 여겼다. 그 뒤 금태조는 요나라를 멸하고 중국 북방을 차지한 뒤 천하 경영의 뜻을 품었다.

금나라는 백두산 동북쪽의 여진 부락에서 출발했는데 본래 우리에게 복역하던 노예 종족이었다. 《고려도경》에서는 "여진족은 노예가 되어 고려를 섬겼다"고 했다. 《고려사》에 실린 금나라 경조[42]의 국서에서도 "여진족은 고려를 부모의 나라로 섬겼다"고 했다. 그런 민족이 하루아침에 강성해져서 관계를 바꿔놓은 것이다. 《고려사》에 실린 금태조의 국서에서는 "형인 대금大金 황제가 동생인 고려국왕에게 글을 보낸다"고 했다. 조금만 혈기가 있는 사람이라면 이런 국치에 눈물을 흘리지 않을 수 없었다.

이런 분위기 속에서 묘청이 나타나, 고려 초부터 전해지던 "평양에 도읍을 정하면 서른여섯 개 나라가 조공할 것"이라는 도참설을 주장했다.

---

42 완안아골타(금태조)가 금나라를 세운 뒤에 그의 7대조까지 황제로 추존되었다. 완안아골다의 할아버지로 완안오골내라는 이름을 가진 경조는 황제로 추존된 인물이다. 참고로, 완안아골타의 7대조로서 시조(始祖) 황제로 추존된 완안함보는 《금사》에 따르면 고려 출신 외래인으로서 여진부 완안씨의 족장이 된 인물이다. 그는 현지의 여진족 여인과 결혼했다.

사대주의자 김부식을 비롯한 몇몇 사람 외에는 모두들 묘청을 지지했다. 대문호인 정지상, 무장인 최봉심, 문무를 겸비한 윤언이(윤관의 아들)가 한목소리로 북벌론을 주창했다. 이로써 묘청의 세력이 한순간에 전성을 이루었다. 그러나 얼마 뒤 묘청의 말이나 행동이 미친 사람처럼 망령[狂妄]되어, 평양에서 왕명도 없이 국호를 고치고 조정을 위협하는 사태가 벌어졌다. 그러자 왕의 좌우에 있던 정지상은 묘청의 행동을 반대했고, 윤언이는 자신과 생각이 다른 김부식과 함께 묘청 토벌에 나섰다. 묘청이 실패한 원인은 거기에 있다. 김부식은 출정 전에 정지상을 죽이고, 토벌 후에는 윤언이마저 귀양을 보냈다. 북벌론자들의 뿌리를 이렇게 뽑아낸 것이다. 김부식은 성공했지만 한민족은 이로부터 쇠약해졌다. 이렇게 설명하면 묘청의 실패 원인과 이후의 결과가 명확해지지 않는가. 이것이 회통을 추구하는 방법이다.

3) 국수주의[心習]⁴³를 버려라

언젠가 영국 해군성 보고서에서 '세계 철갑선의 시조는 1592년경의 조선 해군대장 이순신'이라고 했다. 일본인들은 일본의 배가 철갑선이었지 이순신의 것은 철갑선이 아니었다면서 보고서를 반박했다. 한국 쪽 논객들은 보고서를 무비판적으로 인용했다. 그래서 어느 쪽이 먼저 철갑선을 제조했는가를 두고 암암리에 논쟁이 벌어졌다.

　일본인들의 말은 아무 증거도 없는 위증이라 논박할 가치가 없다. 하지만 《이충무공전집》에 설명된 거북선의 구조를 보면 배를 목판으로 덮었지 철판으로 덮지는 않은 듯하다. 따라서 이순신을 장갑선의 시조라

43　신채호는 심습이란 표현을 사용했지만 문맥상 이것은 국수주의를 뜻한다.

고는 할 수 있어도 철갑선의 시조라고는 할 수 없다. 철갑선의 시조라고 하는 편이 훨씬 더 명예스럽겠지만, 하지도 않은 일을 했다고 하는 것은 기술 발전의 단계를 왜곡하는 것이다. 부여 왕조의 학자가 물리학을 창시했다든가 고려 기술자가 증기선을 발명했다든가 하는 주장이 나온다 해도 그런 것들을 신용해서는 안 된다. 이는 남을 속여서도 안 되지만 스스로를 속여서도 안 되기 때문이다.

4) 사회상[本色]⁴⁴을 보존하라

조선 시대에 권문해가 편찬한 백과사전인 《대동운부군옥大東韻府群玉》에는 "국선인 구산이 사냥을 나가서, 금수 중에서 알을 품은 놈이나 새끼 가진 놈을 마구 살육했다. 그랬더니 주인이 저녁 밥상에 자기의 다리 살을 베어놓고 '공은 어진 사람이 아니니, 사람의 고기도 먹어보라'고 하였다"는 내용이 나온다.

신라 때는 술랑·영랑 등의 사상이 널리 퍼져 있어서, 사람들이 국선오계國仙五戒의 살상유택殺傷有擇을 받들었다. 이런 계율을 위반하는 사람은 사람 고기도 먹을 것이라는 반감에서, 시골 가게 주인이 이처럼 참혹하게 무안을 준 것이다. 수십 자에 불과하지만 신라 화랑사의 일부를 볼 수 있다.

《삼국사기》〈고구려 본기〉 미천왕 편에 "봉상왕이 아우인 돌고가 딴 마음을 품은 줄로 의심하고 그를 죽이니, 돌고의 아들인 을불(미천왕)은 해를 입을까 두려워 도망쳤다. 처음에 을불은 수실촌 사람인 음모의 집에서 머슴살이를 했다. 음모는 그가 누구인지도 모르고 너무 심하게 일

---

44 신채호는 본색이란 표현을 사용했지만 문맥상 이것은 사회상을 뜻한다.

신채호의 국선오계

신채호가 세속오계 대신 국선오계라는 표현을 사용한 이유는 무엇일까? 세속오계도 틀린 표현은 아니다. 하지만 이보다는 국선오계라는 표현이 이 계율의 기원을 밝히는 데 더 도움이 된다. 세속오계의 출전인 《삼국사기》〈귀산 열전〉에 따르면, 원광법사는 자신에게 가르침을 청하는 귀산과 추항에게 "지금 세속에 오계가 있다[今有世俗五戒]"는 말을 시작으로 사군이충·사친이효·교우이신·임전무퇴·살생유택을 가르쳤다. 원문인 "금유세속오계"는 '지금 세속오계가 있다'로 번역하기보다는 '지금 세속에 오계가 있다'로 번역하는 것이 훨씬 더 자연스럽다. 오계의 발원지가 세속이 아닌 종교이므로 세속오계란 표현을 썼을 리는 만무하다. 오계가 세속에서 영향력을 발휘하고 있다는 의미에서 '세속에 오계가 있다'고 말한 것이다. '금유세속오계'란 원문에서 확인할 수 있는 또 다른 정보는 원광법사가 이 오계의 창안자가 아니라는 점이다. '지금 세속에 오계가 있다'는 말은 그 당시에 이미 오계가 사회규범의 역할을 하고 있었음을 의미하는 것이다.

그럼 이 오계를 국선오계라고 부른 것은 타당한가? 불교 승려인 원광법사가 신선교 계통인 화랑의 오계를 거론할 이유가 있었을까? 결론부터 말하면 '그렇다'이다. 오늘날의 불교 사찰에서 신선교의 유산인 산신각을 발견할 수 있듯이 한국 불교는 전통 신앙과의 융합 속에서 발달했다. 원광법사의 시대인 6~7세기에는 불교에 대한 신선교의 영향력이 훨씬 더 강력했다. 그래서 불교 승려는 신선교 혹은 화랑도 수행자와 명확히 구별되지 않았다.

이 점은 원광법사가 죽은 뒤인 8세기에 활약한 월명사란 승려에게서도 발견된다.《삼국유사》〈감통〉편에 따르면, 두 개의 해가 나타나자 신라 경덕왕은 이 일을 해결할 목적으로 월명사에게 불교 노래를 지어줄 것을 요청했다. 그러자 월명사는 "저는 국선의 무리에 속해 있기 때문에 향가나 알 뿐이지, 불교 음악 같은 것에는 서툽니다"라고 대답했다. 승려로서 화랑이나 신선교 수행자를 겸한 사례는 월명사뿐 아니라 전밀·안상·범교·원효·도선·서산·사명대사 등의 경우에도 나타난다.

원광법사 역시 그랬다는 점은 그의 집안 내력을 보면 쉽게 알 수 있다. 원광법사는 전형적인 화랑도 가문에서 출생했다. 이 집안에서는 화랑의 지도자인 풍월주가 대거 배출됐는데 초대 풍월주인 위화는 그의 할아버지, 제4대 풍월주인 이화는 아버지, 제12대 풍월주인 보리는 동생, 제20대 풍월주인 예원은 조카, 제28대 풍월주인 오기는 조카의 아들이었다. 화랑의 역사를 담은《화랑세기》의 저자인 김대문은 조카의 조카의 아들이었다.

이 정도면 불교가 전파된 이후에도 불교 승려들이 화랑도나 신선교의 영향을 받았음을 알 수 있다. 이런 상황에서 원광법사가 국선오계를 가르친 것은 당연한 일이었다. 이렇게 한국 고대에는 신선교나 화랑도의 영향력이 막강했는데도《삼국사기》나《삼국유사》에서 이런 문화가 은폐된 데 대해 신채호는 학자적 분노를 느끼지 않을 수 없었다. 이런 학자적 분노가《조선상고사》의 저변에 깔려 있다. 그래서 역사서를 읽을 때는 이런 사회상을 찾아내기 위해 노력할 필요가 있다는 게 신채호의 조언이다. 역사를 공부할 때 사회상에 주목하라는 그의 이야기는 계속된다.

을 시켰다. 그 집 옆에는 방죽이 있었는데 밤에 그곳에서 개구리가 울면 을불에게 기와 조각이나 돌을 던져 울지 못하게 하도록 했고, 낮에는 나무를 하라고 시켜 잠시도 쉬지 못하게 했다. 을불은 괴로움을 견디다 못해 1년 만에 음모의 집에서 나와, 동촌東村 사람인 재모와 함께 소금장수를 했다. 하루는 배를 타고 압록강에 가서 소금을 갖고 뭍에 오른 뒤, 강동쪽인 사수촌 사람의 집에 묵었다. 그 집 노파가 소금을 청하기에 한 말 가량을 주었다. 더 달라고 했지만, 더 주지는 않았다. 노파는 앙심을 품고 자기 신발을 소금 속에 몰래 넣어두었다. 을불은 이 사실을 모르고 소금을 지고 길을 나섰다. 노파가 쫓아와 신발을 찾았다. 노파는 그가 신발을 감추었다면서 압록재鴨淥宰에게 거짓으로 고발했다. 압록재는 신발값으로 소금을 빼앗아 노파에게 주고, 을불을 매질한 뒤 놓아주었다"는 이야기가 있다.

얼마 안 되는 기록이지만, 부호들의 포학과 백성·수령들의 패악을 반영하는 봉상왕 시대 사회상의 일면이다. 《삼국사기》에는 이런 기록이 별로 나오지 않는다. 《삼국사기》나 《고려사》에서는 '아무개 왕이 즉위했다'거나 '아무개 왕이 죽었다'며 지루하게 연대만 나열한다. 또 '아무개 나라에 사신을 파견했다'거나 '아무개 나라에서 보고가 들어왔다'며 무미건조한 사실만 나열한 경우가 많다. 위의 두 사례처럼 그 시대의 사회상[本色]을 보여주는 글은 그리 많지 않다. 이는 유교도들이 춘추필법과 외교적 편견에 사로잡혀, 역사 기록을 마음대로 고쳐 시대상을 알려주는 사상을 흐리게 한 탓이다.

옛날 서양의 어느 역사가가 벽을 사이에 둔 이웃집에서 두 사람이 쟁론하는 것을 자세히 엿들었다. 그런데 다음 날 남들이 전해주는 두 사람의 쟁론은 자기가 들은 것과 전혀 딴판이었다. 그러자 그는 "지금까지의 역사 기록이란 것들은 이런 경우처럼 잘못 전달된 것들에 기초한 것이 아닐까?"라며 자기가 쓴 역사서를 모두 불에 넣어버렸다. 신문이나 잡지의 경우, 기자가 취재하고 편집자가 교정한 뒤에도 틀린 데를 다시 수정한다. 그렇게 해도 기사 내용이 사건 진상과 확연히 다른 예가 허다하다. 이 신문에서는 이렇게 보도하고 저 신문에서는 저렇게 보도하는 바람에, 어느 쪽을 신뢰해야 좋을지 모르는 경우도 많다. 하물며 한두 명의 고대 역사가가 아무런 책임감도 없이 자기의 기호에 따라 마음대로 쓴 것을 어떻게 신뢰할 수 있겠는가?

고려 말에 우왕의 목을 베고 자리를 빼앗은 이성계는 후세 사람들이 자기한테 군주 시해의 죄목을 붙일까 두려워서 "우禑는 원래 왕씨의 혈통이 아닌, 요승 신돈의 천첩인 반야의 소생이다"라고 주장했다. 그는 "공민왕이 어찌어찌 해서 신돈의 집에 있는 우를 데려왔다. 공민왕이 궁인인 한 씨를 우의 친모로 정하자, 반야는 통한을 느껴 슬피 울었다. 궁궐 대문도 그 원통함을 알고 무너졌다"고 말했다. 이런 식으로 우왕이 신씨인 것처럼 만들려 한 것이다. 그러나 고려의 충신들은 동굴에 숨으면서까지 우왕의 억울함을 부르짖었다. 지금도, 비록 확증을 댈 수는 없지만, 우왕이 왕씨이며 신씨가 아니라고 믿는 역사 독자들이 있다.

궁예의 부하인 왕건은 궁예의 총애로 대군을 이끌다가 궁예를 몰아내고 객사시켰다. 그도 임금을 시해했다는 죄목이 싫어서 궁예를 단죄할 죄목을 찾아내 "궁예는 신라 헌안왕의 자식이다. 왕은 5월 5일에 태어났다는 이유로 궁예를 미워하여 내다버렸다. 궁예는 이를 원통히 여겨, 군대를 일으켜 신라를 멸망시키리라고 마음먹었다. 어느 절의 벽에 그려진 헌안왕의 초상화까지 칼로 친 적이 있다"고 했다.

왕건은 나중에는 좀 더 그럴싸한 증거를 만들어, "궁예가 태어난 뒤,

헌안왕은 궁예를 죽이라고 엄명을 내렸다. 궁녀가 망루 위에서 궁예를 던지자 아래에서 유모가 궁예를 받았다. 이때 유모의 손가락이 궁예의 눈을 잘못 찔러 한쪽 눈이 먼 애꾸가 되었다. 유모는 비밀리에 그를 키웠는데 열 살 즈음이 되자 장난이 매우 심했다. 유모는 울면서 '왕이 너를 버리셨지만 내가 차마 지나칠 수 없어 길렀건만, 너의 미친 짓이 이 정도니 남이 알면 너와 내가 다 죽을 것'이라고 말했다. 이 말을 듣고 궁예는 울며 머리를 깎고 승려가 되었다. 그 뒤 신라 정치의 문란함을 보고 '군대만 있으면 큰 뜻을 이룰 수 있겠다'라고 생각하고 도적인 기훤에게 갔지만 마음이 맞지 않았다. 또 다른 도적인 양길을 찾아가 대우를 받고 군대를 얻어 동쪽으로 나가 땅을 점령했다"고 했다. 이런 이야기가 사실이라면, 궁예와 유모의 비밀을 전달한 사람은 누구일까? 만약 궁예가 신라 영역을 벗어난 뒤에 비밀을 발설했다면, 발설한 날짜나 장소는 알 수 없을지라도 적어도 누구한테 발설했는지는 알 수 있어야 하지 않는가? 그렇기 때문에 이 이야기는 별로 신뢰할 만한 것이 못 되는 것이다.

어버이를 어버이라고 하는 것은 나를 낳아준 은혜가 있기 때문이다. 나를 살려준 은혜는 없고 죽이려는 원한만 있다면 어찌 어버이라 할 수 있으리오. 설령 궁예가 헌안왕의 아들일지라도, 그가 망루 위에서 떨어진 날에 부모자식 관계는 끊어진 것이다. 그러므로 궁예가 헌안왕의 몸에 칼질을 한다 해도 부모 시역弑逆의 죄가 성립할 수는 없다. 왕릉과 도읍을 유린했을지라도, 조상을 욕보였다는 죄를 부과할 수 없다. 하물며 왕의 초상화를 칼로 치고 신라를 혁명하려 한 것이 무슨 죄가 될 것인가. 그런데도 고대의 편협한 윤리관 아래에서는 헌안왕의 초상화를 모독하고 신라에 불충한 두 가지만으로도 궁예는 죽어 마땅한 사람이었다. 그러니 '그런 궁예를 죽이는 것이 무엇이 불가하겠는가?'라는 논리가 나온 것이다. 이렇게 되면, 왕건은 살아서 고려왕이 되고 죽어서 태조 문성文聖의 시호를 받아도 추도도 부끄러움이 없게 되는 것이다. 고려 사관이 세달사의 일개 탁발승에 불과했던 궁예를 신라 황궁의 고귀한 왕자로 둔갑시킨 것은 바로 이 때문이다.

제왕이냐 역적이냐는 성공과 실패의 별칭이다. 마찬가지로 정론이냐 사론이냐는 거짓의 많고 적음의 차이에 불과하다. 보고 듣는 이의 착오나 쓰는 이의 주관도 어느 정도 작용하지 않는가. 사실이란 것은 한번 흘러가면 다시 돌아오지 못하는 물과 같다. 그런 사실을 기록하겠다고 하는 역사가도 어리석지만 그런 글을 갖고 시비곡직을 가리는 독자도 어리석지 않은가.

역사는 개인이 아닌 사회를 기준으로 해야 한다. 그렇기 때문에 고려 우왕의 혈통이 왕씨인지 신씨인지는 중요하지 않다. 명나라를 상대로 전쟁을 선포하고 요동 고토를 회복하는 것이 가능했는지 불가능했는지, 또 그 일의 결과가 이로웠을지 해로웠을지 판단하는 것이 우선이다. 그런 뒤에 그것을 추진한 우왕과 반대한 이성계의 시비를 밝히는 것이 순서다. 마찬가지로 궁예의 실제 혈통이 궁씨인지 김씨인지를 밝히는 것보다 더 중요한 게 있다. 그것은 기존의 불교를 개혁하고 새로운 불교를 세우려 한 것이 궁예 패망의 도화선이었음을 고려할 필요가 있다는 점이다. 또 왕건이 아니었다면 궁예의 계획이 성공했을 것인지, 만약 성공했다면 그 결과가 어떠했을 것인지도 확인해야 한다는 점이다. 그런 뒤에야 불교 개혁을 시도한 궁예와 그것을 반대한 왕건의 시시비비를 가리는 것이 타당하다.

'개인으로부터 사회가 나오느냐, 사회로부터 개인이 나오느냐'는 고대 이래 역사학자들의 논쟁 거리다. 이것을 해결하기 위해 다음과 같은 점들을 생각해 보자.

조선 전기의 사상계는 세종대왕에 의해, 후기는 퇴계 이황에 의해 지배되었다. 그렇다면 조선 500년은 세종·퇴계 두 사람이 만든 것인가? 신라 하대부터 고려 중엽까지 600년간은 영랑과 원효가 사상계를 지배했다. 영랑의 사상이 융성할 때는 원효가 물러가고, 원효의 사상이 성행할 때는 영랑이 물러가는 식으로, 일진일퇴와 일왕일래를 반복하며 사상계를 제패했다. 그럼, 이 600년간은 그 둘에 의해 만들어진 것인가? 백제의 정치 제도는 온조대왕이 초석을 놓고 고이대왕이 완성을 했으며, 발해의 정치 제도는 고제[45]가 초석을 놓고 선제[46]가 완성을 했다. 온조대왕과 고이대왕이 아니었으면 백제 정치가 어떻게 됐을까? 고제와 선제가 아니었으면 발해 정치가 어떻게 됐을까? 이는 알 수 없는 일이다. 3경 5도都 제도는 단군왕검 및 부루단군으로부터 출발했으니, 단군과 부루가 아니었으면 조선의 국가 체제가 어떻게 됐을지 알 수 없다. 이런 식으로만 보면 사회는 위대한 인물의 손끝에서 만들어진다는 결론이 성립한다. 이렇게 되면 사회란 것의 자체적 특성이 없어지고 만다.

이제, 반대의 측면을 살펴보자. 고려 말엽에 불교가 극도로 부패하여 원효종이 쇠퇴했고 임제종도 마찬가지였다. 10만 명이 참가한 반승회飯僧會[47]와 100만 명이 참가한 팔관회 때문에 재물과 곡식이 소진되자 백

---

45 발해를 세운 대조영, 재위 698~719년.
46 발해 제11대 군주인 대인수, 재위 818~830년.
47 왕실에서 법회를 열고 승려들을 대접하던 일.

성들은 그저 골머리를 앓을 뿐이었다. 그래서 사회는 불교 밖에서 새로운 생명을 찾기 시작했고, 이런 분위기 속에서 안향·우탁·정몽주 등이 유교의 목탁을 들고 나왔다. 그 뒤를 이어 세종이 나고 퇴계가 난 것이다. 이렇게 본다면, 세종이 세종이 되고 퇴계가 퇴계가 된 것은 세종이나 퇴계 자신이 아니라 사회가 이렇게 만들었다고 봐야 하지 않나?

수백 년간의 문학·미술의 발달로 인해 삼국 말엽부터는 기존의 소도나 불교 신앙이 더는 영적 위안을 줄 수 없게 됐다. 그래서 사회가 오랫동안 새로운 사상을 갈구하는 분위기 속에서, 신라 진흥대왕이나 고구려 연개소문이 종교 통일의 방안을 모색하게 됐다. 이때 영랑이 도령徒領의 노래를 부르고 원효가 화엄의 사상을 펼치고 최치원이 유·불·선을 약간씩 혼합하는 신통한 재주를 보여주었다. 그러자 여러 분야의 사람들이 세 사람을 환영했다. 이것은 영랑·원효·최치원의 재주로 이룬 게 아니라 사회가 이룬 것이 아닌가.

의문이 하나 생긴다. 원효는 신라에서 태어났기에 원효가 될 수 있었고, 퇴계는 조선 시대에 태어났기에 퇴계가 될 수 있었다. 만약 이들이 그리스 철학의 토양에서 태어났다면, 플라톤이나 아리스토텔레스가 될 수도 있지 않았을까? 현대 프랑스나 독일에서 태어났다면, 앙리 베르그송이나 루돌프 오이켄이 될 수도 있지 않았을까? 탁월한 재주와 위대한 전략을 품은 나폴레옹일지라도, 도포 입고 《대학》을 읽던 100년 전 도산서원 부근에서 태어났다면 송시열이나 홍경래 같은 사람이 될 수도 있지 않았을까? 어느 정도의 차이는 있었겠지만, 기본적인 면목은 크게 달라졌을 것이라고 단언할 수 있다.

그렇다면 개인이 사회라는 풀무에서 생겨난다면 개인의 본성은 어디에 있을까? 만약 개인도 본성이 없고 사회도 본성이 없다면 역사의 원동력은 어디에 있을까? 나는 개인이나 사회의 고정적인 본성 같은 것은 없고 환경과 시대에 따라 본성이 바뀐다고 생각한다. 조선·만주·몽골·터키·헝가리·핀란드는 3천 년 전에는 틀림없는 동족이었다. 아시아에 남기도 하고 유럽으로 이주하기도 하면서 유라시아 대륙의 동서로 갈린 것이다. 반도로, 대륙으로, 사막으로, 옥토로, 온대로, 한대로 나뉘면서 지리적 원근이 갈린 것이다. 목축이냐 농업이냐, 침략이냐 방어냐 등의 생활습속이, 해가 바뀌고 달이 바뀜에 따라 더욱 더 벌어져 각자의 특성을 갖게 된 것이다. 이것이 환경에 따라 성립하는 민족성이다. 같은 조선 내에서도 마찬가지다. 조선은 고려와 다르고, 고려는 동북국(발해_옮긴이)과 다르고, 동북국 시대는 삼국 시대뿐 아니라 단군왕검·부루단군 시대와도 다르다. 멀리 보면 천년의 앞과 끝이 다르고, 가까이 보면 100년의 앞과 끝이 다르다. 앞으로는 문명의 진보가 더욱 더 빨라져, 10년 전이 태고가 되고 1년 전이 옛날이 될지도 모른다. 이처럼 사회성은 시대에 따라 성립한다.

원효와 퇴계가 서로 뒤바뀌어 태어났다면, 원효는 유학자가 되고 퇴계는 승려가 되었을지도 모른다. 하지만 활력 넘치는 원효더러 주자의 법도나 준수하는 퇴계가 되라고 하는 것은 불가능을 요구하는 것이다. 또 퇴계더러 불교의 일파를 수립한 원효가 되라고 하는 것 역시 불가능을 요구하는 것이다. 이것은 무슨 까닭일까? 시대와 환경이 인물을 배출하기는 하지만 인물이 시대와 환경을 이용하는 능력이 제각각이기 때문이다.

민족도 개인과 같다. 갑 민족이 특정 시간 및 장소에서 얼마만큼의 성과를 거두었다고 해서, 을 민족도 같은 시간에 같은 곳에 있었다면 똑같은 성과를 거두었을 것이라고 판단하는 것은 섣부른 일이다. 일반적으로 개인과 민족은 두 가지 성질을 갖고 있다. 하나는 항성恒性(불가변성_옮긴이)이고 하나는 변성變性(가변성_옮긴이)이다. 항성은 제1의 특성이고 변성은 제2의 특성이다. 항성이 많고 변성이 적으면 환경에 적응하지 못하고 멸절한다. 변성이 많으면 우월한 자의 공격을 받고 패망한다. 두 가지 특성을 조절하여 중용을 취하고 천지처럼 장구한 생명력을 얻어야 한다. 그러려면 역사를 통해 민족적 통찰을 얻어야 한다.

이제, 개인과 사회의 관계에 대해 두 가지 결론을 얻었다. 첫째, 사회가 안정적일 때는 개인이 능력을 발휘하기 곤란하다는 것이다. 둘째, 사회가 불안정적일 때는 개인이 능력을 발휘하기 쉽다는 것이다.

정여립은 '충신은 두 임금을 섬기지 않고, 열녀는 두 남편을 섬기지 않는다'는 유교 윤리관을 단칼에 말살했다. 그는 "백성에게 해로운 군주는 시해할 수 있고, 본분을 다하지 않는 남편은 버릴 수 있다"며 "천심과 인심이 주나라를 떠났건만 주나라를 받들어 무엇하며, 민심과 토지가 조조와 사마의에게 돌아갔건만 한쪽 구석을 차지한 유비의 정통을 받들어 무엇하랴?"라며 공자·주자의 역사관을 반대했다. 제자들은 "이전의 성인들도 하지 않은 말씀"이라 했고, 재상과 학자들 중에도 정여립에게 기우는 사람이 많았다. 그러나 그의 시대는 삼강오륜이 깊이 뿌리박히고 군주와 성인에 대한 존숭이 자리를 굳힌 탓에 사회적으로 이미 안정된 때였다. 이런 분위기에서 불쑥 튀어나온 혁명적 학자를 누가 용납하리오. 결국 애매한 고발장에 의해 머리와 몸이 나눠지고 집안이 쑥대밭이 되고 저서마저 불태워졌으니, 위의 첫째 유형에 속한다.

최치원이 중국 유학을 떠날 때, 그의 아버지는 "10년 내에 급제하지 못하면 내 아들이 아니다"라고 말했다. 아버지는 그가 성공하고 돌아오기를 바랐던 것이다. 최치원은 귀국한 뒤 "무협중봉巫峽重峯의 나이[48]에 중국에 가서, 은하열수銀河列宿의 나이(28세_옮긴이)에 동국으로 금의환향했다"고 노래함으로써, 자신이 중국에서 학문을 마친 사실을 자랑했다. 그는 한나라나 당나라에만 사상이 있는 줄 알고 신라에 있는 줄은 몰랐다. 유교 경전과 불경은 관통했지만, 자기 나라 고서는 한 편도 보지 못했다. 그의 머릿속은 조선을 중국화하려는 생각뿐이었다. 그의 예술은 청천靑天을 백일白日에 대비시키고 황화黃花를 녹죽綠竹에 대비시키는 사륙문에나 능할 뿐이었다. 당시는 영랑·원효 두 파의 영향력이 약해진 때라, 새로운 인물에 대한 수요가 마치 배 굶은 자가 밥을 갈구하는 것과 같을 때였다. 그래서 일개 중국 유학생한테 큰 스승의 칭호가 돌아가고, 그에게 문묘배향[49]의 영예까지 돌아간 것이다. 고려 시대에는 최치원이 영랑·원효 두 파벌과 맞상대할 정도까지 되었다. "때만 잘 만나면 더벅머리 아이도 성공할 수 있다"는 말은 이를 두고 한 것이다. 이것은 둘째 유형에 속한다.

어찌 학계뿐이랴. 만사가 다 그렇다. 기훤과 양길이 일거에 웅비한 것은 신라 말의 상황이 불안했기 때문이고, 이징옥과 홍경래가 조용히 패망한 것은 조선이 아직은 견고했기 때문이다. 시인 임제는 "나도 중국의 위진남북조 시대[50]나 오대십국 시대[51]를 만났다면, 돌림 천자[52] 하나쯤은 해보았을 것"이라고 말했다. 위진남북조의 유유(위진남북조 때의 송나라를 건국_옮긴이)나 오대십국의 주전충(후량을 건국_옮긴이) 같은 반란군

---

48 '무협중봉의 나이'는 열두 살을 가리킨다. 무협은 양자강의 3대 협곡이며 협곡 양쪽의 봉우리 중에 열두 개가 가장 유명하다. 이런 이유 때문에, 열두 살을 가리킬 때에 이 봉우리들을 지칭하게 된 것이다.

49 한국 유학의 본산인 성균관에서는 공자의 위패를 대성전에 모시고 있다. 대성전에는 공자 외에 48명의 성인이 함께 모셔져 있는데 그중 한 명이 최치원이다.

수뇌가 되어 돌림 천자라도 할 수 있는 역량이 임제 같은 시인에게 있었다고는 볼 수 없겠지만, 중국 천자가 되려면 아무래도 한나라 시대 같은 안정기보다는 위진남북조나 오대십국 시대 같은 난세가 더 쉽다는 것은 자명한 이치다.

안정적인 시대의 인물은 이전 사람들의 길을 따라가면서 이를 조금만 고치고 넓히면 된다. 이렇게 하면 높은 자리에 오르기가 쉽다. 하지만 큰 공이나 큰 죄를 짓기도 쉽지 않다. 이런 시대에 정여립 같은 혁명적인 인물이 나오면, 항상 실패를 겪게 된다. 이런 인물은 사회적 증오와 질시를 받아 흔적도 없이 소멸하고 만다. 그래서 후세에 끼치는 영향도 거의 없게 된다. 300년이나 500년 뒤에 어쩌다 한두 명의 지음知音이 나타나면 그제야 칭송을 듣게 된다.

불안정한 사회에서는 창조적이고 혁명적인 인물이 두각을 보이기 쉽지만 반드시 그런 것만도 아니다. 최치원처럼 작은 칼로 세공이나 하는 하급 재주꾼도, 외국인을 모방해서 말하고 웃고 노래하고 곡하면 힘 들이지 않고도 높은 지위를 얻을 수 있다. 인격적 자주성 없이 노예적 습성

---

50 후한의 중앙집권이 약해지면서 위·촉·오 삼국으로 분열됐다. 이 시대를 삼국 시대라고 한다. 그 뒤에, 북방의 5대 유목민족이 북중국을 차지해서 16국을 세우고, 기존의 한족은 남중국으로 밀려나갔다. 이 시대를 오호십육국 시대라고 한다. 이런 혼란이 수습되면서 북중국과 남중국에 원칙상 각각 하나의 대규모 왕조가 들어섰다. 이 시대를 남북조 시대라고 한다. 남북조 시대의 분열을 수습하고 통일 중국을 만든 나라가 수나라다. 삼국 시대, 오호십육국 시대, 남북조 시대를 통틀어 위진남북조 시대라고 한다. 서기 3세기에서 6세기까지가 이에 해당한다.

51 당나라가 멸망하고 송나라가 세워지기 전까지 북중국에서 다섯 개의 왕조가 세워지고, 남중국에서 열 개의 왕조가 세워진 시대다. 907년에서 960년까지가 이에 해당한다.

52 '돌아가면서 한 번씩 해보는 천자'라는 의미.

만 발휘하는 이런 이들은 민족적 특성을 매몰시키고 혼란만 조장하는 몹쓸 물건들이다. 사회를 지키려면 이런 이들을 꼭 경계해야 한다. 큰 인물이 되고자 한다면 이런 자들을 경계하라.

제2편

수두 시대

제1장

고대 조선 총론

1. 조선 민족의 구별

고대 동아시아 종족은 우랄 어족과 중국 어족의 두 파로 나뉘었다. 한족·묘족·요족 등은 후자에, 조선 민족·흉노족 등은 전자에 속한다. 조선 민족이 분화하여 조선·선비·여진·몽골·퉁구스 등이 되고, 흉노족이 분화하여 돌궐(신강족)·헝가리·터키·핀란드 등이 되었다. 오늘날 몽골·만주·터키·조선 네 개 민족 간에는 유사한 어휘들이 적지 않게 존재한다. 이것은 몽골제국 시대에 상호작용이 많았기 때문이기도 하지만 그보다 더 중요한 이유가 있다. 고대사를 보면, 조선과 흉노의 인명·지명·관직명이 동일한 경우가 많았음을 알 수 있다. 이는 이들이 상고 시대에 동일한 어족이었음을 증명하는 것이다.

2. 조선 민족의 동진

인류의 발상지를 두고 파미르고원이라는 설과 몽골초원이라는 설이 있지만, 아직까지 이 문제는 확실하지 않다. 하지만 조선 민족이 어딘가에서 동진을 해왔다는 점만큼은 확실하다. 우리 고어에서는 왕의 성씨를 해解라고도 하고 왕의 칭호를 '불구래[弗矩內]'라고도 했다. '해'라는 성씨는 태양이란 뜻에서 나온 것이고, '불구래'란 칭호는 태양의 빛이 붉다는 데서 나온 것이다. 천국을 환국桓國이라 한 것은 광명처럼 환하다는 뜻에서 나온 것이다. 처음에 조선 민족은 서쪽 파미르고원이나 몽골 등지에서 광명의 본원지를 찾아 동진을 해왔다. 이들은 불함산(백두산)을 광명신이 거처하는 곳으로 생각하고 이 부근을 '조선'이라 불렀다. 조선이란 말은 '광명'을 의미하는 고어에서 나왔는데, 이것을 후대에 이두자로 '朝鮮'이라 표기하게 되었다.

3. 조선 민족이 분포한 '아리라'

우리 고어에서는 오리를 '아리'라 하고, 강을 '라'라 했다. 이두로 표기된 옛 지명에 따르면, 압록강·대동강·두만강·한강·낙동강과 길림성의 송화강, 봉천성의 요하, 영평부의 난하 등이 아례강·아리수·아욱리하·오열하·열수·무열하·압자하 등으로 표기됐다. 아례·아리·오열·무열의 열은 '아리'의 음을 딴 것이고, 압자鴨子(고어에서는 오리를 아리라 함)는 '아리'의 뜻을 딴 것이다. 강江·하河·수水는 '라'의 뜻에 따른 것이다. 위의 큰 강의 이름들은 조선 민족의 선조들이 지은 것이다. 고대 조선의 문화는 거의 다 큰 강의 주변에서 발생했다.《삼국지》에서도 "고구려가 나라를 세울 때, 큰 강에 의존해 자리를 잡았다"고 했다. '나라'는 고어의 '라라'에서 기원했다. '라라'는 본래 '나루'를 가리키는 명사였는데, 이것이 나중에 국가를 가리키는 명사가 된 것이다. 고대 지명의 말미에 붙은 나那, 라羅, 노奴, 루婁, 누耨, 량良, 랑浪, 양穰, 양壤, 강岡, 양陽, 아牙, 사邪 등은 모두 '라'의 음을 딴 것이며, 천川, 원原, 경京, 국國 등은 거의 다 '라'의 뜻에서 나왔다. 양쪽 다 '라라'의 축역이다. 강이 어획 활동뿐 아니라 선박 왕래에도 편의를 제공했기 때문에, 상고 시대의 문명은 거의 다 강변에서 발원했다.

4. 조선의 태초를 개척한 부여

원시 인민은 강에서 잡은 어류나 산야에서 획득한 동식물을 먹고 살았다. 그러다가 인구가 번성하여 식량이 부족해지자, 부족분을 보충하고자 목축업과 농업을 시작했다. 농업은 불로 초목을 태우고 논밭을 개척해야 가능한 일이다. 고어에서는 들판을 '불'이라고 불렀다. 불이 농업을 촉발하는 역할만 한 것은 아니다. 동굴을 태워 맹수를 죽이고, 피혁을 다듬어 옷과 신발을 만들고, 진흙을 구워 성벽을 쌓고, 철을 달구어 기구를 만드는 데도 활용됐다. 불은 인간의 일상에 필요한 편의를 제공함으로써 인간의 지혜를 발달시키는 데 기여했다. 그래서 근세의 역사학자들은 증기나 전기의 발견처럼 불의 발견도 인간생활의 대혁명을 초래한 대발견이라고 평가했다.

동서양을 막론하고 고대 인민들은 불의 발견을 기념했다. 그리스의 화신火神, 페르시아의 화교火敎, 중국의 수인씨[53] 전설 등은 이 때문에 생긴 것이다. 우리 조선에서는 불을 훨씬 더 사랑했다. 그래서 인명에 '불'을 붙인 사례가 많다. '부루'나 '품리' 등은 '불'의 음역이다. '불'이 붙은 지명도 적지 않다. 부여·부리·불내·국내·불·벌·발 등이 다 '불'의 음역이다. 《단군고기》나 《고사기》 등에 따르면, 조선 문화의 원시적 형태인 수두(소도_옮긴이)는 송화강변의 하얼빈 부근에서 기원했다. 하얼빈의 옛 이름이 바로 부여다. 그러므로 송화강은 조선 민족이 최초로 터전을 잡은 '아리라'이고, 하얼빈은 조선 민족이 최초로 개척한 들판, 즉 '불'인 것이다. 이 후에도 점점 더 많은 들판을 개척함에 따라 부여·부리 같은 지명들이 계속 생겼다.

---

53 나무를 마찰하여 불을 얻고 불로 음식물을 요리하는 방법을 가르쳤다는 전설상의 군주.

제2장

대★단군왕검의 건국

1. 조선 최초의 신앙, 단군

조선 민족이 여러 아리라에 분포하면서 여러 '불'을 개척할 때, 이들 사이에 공통적인 신앙이 유행했다. 이른바 단군 신앙이다.

원시 시대 인민은 우주현상을 과학적으로 해석할 능력이 없었다. 그들은 우주에 신이 있다고 가정하고, 모든 것을 신의 행위로 돌리고 신을 숭배했다. 그들은 모든 만물에 각각의 신이 있다고 생각하기도 하고, 모든 만물에 하나의 신이 있다고 생각하기도 했다. 이것이 이른바 종교라는 것이다. 원시 사회가 저마다 종교를 가진 것은 이 때문이다.

조선 민족은 우주의 광명을 숭배의 대상으로 삼고, 태백산 수림樹林을 광명신의 근거지로 생각했다. 그 뒤 인구가 번성하여 각지로 퍼져나가자, 각 집단은 자기 거주지 부근에 태백산 수림을 모방한 수림을 조성하고 '수두'라 불렀다. 수두는 신단이란 뜻이다. 해마다 5월과 10월에 수두에서 제사를 지냈다. 이때 한 명을 뽑아 제주祭主로 삼았다.

그를 수두의 중앙에 앉히고 '하느님', '천신'이라 부르며 제사를 올렸다. 수두의 주변에는 금줄을 쳐서 잡인의 출입을 금했다. 전쟁 같은 큰 사건이 생기면, 5월이나 10월이 아니라도 소를 잡아 수두에서 제사하고 소의 발굽으로 길흉을 점쳤다. 발굽이 갈라져 있으면 흉하고, 붙어 있으면 길하다고 생각했다. 중국의 팔괘에 나오는 음획과 양획[54]의 기원이 바로 이것이다.

강대국이 침입하면 수두를 받드는 부락들이 연합하여 방어에 나섰다. 이때 공이 가장 큰 부락의 수두를 최고의 수두로 숭배했다. 이것을 '신수두'라고 불렀는데 이때 '신'은 최고, 최상을 뜻한다. 다른 수두들은 그 밑에 속했다. 삼한 역사에 나오는 소도는 수두의 음역이고, 신소도는 신수두의 음역이다. 진단구변국도震壇九變局圖에 나오는 '진'은 '신'의 음역이고, '단'은 '수두'의 의역이다. 따라서 단군은 '수두 하나님'의 의역이다. 수두는 소단小壇이고 신수두는 대단大壇이며, 각각의 수두에 각각의 단군이 있었다. 그러므로 수두의 단군은 소단군이고 신수두의 단군은 대단군이었다.

2. 대단군왕검이 창작한 신화

《단군고기》에서 말했다. 환군제석桓君祭釋(환인제석_옮긴이)이 삼위산과 태백산을 내려다보니 널리 인간세상을 이롭게 할 만하다는 생각이 들었

---

54 음획(음)은 끊어진 선인 '— —'이며 양획(양)은 이어진 선인 '——'이다. 이는 팔괘의 기본 요소다.

다. 그가 아들 웅雄(환웅_옮긴이)더러 천부인 세 개를 갖고 가서 통치하도록 하니, 웅은 3천 명의 무리를 거느리고 태백산 신단수 밑으로 갔다. 그는 이곳을 신시神市라고 명명했는데 그가 이른바 환웅천왕이시다. 환웅천왕은 풍백·우사·운사를 지휘하고 곡식·수명·질병·형벌·선악 같은 인간사 360여 가지를 주관했다. 그때 곰 하나와 호랑이 하나가 사람이 되기 위해 동굴에서 기도를 올렸다. 환웅은 쑥 한 자루와 마늘 스무 개를 주면서 "이걸 먹고 100일간 햇빛을 보지 않으면 사람의 형체를 얻을 것"이라고 말했다. 호랑이는 이 금기를 지키지 못했지만, 곰은 21일[三七日] 동안 지키고 여자가 되었다. 하지만 결혼할 남자가 없어서 항상 신단을 향해 회임을 기원했다. 이에 웅이 남자의 몸을 빌려 곰과 결혼하여 단군왕검을 낳았다고 한다.

여기서 '제석'이니 '웅'이니 '천부'니 하는 것들은 거의 다 불경에서 나온 명사들로 단군 시대를 반영하는 어휘가 아니다. 또 삼국사 초반의 사회에서는 여성을 상당히 존중했다는데, 이 신화에서는 남자는 신의 화신이고 여자는 짐승의 화신이라 하여 여성을 지나치게 비하했다. 나는 이것이 순수한 조선의 신화가 아니라 불교 유입 이후 불교도에 의해 윤색된 것이 많았다고 생각한다.

평양의 옛 이름은 왕검성이었다. 왕검이란 표현과 관련하여 신라의 《선사仙史》에서는 "평양은 신선인 왕검의 땅"이라고 했고, 북위 역사서인 《위서》에서는 "2천 년 전에 단군왕검이 있었는데 아사달에 나라를 세우고 국호를 조선이라 했다"고 했다. 이렇다면 고대 조선에서는 단군왕검을 종교적 교주로 신봉했다는 말이 된다. 왕검을 이두문의 독법으로 해석하면 '임금'이 된다. 당시 '임금'이라 불리던 인물이 수두의 미신을 활용해 태백산 수두에서 스스로 상제의 화신이라 칭하고 조선을 건국한 것이다. 이런 이유 때문에 역대 제왕도 임금이라 부르고 역대 수도도 임금이라 부르게 된 것이다.

선인왕검仙人王儉은 무슨 뜻일까? 고대에는 수두교도의 한 무리를 '선배'라고 불렀다. 선배는 이두로 선인仙人 혹은 선인先人으로 표기했다. 《선사》는 왕검이 종교를 창립한 이래의 역대 선배의 행적을 기록한 책이다. 훗날 불교·유교가 융성하고 수두 종교가 쇠퇴하면서 《선사》도 사라져서 자세한 것은 알 수 없지만, 굴원의 《초사楚辭》나 사마천의 《사기》나 반고의 《한서》 같은 중국 고대 기록에 산재한 내용을 통해 대략적이나마 그 내용을 알 수 있다.

《사기》〈봉선서〉에서, 삼일신三一神은 천일天一·지일地一·태일太一이며 셋 중에서 태일이 가장 존귀하고 오제五帝가 태일을 보좌한다고 했다. 《사기》〈진시황 본기〉에서는 천황·지황·태황泰皇의 삼황 중에 태황이 가장 존귀하다고 했다. 굴원의 《초사》에는 동황태일東皇太一이란 노래가 있다. 《한서》〈예문지〉에는 태일잡자太一雜子라는 책 이름이 나오는데, 삼일신과 삼황은 《고기》에 기록된 삼신·삼성三聖 등과 같은 부류다. 삼일신을 우리의 옛말로 번역하면 천일은 '말한'으로서 상제를 의미하고, 지일은 '불한'으로서 천사를 의미하며, 태일은 '신한'으로서 지고지상을 의미한다. 여기서 태일이란 것은 천지에 오직 하나뿐이고 둘이 아닌 것을 뜻한다. 말한·불한·신한은 이두로 마한·변한·진한이라고 표기됐다. 생겨난 순서대로 하면 말한이 불한을 낳고 불한이 신한을 낳았지만, 권위의 순서대로 하면 신한이 신의 세계와 인간의 세계를 모두 거느리기에 말한·불한보다 높다. 그러므로 삼일신 중에서 태일이 가장 존귀한 것이다. 한편, 오제(오가)가 태일을 보좌한다고 했다. 오제는 돗가·개가·소가·말가·신가 같은 다섯 '가' 즉 오방신五方神(동·서·남·북·중의 신_옮긴이)이다. 오가 중에서 신가가 우두머리라는 점은 '신'의 말뜻에서 분명히 드러난다. 삼일신과 오제는 단군왕검이 만든 신화다.

3. 신수두의 삼경·오부 제도

대단군왕검은 삼신·오제의 신화로 우주의 조직을 설명하고 이에 의거하여 인간세상의 제도를 제정했다. 대단군은 신한과 말한과 불한의 삼한을 세웠다. 그런 뒤 스스로 신한이 되었으니, 신한이 곧 대왕이었다. 말한과 불한은 좌우의 부왕副王으로서 신한을 보좌했다. 대단군은 삼경을 두고 삼한이 각각 주재하도록 했다. 삼한의 밑에는 돗가·개가·소가·말가·신가의 오가를 두었다. 전국은 동·남·서·북·중 오부로 나누었다. 오가는 중앙의 다섯 국무대신인 동시에 오부를 분담하는 다섯 지방장관이었다. 신가가 오가의 우두머리였다. 전쟁이 발발하면 오부의 인민을 중·전·후·좌·우의 오군으로 조직했다. 신가가 중군 대원수가 되고 나머지 가가 전후좌우의 원수가 되어 출전했다.

지금까지 유행하는 윷판은 오가의 출진도였다. 도刀·개介·걸乞·유兪·모毛는 이두로 쓴 오가의 칭호였다. 도는 돗가이고, 개는 개가이고, 유는 소가이고, 모는 말가이고, 걸은 신가다. 유는 옛날 음이 소였으므로 소가가 된다. 걸이 신가인 이유는 명확히 알 수 없다. 부여 시대에 견사犬使라는 관직이 있었고 그것이 신가의 별칭이었으므로, 걸은 견사의 '견'을 의역한 것으로 보인다. 돗(돼지)·개·양·소·말 같은 가축으로 오방의 신을 가리키는 동시에 관직명으로 삼은 것은, 수렵 시대가 지나고 농경 시대가 되었다는 증거가 된다.

제3장
수두의 전파와 문화의 발달

1. 부루의 서행西行

《단군고기》에 따르면, 단군왕검은 아들 부루를 보내, 하나라 우임금과
도산塗山에서 만나도록 했다.[55] 《오월춘추》에도 비슷한 기록이 있다.[56]
요임금 때에 9년 동안 홍수가 일어나니, 순임금[57]이 우(훗날의 우임금)에
게 그것을 처리하라고 명령했다. 우는 8년간이나 성과를 내지 못하고 걱

---

55 참고로,《고려사》〈이암 열전〉의 주인공인 이암이 저술한《단군세기》에도 이 이야
   기가 나온다. 여기서는 "갑술년인 재위 67년에 임금께서 태자 부루를 보내 순임금
   의 사공(司空)인 우(禹)와 도산에서 만나도록 했다. 태자는 오행과 치수의 법을 전해
   주었다"고 했다. 사공은 우임금이 순임금의 신하였을 때의 벼슬이다. 사공은 후대의
   공부(工部)와 유사한 직분을 수행했다.

56 조엽이 지은《오월춘추》의 권6 〈월왕무여외전〉에 창수사자와 우왕의 이야기가 나
   온다.

57 《조선상고사》 원문에는 당요(唐堯) 즉 요임금이라고 표기되어 있지만, 실제로는 순
   임금이다.

정하다가, 남악南嶽(신앙의 대상이 된 5대 산악 중 남쪽의 산_옮긴이)인 형산에서 백마를 제물로 하늘에 제사하고 성공을 기원했다. 꿈에 한 남자가 나타나 자신을 현이玄夷의 창수사자蒼水使者라고 소개한 뒤, 우에게 구산九山 동남쪽의 도산에 신서神書가 있으니 3개월간 몸을 정결히 한 다음 읽어보라고 말했다. 우는 이 말에 따라 귀중한 신서[金簡玉牒]를 얻고, 물을 다스리는 이치를 깨달아 홍수를 막았다. 이에 그는 주신州愼의 은덕을 잊지 못해, 정전제를 실시하고 법률과 도량형을 제정했다.

단군조선 때는 동·남·서·북·중 오부를 남藍·적赤·백白·현玄·황黃으로도 불렀다. 북부는 현부에 해당했다. 중국인들은 현부를 '현이'라고 불렀다. 창수는 창수滄水를 뜻한다. 중국 춘추 시대의 기록에 조선이 주신·숙신肅愼·직신稷愼·식신息愼으로 표기됐으니, 주신은 조선을 가리킨다. 《단군고기》에 나오는 부루는 《오월춘추》의 창수사자다. 이때 중국에서 대홍수의 재앙이 있었다는 것은 각종 고대사 서적들이 똑같이 증명하고 있다. 단군왕검이 중국의 수재를 구제하고자 아들 부루를 창해사자滄海使者로 임명하니, 부루가 도산에 가서 우에게 삼신오제교의 오행설을 전파하고 치수의 방법을 가르친 것이다. 그래서 우는 왕이 된 뒤 부루의 은덕을 생각하며 삼신오제의 교리를 신봉하고 이것을 중국 각지에 전파했다. 정전제와 법률·도량형도 중국이 창작한 게 아니라 조선의 제도를 모방한 것이다. 이런 이유 때문에 꿈에서 창수사자를 만났다고 이야기한 것이다. 신성한 장치를 통해 사실을 신화로 만드는 것은 상고 시대에 흔한 일이었다.

부루와 우임금의 만남

부루가 도산에서 우임금을 만났다는 이야기는 여러 책에 기록되었다. 그중 하나가 《삼한고기三韓古記》다. 《삼한고기》는 지금은 전해지지 않지만, 《삼국사기》〈백제 본기〉 동성왕 편의 주석에서 인용된 책이다. 《삼한고기》가 언제 기록된 책인지는 알 수 없지만, 《삼국사기》가 나온 1145년 이전에 나왔다는 것은 분명하다. 이 책에 이런 내용이 소개되어 있다는 것은 실학자 이긍익의 《연려실기술》 권19에 소개되어 있다. 또 《세종실록》〈지리지〉 평안도 편에서도 《단군고기》를 인용해서 이런 내용을 소개했다. 그런데 《연려실기술》과 《세종실록》〈지리지〉에서는 부루가 우임금을 알현하는 식으로 도산을 방문했다고 기록되어 있다. 그러나 《연려실기술》과 《세종실록》〈지리지〉가 중국 중심의 유학적 세계관에 기초한 서적임을 고려하면, 부루가 우임금을 '알현'하는 것으로 기록되어 있는 이유를 어렵지 않게 이해할 수 있다. 이러한 맥락에서, 원래의 《삼한고기》와 《단군고기》에는 정반대로 기록되어 있었을 것이라고 보는 게 합리적이다.

고대 동아시아 역사를 경제적 관점에서 살펴보면, 기원전 수천 년 전에 고조선의 군주가 중국 한족의 군주에게 알현했다는 이야기가 얼마나 허황된 것인지 짐작할 수 있다. 왜냐하면, 경제적 관점에서 볼 때 한족이 동아시아 최강으로 떠오른 것은 진나라 시황제와 한나라 무제 이후이기 때문이다. 동아시아의 약소국에 불과했던 한족이 동아시아 최강이 된 것은 중국 대륙을 통일하고 비단길을 개척하고 부터인데, 이런 조건이 갖추어진 때가 시황제와 무제가 통치하던 시기였다.

여기서 비단길의 의미에 주목할 필요가 있다. 비단길이 개척된 한무제(재위 기원전 141~87) 이전만 해도 유라시아 대륙의 무역은 초원길을 통해 이루어졌었다. 그런데 초원길은 초원지대의 유목민에게 장악된 무역로였다. 동아시아에서 초원길을 활용한 쪽은 몽골초원의 민족들과 고조선이었다. 고조선이 초원길을 활용했다는 점은 여러 가지 사실에서 증명된다. 우선, 고조선 건국 세력은 초원지대를 통해 만주와 한반도에 정착했다. 《수문비고修文備考》에 따르면, 지금의 북경 인근에 있었던 고죽국이 고조선의 영향력 아래에 있는 조선민족이라고 했다. 초원길의 동쪽 끝자락인 북경 인근이 고조선의 영향력 아래에 있었다는 것은 고조선이 초원길의 일부를 장악했음을 보여주는 것이다. 그래서 초원길 시대만 해도 한족은 서쪽 세계와 교류하지 못해서 무역이나 외교에서 불리한 처지에 놓여 있었다. 한족은 비단길을 개척한 뒤에야 중앙아시아·중동과 교류할 수 있었으며, 이후에야 비로소 경제적·외교적으로 강대국이 될 수 있었다. 그러므로 중국 대륙이 통일되고 비단길이 개척되기 이전만 해도 한족은 고조선에 비해 약체였다. 따라서 도산에서 상석의 지위에 있었던 것은 우임금이 아니라 부루였다고 보는 게 합리적일 수 있다.

한편, 17세기에 북애가 쓴 《규원사화揆園史話》에서는 부루가 홍수 대책을 확보한 뒤에 우임금이 홍수를 만났고, 이후 부루와 우임금이 도산에서 만났다고 했다. 이것은 부루가 우임금에게 홍수 대책을 가르쳐주었다는 뜻이 된다. 부루가 우임금보다 우월한 입장에 있었음을 반영하는 것이다.

2. 기자의 동진

우임금은 홍수를 다스린 공로로 왕이 되어 국호를 하나라로 정했다. 그는 수두의 신앙을 믿고, 도산의 신서를 홍범구주洪範九疇라 부르며 추앙했다. 수백 년 만에 하나라가 망하고 상나라(은나라_옮긴이)가 뒤를 이었고, 상나라 역시 수백 년 만에 망했다. 주나라가 흥한 뒤에 무왕은 홍범구주를 배척했다. 그러자 은나라 왕족인 기자는 홍범구주를 새로 짓고, 무왕과 논쟁한 뒤 조선으로 도망했다.《서경》의 홍범구주가 바로 그것이다.《서경》〈홍범〉에서는 이렇게 말한다.

"첫 번째는 오행이고[初一日五行], 두 번째는 오사로써 공경하는 것이고[次二日敬用五事], 세 번째는 팔정으로 농사를 하는 것이고[次三日農用八政], 네 번째는 오기로 협력하는 것이고[次四日協用五紀], 다섯 번째는 황극으로 세우는 것이고[次五日建用皇極], 여섯 번째는 삼덕으로 다스리는 것이고[次六日乂用三德], 일곱 번째는 계의로 밝히는 것이고[次七日明用稽疑], 여덟 번째는 서징으로 상고하는 것이고[次八日念用庶徵], 아홉 번째는 오복으로써 향하고 육극으로 위엄을 보이는 것이다[次九日嚮用五福威用六極]. 첫 번째로, 오행이란 것은 첫째는 수水이고 둘째는 화火이고 셋째는 목木이고 넷째는 금金이고 다섯째는 토土를 말한다. …… 두 번째로, 오사란 것은 첫째는 형상[貌]이고 둘째는 언어[言]이고 셋째는 보는 것[視]이고 넷째는 듣는 것[聽]이고 다섯째는 생각하는 것[思]을 말한다. …… 세 번째로, 팔정이란 첫째는 먹는 것[食]이고 둘째는 재물[貨]이고 셋째는 제사[祀]이고 넷째는 사공司空이고 다섯째는 사도司徒이고 여섯째는 사구司寇이고 일곱째는 외교관[賓]이고 여덟째는 군사[師]를 말한다. 네 번째로, 오기란 것은 첫째는 세歲(년_옮긴이)이고 둘째는 달이고 셋째는 해이고 넷째는 별[星辰]이고 다섯째는 역법[曆數]을 말한다. 다섯 번째로, 황극이란 것은 임금이 표준을 세우는 것을 말한다[皇建其有極]. …… 여섯 번째로, 삼덕이란 것은 첫째는 정직이고 둘째는 굳셈으로 이기는 것[剛克]이고 셋째는 부드러움으로 이기는 것[柔克]을 말한다. …… 일곱 번째로, 계의란 것은 점칠 사람을 가려서 세우는 것[擇建立卜筮人]을 말한다. …… 여덟 번째로, 서징이란 것은 비 내리는 것[雨]과 볕이 빛나는 것[暘]과 더운 것[燠]과 추운 것[寒]과 바람이 부는 것[風]과 시간에 맞추는 것을 말한다. …… 아홉 번째로, 오복이란 것은 첫째는 장수[壽]이고 둘째는 부유함[富]이고 셋째는 강녕함[康寧]이고 넷째는 덕을 좋아하는 것[攸好德]이고 다섯째는 제 명을 다하고 죽는 것[考終命]을 말하며, 육극이란 것은 첫째는 흉한 것과 요절하는 것[凶短折]이고 둘째는 질병[疾]이고 셋째는 근심하는 것[憂]이고 넷째는 가난[貧]이고 다섯째는 너무 굳센 것[惡][58]이고 여섯째는 약함[弱]이다."

이 부분은 도산에서 전한 신서의 본문이며, 〈홍범〉 편의 나머지 부분은 기자가 덧붙인 것이다. 기자는 "하늘이 우임금에게 홍범구주를 하사했다"고 했다. 기자는 '단군'을 '하늘'로 부르고 '단군이 하사했다'를 '하늘이 하사했다'고 표현한 것이다. 수두 교리에서는 단군이 하늘의 대표자였기에 이렇게 한 것이다. 기자가 조선으로 도망한 것은 상나라가 주나라에 의해 망했기 때문이다. 상나라가 망하면서 상나라의 국교인 수두교가 압박을 받았기 때문에, 고국을 버리고 수두교의 조국으로 가고자 했던 것이다.

---

58 '너무 굳센 것'에 상응하는 《서경》의 원문은 '惡'이다. '악'은 지금은 '나쁘다'를 의미하지만, 고대에는 '너무 굳센 것'이라는 뜻도 있었다. 이 점은 《서경》 해설서인 《서경집전》의 제6권에서 확인할 수 있다.

은나라와 한민족

상나라, 즉 은나라가 중국 한족보다는 우리 민족과 문화적·정서적으로 더 가까웠다고 충분히 유추할 수 있는 근거가 있다. 예컨대 《삼국지》 〈동이전〉 부여 편에서는 "(부여에서는) 은나라의 역법으로 정월에 제사를 지낸다"고 했다. 이것은 은나라의 시간 계산이 부여의 시간 계산과 동일했음을 의미하는 것이다. 동일한 역법으로 시간을 계산한다는 것은 동일한 우주, 동일한 세계를 공유한다는 의미였다.

그런데 은나라와 한민족의 연관성을 강조하고자 사료를 왜곡하는 일만큼은 피해야 한다. 일부 서적에서는 《사기》 〈은나라 본기〉에 "은나라는 오랑캐의 나라이고 주나라는 중화의 나라다[殷曰夷, 周曰華]"라고 기록되어 있다고 설명하고 있다. 중국인들도 은나라를 주나라와 다른 나라로 보았음을 강조하고자 이렇게 설명하고 있다. 이런 설명의 근거는 한나라 때의 학자인 공안국이 《사기》 〈은나라 본기〉에 붙인 주석이다. 이 주석에서는 "제사 다음 날에 다시 제사를 올리는 것을 은나라에서는 융肜이라 하고 주나라에서는 역繹이라고 했다"고 했다. '은나라에서는 융이라 하고 주나라에서는 역이라고 했다'에 해당하는 원문이 "殷曰肜, 周曰繹"이다. 이 문장이 "은나라는 오랑캐의 나라이고 주나라는 중화의 나라다"로 엉뚱하게 해석된 것이다. 은나라 문화가 한민족 문화와 유사했던 것은 사실이지만, 《사기》 〈은나라 본기〉에서 이런 사실을 인정한 적은 없다.

《한서》에서는 거북이가 문자를 지고 낙수에 나온 덕분에 우임금이 홍범구주를 전파할 수 있었다고 하지만,《주역》〈계사전〉에서는 "하河(황하_옮긴이)에서 도圖가 나오고 낙수[洛]에서 서書가 나오자, 성인께서 이것을 본뜨셨다"[59]고 했다. 이는 하도낙서河圖洛書에 기초하여《주역》의 괘를 지었음을 의미한다. 따라서 하도낙서에 기초하여 홍범구주를 지었다는 것은 허황된 주장이다.[60] 이것은 청나라 학자인 모기령의 학설을 따른 것이다.《오월춘추》에 따르면 홍범의 오행사상이 조선에서 전해졌다고 보는 게 타당하다. 또 동황태일東皇太─ 즉 단군왕검에게 제사하는 풍속이 호북·절강 등지에서 유행했다는 사실이 전국 시대 초나라의 시들을 정리한《초사》에 있는 것을 볼 때, 우임금이 형산에서 제사를 지내고 도산에서 부루의 신서를 받았기 때문에 호북·절강 등지에서 수두교가 유행했다고 판단할 수 있다.[61]

3. 흉노의 휴도

수두교가 중국의 각지에 널리 퍼졌다는 사실은 앞에서 설명한 바와 같다.《사기》〈흉노 열전〉에 의하면, 흉노족도 조선처럼 5월에 하늘에 제사했다. 또 상제를 형상화한 구리 형상을 휴도休屠라고 불렀는데, 이는

---

59 황하에서 나온 그림과 낙수에서 나온 문장을 토대로《주역》이 성립했다는 의미다.

60 《한서》에서는 하도낙서의 일부인 낙서를 기초로 우임금이 홍범구주를 만들었다고 했지만, 이것은 하도낙서를 기초로《주역》의 괘가 나왔다는《주역》〈계사전〉에 따르면 거짓이라는 이야기다. 하도낙서는 홍범구주가 아닌 주역의 기초라는 이야기다.

61 형산은 호남성(湖南省)에 있고 도산(회계산)은 절강성(浙江省)에 있다.

종교의 전파와 정치적 영향력의 확대

종교적 영향력이 전파되는 곳에 정치적 영향력도 전파된다는 점은 우리 역사를 통해서도 쉽게 알 수 있다. 중국의 영향력이 강해진 조선 시대에 유교가 우리 사회에 깊이 침투한 점이나, 서구의 영향력이 강해진 구한말 이래 기독교가 한국 사회에 깊이 침투한 점을 보면 그 점을 쉽게 이해할 수 있다. 종교와 정치가 일치된 정교일치의 시대에는 당연히 그 정도가 훨씬 더했을 것이다. 이러한 맥락에서, 흉노족이 고조선의 종교 제도를 채택했다는 사실은 그 시기에 흉노족이 고조선의 정치적 영향력 아래에 있었음을 의미하는 것이라고 볼 수 있다.

수두의 음역이다. 휴도의 제사를 맡은 자를 휴도왕이라 했으니, 이 역시 단군과 비슷한 것이다. 그리고 휴도에서는 삼용三龍에게 제사했는데 용은 신이므로 삼용은 삼신이다. 그러므로 흉노족도 수두교를 수입했음이 분명하다. 고대에는 종교와 정치의 구별이 없었다. 그래서 종교의 제사장이 정치의 수장이었다. 또 종교가 전파되는 곳이 정치적 속지屬地가 되었다. 대단군왕검 이래로 조선의 종교가 중국·흉노 등에도 널리 전파되었으니 정치적 영향력도 그와 함께 확대되었다고 볼 수 있다.

4. 한자의 수입과 이두의 창제

상고 시대에 조선 문자가 있었다고 주장하는 사람이 있지만, 아무런 증거가 없으므로 처음에는 한자를 썼을 것이라고 봐야 한다. 한자가 언제 수입되었는지는 알 수 없다. 두 민족의 영토가 붙어 있었고 두 민족이 선사 시대부터 교류했을 것이므로, 한자의 수입도 역사가 기록되기 이전에 이루어졌음이 명백하다. 왕검이 아들 부루를 보내 도산에서 우임금에게 귀중한 기록을 전해주었다고 했는데, 전해주었다는 기록은 한자로 되어 있었을 것이다. 이렇게 생각한다면, 조선이 한자를 배운 것이 매우 오래된 일임을 알 수 있다.

그 뒤 한자의 음이나 뜻을 빌려 이두를 만들었는데, 이두문은 조선 고대의 국문이라 할 수 있다. 고대에는 국서國書, 향서鄕書, 가명假名이라 불리다가 고려 시대부터 이두라고 불렸다. 여기서는 이해의 편의를 위해 고대의 것까지 모두 이두라고 부르겠다. 흔히 이두를 신라 설총의 작품이라고 한다. 하지만 설총 이전에 나온 진흥왕순수비 같은 비문에도 이두로 적은 노랫말이 자주 나온다. 그러므로 이두는 설총 이전에 만들어진 것이 틀림없다.

그렇다면, 이두는 어느 시대에 만들어졌을까? 이두에서는 '임금'을 왕검王儉으로 표기했다. '왕'은 글자의 뜻인 '임금'에서 초반부를 취해 '임'으로 읽었고, '검'은 글자 소리[字音]의 전부全部를 취해 '금'으로 읽었다. '펴라'는 낙랑樂浪으로 번역했는데, '낙'은 글자의 뜻(편하다_옮긴이)에서 일부분을 따라 '펴'로 읽었고, '랑'은 글자 소리에서 일부분을 따라 '라'로 읽었다. 이렇게 한 것이 이두의 시초가 됐다. 적어도 3천 년 전인 기원전 10세기경에 이두가 창제된 것으로 보인다.

그림이 진보하여 문자가 되고 상형문자가 진보하여 표음문자가 되는 것은 인류문화사의 일반적인 흐름이다. 상형문자인 한자로 표음문자인 이두를 만든 것은, 페니키아인이 이집트 상형문자로 알파벳을 만든 것 같은 문명사적 진보라고 할 수 있다. 후세의 거란문자·여진문자·일본 문자가 모두 이두를 모방한 것이니, 인류문화에 기여한 공로가 적지 않다고 할 수 있다.

　하지만 유감스러운 점들도 있다. 첫째, 자음과 모음을 구분하지 못했다는 점이다. 예컨대 '가'는 자음 'ㄱ'과 모음 'ㅏ'의 결합이고, '라'는 자음 'ㄹ'과 모음 'ㅏ'의 결합이다. 그런데 이를 구분하지 않고 한 음절을 하나의 글자로 만들었다. '가'를 가加나 가家로, '라'는 양良이나 라羅로 표기한 것이다. 이 때문에 음자音字(음을 표기할 수 있는 글자_옮긴이)의 숫자가 너무 많아졌다. 둘째, 음표를 확정하지 못했다는 점이다. 예컨대, 백白이라는 글자를 이용해서 백활白活로 쓰면 '발'로 읽고, 위백제爲白齊로 쓰면 '살'로 읽었다. 의矣라는 글자를 이용해서 의신矣身으로 쓰면 '의'로 읽고, 교의敎矣로 쓰면 '대'로 읽었다. 이렇게 일관된 원칙이 없었다. 셋째, 상음하몽上音下蒙의 이치(연음법칙_옮긴이)를 확립하지 않았다는 점이다. 예컨대 '달이'를 월이月伊로 쓰지 않고, 월리月利로 쓰고는 '달이'로 읽었다. '바람이'를 풍이風伊로 쓰지 않고, 풍미風未로 쓰고 '바람이'로 읽었다. 언어의 뿌리와 가지가 완전히 뒤죽박죽이 된 것이다. 그래서 이두로 적은 시나 글은 물론이고 인명·지명·관직명 같은 것도 시대와 지역에 따라 제각각 해독되었다. 이 때문에 다른 시대의 다른 지방 사람은 어떻게 읽어야 할지 모르게 되었다. 문자는 저쪽의 사실과 사상을 이쪽에 전달함으로써 사회 진화에 기여한다. 그런데 갑 시대 갑 지방의 기록을 을 시대 을 지방에서 해독하지 못한다면, 이것이 어찌 문명의 이기가 될 수 있겠는가?

옛날 사람들이 1천 년간이나 이두를 쓰면서도 문제점을 개선하지 못한 원인은 무엇일까? 항상 적국의 침략을 당했기 때문에, 정치적 비밀을 지키고자 적국이 이해할 수 없도록 불통일하고 불확실하게 글을 쓴 면이 있다. 또 삼조선이 붕괴하고 열국이 병립하자, 같은 조선 내에서도 적대 관계가 생겨나 명사 하나, 동사 하나, 토씨 하나도 다종다양하게 기록한 면도 있다. 그래서 동부여 사람이 북부여의 이두를 이해하지 못하고, 신라 사람이 고구려 사람의 이두를 이해하지 못한 것이다. 그러므로 이두가 불통일하고 불확실하게 된 것은 학문적 역량 때문이 아니라 주로 정치적 장애 때문인 것이다.

5. 신지의 역사

옛날 역사서에서는 단군 시대에 신지라는 사관史官이 있었다고 했다. 하지만 신지는 '신치'의 번역어이고, '신치'는 '신크치'의 약자이며, 신크치는 '신가'의 별칭이었다. 신가는 앞에서 설명한 오가의 수석대신이다. 신치 즉 신가는 신수두의 제삿날에 우주창조의 신화와 영웅 용사의 설화와 예언 부류의 잠언을 노래했다. 이것이 대대로 관례가 되었다. 후세의 문인들이 그 노래를 수집하여 책을 만들고, 관직명 '신치'를 따서 책의 제목으로 삼았다. 이른바 신지는 바로 그것이다. 《신지》의 원전이 사라져서 내용을 알 수는 없지만, 책 제목이 이두로 된 것으로 보아 내용도 이두로 기재되었으리라 생각된다.

《고려사》〈김위제 열전〉에서는 《신지》 비사祕詞의 구절을 다음과 같이 인용했다. "저울대·저울추·저울판에 비유하자면, 저울대는 부소량이고 저울추는 오덕지이며 저울판은 백아강이다. 70개국이 알현하고 항복하니, 덕에 의지하여 거룩한 뜻을 지켜나갔다. 머리와 끄트머리가 모두 균형을 이루니, 나라를 일으키고 태평성대를 누리는구나. 가르쳐준 세 곳을 폐한다면 왕업이 쇠퇴하게 될 것이다." 그리고 부소량은 지금의 송도, 오덕지는 지금의 한양, 백아강은 지금의 평양이라고 주장했다. 그러나 송도·한양·평양은 고려의 삼경일 뿐이다. 대단군 시대의 삼경 중 하나는 지금의 하얼빈으로 옛 역사서에서 부소갑·비서갑·아사달로 기록된 곳이다. 대단군 시대의 삼경 중에서 또 다른 하나는 지금의 해성이나 개평 등지에 있었다. 이곳은 옛 역사서에서 오덕지·오비지·안시홀·안시성으로 기록된 곳이다. 마지막 하나는 지금의 평양인데, 이곳은 옛 역사서에서 백아강·낙랑·평원·평양으로 기록된 곳이다. 이두 발음법에서는 부소·비서·아사는 '으스'로 읽고, 오덕·오비·안지·안시는 '아리'로 읽으며, 백아강·낙랑·평원·평양은 '퍼라'로 읽는다. 위에 인용된 구절은 이두로 된 《신지》를 한시로 번역한 것이다. 최치원의 《향악잡영鄕樂雜詠》에서 나타나는 것처럼, 삼국 말엽에 한학이 융성하여 학자들이 이두로 된 시와 글을 한시와 한문으로 번역했던 경향에 따른 것이다. 《신지》를 한시로 번역한 것도 이러한 경향 때문이다.

그런데 무슨 이유로 비사라고 불렀을까? 그것은 고대에는 역사서를 성경처럼 생각해서 왕궁에 은밀히 보관하고 민간에 유포되지 않도록 했기 때문이다. 《신지》 같은 비사들이 후세에 하나도 전해지지 못한 이유는 무엇일까? 고구려와 백제가 멸망할 때는 왕궁에 보관된 책들이 전쟁으로 불에 탔다. 신라의 것만이 겨우 전해져, 고려 시대까지도 왕궁에 한 질이 남아 있었다. 조선 시대에는 이것을 서운관에 보관했지만, 임진왜란 때 불타고 말았다.

6. 조선의 전성시대

기원전 10세기경부터 대략 오륙백 년간은 대단군 조선의 전성시대였다. 《수문비고》에서는 청나라 직예성 영평부에 있었던 고죽국도 조선 종족이라고 했다. 고죽국 왕자인 백이·숙제 형제는 왕위상속권을 헌신짝처럼 버렸다. 그들은 오늘날의 섬서성에 있었던 주나라를 여행하다가 무왕에게 반전론을 열렬히 역설했다. 이 외에, 양자강·회수 유역으로도 조선인들이 대거 이주하여 소왕국을 많이 건설했다. 그중에서 서나라 언왕이 두각을 보이고 인의를 실천하니, 중국 36개국이 서나라에 조공을 바쳤다. 이상은 조선 본국이 아닌 식민지에서 나온 한두 호걸의 행적이다.

　기원전 5, 6세기경에는 불리지弗離支란 인물이 조선 군대를 통솔하고 오늘날의 하북·산서·산동성 등을 정복했다. 그는 산서성 대현 부근에 국가를 세우고 자기 이름을 따 불리지국이라 명명했다. 《주서》의 불령지弗令支와 《사기》의 리지離支는 이 불리지국을 가리킨다. 불리지는 자기가 정복한 지방에 대해 자기 성씨인 '불'로 나라 이름을 부여했다. 요서의 비여肥如, 산동의 부역鳧繹, 산서의 비이邲耳(《관자》에 보임)가 다 '불'의 번역어다. 상고 시대에는 산동반도와 요동반도가 육지로 연결되어 있었다. 그래서 발해渤海는 큰 호수였다. 발해의 '발'도 '불'이란 음에 따른 것이다. 이것도 불리지가 붙인 이름이다. 불리지는 산동을 정복한 뒤 조선의 검은원숭이·담비·여우·너구리 등의 털가죽과 비단·융단 같은 직물을 수출하여 발해를 중심으로 상업을 진흥시켰다.

7. 조선의 쇠약

기원전 7세기 말에 조선은 고죽국을 통해 불리지국과 연합하여 연나라와 진晋나라를 정벌했다. 그러자 연나라와 진나라는 제나라에 도움을 요청했다. 제나라 군주인 환공은 명재상인 관중과 명장인 성보의 보좌를 받아 중국을 제패하고 있었다. 제나라는 조나라·위나라·허나라·노나라 등의 10여 국가를 이끌고 연나라를 구출했다. 태행산[62]을 넘어 불리지국을 깨뜨리고 연나라를 지나 고죽국을 꺾은 것이다. 조선은 군대를 철수하고 불리지 땅을 잃었다. 이것은 중국을 살린 전쟁이었다. 그래서 공자는 관중의 공적을 찬양하면서 "관중이 아니었다면 우리는 피발披髮을 하고 좌임左袵을 했을 것"이라고 했다. '피발'은 조선에서 머리를 뒤로 묶어 길게 땋는 것을 말하고, 좌임은 조선에서 왼쪽으로 옷을 여미는 것을 말한다.[63] 《관자》에는 이 전쟁의 결과가 기록되어 있다. 항상 그렇듯이, 중국 기록은 과장이 심하다. 대외 전쟁에 관한 경우 특히 그러하다. 사실, 《관자》는 관중의 작품이 아니라 전국 시대 말엽 사람의 작품이다. 목격담이 아닌 까닭에 대강의 내용만 기록되어 있다. 그러나 이 전쟁으로 조선이 서북 지방을 잃고 오랜 침체에 빠진 것만큼은 숨길 수 없는 사실이다.

---

62 산서성(山西省)과 하북성(河北省)의 경계.

63 웃옷의 왼쪽이 오른쪽의 밑으로 들어가면 좌임이고, 오른쪽이 왼쪽의 밑으로 들어가면 우임이다. 고대에 한민족의 의복은 좌임이고 중국의 의복은 우임이었다. 오늘날 한국 남성복의 경우, 오른쪽이 왼쪽의 밑으로 들어간다.

8. 단군 연대의 고증

기존 역사서에서는 단군왕검으로부터 1,220년 후에 기자가 조선의 왕
이 되었다고 했으나, 실제로는 기자가 직접 왕이 된 게 아니다. 기원전
323년에 그 자손이 불조선의 왕이 됐을 뿐이다. 제2편 제2장에서 설명
했지만, 이 책에서는 기자조선을 인정하지 않는다.

기존 역사서에서는 단군이 평양을 수도로 정했다가 구월산으로 천
도했고, 자손 대에 가서 기자를 피해 북부여로 갔다고 했다. 이 역시 근
거 없는 망언이다. 구월산에 천도했다는 말은 어디서 나왔을까? 이것은
"2천 년 전에 단군왕검이 있었다. 아사달에 나라를 세우고 국호를 조선
이라고 했다"는《위서》의 기록에서 연유한 것이다. '아사'의 발음이 아
홉[九]에 가깝고 '달'의 발음이 달[月]에 같다 하여 아사달을 구월산이라
고 부른 것이다. 구월산은 황해도 문화현의 산이다. '문화'의 옛 이름은
궁홀弓忽이었다. 궁홀은 이두로 '궁골'로 읽는다. 그 궁골에 있는 산이라
고 하여 처음에는 궁골산이라고 했다. 개홀皆忽(발음은 '개골')에 있는 산
이라 하여 개골산(금강산)이라 부른 것과 같다. 그 궁골산이 구월산으로
불린 것이다. 그런데 구월산의 '구월'을 '아홉 달'로 해석한 뒤 구월산을
아사달산으로 이해했다. 웃지 않을 수 없는 일이다.

그럼, 아사달은 어디였을까? 아사달은 이두로 'ᄋᆞ스대'로 읽었다. 고
어에서는 소나무를 'ᄋᆞ스'라고 하고 산을 '대'라고 했다. 이 아사달은 지
금의 하얼빈 완달산이다. 이곳은 북부여의 고토로 단군왕검의 상경上京
이었다. 지금의 개평현 동북에 있는 안시성 유적인 아리티는 중경이고,
지금의 평양 즉 '펴라'는 남경이었다. 단군왕검 이래, 상황에 따라 삼경
중 하나를 서울로 삼았는데 셋 중의 중심은 북부여 고토인 ᄋᆞ스대였다.

그런데도 단군의 자손들이 기자를 피해 북부여로 갔다고 주장하고 있으니, 이 무슨 엉뚱한 소리인가? 그렇기 때문에 기자조선을 인정할 수 없는 것이다.

기존 역사서에서는 단군 원년인 무진년이 요임금 25년이라고 했다. 하지만 중국인들은 주나라 주공 및 소공 이후인 기원전 841년 이후에야 연대를 제대로 기록했다. 그런 중국인들이 그보다 훨씬 이전인 요임금 25년을 어떻게 정확히 알 수 있으리오. 그러므로 요임금의 연대를 토대로 단군 원년을 정확히 지적할 수는 없다.

《고기》에는 단군이 1,048년을 살았다느니 1,908년을 살았다느니 하는 이야기가 기록되어 있다. 이것은 신라 말엽에 불교도들이 신수두를 '진단'으로, 환국을 '환인'으로 바꾸는 식으로 조선 고대사를 불경 용어로 윤색할 때에, 불교 창시자가 3만 년·3천 년·5백 년 장수했다는 인도 고전을 모방해서 만들어낸 말이다. 그래서 반박할 가치도 없는 말이다. 조선 초에 권근이 "전해온 세대가 얼마인지는 알 수 없지만, 지나온 햇수가 1천 년은 넘으리라"는 시를 지었다. 이것은 불교의 황당한 주장을 교정하는 데는 의의가 있을지 몰라도, 이 역시 단군의 역사를 제대로 모르고서 한 말이다. "2천 년 전에 단군왕검이 있었다. 아사달에 나라를 세우고 국호를 조선이라고 했다"고 했으므로, 고구려 건국 이전 2천 년이 단군왕검의 원년이다. 삼국 중엽까지도 신수두를 신봉했으므로, 단군이 정치적으로 거의 절반의 주권을 갖고 있었다고 볼 수 있다. 그러므로 이 시기에 이미 단군의 역사는 2천 몇 백 년은 된 셈이다. 따라서 단군의 역사를 1천 년으로 한정할 수는 없다. 그러나 삼조선이 분립한 뒤 대왕과 대단군이 병존하는 정교분립의 싹이 피기 시작했기 때문에 이번 편은 여기서 그치기로 한다.

제3편

삼조선
분립 시대

제1장

삼조선 총론

―――――――

1. 삼조선이란 명칭의 유래

기존 역사서에서는 삼조선 분립 사실을 빠뜨렸을 뿐 아니라 삼조선이란
용어를 단군·기자·위만의 세 왕조로 잘못 해석했다. 삼조선은 신·불·
말, 세 한이 분립한 것으로, 신한은 대왕大王이고 불한과 말한은 부왕副王
이었다. 삼한이 삼경에 각각 주재하며 조선을 통치했다는 점은 제2편에
서 이미 설명했다. 삼조선은 삼한이 분립한 뒤 이들을 구별하기 위해, 신
한이 통치하는 곳은 신조선, 말한이 통치하는 곳은 말조선, 불한이 통치
하는 곳은 불조선이라 했던 것이다. 신한·말한·불한은 이두로 진한·마
한·변한이라 표기됐고, 신조선·말조선·불조선은 이두로 진조선·막조
선·번조선으로 표기됐다.

　동일한 신·말·불을, 한편으로는 진·마·변으로 표기하고, 한편으로
는 진·막·번으로 표기한 이유는 무엇일까? 이는 지역에 따라 이두가 달
랐기 때문이거나, 중국인의 한자 표기가 조선의 이두 표기와 달랐기 때

문이다. 조선의 고전이 없어진 탓에 조선 측 기록에서는 삼조선의 유래
를 찾을 수 없지만, 중국 측 기록에서는 찾을 수 있다.《사기》〈조선 열
전〉의 '진번조선'은 신조선·불조선을 통칭한 것이다. 주석에서 "번藩은
막莫이라고도 한다"고 했다. '번'을 '막'으로 대체하면 '진막조선'이 된다.
진막조선은 신조선과 말조선을 함께 언급한 것이다. '진막번조선'이나
'진번막조선'이라 하지 않고, '막'을 빼고 진번조선이라 한 이유는 무엇
일까? 이것은 중국인들이 외국의 인명·지명을 쓸 때 문장의 흐름을 부
드럽게 하고자 약자를 쓰는 습관이 있었기 때문이다. 이외에도, 중국 최
고最古의 소설인《목천자전穆天子傳》에 나오는 '격한'은 신한을 의미하고,
《관자》에 나오는 '발조선'이나《대대례大戴禮》에 나오는 '발식신'은 불조
선을 의미한다. 말조선은 중국과 떨어져 있었기 때문에《사기》이외의
다른 책에서는 보이지 않는다.

2. 삼조선의 위치와 범위

한韓은 국명이 아니라 왕의 칭호였다. 삼한은 삼조선을 나누어 통치한
세 명의 대왕이고, 삼조선은 삼한 즉 세 왕이 각각 통치한 세 지방이었
다. 세 도읍의 위치와 범위는 어떠했을까? 삼한의 도읍은 이러하다. 하
나는 제1편에서 설명한 ㅇ스라, 즉 지금의 하얼빈이다. 또 하나는 아리
티, 즉 지금의 개평현 동북에 있는 안시성 유적지다. 또 다른 하나는 펴
라, 즉 오늘날의 평양이다.

삼조선이 분립하기 전에는 신한이 전체 조선을 통할하는 대왕이고 불
한·말한은 부왕이었다. 신한이 ㅇ스라에 주재할 때는 말한·불한은 나

머지 두 곳에 주재하고, 신한이 아리티나 펴라에 주재할 때는 말한·불한은 다른 두 곳에 각각 주재했다. 삼조선이 분립한 뒤에는 삼한이 삼경의 하나씩을 차지하고 조선을 나누어 차지했다.《만주원류고》에서는 "요동에 번한番汗현, 즉 지금의 개평 등의 지역이 변한의 옛 도읍[古都]"이라고 했다. 번한과 변한은 발음이 비슷하다. 그러므로 개평 동북의 아리티가 불한의 옛 도읍이었다고 볼 수 있다.《삼국유사》에서는 마한이란 지명이 평양의 마읍산에서 나왔다고 했다. 하지만 마한에서 마읍산이란 지명이 나온 것이지, 마읍산에서 마한이란 지명이 나온 것은 아니다. 마한은 평양에 도읍을 두었다가 나중에 남쪽으로 천도했다. 그러므로 평양 즉 펴라가 말한의 옛 도읍이었을 것이다. 신한의 경우에는 참고할 자료가 없기는 하지만, 아리티와 펴라가 불한·말한의 도읍이었으므로 신한은 하얼빈 즉 ㅇ스라에 도읍했음이 틀림없다.

이로써 강역의 윤곽을 대략 그릴 수 있다. 오늘날 봉천성의 서북과 동북(개원 이북과 흥경 이동)인 길림성·흑룡성 및 지금의 연해주 남쪽은 신조선의 소유였고, 요동반도(개원 이남과 흥경 이서)는 불조선의 소유였으며, 압록강 이남은 말조선의 소유였다. 그러나 전쟁이 빈번할 때는 고정적인 영토가 없었으므로, 상황에 따라 삼조선의 영역이 증감했을 것이다.

3. 기록을 통한 삼조선의 구별 방법

이제 역사서를 읽는 독자들이 귀에 익지 않은 신조선·불조선·말조선이란 소리만 들어도 이미 반쯤은 깜짝 놀랄 텐데, 하물며 이전 역사에서 아무런 구별도 없이 표기한 '조선'이란 명사들을 가져다가, 갑에 쓰인 조선을 신조선이라 하고, 을에 쓰인 조선을 불조선이라 하고, 병에 쓰인 조선을 말조선이라 하면 과연 누가 믿겠는가.

유사한 예는 많다. 《삼국사기》〈고구려 본기〉에서는 동부여·북부여를 구별하지 않고 그냥 부여라고 쓴 경우가 많다. 〈신라 본기〉에서는 크고 작은 다섯 가야를 구별하지 않고 그냥 가야라고 했다. 사료에 이렇게 표기됐다고 하여 두 개의 부여나 다섯 개의 가야를 구별하지 않는다면 부여사나 가야사의 진면목을 회복할 수 없을 것이다. 하물며 삼조선의 분립은 조선상고사의 일대 사건이다. 삼조선을 구별하지 못한다면 그 전에 있었던 대단군왕검의 건국도 이해하지 못할 것이고, 그 후에 있었던 동부여·북부여·고구려·백제·신라 등의 발전도 이해하지 못할 것이다. 선입견에 빠진 사람들에게 맞추기 위해 삼조선의 흔적을 모른 체 할 수는 없다.

삼조선에 관한 자료는 《사기》·《위략》·《삼국지》 같은 중국 역사서뿐이다. 중국 역사서의 작자들은 유전적인 교만병을 갖고 있었다. 그래서 조선에 관해 서술할 때에 조선 자체를 체계적으로 기술하지 않고 자신들과 정치적으로 관련되는 부분만 기술했다. 더군다나 전쟁의 승부나 사안의 시시비비를 바꿔놓은 경우도 왕왕 있다. 조선의 국명·지명을 적을 때도 조선인이 지은 본래의 명사를 쓰지 않고 임의로 새로운 명사를 만든 경우도 많다. 예컨대 동부여를 불내예로 고치고 오혈홀을 요동성으로 고쳐놓았다. 또 조선은 독특한 문화로 특유의 발달을 거듭했는데도, 기자나 진나라 유민들에게 그 공로를 돌리고자 수많은 역사적 사실을 위조했다. 사마천이 《사기》를 짓던 때는 연나라가 멸망된 지 그리 오래되지 않았을 때였다. 그래서 연나라와 삼조선의 관계에 대해 참고할 자료가 적지 않았을 것이다. 또 한무제가 조선의 일부요 삼경의 하나인 아리티를 점령한 지 얼마 되지 않았으므로, 삼조선에 관한 전설과 기록을 적지 않게 확보했을 것이다. 그런데도 《사기》 〈조선 열전〉은 조선의 문화적·정치적 사실 관계를 제대로 다루지 않고 위만의 동진東進과 한나라의 침공만을 다루었다. 그러니 이것은 〈조선 열전〉이 아니라 위만의 소小열전이요 한나라 동방 침략의 역사에 불과한 것이다. 《위략》이나 《삼국지》 같은 책들은 관구검이 실어간 고구려 서적을 바탕으로 한 것이었지만, 이것들 역시 이런 폐습으로부터 자유로울 수 없었다.

그렇다면 그런 곳에 있는 조선 관련 기록 속에서 무엇을 근거로 신조선·불조선·말조선을 구별할 것인가? 《사기》 〈조선 열전〉에서는 위만이 있었던 불조선만을 조선으로 취급했다. 신조선은 동호東胡라는 이름으로 《사기》 〈흉노 열전〉에 넣었다. 그러므로 《사기》 〈흉노 열전〉에서 신조선의 흔적을 줍고, 〈조선 열전〉에서 불조선의 흔적을 주은 뒤, 《위략》이나 《삼국지》의 〈동이 열전〉으로 이를 보충할 수 있다. 말조선은 중국에서 멀리 떨어졌다는 이유로 중국사에 잘 나타나지 않는다. 하지만 마한·백제의 선대는 말조선 말엽의 왕조였으므로 여기서 말조선의 흔적을 찾을 수 있다. 이런 방법으로 삼조선 역사의 대강을 찾아낼 수 있다.

4. 삼조선 분립의 시작

대단군이 정한 제도에서는 삼한이 삼경에 각각 주재했다. 삼한 중 신한은 대단군으로서 제사장 겸 정치 지도자였고, 말한·불한은 신한을 보좌하는 부왕에 불과했다. 조선은 이렇게 나라의 체제를 확립했기 때문에 삼조선이란 명칭이 없었다가 삼한이 분립된 뒤에야 생겼다는 점은 이미 설명했다. 그렇다면 삼한은 언제 분립된 것일까?《사기》에 나타난 진·막·번 조선은 전연시全燕時 즉 연나라의 전성시대를 배경으로 한다. 연나라의 전성시대는 전국 시대 초반이다. 발조선이 기록된《관자》는 춘추 시대 관중의 작품이 아니라 전국 시대의 위작이다. 발숙신이 기록된《대대례》는 한나라 사람인 대승의 작품이지만, 발숙신에 관한 부분은 제나라 사람인 추연이 말한 것이다. 추연이 전국 시대 인물이었기 때문에, 신·말·불 삼조선이란 명칭이 그의 입에서 거명될 수 있었던 것이다. 따라서 삼조선의 분립은 중국 전국 시대의 일이다. 전국 시대는 기원전 5세기 이후이니, 그 이후에 신·불·말 삼조선이 분립한 것이다.

신조선의 왕족은 해解씨로 대단군왕검의 자손이라고 불렸고, 불조선의 왕족은 기箕씨로 기자의 자손이라고 불렸다. 말조선의 왕족은 한韓씨로, 선조의 기원은 알 수 없다. 왕부의《잠부론》에서 "한서韓西 역시 성씨가 한韓이며, 위만의 공격을 받아 바다 가운데(한반도를 의미_옮긴이)로 옮겨 갔다"고 한 것을 보면, 한서는 말조선에 속했고 말조선의 왕족은 한씨였다고 볼 수 있다.《위략》에서는 이렇게 말했다. "기자의 후손인 조선후朝鮮候는 주나라 왕실이 쇠약해지는 것을 보았다. 이때 연나라가 스스로를 높여 왕이라 칭하고 동쪽을 노려 땅을 빼앗으려 했다. 조선후는 스스로 왕이라 칭하고 군대를 일으켜 연나라에 반격을 가함으로써 주나라 왕실을 높이고자 했다. 대부 예禮가 반대하므로 중지하고, 예를 서쪽으로 사신으로 보내 연나라를 설득하도록 했다. 이로써 연나라를 억제하고 공격하지 못하도록 했다."

《위략》은 서양 백인종인 대진大秦 즉 로마까지도 중국인의 자손이라고 말한 책이다. 가장 중국적이라 할 수 있는 병리적 자존심을 발휘한 책이다. 그래서 이 책 전체를 맹신할 수는 없지만, 여기서 중요한 단서를 얻을 수 있다.

당시 조선에서는 신한·말한·불한을 진한·마한·변한으로 음역했다. 신한은 어떤 경우에는 태왕이나 대왕으로 의역됐다. 따라서 신한은 한자로는 조선왕이라고 표기됐을 것이다. 말한·불한은 의역하면 좌보·우보이므로, 한자로는 조선후라고 표기됐을 것이다. 기자는 불한의 지위에 있었으므로 《위략》에서 조선후로 부르는 것이 마땅했다. 그런데 불한의 조선후인 기씨가 신한의 조선왕인 해씨를 배반하고 스스로 조선왕(신한)이라 칭함으로써 삼조선 분립의 국면을 열었다. 불한이 신한을 자칭한 것은 연나라가 왕을 자칭한 뒤였고, 연나라가 왕을 자칭한 것은 《사기》에 따르면 주나라 신정왕 46년 즉 기원전 323년이다. 이는 신·말·불 삼조선이 분립한 시점이 기원전 4세기경이라는 확증이 된다. 대부 예는 모사꾼 중의 모사꾼이었다. 불한을 권유하여 신한을 배반하고 신한이라고 자칭하도록 하고, 불한과 연나라가 결탁하도록 한 인물이다. 대부 예는 삼조선 분립을 주동한 인물일 것이다.

삼조선 분립 이전에는 신한이 하나뿐이었으나, 분립 이후에는 신한이 셋이나 됐다. 신조선의 신한이 하나요, 말조선의 신한이 하나요, 불조선의 신한이 하나였으니, 세 명의 대왕이 있게 된 것이다.

제2장

조선 분립 이후의 신조선

1. 신조선의 서침과 연·조·진나라의 장성

삼조선이 분립된 지 얼마 뒤, 신조선왕인 '모갑某甲(성명을 알 수 없는 사람 중에서 첫째 사람이란 의미_옮긴이)'이 영민하고 용맹스러워 말·불 두 조선을 다시 연합시켰다. 오늘날의 동몽골 지역을 공격해 선비족을 정복하고, 연燕나라를 공격해 우북평(지금의 영평부)[64]과 어양(지금의 북경 부근)과 상곡(지금의 산서성 대동부) 등지를 다 차지했다. 불리지 때의 고토를 회복한 것이다. 그러자 연나라왕이 크게 두려워했다. 그는 신조선에 해마다 조공을 바치고 신하를 자처하며 태자를 인질로 보냈다.

모갑이 죽고 '모을某乙(위의 모갑의 후계자_옮긴이)'이 신조선왕이 된 뒤, 연나라 태자가 귀국하여 왕이 되었다. 그는 장군 진개를 왕자로 속여 인질로 보냈는데 모을은 속임수를 깨닫지 못했다. 진개의 민첩하고 영리

---

64   현재의 하북성 진황도시(秦皇島市, 친황다오시).

함에 빠진 모을은 진개를 늘 자기 옆에 두었다. 진개는 모든 군국의 기밀을 탐지한 뒤 연나라로 도망쳐 돌아갔다. 그러고는 연나라 군대를 끌고 와서 신조선을 기습했다. 그는 신·말·불 삼국 수비대를 돌파하고 서북 변경, 그러니까 이전에 신조선왕 모을이 점령한 상곡·어양·우북평 등지를 탈취했다. 더 나아가 불조선을 기습하여 요서(오늘날의 노룡현)와 요동(오늘날의 요양 부근)을 함락했다. 진개는 상곡·어양·우북평·요서·요동에 5군郡을 설치하고 2천여 리의 장성을 쌓아 조선을 견제했다. 《사기》〈조선 열전〉의 "연나라의 전성기에 진번조선을 침략해서 복속시켰다"와 《사기》〈흉노 열전〉의 "연나라에 진개라는 명장이 있었다. 동호에 인질로 갔더니 동호에서 그를 매우 신뢰했다. 귀국한 뒤 동호를 습격하여 격파하니 동호가 천여 리나 물러났다. …… 연나라도 장성을 수축하니 조양에서 양평까지 상곡·어양·우북평·요서·요동군을 설치했다"와 "연나라가 이에 장군 진개를 보내 그 서쪽을 공격하여 2천여 리의 땅을 빼앗으니 만반한滿潘汗까지 이르렀다"는 모두 이 일을 가리킨다.

그러나 진개가 인질로 간 조선은 신조선이지 불조선이 아니다. 또한 만반한은 불조선이지 신조선이 아니다. 그렇기 때문에 《사기》에서는 이를 〈흉노 열전〉 및 〈조선 열전〉으로 나누어 다루었다. 《위략》은 〈조선 열전〉에서 이것을 다루었으나, 진개가 인질이 된 사실은 다루지 않았다. 만반한은 조선 역사지리상의 중대 문제이므로 본편 제3장에서 서술하고자 한다.

조선을 막고자 중국 북방에 장성을 쌓은 나라는 비단 연나라만이 아니었다. 오늘날의 직예(수도의 직할지란 의미_옮긴이) 서부의 절반과 하남성 북부와 산서성을 차지한 조趙나라의 무령왕도 지금의 산서성 북부에 장성을 쌓았다. 이 장성은 조선과 조선 속국인 담림·누번 등으로 인해 쌓은 것이다. 지금의 섬서성을 차지한 진秦나라의 소왕도 장성을 쌓았는데, 이것은 의거義渠를 멸하고 흉노를 막기 위해서였다. 의거는 본래 조선의 한 종족으로 지금의 감숙성으로 이주한 뒤, 성곽과 궁궐을 건축하고 농업을 장려하여 상당한 문화적 업적을 남겼다. 의거는 병력으로 진나라를 압박하기도 했다. 그런데 진시황의 고조모인 선태후는 절세의 미인이었다. 그는 의거가 진나라를 멸망시킬까 두려워하여, 의거왕을 유혹하고 통정하여 두 아들을 낳았다. 마침내 의거왕을 진나라로 끌어들여 살해하고 두 아들까지 죽인 뒤 그 나라를 기습하여 멸망시켰다.

2. 창해역사의 철퇴와 진시황제의 만리장성

신조선이 연나라·조나라와 투쟁하는 사이에 진秦나라가 강성해졌다. 마침내 진나라가 한韓나라·위나라·조나라·연나라·제齊나라·초楚나라 등을 멸망시켰다. 그러자 한나라의 장량은 망국의 한을 품고 조선에 들어와 구원을 요청했다. 신조선왕 '모병某丙(위의 모을의 후계자_옮긴이)'은 역사力士인 여黎 씨를 소개했다. 여 씨는 진시황제의 순행을 틈타 120근짜리 철퇴를 들고 기회를 엿보았다. 그는 지금의 하남성에 속한 양무현 박랑사에서 진시황제의 마차를 공격했다. 하지만 실수로 수행원의 마차를 부수는 바람에 실패하고 말았다.

　《사기》에서는 장량이 창해군滄海君에게 역사를 요청했다고 한다. 어떤 사람은 창해를 강릉江陵으로 보고 창해군은 강릉의 군장이며, 역사인 여 씨는 강릉 출신이라 했다. 그러나 창해는 동부여의 별칭으로, 동부여의 두 분파는 각각 북갈사(지금의 훈춘)와 남갈사(지금의 함흥)에 도읍을 두었는데, 창해는 이들 중 하나다. 강릉이 창해라는 이야기는 근거가 없다.

얼마 뒤 진시황제는 동북방 조선과 서북방 흉노를 경계하여, 연나라·조나라·진나라의 고토에 있던 장성을 연결하고 이를 확대했다. 그는 전 중국의 인민을 요역에 동원하고 장군 몽염蒙恬에게 30만 명을 거느리고 감독하도록 했다. 동양 역사에서 유명한 만리장성은 이렇게 완성됐다. 하지만 기원전 210년에 죽은 진시황제에 이어 2세 황제 영호해가 즉위한 이듬해에 진승·항우·유방 같은 혁명 군웅들이 봉기했다. 이들은 마지막 황제인 영자영 때에 진나라를 멸망시켰다.

이두산李斗山은 이렇게 논평했다. "진나라의 위력이 유사 이래 전례가 없을 정도로 팽창하여 온 천하가 진시황제를 천신天神으로 떠받드는 상황이었다. 이런 상황에서 난데없이 나타난 벽력같은 철퇴 하나가 진시황제의 영혼을 빼앗고 6국 유민들의 적개심을 선동했다. 진시황제의 시신이 땅에 들어가기도 전에 진나라에 맞선 깃발이 사방에서 휘날렸으니, 이는 창해역사의 공로가 아닐 수 없다."

3. 흉노족 모돈의 침공과 신조선의 위축

중국에서 항우·유방 등의 내란이 8년간 계속되는 동안, 신조선왕 '모정茅丁(위의 모병의 후계자_옮긴이)'은 서방으로 출병하여 상곡·어양 등지를 회복하고 동몽골 일대의 선비족을 복속시켜 국위를 회복했다. 그러나 그 자손 대에 흉노족 연제모돈攣鞮冒頓의 난을 만나 국력이 쇠약해지고 말았다.

흉노족은 제1편에서 설명한 바와 같이 조선과 언어 계통이 같고 조선처럼 수두를 신봉하여 조선의 속민이 된 종족이다. 이들은 오늘날의 몽골 등지에 흩어져 목축과 수렵에 종사하고, 천성적으로 침략을 즐겨 중국 북부를 자주 유린했다. 신조선에 대해서도 반란과 항복을 되풀이했다. 그런 상태에서 기원전 209년에 연제두만攣鞮頭曼이 흉노 선우單于(흉노족 군주의 칭호_옮긴이)가 됐다. 그는 장자인 모돈을 미워하고 작은아들을 사랑했다. 그러다가 결국 모돈에게 죽임을 당했다. 모돈은 그 뒤를 이어 선우가 됐다.

신조선왕은 모돈의 흉폭을 알지 못하고 너무 자주 요구조건을 내놓았다. 모돈은 환심을 살 목적으로 신조선왕이 천리마를 구하면 자기의 애마를 주고, 신조선왕이 미인을 구하면 자기의 알 씨(선우의 처첩)를 주었다. 그래서 신조선왕은 더욱 더 모돈을 믿었다. 이런 상태에서 신조선왕은 사신을 보내 양국 중간 천여 리의 땅인 구탈甌脫을 내줄 것을 요구했다. 구탈은 국경의 완충지대를 가리키는 용어였다. 이 요구를 듣고 모돈은 대노하여 "토지는 나라의 근본인데, 어찌 이것을 달라 하느냐"며 사신을 죽였다. 그는 흉노의 기병을 총출동시켜 신조선의 서방인 지금의 동몽골 등지를 습격하여 주민들을 유린하고 다수의 선비족을 학살했다. 신조선은 퇴각하고 장성 바깥 수천 리 땅을 포기했다. 선비족의 잔존 세력은 선비산 즉 지금 흥안령의 안팎으로 도주했다. 이로써 쇠약해진 신조선은 오랫동안 주변 민족들과 겨루지 못했다.

청나라 말기의 학자인 엄복은 "흉노족은 물과 풀을 따라 이동하는 야만족인데, 어떻게 '토지는 나라의 근본'이란 말을 했겠는가? 이는 사마천이 근거 없이 과장한 문장일 뿐"이라고 말했다. 그러나 《사기》,《한서》 등에서는 흉노족이 음산산맥의 요새를 빼앗긴 뒤에 그 지방을 지나가는 흉노족은 반드시 통곡을 했다고 했고, 연지燕脂가 생산되는 언지산을 빼앗긴 뒤에 슬픈 노래를 지어 서로 위로했다고 한다. 흉노족의 토지 수요가 비록 문화 민족의 그것과 똑같지는 않았을지라도, 그들에게 토지에 관한 관념이 전혀 없었다고 말하는 것은 편견이라고 생각한다.

제3장

삼조선 분립 이후의 불조선

1. 불조선의 서북 변경 상실

불조선이 신조선과 연합했다가 연나라에 패했다는 점은 이미 설명했다. 이때 상실한 영토가 얼마나 되는지 이제 설명하고자 한다. 《위략》에서는 "진개가 그 서쪽을 공격하여 2천여 리의 땅을 빼앗으니, 만반한을 경계로 삼았다"고 했다. 옛날 학자들은 조선과 연나라의 원래 국경이 지금의 산해관이라고 생각했다. 그래서 진개가 탈취한 2천여 리가 산해관 동쪽으로 2천여 리였다고 판단하고, 만반한을 대동강 이남에서 찾으려 했다. 하지만 이것은 크나큰 착오에 근거한 억측이다.

《사기》나 《위략》을 보면 진개가 탈취한 영토는 분명히 상곡(북경 서북쪽 근처_옮긴이)부터 요동까지였다. 그러므로 만반한을 요동 밖에서 찾는 것은 옳지 못하다. 《한서》 〈지리지〉에 의하면, 요동군에 문汶·번한番汗이란 두 현이 있었다. 이 '문·번한'이 '만반한'이다.[65] 문현의 연혁은 전해지지 않으나, 번한현이 지금의 개평(요동반도 서북부에 위치_옮긴이) 등지이므로, 문현도 그 부근이라고 보아야 한다. 그러므로 만반한은 지금의 해성(패수를 의미_옮긴이)·개평 부근이다.

그런데도 만반한을 대동강 이남에서 찾는 것은 왜일까? 만반한은 진개가 침공할 당시의 지명이 아니다. 훗날 진나라·한나라 때의 명칭이었다.《위략》의 저자가 이것을 진개 당시의 지명으로 잘못 고증했을 뿐이다.《사기》에서 말하는 '1천여 리'는 신조선이 상실한 영역을 가리키지만,《위략》에서 말하는 '2천여 리'는 신·불 두 조선이 상실한 영역을 가리킨다. 그러므로 어양·상곡 일대는 신조선이 상실한 영역이고, 요동·요서·우북평 일대는 불조선이 상실한 영토다. 만반한은 한사군의 연혁과 관련성이 밀접한 곳이니, 독자들은 이 내용을 단단히 기억해 둘 필요가 있다.

2. 불조선과 진나라·한나라의 관계

연나라왕 희희姬喜는 진시황제에게 패해 요동으로 천도했다. 불조선은 이전부터 연나라를 증오했기 때문에, 진나라와 동맹하여 연나라를 멸망시켰다. 얼마 후 진시황제는 몽염을 시켜 장성을 쌓고 요동에 접근했다. 이로써 불조선과 진나라가 국경을 정하게 됐다. 양국은 오늘날의 헌우락(패수_옮긴이) 이남 수백 리를 중립지대로 정하고 양국 인민의 주거를

---

65 동아시아 고대 기록에는 구두점이 없었기 때문에, 번역할 때 구두점을 잘 활용해야 한다. 현의 이름은 일반적으로 1음절 혹은 2음절이었으므로, 신채호처럼 구두점을 찍는 게 옳다.

금지했다. 《사기》에서 말하는 진고공지秦故空地(진나라 때의 옛 공터라는 의미_옮긴이)는 이것을 가리킨다.

《위략》에서는 당시 불조선왕의 이름이 부否라고 했다. 그러나 《위략》 처럼, 관구검이 실어간 고구려 문헌을 바탕으로 하여 쓴 《삼국지》 및 《후한서》의 〈동이 열전〉에는 '부'가 기록되지 않았다. 《위략》에서 신조선 말엽의 동부여왕 해부루를 '부'로 와전한 게 아닌가 하는 의심이 들어, 여기서는 불조선왕 부否를 인정하지 않겠다.

기원전 200년에 기준이 불조선왕이 되었다. 그 후 진승·항우·유방 등이 모반하여 진나라에서 대란이 일어났다. 그러자 상곡·어양·우북 평 등지의 조선 유민과 연나라·제나라·조나라의 중국인들이 난을 피해 귀화했다. 기준은 이들이 서방의 중립지대에서 살 수 있도록 허락했다. 그 뒤 한나라 고조 유방이 중국을 통일했다. 기준은 한나라와 조약을 체 결하여, 중립지대는 불조선이 소유하고 헌우락을 국경으로 삼았다. 《사 기》〈조선 열전〉에서는 "한나라가 흥하고 …… 패수에 이르러 국경을 삼 았다"고 했고, 《위략》에서는 "한나라가 노관을 연왕燕王으로 삼자, 조선 과 연나라는 패수에서 경계를 이루었다"고 했다. 두 기록에 나오는 패수 는 다 헌우락을 가리킨다. 불조선과 연나라가 만반한을 경계로 삼았다 가 만반한 이북으로 물러났으니, 두 책의 패수는 다 헌우락을 가리키는 게 명백하다. 옛날 학자들이 대동강을 패수라고 고집한 것도 큰 잘못이 지만, 최근 일본의 시라토리 구라키치 등이 압록강 하류를 패수라고 한 것도 커다란 망언이다. 패수에 관한 이야기는, 앞 절의 만반한과 다음 절 의 왕검성과 대조해 볼 필요가 있다.

3. 위만의 반란과 불조선의 남천

기원전 194년, 한나라의 연왕 노관이 한나라를 배반했다가 실패했다. 그는 흉노로 도망했고, 그의 무리인 위만은 불조선에 투항했다. 기준(준왕)은 위만을 신임하여 박사관博士官에 임명하고 패수 서부 즉 중립지대 수백 리를 주었다. 그리고 그곳에 이주한 조선 유민과 연나라·제나라·조나라 사람들을 관리하도록 했다. 이를 발판으로 위만은 군대를 조직했다. 그는 조선·중국의 망명객들을 모아 비밀결사를 만들고 강력한 병력을 확보했다. 이런 상태에서 위만은 "한나라 군대가 열 개 방면에서 침투하고 있다"는 허위보고를 기준에게 올렸다. 그는 사신을 보내, 자신이 기준의 신변을 지킬 수 있게 해달라고 요청했다. 허락을 받은 위만은 정예병을 거느리고 신속히 이동하여 기준의 도성인 왕검성을 기습했다. 상황이 불리해진 기준은 측근 및 잔여 병력과 함께 바다를 통해 마한연맹의 중심인 월지국을 습격하고 왕의 자리를 빼앗았다. 하지만 얼마 지나지 않아 마한의 여러 나라들이 함께 일어나 기준을 멸망시켰다.

왕검성은 초대 단군의 명칭을 따서 명명한 이름이다. 단군의 삼경은 지금의 하얼빈, 평양, 개평 동쪽의 세 곳이었다. 세 곳 다 왕검성이란 명칭을 가졌을 것이다. 그중에서 개평 동북이 위만이 도읍한 왕검성이다. 《한서》〈지리지〉에 나오는 요동군 험독현이 바로 그곳이다.《한서》의 주석에서는 이곳이 "조선왕 위만이 도읍을 둔 곳"이라고 했다. 한편, 기준이 습격한 마한연맹의 왕도가 지금의 익산이라고 하지만, 이는 와전된 것이다. 이 점은 다음 장에서 설명하겠다.

제4장
삼조선 분립 이후의 말조선

1. 말조선의 천도와 마한으로 국호 변경

말조선의 초기 도읍이 평양이었다는 점은 이미 설명했다. 연대는 알 수 없지만, 말조선은 그 뒤 국호를 말한(마한)으로 바꾸고 남방 월지국으로 천도했다가 불조선왕 기준에 의해 멸망했다. 왜 천도했는지는 역사 기록에 나오지 않는다. 흉노와 중국의 연이은 침략으로 북방 정세가 위태해지자, 말조선왕이 염증을 느껴 남쪽 먼 곳으로 천도했다고 볼 수 있다. 이와 동시에 침략주의 성격을 가진 역대 제왕들의 칼끝에서 빛나던 조선이란 명사를 외국인들이 싫어했기 때문에, 말조선이란 명칭을 버리고 옛날에 왕호로 쓰던 말한을 국호로 취하여 이를 이두자로 '마한'으로 표기했다. 새로 쓰는 왕호인 '신한'은 이두자로 '진왕'이라 쓰고 '마한국 진왕'이라 칭했다. '한'이라는 하나의 글자에서, 음을 취해 '한韓'이란 국호를 만들고 뜻을 취해 '왕'이란 의미로 사용한 것은 문자상 국호와 왕호의 혼동을 피하기 위해서였다.

국호를 마한이라 하고 한씨가 왕조를 세습했기 때문에 백성들은 한씨 왕의 존재만 알았다. 기준이 왕위를 탈취한 뒤 백성들의 불만을 잠재우고자 자기 성인 기씨를 버리고 한씨로 바꾼 것은 바로 그 때문이다. 《삼국지》에서는 "기준이 …… 바다로 달아나 한韓 땅을 차지하고 한왕이라 칭했다"고 하고, 《위략》에서는 "기준의 아들과 친척 중에서 이 나라에 머문 사람들은 성을 숨기고 한씨라고 했다"고 했다.

기존 역사서에서는 월지국이 백제 금마군 즉 지금의 익산이라고 했다. 하지만 이것은 익산군의 마한 무강왕릉에 관한 속설 때문이다. 속설에서는 무강왕을 기준의 시호로 보고, 근처에 있는 미륵산의 선화부인 유적을 기준의 왕후인 선화의 유적이라고 했다. 이로 인하여 기준이 남쪽으로 달아나 금마군에 도읍했다는 말이 생긴 것이다.

그러나 무강왕릉은 일명 말통대왕릉인데, 말통은 백제 무왕의 어릴 때 이름이다. 무왕의 이름은 마동으로, 《삼국유사》에 나온 서동은 마동의 의역이고 《고려사》〈지리지〉에 나온 말통은 마동의 음역이다. 선화는 신라 진평대왕의 공주로 무왕의 왕후가 된 사람이다. 역사서에서 백제를 마한이라고 표기한 사례가 적지 않다. 그러므로 무강왕릉 유적은 익산이 한때 백제의 도읍이었음을 입증하는 데는 충분하지만, 기준의 도읍이었음을 입증하는 데는 불충분하다.

마한 50여 나라 중에 월지국과 건마국이 있었다. 건마국은 금마군 즉 지금의 익산으로 보인다. 따라서 마한의 도읍인 월지국은 다른 데서 찾아야 한다. 정확한 지점은 알 수 없지만, 마한과 백제의 국경이 웅천 즉 지금의 공주였으니, 월지국은 이 부근에 있었을 것으로 보인다.

말한이 국호가 된 지 오륙백 년이 흐른 뒤에 이것을 왕호로 쓰는 사례가 있었다. 신라의 눌지·자비·소지·지증왕은 다 '마립간'이라고 칭했다. 《삼국사기》 〈신라 본기〉에는 '눌지마립간'에 대해 "마립은 궐橛"이라 했다는 주석이 달려 있다. '궐'은 '말 재갈'[66]이란 뜻이다. 마립의 '마'는 그 소리 전체를 취해 '마'로 읽으며, '립'은 그 첫소리를 취해 'ㄹ'로 읽고, '간'은 그 소리 전체를 취하여 '한'으로 읽은 것이 명백하다. 그래서 마립간으로 쓰고 말한으로 읽은 것이다. 이는 말한을 왕호로 쓴 증거가 된다.

2. 낙랑과 남삼한의 대치

마한이 월지국으로 천도한 뒤, 옛 도읍 평양에서는 최씨가 등장해 주변 25개국을 복속시키고 하나의 대국을 이루었다. 역사 기록에 나오는 낙랑국이다. 마한은 낙랑이 분리해 나가면서 임진강 이북을 상실했지만, 이남의 70여 개국은 여전히 다스렸다.

얼마 뒤 중국과 흉노의 침공을 피해 북방에서 마한으로 들어오는 신·불조선 유민이 날로 많아졌다. 그러자 마한은 낙동강 연안 오른편의 100여 리를 떼어 신조선 유민들에게 주었다. 그리고 자치 조직을 만들어 진한부辰韓部라고 명명했다. 또 낙동강 연안 오른편의 또 다른 부분을 불조선 유민들에게 떼어주고, 역시 자치 조직을 세운 뒤 변한부卞韓部라 불렀다. 변한에는 신조선 유민들도 섞여 있었기 때문에 변진부卞辰部라

---

66 중국에서 가장 권위 있는 한자 사전인 《왕력고한어자전(王力古漢語字典)》에 따르면, '궐'에는 '말 재갈'이란 의미가 담겨 있다. 한국에서 판매되는 한자 사전에는 이런 뜻이 제시되지 않을 수도 있으니 주의해야 한다.

고도 불렀다. 진한·변한과 더불어 마한을 남南삼한이라 한다.

　마한이 굳이 진·변 두 한을 세운 것은, 삼신 사상에 따라 삼한이란 숫자를 채우기 위해서였다. 대단군왕검의 삼한 제도에서는 신한이 중심이고 말·불 두 한은 보조자였다. 하지만 남삼한에서는 말한, 곧 마한이 최강국 즉 종주국이 되고 신한, 곧 진한과 불한, 곧 변한이 약소국 즉 소속국가가 된 것은, 이주민의 계통에 따라 명칭을 지은 데 따른 것이다. 그런데 삼한은 각각의 왕을 다들 신한이라고 했다. 마한의 왕은 말한나라의 신한이라 하고, 진한의 왕은 신한나라의 신한이라 하고, 변한의 왕은 불한나라의 신한이라 했다.

　이로써 신한이 세 개가 되었다. 삼한이 각기 존재한 것은 왕검 때 지은 명칭을 그대로 사용했기 때문이고, 신한이 세 개가 된 것은 삼조선 분립 이후 저마다 신한을 사용했기 때문이다. 진한·변한의 두 신한은 자립하지 못하고 대대로 마한의 신한이 겸직했기 때문에 이름만 있고 실질은 없었다. 이것은 남삼한 때 처음 생긴 일이다. 삼한은 우리 역사에서 특히 논쟁이 많은 존재다. 기존 학자들은 진수의 《삼국지》에 나오는 삼한 즉 남삼한에 의거해서 삼한의 위치를 정하려 했다. 그러나 그들은 삼한 명칭의 유래와 삼한 체제의 변혁은 알지 못했다. 그래서 비록 공은 많이 들였지만, 북방에 있었던 원래의 삼한을 발견하지 못하고 남삼한 내부의 상호 관계도 명백히 밝히지 못했다.

3. 낙랑 25개국과 남삼한 70여 국

낙랑에 속한 국가 중에서 역사 기록에 나타난 것은 25개다. 조선·감한·

마한·진한·변한에 속한 국가의 수

이번 장의 앞부분에서는 "마한 50여 나라 중에 월지국과 건마국이 있었다"(A)고 한 데 비해, 여기서는 "마한은 낙랑이 분리해 나가면서 임진강 이북을 상실했지만, 이남의 70여 개국은 여전히 다스렸다"(B)라고 하여, 두 개의 언급이 일견 일치되지 않은 것처럼 보인다. A에서는 마한에 50여 국이 속했다고 했고, B에서는 마한에 70여 국이 속했다고 했다. 《삼국지》〈동이 열전〉에 따르면 마한연맹에 속한 나라는 56개였다. A 문장은 이것을 가리킨다. 그런데 진한과 변한도 각각 연맹체를 이루기는 했지만 마한 통할을 했다. 《삼국지》〈동이 열전〉에 따르면, 진한과 변한에 속한 국가는 총 24개국이었다. B 문장은 진한과 변한도 마한의 일원이었다는 전제에서 나온 것이다. 그런데 마한·진한·변한에 속한 국가의 합계는 《삼국지》〈동이 열전〉에 따르면 80개였다.

패수·함자·점선·수성·증지·대방·사망·해명·열구·장잠·둔유·소명·루방·제해·혼미·탄렬·동이·불이·잠태·화려·야두미·전막·부조다. 이들 25개국은 《한서》〈지리지〉에 한나라 낙랑군의 25개 현으로 기록되어 있다. 하지만 원래의 《한서》 본문에는 이렇게 쓰여 있지 않았다. 당태종은 고구려를 침입하기 전에 신하와 백성들의 적개심을 고취시킬 목적으로, 조선의 옛 땅이 거의 다 중국의 영토였다며 역사를 조작하고자 이전 중국 역사책에서 조선과 관계되는 글을 상당 부분 고쳤다. 이윽고 낙랑국 소속의 25개국을 낙랑군 소속의 25개 현으로 고쳐서 〈지리지〉에 넣었다.

25개국 중에서 '조선'과 '패수'는 평양에 있었다. '조선'은 곧 '말조선'의 옛 땅이었기에 이것이 나라의 명칭이 되었다. 그리고 조선은 낙랑의 종주국이 되었다. 패수는 '펴라'로 읽는데 24개 속국의 하나였다. 조선국과 패수국의 관계는 평양감사(평안도 관찰사)와 평양부윤의 관계 같았다. 그리고 소명국은 지금의 춘천 소양강에 있었고, 불이국은 뒤에 동부여가 된 나라로 지금의 함흥에 있었다. 그러므로 낙랑국은 지금의 평안·황해를 포함해서 강원·함경의 일부까지 소유했다.

삼한의 소속 국가 중에서 역사 기록에 나타난 것은 70여 개다. 마한은 원양·모수·상외·소석색·대석색·우휴모탁·신분활·백제·속로불사·일화·고탄자·고리·노람·월지·자리모로·소위건·고원·막로·비리·점비리·신흔·지침·구로·비미·감해비리·고포·치리국·염로·아림·사로67·내비리·감해·벽비리·구사오단·일리·불미·지반·구소·첩로·모로비리·신소도·고랍·임소반·신운신·여래비리·초산도비리·일난·구해·불운·불사분야·원지·건마·초리 등 54개국을 다스렸다.68 '비리' 계통의 국가들은 《삼국사기》〈백제 본기〉에 나오는 부여와 〈지리지〉에 나오는 부리였다. 비리는 부여 즉 지금의 부여군이고, 감해비리는 고막부리 즉 지금의 공주였다. 벽비리는 파부리 즉 지금의 전남 화순군 동복면이고, 여래비리는 이릉부리로 지금의 전남 화순군 능주면이었다. 신소도는 신수두 즉 대신단大神壇이 있는 곳이었다. 이곳은 일명 소태라고 불린

---

67 나중에 신라가 된 사로국이 아니다.
68 《삼국지》〈동이 열전〉에 따르면, 마한연맹에 속한 국가는 56개다.

성대호로 지금의 충남 태안에 해당한다. 지침은 지심 즉 지금의 충북 진천 등지였다. 건마는 금마군(전북 익산군)으로서 백제 무왕릉이 있는 곳이다. 이 외에도 살펴볼 곳이 많지만, 생략하기로 한다.

변한은 미리미동·접도·고자미동·고순시·반로·낙노·미오야마·감로·구야·주조마·안야·독로, 12부의 통칭이다. 미동彌凍은 '믿'으로 읽는다. 바다가 육지 속으로 파고들어 와 있는 '만'이란 의미다. 고자古資는 '구지'로 읽으며 반도라는 뜻이다. 야邪는 '라'로 읽으며, 강이란 뜻이다.《삼국사기》〈지리지〉신라 편과《가락국기》에서 12부의 유적지를 찾아보니, 고자미동은 고자군 즉 지금의 고성만灣이다. 고순시는 고령가야 즉 지금의 상주·함창 사이의 공갈못이다. 공갈은 고량가야에 가까운 발음이다. 반로半路는 '벌'로 읽으며 벌이란 뜻이다. 이것은 성주가야 즉 지금의 성주를 가리킨다. 미오야마는 미오마야라고도 했다. 미오彌烏는 '밈라'로 읽었다. 임나 즉 지금의 고령을 가리키는 표현이다. 구야狗邪는 '가라'로 읽으며 '큰 못'이란 뜻이다. 지금의 김해에 해당한다. 안야安邪는 '아라'로 읽으며 강 이름을 가리킨다. 지금의 함안에 해당한다. 이 6국은 훗날 가라 6국이 되었다. 나머지는 자세하지 않지만, 대개 그 부근이다.

진한은 기저·불사·근기·난미리미동·염해·군미·여담·백로·주선·마연·사로·우중, 12개국의 통칭이다. 12개국 중에서 사로가 신라라는 것만 알 수 있을 뿐, 그 밖의 경우에는 연혁을 알 수 없다. 이는 신라 말의 한학자들이 종전의 이두를 버리고 한자로 의역한 탓에 지명을 고증할 수 없게 된 까닭이다.

본래 마한은 압록강 이남을 거의 다 점유했다. 그러다가 낙랑·진한·변한 삼국이 생기는 바람에 지금의 조령 이북과 임진강 이남을 점유하게 되었다. 진·변 두 한은 명의상으로는 국가지만 실제로는 신·불 두 조선 유민의 자치구였다. 이들은 마한에 대해 조공과 조세를 납부했다. 그러므로 낙랑 같은 적국은 아니었다.

제5장
삼조선 붕괴의 원인과 결과

1. 삼신설의 파탄

신·말·불 삼조선이 동시에 붕괴한 이유는 무엇일까? 원래 삼한은 천일·지일·태일의 삼신설 위에 존립했다. 당시 인민들은 말한은 천신의 대표, 불한은 지신의 대표, 신한은 하늘보다 높고 땅보다 큰 우주 유일신의 대표로 신봉했다. 이런 상태에서 말·불 두 한이 신한을 배반하고 저마다 신한이라 자칭함에 따라 세 명의 대왕이 병립하게 되었다. 말·불 두 한은 머리를 써서 대왕의 지위를 획득했다. 그러자 일반인들은, 계급이란 것은 자연적이고 고정적인 게 아니며, 힘만 있으면 파괴할 수도 있고 건설할 수도 있다는 것을 깨닫게 되었다. 그래서 그들은 삼신설에 회의를 품게 되었다.

역대 삼한은 한갓 삼신이란 미신으로만 인심을 붙든 게 아니라 외적을 쫓아내고 국토를 확장하여 천하가 그 신령의 위력[威靈]에 전율케 했다. 하지만 신한들이 흉노와 중국의 침략을 막아내지 못해 국토가 많이

144

떨어져 나가자, 일반인들은 제왕도 사람의 아들일 뿐 하늘의 아들이 아니므로 그 흥망성쇠가 일반 사람과 다를 바 없다는 것을 깨닫게 되었다. 이 때문에 삼한의 신격을 부인하게 된 것이다. 삼신설이란 기초 위에 세워진 삼한이니, 삼신설이 파탄된 뒤에 어찌 붕괴하지 않을 수 있으랴!

2. 열국의 분립

삼신설이 파탄되어 삼한에 대한 믿음이 추락하니, 이것은 유사 이래 조선 최대의 위기가 되었다. 일부 인민들은 신인神人과 영웅의 허위성을 깨닫고 자치촌·자치계 같은 것을 설립했다. 민중의 힘으로 민중의 일을 결정하고자 한 것이다. 기록에 나타난 증거로는 진한부·변한부 같은 것이 있다. 이 외에도 역사책에 누락된 것들이 많을 것이다.

하지만 미신을 타파하고 우주와 인생의 문제를 제대로 해결하려는 시도는 등장하지 않았다. 게다가 주변에는 조선보다 문화가 저급한 예濊·선비·흉노·왜 같은 야만족들뿐이었다. 진보에 도움이 될 만한 벗들이 없었던 것이다. 중국은 장구한 문화를 보유했지만, 왕권을 옹호하는 사상과 학설밖에 없었으므로 중국의 문화를 수입한 것은 도리어 민중의 진보를 방해했다. 이 때문에 민중의 지력은 낮아지고 구 세력의 뿌리는 두터워졌다.

이에 제왕의 후예들은 조상 전래의 지위를 회복하고자 했고, 민간의 영웅들은 새로운 지위를 획득하고자 했다. 조선에 속한 소국들은 대국이 되기를 희망했고, 대국들은 더욱 더 확장되기를 희망했다. 지도자들 중에는 신수두님(대단군)이라고 자칭하는 자, 신한(진왕)이라고 자칭하는 자, 말한(마립간)이라고 자칭하는 자, 불구래라고 자칭하는 자들이 있었다. 어떤 자들은 천상에서 하강했다고 하고, 어떤 자들은 해외에서 떠내려 왔다고 하고, 어떤 자들은 태양의 정기로 태어났다고 하고, 어떤 자들은 알 속에서 나왔다고 하는 등, 전통적인 미신 신앙을 이용하여 민중을 유혹하거나 위협했다. 이런 상황 속에서 민중 세력의 새싹인 자치단체들이 정복을 당해 소멸하고 세력쟁탈의 난이 사방으로 번져나갔다. 이것은 열국쟁웅 시대로 이어졌다.

제4편

열국쟁웅 시대
(중국과의 격전 시대)

제1장

열국 총론

1. 열국 연대의 정정

삼조선이 붕괴한 뒤 신수두님·신한·말한·불구래 등을 참칭하는 자들이 각지에서 일어나 열국 분립의 형국을 조성했다는 점은 이미 서술했다. 열국의 역사를 말하려면, 열국의 연대부터 언급해야 한다. 왜냐하면 기존 역사서에서 열국의 연대가 삭감되었기 때문이다. 어째서 열국의 연대가 삭감되었다고 말하는 것일까? 먼저, 고구려 연대가 삭감된 사정부터 설명하고자 한다.

고구려는 신라 시조 박혁거세 21년인 기원전 37년에 건국되어 문무왕 8년(서기 668년)에 망했으므로 존속 연수가 705년이 된다고 일반 역사가들은 말했다. 하지만 고구려가 망할 당시 "900년이 채 못 되어 80세의 대장에게 멸망하게 될 것"이라는 예언서가 유행했다. 예언서가 비록 요망한 책이기는 하지만 당시의 인심을 동요케 하는 도화선이 된 것을 보면, 문무왕 8년 당시에 고구려 존속 햇수가 팔백 몇 십 년 이상은 되었음

광개토왕은 주몽의 몇 대손?

《삼국사기》에서 "광개토왕은 주몽왕의 12대손이다"라고 직접적으로 말하지는 않았다. 하지만 《삼국사기》〈고구려 본기〉의 내용을 종합하면 그런 결론이 나온다. 누구는 누구의 아들이고 누구는 누구의 동생이고 하는 식의 기록을 종합하면 그렇게 된다.

기 록	대수	근 거
"주몽은 해모수의 아들"	–	《삼국사기》 권13 〈고구려 본기〉1
"유리왕은 주몽의 원자"	1	
"대무신왕은 유리왕의 3남"	2	《삼국사기》 권14 〈고구려 본기〉2
"민중왕은 대무신왕의 아우"	2	
"모본왕은 대무신왕의 원자"	3	
"태조대왕은 유리왕의 6남인 재사의 아들"	3	《삼국사기》 권15 〈고구려 본기〉3
"차대왕은 태조대왕의 동생"	3	
"신대왕은 태조대왕의 막냇동생"	3	《삼국사기》 권16 〈고구려 본기〉4
"고국천왕은 신대왕의 차남"	4	
"산상왕은 고국천왕의 아우"	4	
"동천왕은 산상왕의 아들"	5	《삼국사기》 권17 〈고구려 본기〉5
"중천왕은 동천왕의 아들"	6	
"서천왕은 중천왕의 차남"	7	
"봉상왕은 서천왕의 태자"	8	
"미천왕은 서천왕의 아들인 돌고의 아들"	9	
"고국원왕은 미천왕의 태자"	10	《삼국사기》 권18 〈고구려 본기〉6
"소수림왕은 고국원왕의 아들"	11	

"고국양왕은 소수림왕의 아우"	11	《삼국사기》 권18
"광개토왕은 고국양왕의 아들"	12	〈고구려 본기〉6

위와 같이 《삼국사기》에서는 광개토태왕이 추모태왕의 12대
손인 것처럼 해놓았지만, 광개토태왕릉비문에서는 12대손이 아
니라 17대손이라는 점을 명확히 보여주고 있다. 비문에서는 "(추
모)왕께서는 세자에게 유언으로 명령을 내리시면서 왕도로써 통
치를 진흥시키도록 했다"라고 한 다음에 "대주류왕께서 왕업을
이어받은 뒤 17대손에 이르러 국강상광개토경평안호태왕이 열여
덟 살에 왕위에 올라 연호를 영락이라고 했다"고 했다. 이에 따르
면, 광개토태왕은 추모태왕의 12대손이 아니라 17대손이다. 부모
와 자식의 나이차는 평균 30년 정도다. 그래서 1세대는 보통 30
년으로 계산된다. 따라서 추모태왕과 광개토태왕이 5세대나 더
벌어진다는 것은 두 사람 사이의 시간적 간격이 150년 정도 더
벌어진다는 것을 의미한다. 기원전 37년이 아니라 기원전 190년
전후 수십 년 사이의 어느 시점에 고구려가 건국되었을 것이라는
신채호의 관점은 5×30=150이라는 공식에 입각한 것이다.

이 분명하다. 이 점을 본다면, 《삼국사기》 〈신라 본기〉에 근거한 705년
설은 의심스러운 것이 된다. 또 〈고구려 본기〉에 따르면, 광개토왕은 시
조인 추모왕의 12대손이다. 하지만 광개토왕릉비문에는 "17대손 광개
토경평안호태왕[69]에게 전해졌다"는 구절이 있다. 이 점을 보면, 광개토

---

69 광개토태왕릉비문에서는 고구려 군주를 태왕이라고 불렀다. 경북 경주시의 신라 때

왕은 시조 추모왕의 12대손이 아니라 17대손이다. 이처럼 세대를 빠뜨린 점을 보더라도, 705년설은 믿을 수 없다.

《삼국사기》에서는 위우거(우거, 위만의 손자)가 멸망한 지 72년 만에 고구려가 건국됐다고 했다. 하지만《북사》〈고구려 열전〉에서는 막래莫來가 부여를 복속시킨 뒤 한무제가 조선을 멸하고 한사군을 세웠으며, 이때 고구려를 고구려현으로 불렀다고 했다.《해동역사》에서는 '막래'가 모본慕本의 오자가 아닐까 하고 말했다. 하지만 막래는 '무뢰'로 읽어야 한다. 이것은 우박이란 뜻이자 신神이란 뜻이다. 이것은 대주류왕(대무신왕, 고구려 3대 왕_옮긴이)의 이름인 무휼과 발음이 같다. 〈고구려 본기〉에 따르면, 동부여를 정복한 것은 대주류왕이다. 따라서 막래는 모본왕이 아니라 대주류왕일 것이다. 막래 즉 대주류왕이 동부여를 정복한 뒤 한무제가 한사군을 설치했으니, 고구려 건국이 한사군 설치보다 백 몇 십 년 이전임이 분명하다. 고구려 당시에 알려진 예언서와 주몽의 자손이 세운 비문이 명확히 알려주고 있고, 또 외국인이 듣고 기록한 것이기는 하지만《북사》에서도 알려주고 있으니 고구려 연대가 백 몇 십 년 삭감된 것은 확실하다.

순암 안정복 선생은 신라 문무왕이 고구려 왕족인 안승을 책봉할 때 언급한 "햇수가 앞으로 800년이 된다"[70]는 표현을 인용하면서, 고구려

무덤인 호우총에서는 담덕(광개토태왕)을 태왕이라고 표현한 그릇이 발견되었다. 중국 길림성 집안현에 있는 고구려인 무덤인 모두루 무덤의 비문에서는 담덕뿐 아니라 담덕의 할아버지인 고국원왕까지 태왕이라고 불렀다. 충북 충주시의 중원고구려비에서는 장수왕을 태왕이라고 불렀다.《삼국사기》에서는 고구려 군주를 왕이라고 불렀지만, 이처럼 각종 유물에서는 고구려 군주를 태왕이라고 부르고 있다.

70 《삼국사기》〈신라 본기〉 문무왕 편에 나오는 표현이다. 문무왕은 안승을 고구려왕

고구려의 건국 연대 추측

다른 자료를 토대로 할 경우, 좀 더 정확하게 고구려의 건국 연도를 계산할 수 있다. 고구려가 당나라에 항복한 것은 보장왕 27년 9월 12일이다. 양력으로는 668년 10월 22일이다. 이로부터 6, 7개월 전인 보장왕 27년 2월(양력 3월 18일에서 4월 16일까지)에 당나라 조정에서는 고종과 가언충 간에 고구려 문제에 관한 대화가 있었다. 《삼국사기》 〈고구려 본기〉 보장왕 편에 이 대화가 소개되어 있다. 이에 따르면, 가언충은 "올해는 고구려 건국 900년이 되는 해입니다"라고 말했다. 당나라는 고구려를 멸망시키기 위해 혈안이 되어 있었던 나라다. 그래서 그 어느 나라보다도 고구려를 많이 연구했다. 이런 나라가 고구려의 건국 연도를 정확히 파악하지 않았을 리 없다. 따라서 서기 668년이 고구려 건국 900주년이라는 당나라 신하의 말은 정확하다고 봐야 한다. 그렇다면 고구려는 기원전 233년에 건국됐다는 말이 성립한다. 참고로, 북한 학계에서는 압록강 일대의 고구려 무덤들을 근거로 기원전 277년에 고구려가 건국됐다고 말한다.

의 존속 기간이 축소됐다고 언급한 바 있다. '햇수가 곧 800년이 된다'에서 '8'은 '9'로 고쳐야 한다. 《삼국사기》에서는 고구려의 존속 기간을 삭감한 뒤 '900'을 '800'으로 고쳐 고구려의 존속 기간이 705년인 것처럼

으로 책봉할 때에 "(고구려의) 역사는 800년을 헤아린다"고 언급했다.

위조했던 것이다.

고구려의 존속 기간이 삭감된 이유는 무엇일까? 이는 건국의 선후로 국가의 지위를 다투던 고대의 풍조와 관련되어 있다. 추모와 송양이 도 읍을 건립한 순서를 놓고 서로 다툰 것도 그 때문이다. 신라인들은 자신들의 건국이 고구려·백제보다 뒤진 것을 부끄럽게 생각했다. 그래서 두 나라를 멸망시킨 뒤, 기록상의 세대와 연도를 삭감하여 양국이 신라 건국 이후에 세워진 것처럼 만들었다. 동부여·북부여 같은 나라들은 신라 인들이 감정을 품을 만한 대상은 아니었다. 그렇지만 고구려의 존속 기간을 백 몇 십 년이나 줄였으므로 고구려·백제의 조상 격인 동부여의 존속 기간과 함께 고구려·백제의 형제 격인 가야·옥저 등의 존속 기간 까지 삭감하지 않을 수 없었다.

그래서 이 책에서는 이전 역사서에서 고구려 건국 원년으로 설정한 시점보다 백 몇 십 년을 거슬러 올라가, 기원전 190년의 전후 수십 년간을 동·북부여, 고구려가 분립한 시기로 잡고, 나머지 모든 열국도 같은 시기로 잡아 열국의 역사를 서술하기로 한다.

2. 열국의 강역

열국의 존속 기간만 삭감된 게 아니라 강역도 거의 축소되었다. 북방에 있었던 나라가 수천 리 남쪽으로 옮겨진 경우가 한둘이 아니다. 강역이 축소된 이유는 무엇일까? 신라 경덕왕이 북방의 주군州郡을 상실한 뒤 북방의 지명과 유적을 남방으로 옮긴 것이 첫 번째 이유다. 고려[71]가 쇠 약한 탓에 압록강 이북을 옛 땅으로 인정하지 못하고, 과거의 지리를 기록할 때 북방 국가를 또한 남방으로 옮긴 것이 두 번째 이유다. 그래서 조선의 지리에 관한 근거들이 수없이 뒤바뀌었다. 근세에 한백겸과 안정복의 연구를 통해 어느 정도 수정되기는 했지만, 열국 시대의 지리는 아직까지 제대로 고증되지 않았다. 이에 관한 대략을 설명하고자 한다.

첫째는 부여에 관한 설명이다. 신조선은 세 개의 부여로 나뉘었다. 하나는 북부여다. 북부여는 아사달에 도읍을 두었다. 《삼국지》에서 "현도군의 북쪽 1천 리"라고 했으므로 아사달은 지금의 하얼빈에 해당한다. 그런데도 기존의 학자들은 아사달이 지금의 요령성 개원이라고 말했다. 둘째는 동부여다. 동부여는 갈사나에 도읍을 두었다. 대무신왕이 동부여를 '북벌'했다고 했으므로, 고구려의 동북쪽인 지금의 훈춘 쪽이 동부여였다. 그런데도 기존의 학자들은 갈사나가 지금의 강릉이라고 말했다. 셋째는 남부여다. 대무신왕이 동부여를 격파한 뒤 동부여가 양분됐다. 하나는 기존의 갈사나에 머문 북동부여이고, 또 하나는 남방에 새로운 갈사나를 건설하니 곧 남동부여다. 전자는 오래지 않아 고구려에 투항하고 국호를 없앴다. 후자는 문자왕 3년(서기 494년)에 비로소 고구려에 병합됐다. 남동부여는 함흥에 있었다. 그런데도 기존의 학자들은 남동부여의 강역뿐 아니라 명칭조차 몰랐다.

둘째는 사군四郡(한사군_옮긴이)에 관한 설명이다. 위만이 동쪽으로 건너간 곳에 있었다는 패수는 《위략》의 만반한이다. 이곳은 《한서》〈지리지〉의 요동군 문번한으로 오늘날의 해성·개평 등지다. 지금의 헌우락이 바로 그곳이다. 한무제가 점령한 조선이 패수 부근 위만의 옛 땅이므로, 한문제가 건설한 사군은 삼조선의 국명과 지명을 가져다가 요동군 내에

---

71 《조선상고사》원문에는 '고구려'로 표기했으나, 이는 신채호의 착오다.

설치한 것이다. 그러나 기존 학자들은 한사군의 위치를 지금의 평안·강원·함경도 등과 고구려 도성인 지금의 환인 등지에서 찾으려 했다.

셋째는 낙랑국에 관한 설명이다. 낙랑국은 한나라 낙랑군과 별개로, 지금의 평양에 세워진 나라다. 기존 학자들은 둘을 혼동했다.

이 외에, 고구려·백제의 초기 도읍이나 신라·가야의 위치는 기존 학자들이 고증한 것과 거의 다르지 않다. 하지만 주군州郡 명칭 혹은 전투 현장의 위치는 거의 신라 경덕왕 이후 옮겨서 설치한 지명에 따라 표기됐다. 그래서 틀린 경우가 많다. 이런 점을 가능한 한 교정하면서 열국의 역사를 서술하고자 한다.

제2장

열국의 분립

1. 동부여의 분립

1) 해부루의 동진과 해모수의 출현

북부여·양 동부여(북동부여와 남동부여_옮긴이)·고구려 4국은 신조선의
판도 안에 세워졌다. 신조선이 멸망하여 부여가 되고, 부여가 분열하여
동부여·남동부여·고구려가 됐는지, 아니면 부여는 그냥 신조선의 별칭
이고, 별도로 부여라는 나라가 없는 상태에서 신조선이 위의 4국이 됐는
지는 정확히 확인할 수 없다. 하지만 신조선이 흉노족 모돈에게 패배한
시점이 기원전 200년이고 북부여·동부여가 분립된 시점도 기원전 200
년이니, 두 번째 것이 사실에 더 가깝지 않나 생각한다. 기존 역사서에서
는 북부여와 동부여가 분립된 사실을 이렇게 기록했다.

"부여왕 해부루가 늙도록 아들이 없어, 산천을 다니면서 기도하며 아
들 낳기를 간구했다. 곤연(경박호)에 이르자 왕의 말이 큰 돌을 보고 눈
물을 흘렸다. 이상해서 돌을 뒤집어 보니 금빛 개구리 모양의 아기가 있

었다. 왕은 '이는 하늘이 주신 나의 아들'이라 말한 뒤 거두어 길렀다. 금와라고 이름을 짓고 태자로 삼았다. 얼마 뒤에 재상 아란불이 왕에게 '요즘 하늘이 내게 강림하시어 말씀하시기를, 내가 장차 내 자손으로 이 땅에서 나라를 세우고자 하니, 너희는 동해가의 가섭원으로 피하라. 그 땅의 토질이 오곡에 적합하다고 했다'면서 천도를 건의하자, 왕은 그 말에 따라 가섭원으로 천도하고 국호를 동부여라고 했다. 기존 도읍에서는 천제의 아들인 해모수는 오룡거를 타고 수행원 100여 명은 흰 고니를 탄 채 웅심산(일명 아사산이요, 다르게는 녹산이니 지금의 하얼빈 완달산이다)에 내려왔다. 그러자 상서로운 구름이 머리 위에 뜨고 음악이 구름 속에서 퍼져 나왔다. 해모수가 십여 일 만에 산 아래에 내려와 새 깃털로 된 관을 쓰고 용의 광채가 나는 칼을 찬 채, 아침에는 정사를 보고 저녁에는 하늘로 올라가니 세상 사람들은 그를 천제의 아들이라고 불렀다."[72]

어떤 사람들은 기록이 너무 신화적이라서 신뢰할 수 없다고 하지만, 어느 나라든 고대의 신화 시대가 있기 마련이고 후세 역사가들은 신화 속에서 사실을 채취하는 법이다. '말이 돌을 보고 눈물을 흘렸다'거나 '하늘이 아란불에게 강림했다'거나 '해모수가 오룡거를 타고 하늘에서 내려왔다'는 이야기는 물론 다 신화다. 하지만 해부루가 남의 사생아인 금와를 주워 태자로 삼은 것도 사실이고, 해부루가 아란불의 신탁神託을 믿고 천도를 단행한 것도 사실이다. 해모수가 천제의 아들이라고 자칭하면서 옛 도읍을 이어받은 것 역시 사실이다. 이런 것들은 북부여·동

---

72 《삼국사기》〈고구려 본기〉 동명성왕 편과 《삼국유사》〈기이〉 북부여 편 등의 내용을 종합한 것이다.

부여 분립의 역사에서 빼놓을 수 없는 사실이다.

다만 유감스러운 것은, 이것이 북부여나 동부여 사람이 부여의 역사를 서술하고자 기록한 게 아니라 고구려 사람이 자신의 시조 추모왕의 출신을 증명하고자 기록한 것이기 때문에, 해부루와 해모수, 즉 동부여와 북부여를 분립한 두 대왕의 역사를 간략히 언급했을 뿐이며, 부여 해부루의 출신에 관해서도 말하지 않았다는 점이다. 그리고 그나마 고구려인의 기록이 그대로 전해진 것이 아니라 신라 말엽에 한학을 공부한 불교 승려가 고쳐 쓴 것이다. 그래서 '신가'를 고구려 이두대로 상가相加로 쓰지 않고 한문의 뜻에 맞춰 상相이라고 쓰고,[73] '가시라'를 고구려 이두대로 '갈사나葛思那'로 쓰지 않고 불경 표현에 맞추어 '가섭원'이라고 써서 본래의 문자를 드러내지 않은 것이 또 다른 유감이다.

당시의 제왕은 제왕인 동시에 제사장이었으며, 당시의 장군이나 재상은 장군·재상인 동시에 무당이고 점쟁이였다. 해부루는 제사장 즉 대단군의 직책을 세습한 인물이고, 아란불은 신을 불러오는 무당인 동시에 미래를 예언하는 점쟁이를 겸한 상가相加였다.

대단군과 상가는 둘 다 높은 지위였지만, 대단군의 책임이 훨씬 더 컸다. 《삼국지》〈동이 열전〉에서는 "기후가 순조롭지 않고 오곡이 잘 자라지 않으면, 이를 모두 왕의 책임으로 돌렸다. 이런 경우에, 어떤 때는 왕을 바꾸어야 한다고도 하고, 어떤 때는 죽여야 한다고도 했다"고 했다. 이처럼 신조선에서는 내우외환 같은 것은 물론이고 천재지변 같은 것도 대단군의 책임으로 돌렸다. 그래서 하늘이나 인간사에 불행이 생기면

---

73 오가의 우두머리를 의미하는 신가를 상가로 표기하지 않고 재상을 뜻하는 상(相)으로 표기한 점을 지적하는 내용이다.

대단군을 대단군으로 인정하지 않고 쫓아내곤 했다.

해부루가 천도한 이 시기는 흉노족 모돈과의 전쟁을 치른 지 얼마 되지 않은 때였다. 아마 패전의 치욕으로 인민의 신앙이 약해져 대단군의 지위를 지킬 수 없었기에, 해부루가 아란불과 힘을 합쳐 갈사나 즉 지금의 훈춘 등지로 달아나 새로운 나라를 건설한 것으로 보인다.

해모수는 해부루의 동족이자 추모의 아버지다. 《삼국유사》〈왕력〉에서는 추모가 단군의 자손이라고 했다. 따라서 해모수 역시 대단군의 칭호를 가졌을 것이다. 대단군은 하늘의 대표라는 위상을 갖고 있었다. 해모수는 해부루의 천도를 활용하여, 하늘에서 내려온 대단군이라고 자처하고 왕이 되고자 했다. 부여는 '불' 즉 도성이나 도읍을 칭하는 것이니, 해부루가 동부여란 표현을 사용하자 해모수는 북부여란 표현을 사용했을 것이다. 북부여란 표현이 역사서에서 빠지고 없기에 학자들은 동부여와 구별할 목적으로 비로소 해모수의 부여를 북부여라고 불렀다.

2) 남북 갈사 · 남북 옥저의 양 동부여 분립

해부루가 갈사나 즉 지금의 훈춘으로 천도해서 동부여를 세웠다는 점은 앞에서 서술했다. 그렇다면 갈사나는 무엇인가. 고어에서 삼림은 '갓' 혹은 '가시'라고 불렀다. 고대에는 지금의 함경도, 길림성 동북부, 연해주 남부에 수목이 울창하여 수천 리를 가도 끝없는 삼림의 바다가 이어졌다. 그래서 '가시라'라고 칭했는데, 이것은 삼림국森林國이라는 의미다. 가시라를 이두로 표현한 글자가 갈사국·가슬라·가서라·하서량 등이다. 이런 점은 《삼국사기》〈고구려 본기〉 및 〈지리지〉에 나타난다. 대각국사 의천의 《삼국사》에 나오는 가섭원도 같은 뜻이다.

중국 역사서에서는 '가시라'를 옥저로 표기했다. 《만주원류고》에 따르면 옥저는 '와지'의 음역어다. '와지'는 만주어로 삼림이란 뜻이다. 예濊 즉 읍루는 만주족의 선조로, 《삼국지》나 《북사》에서는 읍루의 언어가 조선 열국(부여, 고구려 등_옮긴이)과 달리 독특하다고 했다. 우리의 '가시라'란 말을 예족은 '와지'로 발음했고, '와지'란 말을 중국인들은 '옥저'로 번역했다.

두만강 이북은 북갈사, 이남은 남갈사라고 했다. 다시 말하면 북갈사는 북옥저, 남갈사는 남옥저였다. 따라서 함경도는 남옥저에 해당한다. 옛날 역사서에서는 남북 옥저의 토지가 모두 비옥하다고 했다. 그런데 지금의 함경도는 척박한 곳이다. 옛날과 지금의 토지 성질이 다르기 때문이 아닐까 하고 생각한다. 두 가시라의 인민들은 순박하고 근검했다. 이들은 농업과 어업에 종사했다. 여자들은 아름다웠다. 그래서 이곳은 부여나 고구려 세력가들에게 착취의 대상이 되었다. 그들은 생선과 소금, 농산물을 천 리까지 져다가 바치도록 했고 미녀를 뽑아 비첩으로 삼았다.

해부루가 북가시라 즉 훈춘으로 천도하고 동부여를 경영한 뒤, 아들 금와를 이은 손자 대소가 왕이 된 다음에 고구려 대주류왕에게 패해 죽었다. 그러자 대소의 동생인 모갑某甲[74]과 사촌동생인 모을이 왕을 자칭했다. 모을은 옛 도읍에서 북갈사 혹은 북동부여를 경영했고, 모갑은 남갈사 혹은 남동부여를 경영했다.

상세한 내용은 제3장에서 서술하겠지만, 기존 학자들은 네 가지 오류를 범했다. 첫째, 동부여가 분열하여 북동부여와 남동부여가 된 것을 모르고 하나의 동부여에 관해서만 기술했다. 둘째, 옥저가 갈사국인 줄 모

74　126쪽의 '모갑'에 관한 설명 참조.

르고 옥저 밖에서 갈사국을 찾았다. 셋째, 북동부여와 남동부여가 남북의 두 갈사나이자 두 가슬라이며 남북의 두 갈사나가 남북의 두 옥저인 줄 모르고, 부여·갈사·옥저가 저마다 제각각인 줄 알았다. 넷째, 강릉이 가시라 즉 가슬라로 불린 것은 신라 경덕왕이 북방 영토를 잃은 뒤 그곳에 가슬라란 지명을 새로 부여했기 때문이라는 사실을 모르고, 강릉을 가슬라 즉 동부여의 옛 도읍이라고 말했다.

이런 이유 때문에 지명이 혼란해지고 사실 관계가 뒤섞인 것이다. 하지만 갈사·가슬·가섭의 이두 독법을 분석해 보면, 전부 동일한 가시라임을 알 수 있다. 또 대소의 동생과 사촌동생이 각각 점유한 두 가시라의 위치를 보면, 두 가시라가 남옥저·북옥저임을 알 수 있다. 추모왕이 동부여에서 고구려로 올 때 '남쪽으로 도망했다'고 한 것과 고구려 대주류왕이 동부여를 칠 때 '북벌'했다고 한 것을 보면 북가시라의 위치를 알 수 있을 것이다.

3) 북부여의 문화

해모수가 도읍을 세웠다는 점과 북부여의 별칭인 황룡국이 〈고구려 본기〉 유류왕 편에 한 번 나온다는 점을 빼면, 북부여의 역사에 관해서는 우리나라 사람의 붓으로 전해지는 것은 없고, 전해지는 게 있다면 다 중국사에서 채록한 것뿐이다.

북부여의 서울은 ㅇ스라 즉 부소량이다. 이는 대단군왕검의 삼경 즉 세 왕검성 중 하나다. 지금 러시아령 우수리는 ㅇ스라에서 나온 명칭이다. 지금의 하얼빈이 북부여의 서울이었다. ㅇ스라는 망망한 수천 리의 평원으로, 토지가 비옥하고 오곡이 잘 자라며, 굽이굽이 휘어진 송화강(옛 명칭은 아리라)이 있어서 교통도 편리하다. 또 인민이 근검하고 용맹하여 큰 구슬과 붉은 보옥을 채굴하고 채색 비단과 자수 비단을 직조했으며 여우·너구리·검은원숭이·수달의 가죽을 외국에 수출했다. 또 성곽과 궁전과 창고가 옛 도읍의 영광을 자랑했다. 또 단군왕검의 태자인 부루가 우임금에게 가르쳤다고 하는 책도 왕궁에 보관되어 있었고, 《신지》라고 불리는 이두 문장의 역사서와 《풍월風月》이라고 불리는 이두 문장의 시가집도 나라에 보관되어 있었다. 해모수 이후에 예족과 선비족을 정복해서 강국이 됐지만, 예족과 선비족이 배신하고 고구려에 복속함에 따라 국세가 쇠약해졌다. 이 때문에 조선 열국에 대한 패권을 상실하게 되었다.

2. 고구려의 발흥

1) 추모왕의 고구려 건국

고구려 시조인 추모왕은 주몽이라고도 한다. 그는 타고난 용력과 활쏘기 솜씨를 갖고 있었으며, 과부 소서노의 재산을 발판으로 호걸들을 불러 모았다. 왕검 이래의 신화를 교묘히 이용하여 난생 신화를 만들어 고구려를 건국했을 뿐 아니라, 안으로는 열국의 신뢰를 받아 조선을 정신적으로 통일하고 밖으로는 자신의 영웅담을 중국 각지에 전파하여 중국 제왕과 인민들이 자신을 교주로 숭배하도록 만들었다. 그래서 신라 문무왕은 "남해南海에서 공을 세우고 북산北山에서 덕을 쌓았다"며 추모를 찬양했고, 중국 역사에서 유일하게 공자를 반대한 후한 시대 학자 왕충은 추모의 행적을 자신의 책에 기록했다. 《삼국사기》〈고구려 본기〉에서는 그가 기원전 58년에 출생해서 기원전 37년에 즉위했다고 하지만,

이는 잘못된 연도라서 신뢰할 수 없다. 추모는 해모수의 아들이므로 기원전 200년 북부여·동부여가 분립되던 시기에 출생했을 것이다. 위만과 동시대의 인물일 것이다.

그 이전, 아리라(송화강) 부근에 어떤 부자가 살았다. 그는 유화·훤화·위화라는 세 딸을 두었다. 다들 절세미인이었지만, 유화가 가장 수려했다. 북부여왕 해모수가 놀러 나갔다가 유화를 보고 사랑에 빠져, 관계를 맺고 아이를 만들었다. 당시 왕실은 귀족과 결혼하고 서민과는 하지 않았다. 그래서 해모수는 유화를 책임지지 않았다. 당시 서민이 서민과 결혼할 때는, 남자가 여자의 부모에게 예물을 드리고 사위가 되기를 두세 번 청한 뒤에야 결혼 허락을 받을 수 있었다. 결혼한 뒤에는 남자가 여자 집에서 머슴이 되어 3년의 고역을 다해야만 딴살림을 차리고 독립적인 가정을 이룰 수 있었다.

유화의 임신이 발각되자 아버지는 대노했다. 그는 유화를 우발수에 던져 죽이려 했다. 이때 어부 하나가 유화를 구해 동부여왕인 금와에게 바쳤다. 금와는 유화의 미모에 빠져 후궁으로 들여 첩으로 삼았다. 얼마 지나지 않아 유화가 아이를 낳았는데 해모수와 동침한 결과였다. 금와왕은 유화에게 따져 물었다. 유화는 햇빛에 감응하여 천신의 아들을 낳았을 뿐이며 자신은 아무 잘못도 범하지 않았다고 대답했다. 이 말을 믿지 않은 금와왕은 아이를 돼지에게 먹이려고 우리에 넣어보기도 하고, 말에 밟혀 죽게 하려고 길에 던져보기도 하고, 산짐승의 밥이 되게 하려고 깊은 산에 버려보기도 했다. 하지만 다 실패했다. 그는 결국 유화가 아이를 기를 수 있도록 허락했다.

유화의 아이는 성장하면서 용기와 힘이 또래보다 뛰어났고 또 활쏘기가 기묘하여 따를 자가 없었다. 그래서 추모라고 이름을 붙였다.《위서》

에서는 추모를 주몽으로 표기하고, 주몽은 부여어로 '활을 잘 쏘는 사람'이란 뜻이라고 풀이했다.《만주원류고》에서는 "오늘날의 만주어에서 활을 잘 쏘는 사람을 주릴무얼[卓琳奔阿]이라고 하니, 주몽은 곧 주릴무얼이다"라고 했다.

그러나 광개토왕비문에서는 주몽이라 하지 않고 추모라고 했고, 문무왕의 조서에서는 주몽이라 하지 않고 중모中牟라고 했다. 주몽이라 한 것은 중국사에서 전하는 것을 신라의 문인들이 습관적으로 사용하다가 그대로 〈고구려 본기〉에 올렸기 때문이다. 추모나 중모는 조선말로는 '줌' 혹은 '주무'로 읽어야 한다. 한편, 주몽은 '주물'로 읽어야 하는데 이는 예어濊語 즉 고대 만주족의 말이다. 중국사의 주몽은 예어를 적은 것이니《만주원류고》에서 말한 바가 이치에 가장 가깝다. 이 책에서는 광개토왕비문에 따라 추모란 표현을 사용하기로 한다.

금와왕의 일곱 아들 중에서 대소가 장남이었다. 대소는 추모의 자질을 시기하여 왕에게 추모를 죽일 것을 건의했다. 하지만 추모는 항상 유화의 도움으로 화를 모면했다. 열아홉 살이 된 추모는 왕실 마구간에서 말을 기르게 되었다. 그는 말을 잘 먹여 살찌고 튼튼하게 만들었다. 하지만 준마 하나를 골라, 혀에 바늘을 꽂고 제대로 먹이지 않았다. 그래서 그 말은 날로 수척해졌다. 왕은 마구간의 말을 둘러보고 추모의 공로를 치하한 뒤, 비쩍 마른 말을 상으로 주었다. 추모는 바늘을 빼고 잘 먹였다.

신수두의 10월 대제가 열리자, 추모는 말을 타고 나가 수렵에 참가했다. 왕은 추모에게 화살을 한 개밖에 안 주었다. 그러나 말도 잘 달리고 추모도 잘 쏜 덕분에, 추모가 잡은 것이 대소 7형제가 잡은 것보다 몇 배나 되었다. 추모를 더욱 더 시기하게 된 대소는 살해 음모를 한층 더 서둘렀다. 이를 알아차린 추모는 예 씨와 결혼하여 가정생활의 편안함에 빠진 것처럼 위장했다. 동시에 오이·마리·협보 3인과 몰래 공모한 뒤, 비밀리에 어머니 유화에게 하직하고 부인을 버려두고 졸본부여로 도망했다. 이때 추모의 나이는 스물둘이었다.

졸본부여[75]에 도착하니, 소서노란 미인이 있었다. 그곳 부호 연타발의 딸인 소서노는 아버지의 재산을 상속하고 해부루왕의 서손庶孫[76]인 우태의 부인이 되어 비류·온조 두 아들을 낳았다. 우태가 죽은 뒤에는 과부로 살았다. 추모가 갔을 때 그는 37세였다. 소서노와 추모는 서로 사랑하여 결혼하게 되었다. 추모는 소서노의 재산을 기반으로 명장 부분노 등을 불러 모아 민심을 모으고 왕업을 세웠다. 그는 흘승골의 산 위에 도읍을 세우고 국호를 가우리라 했다. 가우리를 이두자로 쓰면 '고구려'다. 가우리의 뜻은 중경中京 혹은 중국中國이었다.

추모는 졸본부여의 왕 송양과 활쏘기를 겨뤄 승리했다. 그런 뒤 부분노를 보내 무기고를 습격하고 탈취하여 항복을 받아냈다. 또 인근의 예족을 쫓아내고 주민들의 위험을 제거했다. 오이·부분노 등을 보내 태백산 동남쪽의 행인국(위치 미상)을 멸망시켜 성읍으로 삼고, 부위염을 보내 동부여를 쳐서 북가시라의 일부를 탈취했다. 광개토왕비문에서 "동

---

75 고조선의 중심지인 신조선 땅에서 일어난 국가들은 부여라는 명칭으로 불렸다. 졸본부여는 졸본에서 일어난 부여라는 의미다. 참고로, 위작 논란이 있는 《북부여기》에 따르면, 북부여가 쇠퇴한 뒤에 동명왕(고두막한)이 졸본에서 북부여를 다시 세웠다고 한다.

76 고대의 서자나 서손은 조선 시대의 서자나 서손과 다르다. 조선 시대에는 첩의 자식을 가리킬 때 '서(庶)'란 표현을 사용했지만, 고대에는 장자가 아닌 자식을 가리킬 때 이 표현을 사용했다.

부여는 예전에 추모왕의 속국이었다"고 한 것은 이것을 가리키는 듯하다. 이로써 고구려의 기초가 세워졌다.

기존 역사서에서는 송양을 국호로 보는 경우가 많았다. 하지만 《동국이상국집東國李相國集》 동명왕 편에 인용된 〈구舊삼국사〉에서 '비류왕 송양'이라 했으므로, 비류는 부여 즉 졸본부여를 가리키고 송양은 국명이 아니라 왕의 이름을 가리킨다. 추모가 졸본부여의 공주와 결혼했고 왕의 아들이 없어서 추모가 왕위를 계승했다고 하지만, 졸본부여의 공주 즉 송양의 딸과 결혼한 것은 추모의 아들인 유류儒留였다. 추모가 결혼한 상대방은 소서노이지 졸본부여의 공주가 아니었다.

〈고구려 본기〉에서 추모를 동명성왕東明聖王이라 불렀지만, 동명은 이름이 아니다. 동명은 '한몽'으로 읽어야 한다. 한몽은 신수두 대제의 명칭이다. 신수두 대제에서 제사를 주관한다고 해서 한몽 즉 동명이란 호를 올린 것이다. 동명성왕의 성聖은 '주무'의 의역이다.

2) 동부여와 고구려의 알력

추모왕에 이어 아들 유류왕이 등극하고, 유류왕에 이어 아들 대주류왕이 등극했다. 유류는 〈고구려 본기〉에 나오는 유리명왕琉璃明王의 유리類利다. 유류·유리琉璃·유리類利는 다 '누리'로 읽어야 하는데, 세世란 뜻이고 명明이란 뜻이다. 대주류왕은 〈고구려 본기〉의 대무신왕 무휼이다. 무武·주류朱留·무휼은 다 '무뢰'로 읽어야 한다. 이것은 우박 혹은 신神이란 뜻이다. 유리琉璃와 명明을 시호로 이해해서 유리명왕이라고 하고 유리類利를 이름으로 이해한 것은 〈고구려 본기〉의 잘못이다. 또 무武와 신神을 시호로 이해해서 대무신왕이라고 하고, 무휼을 이름으로 이해한 것역시 〈고구려 본기〉의 잘못이다. 여기서는 광개토왕비문에 따라 유리琉

璃·대무신을 유류·대주류로 쓰기로 한다.

유류왕 때는 동부여가 강성했다. 그래서 동부여 금와왕의 아들인 대소왕이 고구려에 신하의 예를 요구하고 왕자를 인질로 보낼 것을 강요했다. 유류왕은 이를 따르려다가 두 태자를 희생시키고 말았다. 첫 번째 태자는 도절이었다. 유류왕이 동부여에 인질로 보내려 하자, 도절은 이를 거부했다. 유류왕은 진노했고, 도절은 근심과 울분으로 병사했다. 두 번째 태자는 해명이었다. 해명은 남들보다 대담했다. 유류왕이 동부여의 침략을 두려워하여 지금의 집안현인 국내성으로 천도하자, 해명은 비겁한 일이라고 생각하고 이를 따르지 않았다. 〈고구려 본기〉에 나오는 황룡국왕 즉 북부여왕이 해명에게 강궁強弓을 주고 용력을 시험하려하자, 해명은 즉석에서 강궁을 부러뜨림으로써 북부여인들의 약한 체력을 조소했다. 이 사실을 들은 유류왕은 '해명은 장차 국가를 위태롭게 할 어리석은 인물'이라고 생각했다. 그래서 해명을 북부여에 보내 북부여왕의 손을 빌려 죽이려 했다. 그러나 해명을 경애한 북부여왕은 그를 후대하고 돌려보냈다. 더욱 더 분개한 유류왕은 해명에게 검을 주고 자살을 강요했다. 두 태자가 죽은 것은 궁궐 내 처첩 간의 질투 때문일 수도 있지만, 무엇보다도 동부여와의 외교적 문제 때문이었다. 이런 점을 보면, 유류왕이 동부여에 대해 공포심을 갖고 있었음을 추론할 수 있다.

동부여왕 대소는 수차례에 걸쳐 수만 대군을 동원해서 고구려를 쳤다. 다 성공하지는 못했지만, 이로써 고구려를 곤경에 빠뜨리는 데 성공했다. 동부여왕 대소가 사신을 보내 조공을 재촉하자, 유류왕은 두려워서 애걸의 편지를 사신 편에 보냈다. 왕자인 주류(〈고구려 본기〉의 무휼)는 나이는 어렸지만, 죽은 형인 해명처럼 기개가 대단했다. 그는 부왕의 비굴함이 옳지 않다고 생각했다. 그는 부왕의 말을 전하는 것처럼 꾸며서, 동부여의 사신을 보고 옛날에 금와가 추모왕에게 말을 관리하는 일이나 맡기고 대소가 추모왕을 해하려 한 일을 열거한 뒤 동부여왕과 신하들의 교만을 꾸짖고는 사신을 내쫓았다. 이를 전해들은 대소왕이 격노하여 대군을 동원해 침입하자, 유류왕은 왕자 주류 때문에 전쟁이 생겼다며 격노했다. 하지만 다 늙은 나이에 도절이나 해명 때처럼 왕자를 또다시 죽일 수는 없었으므로, 모든 병력을 주류에게 주고 출전을 명령했다.

주류는 '동부여는 병력이 많고 고구려는 적으며 동부여는 기병이고 고구려는 보병이므로, 소수의 보병이 다수의 기병을 상대로 평원에서 싸우는 것은 불리하다'고 판단했다. 그래서 그는 동부여 군대가 지나갈 학반령 골짜기에 병력을 숨기고 동부여 군대를 기습했다. 골짜기 길이 험해 기병에게 불편했으므로, 동부여 군대는 말을 버리고 모두 산 위로 올라갔다. 이에 주류는 군사를 몰아 전군을 섬멸하고 말을 많이 빼앗았다. 이 전쟁에서 동부여 정예군이 크게 당한 탓에, 동부여는 두 번 다시 고구려와 겨룰 수 없게 됐다. 전쟁이 끝나자 유류왕은 크게 기뻐하여, 주류를 태자로 책봉하고 군사 대권을 맡겼다.

3) 대주류왕의 동부여 정복

대주류왕이 학반령 전투에서 동부여를 대파하고 유류왕을 계승한 지 4년 만에 5만의 북벌 군사를 일으켜 동부여를 침입했다. 가는 도중에 그는 창술이 뛰어난 마로와 검술이 뛰어난 괴유를 얻어 길잡이로 삼아 가시라 남쪽에 이르러 개펄을 앞에 두고 진을 쳤다. 대소왕은 몸소 말을 타고 고구려 진영으로 달려갔다. 하지만 말발굽이 진흙에 빠지자, 괴유가 달려들어 대소왕의 목을 벴다.

대소왕을 잃은 동부여인들은 한층 더 분발했다. 동부여 병사들은 왕의 원수를 갚고자 앞 다투어 달려들어 대주류왕을 겹겹이 포위했다. 마로는 전사하고 괴유는 다치고, 고구려군의 피해는 헤아릴 수 없었다. 대주류왕은 몇 차례나 치고나가려 했지만 어찌하지 못하고, 아무것도 먹지 못한 채 7일간이나 포위당했다. 때마침 큰 안개가 피어나 지척을 분간할 수 없게 되자, 대주류왕은 짚으로 사람을 만들어 진영에 놔두고 잔병들과 함께 샛길로 도망하여 이물촌에 당도했다. 모든 군사들이 배고 프고 피로해서 움직이지 못하므로 들짐승을 잡아먹고 간신히 귀국했다.

이 전쟁은 동부여의 승리로 끝났다. 하지만 대소왕이 죽고 태자가 없어 왕의 사촌형제들이 왕위를 다투는 바람에 동부여가 혼란스러워졌다. 막내 사촌동생인 모갑某甲은 부하 100여 명과 함께 남가시라(남옥저)로 가서 사냥 나온 해두왕을 기습해 살해하고, 그 병력을 모아 남가시라 전부를 평정했다. 이렇게 세워진 나라가 남동부여다. 또 다른 사촌동생인 모을은 기존 땅에서 나라를 세웠다. 이것이 북동부여다. 그러나 여러 동생들이 공격하자, 그는 만여 명의 병력을 거느리고 고구려에 투항했다. 이렇게 대주류왕은 북동부여 전부를 차지했지만, 국호만큼은 계속 남겨두었다. 역사서에 나오는 갈사국은 남동부여이고, 동부여는 북동부여다. 《후한서》나 《삼국지》 등의 〈옥저 열전〉에 나오는 불내예不耐濊는 북동부여이고, 〈예濊 열전〉에 나오는 불내예는 남동부여다.

4) 대주류왕의 낙랑 정복

최씨가 남낙랑을 근거로 낙랑왕을 칭했다는 사실은 제3편 제4장에서 서술했다. 남낙랑의 마지막 왕인 최리는 대주류왕이 북동부여를 정복할 당시의 낙랑국의 왕이다. 고구려를 두려워한 최리는 예쁜 딸을 앞세워 고구려와 화친을 맺고자 했다.

그 전에, 갈사국(남동부여) 왕이 미모의 손녀를 대주류왕에게 후궁으로 바쳤다. 거기서 생겨난 아들이 얼굴이 기묘하고 풍모가 수려하다고 하여 호동好童이라고 불렀다. 한번은 호동이 외가에 가는 길에 낙랑국을 지나게 됐다. 이때 최리가 외출했다가 호동을 만나자 "그대 얼굴을 보니 북국 신왕神王의 아들인 호동이 아니냐"며 놀라워했다. 최리는 호동을 궁으로 데려가 자기 딸과 결혼시켰다.

낙랑국의 무기고에는 북과 나팔이 있어, 그 소리가 멀리까지 들렸다. 외적이 쳐들어오면 이것을 울려 속국의 군대를 소집했다. 호동은 아내 최 씨에게 "고구려가 낙랑을 침입하면, 북과 나팔을 없애라"고 말하고 귀국한 뒤, 대주류왕을 움직여 낙랑을 공격했다. 최리가 북과 나팔을 울리려고 무기고에 들어가 보니, 조각조각 부서져 사용할 수 없었다. 북과 나팔 소리가 나지 않으니, 속국의 구원병이 어찌 올 수 있으리오. 최리는 딸의 소행임을 알고 딸을 죽인 뒤 항복했다.

이렇게 호동이 큰 공을 세우자, 왕후는 그가 태자가 될까봐 "호동이 나를 강간하려 했다"며 대주류왕에게 무고했다. 이 때문에 호동은 자살했다. 한 쌍의 선남선녀가 동일한 비극을 당한 것이다. 《삼국사기》〈고구려 본기〉에 따르면, 대주류왕 4년 4월(21년 5월 1일~5월 30일_옮긴이)에 대소의 사촌동생이 갈사왕(남동부여왕)이 되었고, 대주류왕 즉위 15년 4월(32년 4월 29일~5월 28일_옮긴이)에 호동이 최리의 사위가 되었으며, 같은 해 11월(32년 12월 21일~33년 1월 19일_옮긴이)에 호동이 왕후의 참언을 참지 못하고 스스로 목숨을 끊었다. 갈사왕이 있은 뒤에 대주류왕이 그 손녀와 결혼할 수 있는 것이고, 그런 뒤에 그 손녀가 호동을 낳을 수 있는 것이다. 설령 대주류왕 4년 4월 즉 갈사국 건국 원년 4월에 대주류

| 깊이 읽기 |

낙랑국과 자명고

자명고가 속국의 군대를 소집하는 수단이었을 것이라는 설명은 신채호의 주관적 추측에 근거한 것인 듯하다. 북과 나팔로 속국을 소집한다는 것은 상식적이지 않은 설명이다. 제4장에서 설명한 바와 같이 낙랑국은 지금의 평안·황해를 포함해서 강원·함경의 일부까지 통할하는 나라였다. 이 정도 거리에 떨어져 있는 나라들을 북과 나팔로 소집할 수는 없다.

낙랑국이 보유한 자명고가 구체적으로 어떤 기능을 했는지는 정확히 확인할 수 없지만, 이것을 과학적으로 설명하는 견해도 있다. 낙랑국의 낙랑 궁궐에 보관된 자명고의 파장이 일치할 경우에는 자명고가 외적의 침입을 알려주는 기능을 할 수 있다는 것이다. 이런 경우에는 대규모 군대가 국경 지대를 통과할 때 자명고가 자동으로 울릴 수 있다는 것이다. 이런 현상을 공명共鳴현상이라고 한다. 만약 자명고가 공명현상을 활용한 것이라면, 낙랑왕은 궁궐에 앉아서도 적국의 침입을 알아차릴 수 있었을 것이다. 하지만 달리 생각하면 이런 장비를 믿고 국경 경비를 소홀히 했을 수도 있다. 실제로 낙랑국이 멸망한 것은 자명고가 찢어졌기 때문이 아니라 자명고를 믿고 국방을 게을리했기 때문이라고 봐야 한다.

왕이 갈사왕의 손녀와 결혼했고 그 달에 태기가 있어 다음해 정월에 호동을 낳았다 할지라도, 대주류왕 15년에 호동은 많아봤자 겨우 열한 살이다.

열한 살짜리가 어떻게 남의 서방이 되고 아내를 꾀어 일국을 멸망시킬 계획을 실행할 수 있으랴. 또 열한 살짜리가 어떻게 큰어머니 강간의 혐의로 부왕의 의심을 받아 자살까지 할 수 있으랴. 동부여는 원래 북갈사에 도읍을 두었으니, 여기 나오는 갈사왕이 분립 이전의 동부여왕이 아닐까 하고 생각할 수도 있다. 하지만 그렇게 되면, 이 일은 대소왕 시대의 일이 된다. 대소왕이 대주류에게 딸을 주는 일은 절대로 불가능하다.

위와 같은 모순이 생긴 것은, 신라 말에 고구려사의 연대를 삭감하고 사실을 이리저리 옮겼기 때문이다. 〈고구려 본기〉에서는 대주류왕 20년에 "낙랑을 쳐서 멸망시켰다"고 했다. 따라서 똑같은 낙랑을 이전에 멸망시켰을 리 없으므로, 호동의 결혼과 자살은 대주류왕 20년의 사건이 아닐까 생각한다.

지금까지 서술한 북부여·북동부여·고구려 삼국은 모두 신조선의 옛 땅에서 흥기한 나라들이다.

3. 백제의 건국과 마한의 멸망

1) 소서노 여왕의 백제 건국

〈백제 본기〉는 〈고구려 본기〉보다 훨씬 더 잘못 기술되었다. 백제 역사가 백 수십 년 정도 삭감되었음은 물론이고 시조와 시조의 출신까지 잘못 기술되었다. 백제 시조는 소서노 여왕이다. 그는 지금의 한양인 하북위례성에 도읍을 정했다. 그가 죽은 뒤 두 아들 비류·온조가 각각 미추홀(지금의 인천)과 하남위례성[77]을 도읍으로 정했다. 비류는 금방 망하고 온조만 계속 왕 노릇을 했다. 〈백제 본기〉는 소서노 이야기를 쏙 뺀 채, 서두에서 비류·온조가 미추홀·하남위례성에서 분립한 사실부터 기록했다. 또 〈백제 본기〉는 온조왕 13년에 온조가 하남위례성으로 도읍을 옮겼다고 했다. 이것은 온조가 하남위례성에서 하남위례성으로 천도했다는 말이 되는 것이니, 어찌 우스갯소리가 아니겠는가. 이것이 〈백제 본기〉의 첫 번째 오류다.

비류·온조의 아버지는 소서노의 전 남편인 우태다. 우태가 부여씨이므로, 비류·온조의 성씨도 부여다. 근개루왕(개로왕)도 "백제는 부여에서 나왔다"고 말했다. 따라서 〈백제 본기〉에서 비류·온조를 추모의 아들이라고 것은 잘못이다. 이것이 두 번째 오류다. 이런 오류를 교정한 상태에서 백제 건국의 역사를 설명하고자 한다.

우태의 부인인 소서노가 비류·온조 두 아들을 낳고 과부로 살다가 추모왕과 재혼한 뒤, 재산을 바쳐 추모왕을 돕고 고구려 건국에 기여했다는 점은 이번 장의 제3절에서('제2절 고구려의 발흥'의 오기_옮긴이) 서술했다. 추모왕은 소서노를 정실부인으로 대접하고 비류·온조를 친자식처럼 사랑했다. 그러나 추모의 아들인 유류가 어머니 예 씨와 함께 동부여에서 돌아오자, 예 씨가 제1왕후가 되고 소서노가 제2왕후가 되었으며, 유류가 태자가 되고 비류·온조가 덤받이 자식(전처소생_옮긴이)이 되었다. 그러자 비류가 동생 온조에게 "고구려 건국의 공이 거의 다 우리 어머니한테 있는데, 어머니는 왕후 자리를 빼앗기고 우리 형제는 기댈데가 없어졌다. 대왕이 계실 때도 이러하니, 대왕이 돌아가시고 유류가

---

77 《조선상고사》 원문에는 하남위례홀(河南慰禮忽)로 되어 있다. 하남위례성은 오늘날의 서울시 송파구, 경기도 하남·광주시에 해당한다.

백제의 건국 연도와《삼국사기》

〈백제 본기〉온조왕 편에 따르면, 소서노와 비류·온조는 유류가 추모왕을 찾아온 뒤에 고구려를 떠나 한강변에 가서 백제를 세웠다. 〈고구려 본기〉동명성왕 편에 따르면, 유류(유리)가 추모왕을 찾아온 것은 고구려가 건국된 지 18년 뒤였다. 따라서 고구려가 건국되고 적어도 18년이 경과한 뒤에 백제가 세워진 것이다. 〈고구려 본기〉보장왕 편에 따르면, 고구려가 망한 668년에 당나라의 가언충이 당고종에게 "올해는 고구려 건국 900년이 되는 해입니다"라고 말했다. 이에 의하면 고구려는 기원전 233년에 세워진 나라다. 한편, 북한 학계에서는 고고학적 유물을 토대로 고구려가 기원전 277년에 세워졌다고 주장한다. 가언충의 말이 사실이라면 백제는 기원전 215년 이후에 세워졌을 것이고, 북한 학계의 주장이 사실이라면 백제는 기원전 259년 이후에 세워졌을 것이다. 어느 쪽이 맞든 간에, '백제는 기원전 18년에 세워졌다'는《삼국사기》의 내용과는 차이가 있다.

왕위를 이으면 우리가 어디에 기대겠느냐? 차라리 대왕이 살아 계실 때 어머니를 모시고 딴 데 가서 살림을 차리는 게 낫겠다"라고 상의했다.

　비류와 온조는 이런 생각을 소서노에게 알렸다. 소서노는 추모왕에게 요청해서 금은보화를 나눠 가진 뒤, 비류·온조 두 아들과 오간·마려 등 18명을 데리고 낙랑국을 지나 마한에 들어갔다. 당시 마한왕은 기준의 자손이었다. 소서노는 마한왕에게 뇌물을 바치고, 마한 땅의 서북 100

위례성의 위치

《삼국사기》〈백제 본기〉 온조왕 편에 따르면, 소서노가 죽은 직후에 온조가 "도읍을 옮겨야 하겠다"라면서 한강 남쪽으로 순시하러 떠나는 장면이 나온다. 이것은 그 이전까지는 백제 수도가 한강 북쪽에 있었음을 의미한다. 한강 북쪽에 있었던 도읍이 바로 하북위례성이다. 하북위례성의 정확한 위치가 어디인지에 관해서는 아직 결론이 도출되지 않았다. 북한산 근처로 보는 학자들도 있었고 중랑천 유역으로 보는 학자들도 있었다.

여 리에 해당하는 미추홀과 하북위례성 등을 얻었다. 이어 왕의 자리에 오르고 국호를 백제라 하였다.

그 후 강성해진 서북쪽의 최씨 낙랑국이 압록강의 예족을 은밀히 도와 백제를 심하게 압박했다. 낙랑국과 친했던 소서노는 처음에는 예족만 경계했다. 그러나 예족의 침입이 낙랑국의 사주에 의한 것임을 안 뒤로, 낙랑국과 절교하고 성책을 쌓아 방비했다.

〈백제 본기〉에서는 낙랑왕이라 하지 않고 낙랑태수라고 했다. 이는 백제 역사를 몇 백 몇 십 년 삭감한 뒤, 거기에 맞는 중국 제도를 찾다 보니 생겨난 결과다. 그래서 낙랑왕을 한사군 낙랑태수라고 한 것이고, 예족을 말갈족이라고 한 것이다. 신라 말엽에 예족을 말갈족으로 표현한 당나라 책을 보고 기존 서적의 예족을 모두 말갈로 고치다 보니 이렇게 된 것이다.

2) 소서노 사후에 두 아들의 분열과 흥망

소서노는 재위 13년에 사망했다. 그는 조선 역사상 유일한 여성 건국자이며, 고구려·백제 두 나라를 건설한 사람이다. 소서노가 죽은 뒤에 비류와 온조는 다음과 같이 의견을 모았다. "낙랑과 예족의 압박이 날로 심해지는 속에서 어머니 같은 분이 없으면 이 땅을 지킬 수 없으니, 차라리 새 터를 찾아 천도하는 게 마땅하다."

두 형제는 오간·마려 등과 함께 지금의 한양 북악인 부아악負兒岳에 올라 수도로 삼을 만한 자리를 찾아보았다. 비류는 미추홀을 생각하고 온조는 하남위례성을 생각하니, 두 형제의 의견이 충돌할 수밖에 없었다. 오간·마려 등은 한결같이 비류에게 충고했다. 하남위례성은 북으로는 한강을 등지고 남으로는 풍부한 못을 안고 동으로는 높은 산을 끼고 서로는 큰 바다를 둔 훌륭한 요새이므로, 이곳을 버리고 다른 데 갈 이유가 없다는 것이었다. 그러나 비류가 듣지 않았기 때문에, 형제는 할 수 없이 토지와 인민을 나눌 수밖에 없었다. 비류는 한쪽 인민을 차지하고 미추홀을 거점으로 삼았으며, 온조는 다른 쪽 인민을 차지하고 하남위례성을 거점으로 삼았다. 이로써 백제가 동서로 갈리게 되었다.

〈백제 본기〉에 기록된 온조 13년까지는 소서노의 연대이고, 익년인 14년은 온조의 원년이다. 온조 13년에 발표한 도읍 이전의 명령은 비류와 충돌한 뒤 자신을 따르는 인민에게 내린 것이다. 또 온조 14년(실은 온조 1년)에 "한성 백성을 나누었다"고 한 것은 두 형제가 인민을 갈라 각자의 서울로 간 사실을 가리킨다. 미추홀은 메주골이고 위례성은 오리골(본래는 ᄋ리골)이다. 오늘날에도 어느 동네든 흔히 동쪽에 오리골이 있고 서쪽에 메주골이 있다. 왜 그런지는 알 수 없지만, 그 기원이 오래되었음은 알 수 있다.

그런데 비류의 미추홀은 토지가 습하고 물이 짰다. 그래서 백성들이 살 수 없다며 흩어져 달아났다. 하지만 온조의 하남위례성은 물과 풍토가 적당하고 오곡이 잘 자라 인민이 편안히 살 수 있었다. 비류가 분통해하며 병들어 죽은 뒤, 신하와 백성이 다들 온조에게 가니 동서의 두 백제가 다시 하나가 되었다.

3) 온조의 마한 점령

백제는 마한의 땅을 얻어 건국했으므로 소서노 이래로 마한에 대해 신하의 예를 다했다. 수렵을 하면 노루·사슴을 마한에 보냈고, 전쟁을 하면 포로를 마한에 보냈다. 소서노 사후, 온조는 예족과 낙랑을 방어할 목적이라면서, 북으로 패하(지금의 대동강)로부터 남으로 웅천(지금의 공주)까지를 백제 땅으로 획정해 달라고 요청하여 허락을 받았다. 이후 온조는 웅천으로 가 마한과의 국경에 성책을 쌓았다. 그러자 마한왕이 사신을 보내 온조를 힐난했다. "왕의 모자가 처음 남쪽으로 왔을 때 발 디딜 땅도 없었다. 내가 서북의 100리 땅을 떼어주었기에 오늘날의 백제가 있게 된 것이다. 그런데 이제 국력이 좀 세졌다고 우리 강토를 침범하고 성책을 쌓으니, 이 어찌 의리상 있을 수 있는 일인가?"

그러자 온조는 거짓으로 죄스러워하며 성책을 헐었다. 하지만 측근들에게는 "마한왕의 정치가 어지럽고 국세가 쇠약해졌으니, 지금 취하지 않으면 딴 사람 손에 돌아갈 것"이라고 말하고, 얼마 뒤 사냥을 핑계 삼아 마한을 습격하고 도읍을 점령했다. 또 50여 개의 소국을 토벌하는 한편, 마한의 유민으로 의병을 일으킨 주근의 일족을 참살하였는데, 온조왕의 잔학상이 매우 심했다.

기준은 남쪽으로 도망해서 마한의 왕위를 차지하고 성을 한씨로 바

| 깊이 읽기 |

소서노와 온조

신채호는 소서노가 초대 백제왕 즉 초대 '어라하'이고 온조는 두 번째 왕이라고 했다. 신채호가 제시한 핵심 근거는 《삼국사기》 기록의 모순이다. 《삼국사기》에서는 온조가 하남위례성에서 백제를 세웠다고 했다. 이렇게 하남위례성에서 백제를 세운 온조가 백제 건국 12년 만에 소서노가 죽자 도읍을 하남위례성으로 옮겼다고 《삼국사기》는 말한다. 바로 이 대목이 이상하다는 게 신채호의 지적이다. 백제 수도가 하남위례성에서 하남위례성으로 바뀌었다는 게 말이 되느냐는 것이다. 역사적 사실을 은폐하려다 보니까 이런 모순이 생겼다는 것이 신채호의 생각이다. 하북위례성이 백제 최초의 도읍이고 그곳에서 소서노가 왕이었던 사실을 숨기고자 하니까 이런 모순이 생겼다고 판단한 것이다.

신채호가 제시한 근거 외에도 소서노가 초대 왕이었음을 보여주는 또 다른 증거들이 있다. 중요한 것 세 가지만 소개하고자 한다.

첫째, 소서노의 지위가 단순히 왕의 어머니에 그치지 않았다는 점이다. 소서노는 고구려를 세우기 전에나 후에나 항상 자기 세력을 갖고 있었다. 그의 추종 세력에는 비류·온조도 포함되어 있었다. 두 사람은 어머니의 명령을 받는 입장이었다. 이런 상하 관계가 백제 건국 당시에도 그대로 유지됐다고 보는 게 이치적이다. 소서노가 죽은 뒤에 온조는 "어머니가 돌아가시니 정세가 편안하지 않을 것 같다"고 말했다. 여기서 말한 정세는 백제를 둘러싼 국제정세를 가리킨다. 만약 소서노가 단순히 왕의 어머니였다면, 소서노가 죽는다고 국제정세가 위태해질 리가 없었다. 하지만 소서노가 왕이었다고 보면 이 모든 게 자연스러워진다.

둘째, 소서노의 죽음이 정치적인 죽음이었고 그것이 도읍 천도의 원인이었다는 점이다. 《삼국사기》〈백제 본기〉는 소서노의 죽음에 대해 "호랑이 다섯 마리가 성안에 들어왔다. 왕의 어머니가 죽었다"고 기록했다. 호랑이들이 성에 침투하고 왕의 어머니가 죽었다는 식의 기록 방식은 쿠데타에 의한 왕의 죽음을 가리킬 때에 흔히 사용되었다. 신라 박혁거세와 백제 동성왕은 쿠데타로 죽었는데, 《삼국사기》에는 박혁거세가 죽기 전에 용 두 마리가 경주에 출현했다고 했고, 동성왕이 죽기 전에도 호랑이 두 마리가 출현했다고 했다. 왕의 죽음을 이렇게 은유적으로 표현한 점을 고려할 때, '호랑이의 침투에 이은 소서노의 죽음'은 쿠데타에 의한 소서노의 죽음을 암시하는 것이라고 볼 수 있다. 이는 소서노의 죽음이 정변에 의한 것이었음을 보여주는 것이다. 이렇게 소서노가 정변으로 죽자마자 온조가 도읍을 옮겼다. 소서노가 단순히 왕의 어머니였다면 소서노가 죽었다는 이유로 도읍을 옮길 필요가 있었을까?

셋째, 소서노가 죽을 당시에 소서노와 온조의 관계가 안 좋았던 것으로 보인다는 점이다. 고대 동아시아에서는 자기 거처보다 부모의 사당을 먼저 세우는 것이 상식이었다. 이 점은 《예기禮記》에도 반영되어 있다. 《예기》〈곡례〉에서는 "군자가 집을 지을 때는 사당이 가장 먼저이고, 마구간과 창고가 그 다음이며, 자기 거처는 맨 나중이다"라고 했다. 군자는 부모의 사당을 먼저 짓고 그 다음에는 마구간이나 창고 같은 실용적인 장소를 짓고 맨 나중에 자기 거처를 지어야 한다고 했다. 이런 관념은 고대 동아시아에서는 상식이었다. 이런 상식을 위반하는 인물은 통치자의 정당성을 획득하기 힘들었다. 그런데 온조는 이런 상식을 위반했다. 소서노가 죽자마자 온조는 도읍을 옮기고 새로운 궁궐을 지었다.《삼국사기》〈백제 본기〉에서는 이 궁궐이 화려했다고 했다. 온조는 자기 궁궐을 짓고 2년이 넘은 뒤에야 비로소 어머니 소서노의 사당을 지었다. 어머니가 죽고 4년이 넘은 뒤에야 사당을 세운 것이다. 이러한 사실들은 온조와 사이가 안 좋은 상태에서 소서노가 사망했을 가능성을 보여준다. 이런 정황들을 보면 백제 초대 어라하인 소서노가 온조의 쿠데타로 암살당했을 가능성이 있음을 알 수 있다.

꾸었다. 이것이 후손들에게 이어지다가 이때 와서 망했다.《삼국지》에서 "기준의 후예가 끊어지자, 마한 사람이 스스로 왕이 되었다"고 한 것은 이를 가리킨다. 여기서 온조를 '마한 사람'이라고 한 것은 중국인들이 항상 백제를 마한이라고 불렀기 때문이다.

온조는 고구려 유류·대주류왕과 동시대 사람이다. 온조대왕 이후에 낙랑이 침입했다는 기록이 없는 것은 이미 대주류왕이 낙랑을 멸망시켰기 때문이다.

제3장

한무제의 침입

1.한나라 군대가 고구려에게 패퇴한 사실(고구려의 9년 전쟁)

조선이 남북의 열국으로 분립된 때에 중국 한무제의 침략이 있었다. 이
것은 정치적인 대사건일 뿐 아니라 조선 민족의 문화적 성쇠와도 밀접
히 관련된 대사건이다. 고대 동아시아에서 불완전하나마 문자(이두)를
쓰고 역사 기록과 정치 제도를 보유함으로써 문화를 가졌다고 할 수 있
는 민족은 중국 외에 조선뿐이었다. 조선은 강성하여 항상 중국을 공격
했다. 중국도 제齊나라·연燕나라·진秦나라 이래로 조선에 대해 방어 혹
은 공격했다. 제2편(내용상 제3편 제2장인 듯하다_옮긴이)에서 기술한 바
와 같이 이런 일은 비일비재했다.

그런데 진나라가 망하고 한나라가 흥한 뒤, 북방 흉노의 침략에 시달
리던 한고조가 흉노족 모돈을 공격했다. 그러나 백등(산서성 대동부 부
근)에서 대패하여 조공을 바치고 황녀를 첩으로 바치고 치욕적인 조약
을 맺었다. 이런 상태는 고조의 증손자인 무제까지 이어졌다. 무제는 야

심이 충만한 제왕이었다. 한나라 건국 이후 100년 동안 태평하여 나라가 부강해지자 이에 기대어 흉노를 공격해서 선대의 수치를 씻는 동시에, 조선에 대해서도 명분 없는 전쟁을 일으켜 민족적 혈전을 개시했다.

그런데 한무제가 침입한 조선은 하나가 아니라 둘이었다. 《사기》 〈평준서〉 및 《한서》 〈식화지〉에서는 "무제가 …… 왕위에 오른 지 여러 해가 지났다. …… 팽오가 예맥조선을 쳐서 창해군을 설치하니, 연나라와 제나라 사이에서 동요가 일어났다"고 했다. 팽오가 공격한 예맥조선은 조선이다. 한편, 《사기》 〈조선 열전〉에서는 "누선장군 양복과 …… 좌장군 순체가 마침내 조선을 평정하고 4군으로 만들었다"고 했다. 양복과 순체가 멸한 조선은 또 다른 조선이다.

〈조선 열전〉의 조선이 위씨 조선이라는 것은 널리 알려져 있지만, 〈평준서〉 및 〈식화지〉의 조선은 간략하게 언급되고 자세히 기록되지 않았기에 종래의 역사가들도 이것이 어떤 조선인지는 말하지 않았다. 나는 〈평준서〉 및 〈식화지〉의 조선은 동부여를 가리킨다고 생각한다. 왜냐하면, 한무제가 위우거를 멸하기 전에, 동부여를 중국 군현에 편입하고자 고구려와 9년간 싸우다가 패퇴한 일이 있었기 때문이다. 무엇으로 이 점을 입증할 수 있을까?

《후한서》 〈동이 열전〉 예濊 편에서는 "한무제 때인 원삭 원년에 예족 군장인 남려 등이 위우거를 배반한 뒤 28만 명을 거느리고 요동으로 가서 한나라에 항복하므로 그 땅을 창해군으로 삼았다"고 했다. 《한서》 〈무제 본기〉에서는 "원삭 3년 봄에 창해군을 철폐했다"고 했다. 《사기》 〈공손홍 열전〉에서는 공손홍이 "창해군을 철폐하고 북방에만 전념하기를 원합니다"라고 하자 한무제가 허락했다고 한다.

기존 학자들은 바로 위의 세 기록과 앞의 〈식화지〉를 종합해서 "예맥조선은 지금의 강릉에 있었던 예족 군장 남려의 나라다. 위우거의 속국인 예맥조선이 한나라에 투항하자, 한나라가 팽오를 보내 항복을 받고 그곳을 창해군으로 만들었다. 하지만 거리가 너무 멀고 비용도 많이 들어 포기했다"고 단언했다. 그러나 이런 단언에는 아래와 같은 오류가 있다.

첫째, 중국 역사서에서는 동부여를 항상 예족으로 잘못 표기했다. 남북 두 동부여는 각각 지금의 함흥과 훈춘이다. 이 점은 본편 제2장 2절과 3절에서 이미 서술했다. 그런데 동부여가 지금의 강릉에 있었다고 잘못 알려진 것은, 신라가 동북방 천여 리를 잃은 뒤 옛 땅의 명칭을 내지로 옮겼기 때문에 생긴 것이다. 이때 지금의 강릉에 동부여라는 지명을 부여했던 것이다. 따라서 예족 군장 남려는 함흥의 동부여왕이지 강릉의 군장이 아니었다.

둘째, 〈식화지〉 본문에서는 "무제가 왕위에 오른 지 여러 해가 지났다. …… 팽오가 예맥조선을 쳐서 창해군을 설치하니"라고 했다.《후한서》에 기록된 것처럼 창해군이 최초로 설립된 연도는 무제 즉위 13년(원삭 원년, 기원전 128년_옮긴이)이니, 〈식화지〉에서 말한 '여러 해가 지난 시점'이 무제 즉위 13년은 아니다.《한서》〈주부언 열전〉에 따르면, 원광 원년(기원전 134년)에 엄안이 올린 상소에 "지금 예濊주를 함락하고 성읍을 설치하고자 합니다"라는 내용이 나온다. '예주를 함락한다'는 것은 예맥조선을 침입한다는 뜻이고, '성읍을 설치하고자 한다'는 것은 창해군을 설치한다는 뜻이다. 원삭 원년으로부터 6년 전인 원광 원년에 엄안이 예족 침공과 창해군 설치를 건의했으니, 남려의 항복과 팽오의 방문은 원광 원년의 일이지 6년 뒤인 원삭 원년의 일이 아니다.

셋째, 창해군을 처음 설치하려 한 원광 원년은 기원전 134년이고, 창해군 설치를 포기한 원삭 3년은 기원전 126년이니, 한나라가 동부여를 침략하여 창해군을 만들려 한 전쟁이 9년간이나 계속됐다는 말이 된다. 만약 동부여가 위우거의 속국이었다면, 위우거가 구원하지 않았을 리 없다. 만일 그런 일이 있었다면, 9년 전쟁이 기록되지 않았을 리 있겠는가? 《사기》 〈조선 열전〉에서는 위우거가 진번진국眞番辰國과 한나라의 교류를 막은 일이나 요동군 동부도위[78]를 살해한 일 등을 다 기록했다. 이런 것들도 기록하면서 이보다 더 중요한 9년 전쟁을 빠뜨릴 이유는 없었을 것이다.

앞에서 교정한 연도에 의하면, 이때는 동부여가 고구려에 정복된 뒤이므로, 남려의 나라는 위씨의 속국이 아니라 고구려의 속국이었다고 봐야 한다. 남려의 나라가 고구려의 속국이라면, 어째서 고구려를 배반하고 한나라에 투항했을까? 남려는 남동부여의 왕, 즉 《후한서》 및 《삼국지》의 예濊 편에 기록된 불내예왕이고, 《삼국사기》 〈고구려 본기〉에서 대주류왕에게 손녀를 시집보낸 갈사왕이다. 남려는 대주류왕 아내의 할아버지이고 대주류왕은 남려의 손녀사위이며, 호동은 남려의 진외증손이 되니, 말하자면 그 관계가 가까운 사이다. 그러나 호동의 장인인 낙랑왕 최리도 무너뜨리는 판국에 아내의 할아버지나 아버지의 외증조부를 배려했겠는가. 동부여에 대한 고구려의 압박이 심했던 것은 충분히 상상할 수 있는 일이다. 남려는 부모형제의 복수를 위해서나 당장의 압박을 피하기 위해서나 고구려에 보복할 마음을 품고 있었을 것이다. 그래서 고구려에 원한을 품은 낙랑 소국들과 함께 위우거와 내통하여 고구려를 치고자 했던 것이다. 하지만 위우거가 고구려를 당해내지 못했기에,

---

78 한나라는 요동 지역의 이민족을 관리하고자 요동군 안에 동부도위·서부도위·중부도위를 설치했다.

남려가 위우거를 버리고 한나라와 손을 잡고자 한 것이다.

그런데 남려가 한나라와 통하려면 위씨의 나라를 경유하지 않으면 안 되었다. 위우거는 동부여가 자국의 비밀을 한나라에 누설할까 두려워 국경 통과를 불허했다. 《사기》〈조선 열전〉에서는 "진번 주변의 여러 나라들이 천자를 만나보고 싶어 했지만, 위우거가 길을 막아 통하지 못했다"고 했다. '진번 주변의 여러 나라들'이란 것은 남동부여와 남낙랑 등을 가리킨다. 남려는 결국 해로를 통해 한나라에 사정을 알렸다. 야욕이 충만한 한무제가 어찌 이런 기회를 놓치겠는가. 그는 남동부여를 장래의 창해군으로 내정하고 팽오를 대장으로 삼아 연·제의 병마와 양식을 모두 징발하여, 바다 건너 고구려와 싸워 남동부여·남낙랑 등을 구원하도록 했다. 하지만 고구려의 대항이 의외로 강한 탓에 9년간 패전만 되풀이했다. 그래서 '창해군을 혁파한다'는 명분을 세워 군대를 거두고 전쟁을 종결한 것이다.

양국 사이에서 9년간 전쟁이 있었는데, 사마천이 《사기》〈조선 열전〉에 이를 기록하지 않은 이유는 무엇일까? 중국의 수치를 숨기는 것은 《춘추》를 지은 공자 이래로 중국 역사가들의 신념이었다. 《삼국지》〈왕숙 열전〉에 의하면, 사마천이 《사기》에 한나라 경제 및 무제의 잘잘못을 있는 그대로 기록하자, 무제가 대노하여 〈효경 본기〉(경제 본기_옮긴이) 및 〈금상 본기〉(무제 본기) 두 편을 삭제한 일이 있다. 이로 인해 사마천은 궁형에 처해졌다.

고구려에 패한 사실은 한무제처럼 전쟁을 숭상하는 사람한테는 대단한 치욕이므로 숨길 수밖에 없었던 것이다. 만일 사마천이 사실 그대로 썼다면, 궁형뿐 아니라 목 달아나는 참형까지 당했을 것이다. 그래서 고의로 사실을 누락시킨 것이다.

사마천은 《사기》〈평준서〉에서는 실제 사실을 약간 내비쳤다. 하지만 "팽오가 조선을 속여 멸망시켰다"고 기록함으로써 마치 조선을 멸망시킨 것처럼 꾸몄다. 이것은 당시의 금기사항을 피하기 위한 것이었다. 반고는 그것이 너무나 뻔한 거짓말이라고 생각했기 때문에, 《한서》〈식화지〉에서 '멸망[滅]' 대신 '쳐서[穿]'란 표현을 사용했으나, 그 역시 사마천처럼 역사적 사실 전부를 올바로 기록하지 못했다.

한무제와 싸운 사람은 〈고구려 본기〉의 대무신왕인 대주류왕일 것이다. 그러나 〈고구려 본기〉에서는 고구려의 연대를 삭감한 까닭에 한무제와 동시대 사람인 대주류왕을 후한의 광무제와 동시대 사람인 것처럼 만들었다. 또 중국 역사서에 나오는 낙랑에 관한 기록과 일치시키려다 보니, 대주류왕이 한나라에 낙랑을 빼앗겼다는 조작이 나왔을 것이다.

2. 한무제의 위씨 침공과 위씨 조선의 멸망

9년간의 혈전 끝에 패퇴한 이후, 한무제는 17년간 조선 열국을 엿보지 못했다. 하지만 마음속으로야 어찌 동방 침략을 포기했으리오. 위씨 조선은 조선 열국의 일원이기는 하지만, 본래 중국의 종자였다. 신하들 중에도 한나라 망명자의 후예가 많았다. 그래서 한무제는 위씨 조선을 끌어들여, 조선 열국을 침략할 때 앞잡이로 삼으려는 계획을 품었다.

그러던 중 한무제는 위우거에게 길을 빌려줄 것을 요구했다. 길을 빌려 동부여를 구하고 고구려를 치려 한 것이다. 그는 기원전 109년에 사신인 섭하를 보내 "한나라와 동부여를 왕래하는 사절이 위씨국의 국경을 통과할 수 있도록 인가해 달라"며 한나라의 위세로 압박하는 한편 재물로 유혹했다. 그러나 위우거는 완강히 거부했다. 한무제의 밀지를 받은 섭하는 귀국하는 길에 국경지대인 패수, 지금의 헌우락에서 우거가 보낸 전송사자, 즉 자신을 전송하던 우거의 부왕副王을 죽이고 달아났다. 섭하가 한나라에 가서 "조선국 대장을 죽였다"고 하자, 속으로 흉계를 꾸미고 있었던 한무제는 사실 관계도 탐문하지 않고 섭하의 공로를 인정하고 요동군 동부도위에 임명했다.

섭하가 돌아가고 얼마 뒤, 원한을 품은 위우거는 병력을 동원해서 그를 기습적으로 살해했다. 이를 구실로 한무제는 좌장군 순체에게 보병 5만 명을 주고 요하를 건너 패수로 향하도록 하고, 누선장군 양복에게 수군 7천 명을 내주고 발해를 지나 열수洌水로 들어가도록 했다. 두 장군이 위우거의 서울인 왕검성을 좌우에서 협공하도록 한 것이다. 하지만 양복은 열수 입구에서 상륙한 뒤에 대패하자 잔존 병력과 함께 산중에 숨었고, 순체는 패수를 건너려다가 위우거의 병력에 막혀 뜻을 이루지 못했다. 두 장군의 패배 소식을 들은 한무제는 사신인 위산을 보내 위우거의 신하들에게 재물을 주고 그들을 서로 이간시켰다.

위씨의 나라는 조선인과 중국 이주민의 연합 국가였다. 신하들은 위씨에 대한 충의보다는 황금에 대한 욕심이 더 많았다. 그들은 주전파와 주화파로 갈려 상호 대립했다. 그런 중에 한나라의 재물이 비밀리에 제공되자 주화파들이 갑작스레 많아졌다. 이들은 태자를 한나라 군영에 보내 사죄하고 군량미와 말을 바칠 것을 약속하라고 위우거에게 요구했다. 그래서 위우거가 "태자가 호위병 1만 명을 데리고 패수를 건너가서 한나라 장수를 만나보도록 하라"고 했지만, 한나라 장수가 "태자가 1만 명의 군대와 함께 패수를 건너오려면 무장을 갖추지 말아야 한다"고 함에 따라 교섭이 결렬되었다.

결국 재물이 효력을 발휘했다. 위우거의 재상인 노인·한음·삼과 대장인 왕겹은 한나라와 내통하고 전쟁에 힘쓰지 않았다. 덕분에 한나라 장군 순체는 패수를 건너 왕검성 서북쪽을 치고, 양복은 산속에서 나와 왕검성의 동남쪽을 칠 수 있게 되었다. 교섭 결렬의 책임을 물어 위산을 참형에 처한 한무제는, 제남태수 공손수에게 전권을 주고 두 장수를 감독하도록 하는 동시에 더 많은 재물로 위우거의 신하들을 매수하도록 했다. 순체와 양복이 서로 먼저 항복을 받아내려고 애쓰자, 공손수는 순체를 편들었다. 공손수는 양복을 불러 순체의 군영에 가둔 뒤, 순체가 두 군대를 모두 지휘하도록 했다. 이 사실을 들은 한무제는 "재물만 낭비하고 위우거의 신하들을 항복시키지 못했다"며 대노하고 공손수를 참형에 처했다.

얼마 후에 위씨 조선에서는 한음·왕겹·노인 등이 재물을 받은 사실이 발각됐다. 노인은 참수를 당하고 한음·왕겹은 한나라 군영으로 도망했다. 다음 해 여름에 삼參이 위우거를 암살하고 성城을 갖고 투항하자, 위우거의 대신인 성기가 삼을 치니, 위우거의 왕자인 위장이 배반하고 삼에게 붙어[叛附] 노인의 아들 최와 힘을 합쳐 성기를 죽이고 성문을 열었다. 위씨 조선은 이로써 멸망했다. 한무제는 그 땅에 진번·임둔·현토·낙랑이라는 네 개의 군을 설치했다.

당시의 상황은 《사기》 〈조선 열전〉에만 나온다. 하지만 〈조선 열전〉에도 한나라가 위우거의 신하들에게 뇌물을 준 사실은 나오지 않는다. 이유는 무엇일까? 사마천은 〈무제 본기〉 때문에 궁형을 당한 탓에 동부여에 대한 한나라의 패전을 기록할 수 없는 심리상태에 있었다. 그래서 사실도 제대로 기록할 수 없었다.

그러나 전쟁에서 패한 한나라가 뇌물로써 이를 만회한 사실이 지면에 분명히 나타난다. 이를테면 "위만이 군대의 위력과 재물로 주변의 소읍들을 항복시켰다"고 함으로써 위만의 건국이 군사와 재물의 양자에 의해 이루어졌음을 기록한 것은, 한무제가 위씨 조선을 무력으로 멸망시키지 못하고 재물로 매수하는 비열한 수단으로 멸망시켰음을 풍자하는 것이다. "위산을 보내 군대의 위력으로 위우거를 타이르라"라고 한 대목에는 군대의 위력에 관한 것만 나오고 재물의 위력에 관한 것은 나오지 않는다. 하지만 당시 순체와 양복이 이미 패전한 데다가 증원병도 가지 않았기 때문에, 군대의 위력이 위우거보다 약한 때인데 무슨 군대의 위력이 있었겠는가. 위 문장의 "군대의 위력과 재물"이란 문구를 이어받아 아래 문장에서 "군대의 위력"이라고만 썼지만, 사실은 '재물의 위력'도 포함하는 것이었다. 위산과 공손수가 죄 없이 참수당한 사실을 기록한 것은 재물만 허비하고 실패한 데 대해 한무제가 분노했음을 표시하는 것이다. 위씨 조선 멸망 후에 순체와 양복은 참수되거나 쫓겨난 데 비해, 위씨 조선의 반역자인 최와 왕겹 등 4인은 제후에 책봉되었다. 이는 위씨 조선이 한나라의 병력에 의해 멸망한 게 아니라, 뇌물을 받고 나라를 팔아먹은 간신들에 의해 멸망했음을 드러내는 것이다.

3. 한사군의 위치와 고구려·한나라 관계

위씨 조선이 망한 뒤에 한나라는 진번·임둔·현토·낙랑 네 개 군을 설치했다. 4군이 어디에 있었는가 하는 문제는, 삼한의 연혁에 관한 문제에 뒤지지 않는 조선 역사상의 쟁점이다. 만반한 패수·왕검성 같은 위씨의 근거지는 지금의 해성·개평이었다. 지금의 개원(요령성 동북쪽_옮긴이) 이북은 당시에는 북부여 땅이었다. 지금의 홍경 동쪽은 고구려 땅이었다. 지금의 압록강 이남은 낙랑 땅이었다. 지금의 함경도 내지 강원도는 동부여 땅이었다. 따라서 이 네 지역 밖에서 한사군을 찾아야 한다. 그러므로 한사군은 요동반도 안에서 찾아야 한다. 한사군의 위치와 관련하여 이러저러한 주장이 나온 것은 다음과 같은 몇 가지 원인 때문이었다.

첫째, 지명의 어원을 제대로 이해하지 못했기 때문이다. 예컨대 패수浿水와 낙랑樂浪은 둘 다 '펴라'로 읽혔다. 지금의 대동강은 당시에는 '펴라'란 강이었고, 지금의 평양은 당시에는 '펴라'란 도읍이었다. 강과 도읍을 똑같이 '펴라'라고 부른 것은 오늘날 청주의 '까치내'란 하천 옆에 '까치내'란 마을이 있는 것과 같다. '펴라'라는 것은 강 옆에 있는 도읍이란 의미를 갖는 것이었다. 낙랑의 '낙'은 '펴라'에서 '펴'의 뜻에 입각한 것이고, '랑'은 '라'의 음을 취한 것이다. 이 외에 평양平壤, 평양平穰, 평나平那, 백아강百牙岡 등도 다 '펴라'로 읽혔다. 이에 관한 해석은 여기서 생략한다.

한무제는 위씨 조선, 즉 불조선을 멸망시키고 요동군을 만든 뒤, 신·말 두 조선의 지명을 위씨 조선의 땅에 부여했다. 지금의 해성海城인 헌우락의 원래 명칭이 알티(安地 또는 安市)인데도 패수라는 이름으로 불린 것은 이 때문이다. 《사기》의 작자인 사마천은 그렇게 바뀐 지명에 입각해서 한사군 이전의 역사를 서술했다. "한나라가 흥하자 …… 패수를 경계로 삼았다"나 "위만은 …… 동쪽으로 달아나 국경을 넘어 패수를 건넜다" 등의 문장은 그렇게 해서 나온 것이다.

또 진번眞番은 신·불 두 조선의 통칭인데 한나라는 고구려를 진번군이라 불렀다. 《사기》에서 "연나라의 전성기 때에 처음으로 진번조선을 복속시켰다"라고 하거나 "위만은 …… 진번조선을 조금씩 복속시켰다"

라고 할 때의 진번조선은 신·불 두 조선을 가리키는 것이다. "진번·임둔이 모두 복속해 왔다"와 "진번 주변의 나라들이 천자를 알현하고 싶다는 글을 올렸다" 등에 나오는 진번은 한사군의 하나인 진번군을 가리키는 것이다. 이것은 나중에 고친 지명에 입각해서 역사를 기술한 경우에 해당한다. 예를 들어, 을지문덕 이후에 살수의 명칭이 청천강으로 개칭되었으니 을지문덕 시대에는 청천강이 없었는데 우리가 "을지문덕이 청천강에서 수나라 군대를 격파했다"고 말하는 것과 같다. 이런 이치를 이해하지 못한 기존 학자들은 《사기》에 나오는 패수와 진번 등의 지명이 한사군 이전부터 있었던 것으로 오해했다. 또 헌우락 패수와 대동강 패수를 혼동하고, 국가 명칭인 진번과 한사군 중 일개 군의 명칭인 진번을 혼동했다.

둘째, 기록의 진위 여부를 제대로 구별하지 못했기 때문이다. 예컨대 《한서》〈무제 본기〉 원봉 3년 기사의 진번·임둔에 관한 주석에는 "소신 찬瓚은 말씀을 올립니다. 《무릉서》에 의하면, 진번군의 군청 소재지인 삽현은 장안으로부터 7,640리 …… 임둔군의 군청 소재지인 동이현은 장안으로부터 6,138리"라는 문장이 나온다. 《무릉서》는 무릉 사람인 사마상여의 글이다. 《사기》〈사마상여 열전〉에서는 "사마상여가 죽은 지 5년 만에 천자가 비로소 후토后土에 제사지냈다"고 했다. 《사기집해史記集解》[79]에서는 "원정 4년 …… 처음으로 후토를 세웠다"고 했다. 원정 4년은 기원전 113년이다. 사마상여가 죽은 때는 그로부터 4년 전인 원수 6년(기원전 117년)이다. 그러므로 사마상여는 진번·임둔군이 설치된 원봉 3년(기원전 108년)에는 이미 사망한 지 10년이 된 사람이다. 그런 그가

---

79   유송(劉宋, 420~479년) 때 사람인 배인이 만든 《사기》 해설서.

자신이 죽고 10년 뒤에 있을 진번·임둔군의 설치를 어찌 말할 수 있으리오. 그렇다면《무릉서》는 위서이고, 그 속의 진번·임둔 이야기도 위증이라는 말이 되는 것이다.

또《한서》〈지리지〉에서는 요동군에 관한 기록 외에 현토·낙랑 두 군에 관한 기록을 따로 두고 있다. 이로 인해 독자들은 요동반도 밖에 현토·낙랑군이 있었다고 생각하게 된다. 그러나《위략》에 나오는 만반한이《한서》〈지리지〉의 요동군 문·번한이라는 점과,《사기》의 패수가 요동군 번안현의 패수라는 점은 이미 확증되었다. 그러므로《한서》〈지리지〉에 현토·낙랑군이 나오는 것은 후세 사람들의 조작에 의한 것임이 틀림없다. 그런데 기존 역사가들은 이 같은 조작을 알지 못한 채,《한서》〈무제 본기〉의 진번·임둔 기록이나 〈지리지〉의 낙랑·현토 기록을 금과옥조처럼 생각했다. 한사군의 위치에 관한 논란이 분분한데 정곡을 찌른 이가 하나도 없었던 것은 바로 이 때문이다.

한사군은 실제 땅 위에 있었던 게 아니라 종이 위에 있었던 일종의 가정이었다. 이를테면, 고구려를 없애면 진번군을 만들리라, 북동부여(북옥저)를 없애면 현토군을 만들리라, 남동부여(남옥저)를 없애면 임둔군을 만들리라, 낙랑국을 없애면 낙랑군을 만들리라 하는 가정이 있었을 뿐, 실제로 설치되지는 않았다.

한무제는 그런 가정을 실현코자 각지를 침략했다. 두 동부여와 낙랑은 앞에서 설명한 것처럼 고구려에 대한 원한이 있었던지라, 한나라의 힘을 빌려 고구려를 치려고 했을 것이다. 고구려는 대주류왕이 승리한 적이 있기 때문에 한나라와의 결전을 마다하지 않았을 것이다. 이 전쟁은 위씨가 멸망한 기원전 108년에 시작하여 기원전 82년에 종결되었다. 한나라가 패배함에 따라 한사군 설치의 희망은 영원히 사라졌다. 그래서 진번·임둔군의 설치를 포기하고 현토·낙랑군을 요동군 내에 임시로 설치할 수밖에 없었다.《한서》에서는 진번군을 파(罷)했다고 할 뿐, 임둔군을 파했다고는 하지 않았다.《후한서》〈동이 열전〉예족 편에서 "소제(한나라 제8대 황제_옮긴이)가 진번·임둔을 폐하고 낙랑·현토와 합쳤다"고 한 것을 보면, 임둔군도 진번군과 함께 포기한 것이 확실하다.《후한서》〈동이 열전〉예족 편에서는 현토를 구려(한나라 고구려현)에 옮겼다고 했고,《삼국지》〈동이 열전〉옥저 편에서는 옥저성을 현토성으로 삼았다가 고구려 서북으로 옮겼다고 했다. 옥저 편의 불내예왕은 북동부여와 남동부여의 왕을 가리킨다. 예족 편의 불내예왕은 낙랑국의 왕을 가리킨다. 두 동부여와 낙랑국은 모두 독립국이었다. 따라서 현토군이 옥저, 곧 북동부여에서 요동성으로 이동한 게 아니었다. 북동부여를 현토군으로 만들려던 계획이 실패했으므로, 요동성(지금의 봉천성 소재지)에 현토군을 임시로 설치했을 것이다. 또 낙랑군도 임시로 설치했을 것이다. 그 위치는, 확신할 수는 없지만, 지금의 해성 등지인 것으로 보인다.

진번·임둔군을 포기하는 동시에 현토·낙랑군을 임시 설치한 이유는 무엇일까? 앞서 설명한 바와 같이 낙랑국과 남동부여국은 고구려를 심히 증오했다. 그래서 한나라가 패퇴한 뒤에도 몰래 한나라와 사신을 교환하고 상인과 물자를 교환했다. 그래서 한나라는 요동에 현토·낙랑군을 임시로 설치해서 낙랑국·남동부여국과의 교섭을 맡게 했다. 고구려와 전쟁을 벌이는 경우에는 두 나라를 활용했다. 이것은 한나라와 양국의 관계였다. 고구려는 양국이 한나라와 내통한 증거가 발견되면 군대를 보내 문책을 가했다. 이것은 고구려와 양국의 관계였다. 두 나라 때문에 고구려는 수백 년간 한나라 쪽으로 나아가지 못했다.

이 책에서는 두 개의 낙랑을 구별코자, 낙랑국은 '남낙랑'으로 표기하고 한나라 낙랑군은 '북낙랑'으로 표기한다.《삼국사기》〈고구려 본기〉에 나오는 낙랑왕과 〈신라 본기〉에 나오는 낙랑국은 다 남낙랑을 가리킨다. 기존 학자들은 요동의 북낙랑은 생각지도 않고 남낙랑을 낙랑군이라고 불렀다. 또 그들은《삼국사기》에서 낙랑국 낙랑왕이라고 부른 것은 한나라 군수의 세력이 웬만한 국왕과 같았기 때문이라고 단정했다. 하지만 고구려와 접경한 요동군수를 요동국왕이라 부르지 않고 현토군수를 현토국왕이라 부르지 않는다. 어찌 낙랑군수만 낙랑국왕이라 불렀겠는가? 그것은 분명한 억지다.

최근 일본인들이 낙랑 고분에서 한나라 연호가 적힌 그릇을 발견했다. 그들은 지금의 대동강 남쪽 기슭이 위씨 조선의 도읍이자 낙랑군청의 소재지였다고 주장하고 있다. 그런 그릇은 남낙랑이 한나라에서 수입한 것이거나 고구려가 한나라를 꺾고 포획한 것일 것이다. 그런 것을 갖고 대동강 연안이 낙랑군청 소재지였다는 억지를 펴는 것은 옳지 못하다.

제4장
계립령 이남의 두 신생국

1. 계립령 이남의 별천지

계립령은 지금의 조령이다. 경상북도 문경읍에 있는 북산이다. 고대에는
조령을 '저릅재'라고 불렀다. 저릅은 삼[麻]의 고어다. 저릅은 이두문자
로는 계립鷄立으로 표기했다. 뜻은 마목麻木이다. 이렇듯 조령은 곧 계립
이다. 계립령 이남은 경상남북도다. 이 지역은 계립령을 통해 충청북도
를 막고, 경북 봉화 태백산을 통해 강원도를 막고, 지리산을 통해 충청
남도·전라도를 막는다. 또 동쪽과 남쪽이 바다에 둘러싸여 있다. 그래
서 조선 열국 시대에 네 개의 부여(고구려도 졸본부여로 불렸음)가 분립하
고, 고구려가 낙랑을 정복하고, 위씨가 한나라에 망해 4군이 되고, 백제
가 마한을 멸하는 등등의 격동이 있을 때에도, 계립령 이남은 그런 세상
사와 격리될 수 있었다.

　진한·변진 자치국 수십 개는 비옥한 땅에서 벼·보리·기장·조를 기
르고 누에고치에서 실을 뽑고 비단을 생산했으며 철을 캐서 북방 나라

들에 공급했다. 변진은 음악을 좋아해서 변한슬#韓瑟(불한고)[80]을 창제하는 등 문화적으로도 크게 발달했다.

하지만 이들은 북방 유민으로서 마한의 영지를 얻어 썼다. 그래서 마한의 통제를 받지 않을 수 없었다. 마한이 망한 뒤에는 백제의 통제를 받았다. 그러나 이 통제는, 소극적 측면에서 보면 신수두를 건설하지 못하게 하고 신한 칭호를 사용하지 못하게 하는 것이었으며, 적극적 측면에서 보면 해마다 알현하고 조공하도록 하는 것에 그쳤다. 나중에 진한 자치국들은 신라를 이루었고, 변진 자치국들은 6가라 연맹을 이뤘다. 이들은 점차 백제에 대항해 나갔다.

2. 가라 6국의 건설

지금의 경상남도 일원에 변진#辰의 열두 자치국이 세워졌다는 점은 제3편 제4장에서 설명했다. 이들 자치국은 흔히 가라로 불렸다. 가라는 '큰 못'이란 뜻이다. 자치국들이 둑으로 물을 막고 큰 연못을 만든 뒤 그 부근에 자치부를 세웠기 때문에 그렇게 불렸다. 가라는 이두로 가라加羅·가락駕洛·가야加耶·구야狗耶·가야伽倻 등으로 표기됐다. 야耶·야邪·야倻 등은 고어에서 '라'라 발음됐다. 가라는 관국官國으로도 표기됐는데, '관'에서 초성 'ㄱ'과 더불어 중성 'ㅘ'의 'ㅏ'을 떼어 '가'로 읽고, '국'의 뜻인 '나라'에서 한쪽을 떼어내어 '라'로 읽은 것이다.

서기 42년 무렵에, 아홉 가라의 지도자인 아도간·여도간·피도간·오

---

80 거문고의 일종이다.

도간·유수간·유천간·신천간·신귀간·오천간이 지금의 김해읍 구지봉에 모였다. 이들은 대계大禊(계는 당시 자치회의 이름)를 열고 김수로 6형제를 6가라의 군장으로 추대했다.

김수로는 제1가라 즉 김해를 다스린다고 하여 '신가라'로 불렸다. '신'은 '크다, 머리'의 뜻이니, 신가라를 금관국이라 표기한 것은 타당하다. 가락 혹은 구야는 둘 다 가라의 이두이므로, 이것으로 6가라를 총칭하는 것은 가능하다. 이것을 신가라만을 가리키는 표현으로 쓰는 것은 옳지 않다.

제2가라는 밈라가라다. 오늘날의 고령 앞을 흐르는 물을 막고서 만든 가라다. 이두로는 미마나彌摩那 혹은 임나任那로 표기했다. 6가라 중에서 후손 때에 가장 강력해졌기에, 역사에서는 대가라 혹은 대가야라고 불렀다.

제3가라는 안라가라다. 오늘날의 함안 앞을 흐르는 물을 막고서 만든 가라다. 이두로는 안라安羅·아니라阿尼羅·아니량阿尼良으로 표기했다. 아니량이 아호라阿戶羅로 와전되고 아호라가 아라阿羅로 와전됐다.

제4가라는 고링가라다. 지금의 함창이다. 이곳 역시 물을 막고서 만든 가라다. 이것도 이두로 표기된 지명이다. 고링가라가 와전돼서 '공갈'로 바뀌었다. 공갈못이라는 저수지가 그 유적이다. 6가라 유적 중에는 오직 이 하나가 전해지고 있다. 그 속의 연꽃과 연잎은 수천 년 전의 분위기를 풍기는 것 같이 느껴진다. 조선 시대 광무 연간에 황제의 총애를 받은 이채연이 논을 만들고자 둑을 트는 바람에 폐허가 된 곳이다.

제5가라는 별뫼가라다. 이곳은 별뫼라는 산에 만든 가라로 지금의 성주를 가리킨다. 이두로는 성산가야 혹은 벽진가라로 표기했다.

제6가라는 구지가라다. 지금의 고성固城 중도中島다. 이 역시 물을 막고서 만든 가라다. 이두로는 '고자가라'로 표기했다. 6가라에서 가장 작아서 소가야로도 불렸다.

　여섯 가라는 처음에는 형제들의 연맹국이었지만 시간이 흐를수록 촌수가 멀어져 각각 독자적으로 활동했다.《삼국사기》에서는 〈6가라 본기〉를 두지 않고, 〈신라 본기〉 및 열전에서 신라와 관계된 가라의 사건만 다루었다. 신가라를 금관국으로 표기하고 나머지 다섯 가라는 아무 구별도 없이 죄다 '가야加耶'로 통일한 탓에, 어떤 가라를 가리키는지 알 수 없는 경우가 많다. 이 책에서는 가능한 한 이들을 구별해서 표기하고자 한다. 6가라의 연대가 줄어든 것 같아, 이 책에서는 가라를 신라의 앞에 두었다.

3. 신라의 건국

기존 학자들은 "신라사가 고구려사·백제사보다 비교적 완전하다"고들 말한다. 이것은 모르고 하는 말이다. 고구려사나 백제사의 경우에는 소멸된 게 많지만, 신라사의 경우에는 위조된 게 많아서 이 역시 사료로 삼을 만한 게 매우 적다. 신라 건국의 역사를 소개하면서 이에 관해 간략히 설명하고자 한다.

　신라의 제도는 6부와 3성姓으로 조직되었다. 〈신라 본기〉에 따르면, 6부는 알천양산·돌산고허·무산대수·자산진지·금산가리·명활산고야의 6촌에서 출발했다. 신라 건국 후인 제3대 유리왕 9년 즉 서기 32년에 6촌을 6부로 고치고 각각의 성씨를 부여했다. 알천양산은 양부로 고치고 이씨 성을 부여했고, 돌산고허는 사량부로 고치고 최씨 성을 부여했고, 무산대수는 점량부로 고치고 손씨 성을 부여했고, 자산진지는 본피부로 고치고 정씨 성을 부여했고, 금산가리는 한지부로 고치고 배씨 성을 부여했으며, 명활산고야는 습비부로 고치고 설씨 성을 부여했다. 한편, 3성은 박·석·김 세 가문[三家]을 가리킨다.

하루는 고허촌장인 소벌공蘇伐公이 양산 밑의 나정蘿井 옆에서 말이 꿇어앉아 우는 것을 보았다. 그리 가보니, 말은 간 데 없고 큰 알만 있었다. 그것을 쪼개보니 아이가 나왔다. 아이를 거두고 성씨를 '박'이라 했는데, 나온 알이 박만 하여 '박'이라고 부른 것이다. 이름은 혁거세라고 했다. 혁거세에 해당하는 이두문자의 발음과 의미는 전해지지 않는다. 나이 열셋에 슬기롭고 조숙하게 되자, 인민들이 그를 거서간으로 받들었다. 거서간은 당시 귀인 칭호였다. 이것이 신라 건국 원년(기원전 57년)이니, 그가 박씨의 시조다.

신라 동쪽에는 왜국이 있고 왜국 동북쪽에는 다파나국이 있었다. 다파나국왕이 여인국 공주와 결혼한 지 7년 만에 큰 알을 낳았다. 왕이 불길한 일이라고 생각해서 내다버리라고 하자, 왕비는 차마 죽일 수 없어 비단에 싼 뒤 금궤에 넣어 바다에 띄웠다. 금궤가 금관국 해변에 도착하자, 이곳 사람들은 이상하게 여겨 건지려고 하지 않았다. 금궤가 진한의 아진포구에 도착하니, 이때는 박혁거세 39년(기원전 19년)이었다. 해변에서 노파가 건져보니, 어린애가 그 속에 있었다. 노파는 아이를 거두어 길렀다. 금궤에서 탈출했다고 하여 이름을 탈해라고 했다. 금궤가 떠내려올 당시에 까치가 따라오며 울었다고 하여, 성을 까치 작鵲 자에서 우변을 떼어내 석昔이라 했다. 그가 석씨의 시조다.

석탈해 9년(서기 65년), 금성(신라 서울, 즉 경주) 서쪽의 시림이란 숲에서 닭울음소리가 들렸다. 석탈해는 대보(총리_옮긴이)인 호공을 내보냈다. 호공이 가보니 작은 금빛 상자가 나뭇가지에 걸려 있고 그 밑에서 흰 닭이 울고 있었다. 금궤를 열어보니 어린아이가 있었다. 아이를 거두어 기르기로 하고, 이름은 알지라고 했다. 금궤에서 나왔다고 하여 성을 김이라고 하니, 이가 신라 김씨의 시조다.

궤에서 나왔다느니 알에서 나왔다느니 하는 신화는 고대인들이 시조의 출생을 신비하게 장식하려고 지어낸 것이다. 6부나 3성과 관련된 것은 원래 모습이 그대로 전해지지 않고 후세에 첨삭이 가해진 상태로 전해졌다. 애석한 일이다. 이것을 분석해 보면 다음과 같다.

첫째. 조선 고대사의 인명·지명은 처음에는 우리말로 짓고 이두로 표기했다. 나중에 중국 문화가 성행하자 이두를 한자로 번역했다. 예컨대 전자는, 우리말 메주골을 미추홀彌鄒忽이나 매초홀買肖忽로 표기한 것과 같은 것들이고, 후자는 그것을 한자인 인천仁川으로 바꾸어서 표기한 것들이다. 그런데 알천양산·돌산고허 등은 한자로 쓴 6촌의 명칭이고, 양부·사량부 등은 이두로 쓴 6부의 명칭이다. 〈신라 본기〉에서는 한자로 쓴 6촌의 명칭이 처음 명칭이고 이두로 쓴 6부의 명칭이 나중 명칭이라고 하니, 이것은 필시 순서가 뒤바뀐 것이다.

둘째. 신라가 불경을 수입하기 전에는 모든 명사가 이두의 음과 뜻에 맞추어 만들어졌다. 그러나 불경이 성행한 뒤에는, 일부 괴승들이 조금만 비슷하기만 하면 불교 어휘에 맞추어 이두문자를 바꾸었다. 예컨대 소지왕炤知王은 비처왕毗處王이라고도 한다. 소지나 비처는 다 '비치'로 읽어야 한다. 비처는 원래부터 쓰던 이두문자이고, 소지는 불경에 따라 개작한 이두문자다. 유리왕儒理王은 세리지왕世利智王이라고도 한다. 유리나 세리는 다 '누리'로 읽어야 한다. '유리'는 원래의 이두문자이고, '세리'는 불경에 맞춰 개작한 이두다. 탈해왕脫解王의 경우, 《삼국사기》 주석에서

'토해吐解라고도 한다'고 했다. 탈해나 토해는 다 '타해' 혹은 '토해'로 읽힌다. 말뜻은 알 수 없지만, 당시의 속어로 지은 명사인 것만큼은 명백하다. 토해는 원래의 이두이고, 탈해는 개작된 이두다. 불경에 '탈해'란 말이 있기 때문에, 토해를 탈해로 개작한 것이지만 원래 토해는 당시의 속어와 똑같은 발음을 취했을 뿐이고 탈출脫出한다거나 풀려난다[解出]는 뜻은 없었다. 금궤에서 탈출했기에 이름을 탈해라고 불렀다는 것은 괴승들이 멋대로 만들어낸 말이라고밖에 단언할 수 없다.

셋째. 3성의 시조가 다들 큰 알에서 나왔다. 큰 알은 박만 하다고 할 수 있다. 그런데 어째서 3성의 시조가 다 박씨가 되지 않고, 박씨 이외의 둘은 석씨·김씨가 되었을까? 또 석씨·김씨가 다 금궤에서 나왔거늘, 무슨 이유로 둘 다 김씨가 되지 않고 한쪽은 석씨가 되고 한쪽은 김씨가 되었을까? 까치가 석탈해의 금궤를 따라다니며 울었다고 하여 까치 작鵲 자에서 변을 떼어내 석씨가 된 것이라면, 김알지가 출현할 때 닭이 따라다니며 울었으므로 닭 계鷄 자에서 변을 떼어내 해奚씨가 되었어야 하지 않는가? 무슨 이유로 한쪽은 김씨가 되지 않고 석씨가 되었으며, 한쪽은 해씨가 되지 않고 김씨가 되었을까? 아무리 신화라도 이렇게 난삽하고 무원칙적으로 만들어놓고 한자 파자 놀이 같은 수작을 섞어놓았으니, 신화에 나온 단어들이 이두 시대의 실상과 어긋날 수밖에 없는 것이다.

넷째. 건국 당시의 신라는 경주 한 귀퉁이에 자리 잡은 가장 작은 나라였다. 그런데도 "변한이 나라를 바치며 항복해 왔다"거나 "동옥저가 좋은 말 200필을 조공했다"고 한다. 이는 사실과 부합하지 않는다. "북명北溟 사람이 밭을 갈다가 예왕濊王의 인장을 주워 바쳤다"는 기록은 더욱 더 황당하다. 북명은 북동부여의 별칭인 북가시라에 해당하는 훈춘 등지를 가리킨다. 이곳은 고구려 대주류왕의 호위무사인 괴유의 시신이 묻힌 곳이다. 훈춘 농부가 밭에서 예왕의 인장을 주워 수천 리를 걸어 경주 한 귀퉁이의 소국인 신라왕에게 바쳤다는 이야기가 어찌 실화일 수 있으리오. 이것은 경덕왕이 동부여 즉 북명의 지명을 강릉으로 옮긴 뒤에 조작한 망설이다. 다른 것들도 거의 다 신뢰할 만한 가치가 없다.

신라는 열국 중에서 문화가 가장 뒤처진 나라였다. 그래서 역사서 편찬도 건국 600년 뒤에야 이루어졌다. 그 역사서도 북방 국가들의 신화를 모방해서 꾸며낸 것이다. 그나마도 신라 역사서는 궁예·견훤 등과의 전쟁으로 상당 부분 불타버렸다. 그런 뒤에 여기저기 남은 부스러기를 고려 시대 문사들이 주워 모아서 만든 것이 신라 역사다. 그렇기 때문에 《삼국사기》〈신라 본기〉 역시 〈고구려 본기〉·〈백제 본기〉처럼 진위 여부를 가리지 않으면 안 된다. 그런데도 역사가들은 〈신라 본기〉가 비교적 완전하다고 믿고 그대로 맹신했다.

내가 연구한 바에 따르면, 신라는 진한 6부 전체를 부르는 명칭이 아니라 6부 중 하나인 사량부沙梁部였다. 그렇기 때문에 '신라'나 '사량'은 다 '새라'로 읽어야 한다. 새라는 하천의 이름이었다. 새라라는 하천 옆에 있는 나라라고 하여 '새라'라고 불렀던 것이다. 사량은 부리 훼喙 자를 써서 사훼沙喙(진흥왕순수비에 보임)라고도 표기했는데, 사훼는 '새불'이니 새라 옆에 있는 '불' 즉 들판이라고 하여 그렇게 부른 것이다. 따라서 〈신라 본기〉에 나온 신라의 원래 명칭인 서라벌은 '새라불'로 읽어야 하는데, 이는 '새라의 불'이란 뜻이다. 시조 박혁거세는 고허촌장 소벌공의 양자였다. 고허촌은 사량부이니, 소벌공의 소벌은 사훼와 같이 새불로 읽어야 한다. 소벌 역시 지명이었던 것이다. '공'은 존칭이다. 새불 자치회의 회장이라고 하여 새불공으로 불렀던 것이다. 말하자면, 새불공은 고허촌장이란 뜻이었다. 그런데도 소벌공을 마치 인명처럼 쓰는 것은 역사가들의 오류다. 새라 촌장의 양자인 박혁거세가 6부 전체의 왕이 되었기에, 국호를 새라라고 하고 이두로는 사라斯羅·사로斯盧·신라·서라徐羅 등으로 표기한 것이다.

3성 중에서 박씨뿐 아니라 석씨·김씨도 사량부의 성씨였다. 3대 성씨를 존숭한 것은 삼신설에 따른 것이다. 〈신라 본기〉에서는 석탈해왕 9년(서기 65년)에 김씨의 시조인 김알지를 주웠다고 했지만, 파사왕 원년(서기 80년)에 왕후인 사성부인 김 씨가 허루 갈문왕(추존한 왕을 신라에서는 갈문왕이라 함)의 딸이라고 했으므로, 나이를 따져보면 허루는 알지의 아버지뻘되는 김씨였을 것이다.[81] 이런 점들을 보면, 박씨·석씨·김씨 3성은 처음부터 사량부 안에서 서로 통혼하는 강력한 가문[巨族]으로, 그들은 서로 협력하여 6부 전체를 3성이 왕이 되는 나라로 만들었다고 볼 수 있다. 이를 통해 진한의 자치 시대가 끝나고 세습 군주국의 시대가 열린 것이다.

---

81 이는 65년 이전에 김씨가 신라에 있었음을 의미한다.

고구려의
전성시대

제1장

1세기 초반 고구려의 국력 발전과 그 원인

1. 대주류왕 이후의 고구려

서기 1세기에서 3, 4세기까지 한강 이남 즉 남부의 조선 열국은 아직 초
창기 상태였다. 압록강 이남 즉 중부의 조선 열국은 다들 쇠미해지는 상
태였고, 압록강 이북 즉 북부의 조선 열국들도 거의 다 기우는 상태였다.
그래서 가야·신라·백제·남낙랑·북동부여·남동부여에 관해서는 기록
할 만한 게 별로 없다. 다만 대국인 고구려와 북부여가 열국 중에서 가
장 웅장했지만, 대주류왕 이후의 연대가 삭감되면서 역사적 사실도 사
라져서 두 나라의 발자취를 제대로 논할 수 없게 됐다. 그래서 고구려와
중국·선비족의 정치적 관계 가운데 한두 가지를 중국사에 의거하여 설
명할 수 있을 뿐이다.

2. 고구려와 중국의 관계(왕망의 흥망과 고구려의 발흥)

고구려는 동부여 및 남낙랑과의 관계 때문에 한나라와 항상 투쟁했다. 그런데 서기 1세기에 한나라의 외척인 왕망이란 괴걸이 나와, (1) 고대 사회주의인 정전제를 시행하고, (2) 중국문화로 세계를 통일하여 일종의 □□□□[82]적 국가를 이룩하고자 했다. 이 때문에 자기 나라에서뿐 아니라 조선 열국과의 관계에서도 상당한 문제를 야기했다.

중화민국 이전에 중국에서는 수천 년간 왕조의 명멸과 군웅의 쟁탈이 끊임없이 발생했다. 나중 권력이 이전 권력을 대체할 때는 요역을 덜고 조세를 감하는 혜택을 일시적으로 시행함으로써 민중에게 임시 변통적인 안녕을 줬지만, 오래지 않아 옛 제도로 되돌아가고 말았다. 따라서 이것은 폭력으로 폭력을 대체하는 악순환일 뿐이었다. 이런 것을 무목적적인 내란이라고 부를 수는 있어도, 혁명 같은 칭호로는 부를 수 없다. 그러나 왕망에 이르러서는 실제로 토지를 균분해서 빈부의 계급을 없애는 방안을 대담하게 시행하고자 했으니, 이것은 고대 동양에서 유일한 혁명이라고밖에 볼 수 없다. 이제 정전제가 나온 과정과 왕망의 흥망성쇠에 관해 간략히 서술하고자 한다.

정전제는 중국의 춘추 시대 말기에서 전국 시대 초기인 기원전 5세기 무렵에 사회 문제를 해결할 목적으로 나온 것이다. 열국이 병존하던 당시에는 각국마다 귀족이 권력을 잡고 사치를 누리며 전쟁은 끊일 날이 없어서 조세는 나날이 높아졌다. 또 부자가 빈자의 토지를 겸병하니 인

---

82 원문에 네 글자가 생략된 것을 볼 때, 일본제국주의의 신경을 건드릴 만한 표현이 있었을 것으로 생각한다.

민의 생활이 극도로 곤란했다. 이것을 구제하고자 유약有若·맹가孟軻(맹자_옮긴이) 같은 학자들이 토지 평균설土地平均說 즉 정전제를 주창하게 된 것이다. 그들의 주장은 다음과 같다.

"중국의 하·은·주 3대가 다 정전제를 시행했다. 이것은 정井 자 형의 토지 900무畝 중에서 800무를 여덟 가구에게 각 100무씩 지급하고 나머지 100무는 여덟 가구가 공동 경작하도록 하는 것이었다. 공동 경작하는 공전公田에서 산출된 것은 공용으로 사용하고, 각각이 경작하는 사전私田 100무에서 산출된 것 중에서 10분의 1을 십일세什一稅로 바치도록 했다. 그런데 선대의 성왕聖王 같은 이들이 다시 나오지 않고 중국이 분열하여 전국 시대가 되니, 제후들이 인민에게 조세를 많이 받고자 정전제를 파괴하고 이에 관한 문서까지 없애버렸다."

어느 민족이나 다 한때는 원시공동체가 있었다는 점은 오늘날의 사회학자들이 공통적으로 인정하는 바다. 따라서 중국도 먼 옛날에는 토지 균전제가 분명히 있었을 것이다. 그러나 유약·맹가 등이 주장한 균전제는 조선의 균전제를 목격했거나 전해들은 뒤에 모방한 것이지, 그들이 말한 것처럼 자기들의 서적에서 찾은 것은 아니었다. 다만, 조선의 균전제는 여덟 가구가 공동 보유하는 팔가동전제八家同田制가 아니라 네 가구가 공동 보유하는 사가동전제四家同田制였다. 오늘날 평양이나 경주에 남은 기𠱘 자 형태의 고대 농경지가 이 점을 증명하고 있다. 세제는 10분의 1을 거두는 십일세가 아니라 20분의 1을 거두는 입일세廿一稅였다. 《맹자》〈고자〉 편에서 백규가 "나는 (세금으로) 20분의 1을 거두고자 하는데 어떻겠느냐?"고 말하자, 맹자가 "그대의 방식은 맥족貊族의 방식"이라고 한 것이 이 점을 명확히 증명한다.

그런데도 중국인들은 사가동전제를 팔가동전제로 고치고 20분의 1

세를 10분의 1세로 고쳐 조선과 다르게 한 뒤, 자존심에 깊이 빠져 자신들이 조선을 모방했다는 점을 숨기고 그것이 고대 중국 성왕들의 제도였다고 거짓말했다. 그러면서 조선을 이맥夷貊이라고 부르고 조선의 정전제를 이맥의 제도라고 비하했던 것이다. 그들은 《춘추공양전春秋公洋傳》이나 《춘추곡량전春秋穀梁傳》 혹은 《맹자》에서 한결같이 "10분의 1세보다 적은 것은 대맥大貊과 소맥小貊의 것"이라느니 "맥족 땅에서는 오곡이 나지 않고 그저 보리만 날 뿐이다. …… 관리들을 부양할 일이 없기 때문에 20분의 1만 받아도 충분한 것이다"라고 말했다.

하지만 《후한서》〈동이 열전〉 부여·옥저 편에서는 "토지가 평평하고 넓고 …… 비옥하고 아름다우며 …… 오곡을 재배하기에 적합하다"고 했고, 《위략》의 부여·고구려 편에서는 "그 관직에는 상가·대로·패자가 있다"고 했다. 이것은 《맹자》·《춘추공양전》·《춘추곡량전》에서 말한 것이 근거도 없고 논리에도 맞지 않음을 보여주는 것이다. 조엽의 《오월춘추》에서도 "우왕의 정전제는 조선(본문은 주신州愼)의 것을 모방한 것이다"라고 했으니, 이것이 공정한 자백이다.

중국인들이 아무리 열렬히 정전제를 외쳐도, 본래 그것은 민중을 움직여 귀족계급을 타파하기 위한 것이 아니었다. 그저 군주나 귀족을 움직여서 그들의 소유물을 민중에게 골고루 나누어주자는 취지에 불과했다. 그래서 그것은 민간에서 아무런 반향도 일으키지 못했다. 또 군주나 귀족들은 권력의 쟁탈에 급급하여 정전제에 제대로 귀를 기울이지도 않았다.

그 뒤 진시황이 열국을 멸하고 중국을 통일한 뒤, 전 중국의 부귀를 독점하고 아방궁과 만리장성을 지었다. 하지만 진나라는 2세 황제 때 멸망했다. 8년의 대란을 거쳐 한나라가 세워지는 과정에서 과거 열국의 귀족과 토호들이 대거 멸망함에 따라 귀족계급이 크게 감소했다. 한편, 전란 중에 인구도 감소해서 경작지 부족의 문제가 해소됐기 때문에 기존의 사회 문제가 얼마간은 잠잠했다. 하지만 그 뒤 200년 동안의 태평성대를 경과하면서 인구가 급격히 성장하고 부농과 대상인들이 생겨났다. 이에 따른 빈부격차의 증대로 여러 지역의 토지를 보유한 부자들이 생기는가 하면, 송곳 박을 땅도 없는 빈민들이 생겨났다. 그러자 학자나 이론가들이 이런 사회 문제를 두고 치열한 논쟁을 벌이게 됐다. 어떤 이는 "한전제를 통해 인민의 토지를 약간의 무畝로 제한하자"고 하고 어떤 이는《주례》란 책을 짓고는 "이것은 중국 고대에 정전제를 실시한 주공이란 성인이 지은 글이다"라고 거짓말을 하며 당시의 제도를 반대했다.

이때 한나라 황실은 쇠퇴했다. 대신, 외척인 왕씨 가문이 대사마·대장군 자리를 세습하며 정권과 병권을 농단했다. 그러다가 왕망이 대사마·대장군이 되어 한나라 평제와 유영, 두 황제를 독살하고, 스스로 황제가되고 국호를 신新이라 했다. 앞에서 서술한 바와 같이, 왕망은 정전제의 실행과 한나라 문화의 세계통일이라는 두 가지 이상을 가진 자였다. 그래서《주례》를 모방해서 전국적으로 정전제 구획에 착수하고, 이웃나라에 사신을 보내 수많은 재물로 군장들을 매수하여 인명·지명을 모두 중국식으로 고치고 한문을 전파하고자 하였다.

이보다 앞서, 흉노는 남북의 두 부로 갈라졌다. 북흉노는 몽골 북부에 거점을 두고 한나라와 맞섰고, 남흉노는 몽골 남부에 거점을 두고 한나라에 신하국을 자처했다. 왕망의 사신은 남흉노 선우인 낭아지사囊牙知斯를 달래면서 "두 자 이상의 이름은 중국 관행에 위반되니 '낭아지사'를 지知 자로 고치고, 흉노의 흉匈 자가 불순해 보이니 강노降奴라고 고치고 선우單于의 '선'은 특별한 뜻이 없으니 '중국에 복속했다[服于中國]'는 의미로 복우服于로 고치시오”라고 말했다. 낭아지사는 처음에는 거부했지만 왕망이 제시한 재물이 탐나서, 한나라가 준 '흉노선우匈奴單于 낭아지사囊牙知斯'란 인장을 버리고 신나라가 새로 주는 '강노복우지降奴服于知'란 인장을 받았다. 그러나 왕망은 '남흉노가 관할하는 무리가 너무 많아서 훗날 혹시라도 걱정거리가 되지 않을까?' 하고 염려하여, 그들을 열두 복우服于의 관할 아래에 두려고 했다. 그러자 낭아지사가 크게 분노하여 왕망과 대적하게 되었다.

왕망은 장수들을 보내 흉노를 공격할 때에, 요동에 조서를 내려 고구려현의 병력을 동원하고자 했다. 고구려현이란 무엇인가? 한무제가 고구려국을 현縣으로 만들려다가 패퇴한 일이 있다. 그 뒤 그는 소수小水 즉 지금의 태자하太子河 부근에 현을 설치한 다음에 조선 열국의 망명자나 포로 등이 거주하도록 했다. 그러고는 고구려현으로 명명하고 현도군에 소속시키는 한편, 이곳을 다스릴 장관 1인을 고구려후侯라고 명명하고 현도군에 소속시켰다. 왕망의 요구를 받은 고구려현 사람들이 먼 지방에 군대를 보내기를 꺼려하자, 왕망은 강제적인 징발을 시도했다. 그러자 고구려현 사람들은 전쟁터에 끌려가지 않으려고 국경을 나가 도적떼가 되어 약탈을 벌였다. 신나라의 요서대윤遼西大尹인 전담은 이들을 추격하다가 전사했다. 왕망은 대장군인 엄우를 보내, 고구려후인 추騶를 유인하여 참수하도록 했다. 엄우는 추의 목을 장안에 보내고 성과를 보고했다. 그러자 왕망은 고구려현을 하구려현으로 고친 뒤 조서를 내려, 승세를 타고 조선 열국과 흉노 각부를 쳐서 중국화를 실현시키도록 장수들에게 촉구했다. 이에 대해 조선 열국인 북부여와 고구려 등이 왕망에 맞서는 공수동맹을 맺고 신나라의 변경을 자주 침범했다. 왕망이 조선·흉노와의 전쟁을 위해 조세를 인상하고 인력을 징발하니 전 중국이 소란스러워졌다.

이 때문에 부유층만 왕망을 반대한 게 아니라 빈민층도 집단적으로 일어나서 왕망을 공격하니, 마침내 왕망이 패망하고 광무제가 한나라를 중흥시켰다. 《삼국사기》에서는 왕망 군대의 침입을 유류왕 31년 때의 사건으로 기록하는 한편, 고구려현후 추를 고구려 장군 연비延조로 기록했다. 이렇게 된 것은 《삼국사기》 작자가 고구려에 관한 《고기》에서 연도가 삭감됐다는 사실을 모르고 그 기록의 연도를 《한서》의 연도와 대조했기 때문이다. 또 《한서》의 고구려가 고구려국과 관계없는 한나라 현도군 고구려현인 줄 모른 채, 이를 고구려국으로 오인하고 《한서》 본문을 그대로 베껴 썼기 때문이다. 그런데 유류왕이 왕망의 장수에 의해 죽임을 당해 그 머리가 한나라 수도 장안에까지 갔다고 기록하려고 하니, 그들 사대주의자들의 눈에도 너무나 엄청난 거짓말인 것 같았기 때문에, '고구려후 추'라는 다섯 글자를 아장연비我將延조(우리 장군 연비_옮긴이)라는 네 글자로 고친 것이다(김부식이 어설픈 오류는 범해도 터무니없는 위조는 못 하는 사람인 점을 감안하면, 연비는 《고기》의 작자가 조작한 인물일 수도 있다. 유류왕은 분명히 왕망보다 100여 년 전 인물이고 《한서》의 고구려도 분명히 고구려국이 아니므로, 연비라는 사람이 정말 있었다고 해도 유류왕 시대의 고구려 사람은 아니다).

왕망은 중국 역사상 최초로 뜻깊은 혁명을 일으킨 사람이다. 그러나 이웃나라를 너무 무시한 그는 남의 언어·문자·종교·정치·풍속·생활 습관 등의 역사적 특수성을 무시하고 이런 것들을 중국문화로 지배하려고 했다. 그 때문에 반발을 불러 다수의 민족적 투쟁을 초래하다가 내부 개혁의 추진까지 저해한 것이 패망의 제1요인이었다.

신수두의 종교가 비록 태고의 미신이기는 했지만, 전래된 햇수가 오래되고 유포된 지역이 광대해서 한나라의 유교는 이에 대적할 만한 무기가 못 됐다. 또 이두문자가 비록 한자의 소리와 뜻을 빌려 만든 것이기는 하지만, 우리말로 지은 조선 고대의 인명·지명 등의 명사뿐 아니라 노래나 시 혹은 적바림(일종의 메모_옮긴이) 또는 그 외의 무엇이든지 조선인의 입장에서는 한자보다 더 편리했다. 그래서 한자가 이두를 대체할 가망이 없었으니, 중국문화의 동진을 꾀한 왕망의 계획이 어찌 망상이 아니겠는가?

또 흉노의 원래 이름은 '훈'인데 굳이 흉노로 쓰는 것은 중국인들이다. 고구려의 원래 이름은 '가우리'이고 '고구려高句麗'는 이두문자인데도 고구려를 굳이 구려句驪나 고구려高句驪로 쓰는 것도 중국인들이다. 이런 짓도 괘씸하거늘, 그것도 모자라서 원래 이름과 맞지도 않는 글자를 가져다가 강노니 하구려下句驪니 했던 것이다. 이런 것을 보면 왕망의 패망은 당연한 일이다.

3. 선비족 대 고구려의 관계

고구려와 한나라의 중간에 선 탓에 고구려를 도우면 고구려가 이기고 한나라를 도우면 한나라가 이기는 식으로 양국의 승패를 좌우하는 존재가 있었으니, 그게 바로 선비鮮卑라 불린 종족이다. 선비족이 조선의 서북쪽인 몽골 지역에 거주하다가 흉노족 모둔에게 패해 본거지를 잃고 외흥안령·내흥안령[83] 부근으로 이주했다는 점은 제2편 제3장(제3편 제2장의 착각인 듯하다_옮긴이)에서 서술했다.

그 뒤 선비족은 둘로 나뉘었다. 하나는 여전히 선비라고 불렸고, 또 하나는 오환烏桓이라고 불렸다. 둘은 언어나 풍속이 거의 동일했다. 이들은 짐승 고기를 먹고 짐승 가죽을 입으며 목축과 수렵으로 생활했다. 각각 읍락에 나뉘어 살았는데, 전체 부족을 관할하는 대인大人이 있고 읍락마다 부대인副大人이 있었다. 그들은 대인이나 부대인의 명칭으로 자기네 성姓을 만들었다. 그들은 투쟁을 즐긴 탓에 젊은 사람을 존대하고 늙은 사람을 천대했다. 문자가 없었기 때문에, 일이 생기면 나무에 새긴 신표로 각 집단을 소집했다. 모든 소송은 대인이 결정했고, 지는 사람은 소나 양으로 배상했다.

조선이 모둔에게 패한 뒤, 선비와 오환은 조선에 복속하지 않고 도리어 조선 열국을 침략했다. 고구려 초에 유류왕은 이 점을 염려해서 부분노의 전략에 따라 군대를 둘로 나누었다. 그런 뒤 왕이 직접 지휘하는 부대는 선비국의 전면을 치고, 부분노가 지휘하는 부대는 샛길로 은밀히 선비국의 후면으로 진입했다. 왕이 먼저 전투를 벌이다가 거짓으로 패주했다. 그러자 선비는 소굴을 비우고 급히 추격했다. 이 틈에 부분노가 소굴을 기습적으로 점령한 뒤 왕의 군대와 함께 양쪽에서 협공하여 선비의 항복을 받고 속국으로 삼았다.

오환의 경우에는, 한무제가 위우거를 멸망시킨 뒤 이들을 권유하여 지금의 직예성·산서성 등지인 우북평·어양·상곡·안문雁門·대군 일대에 정착시킨 다음에 흉노족에 대한 정찰을 맡도록 했다. 그 뒤 소제(한나라 소제_옮긴이) 때에 오환이 날로 번성하자, 그 당시 한나라 권력자인 곽

---

83 홍안령은 크게 두 부분으로 나뉜다. 러시아 쪽은 외홍안령(스타노보이 산맥), 중국 쪽은 내홍안령이라 부른다. 이것은 중국인의 관점에 입각한 분류법이다. 내홍안령 은 다시 대홍안령과 소홍안령으로 나뉜다.

광은 이들이 후일에 걱정거리가 되지 않을까 하여, 이에 오환이 과거에 흉노족 모둔에게 참혹하게 패했던 역사를 들춰내어 오환으로 하여금 모둔의 무덤을 파헤쳐 지난날의 원수를 보복하라고 부추겼다. 그러자 흉노의 호연제 선우는 대노해서 정예 기병 2만으로 오환을 쳤다. 오환이 한나라에 구원병을 요청했지만, 한나라는 3만 병력을 보내 구조한다 하고는 그냥 멀리서 관망했다. 그러다가 흉노가 철군하자 오히려 오환을 습격하여 무수한 학살을 자행했다. 이로써 오환은 쇠약해져서, 다시는 한나라에 대항할 수 없게 되었다. 왕망 때에는 오환으로 하여금 흉노를 치도록 하고 그들의 처자를 각 주군州郡에 볼모로 보냈다. 그런 뒤 '흉노를 전멸하기 전에는 처자들이 귀환할 수 없다'고 압박하자, 오환에는 이에 원한을 품고 도망하는 사람들이 많이 생겼다. 그러자 왕망은 볼모로 잡은 처자들을 학살했다. 이 참혹함이 매우 심했다.

왕망이 망하고 중국이 혼란스러워지자, 고구려 모본왕이 이를 틈타 요동을 회복한 뒤 양평성의 명칭을 예전의 고구려 명칭인 오열홀로 고쳤다. 그러고는 선비와 오환을 규합하여 중국을 자주 공격했다. 후한後漢의 광무제가 한나라를 중흥한 뒤, 요동군을 지금의 난주로 옮기고 고구려를 막기 위해 채동蔡彤[84]을 요동태수에 임명했다. 그러나 채동은 전쟁에서 자주 불리해지자, 선비 추장 편하에게 재물을 주고 오환 추장 흠지분을 살해하도록 했다. 그러자 모본왕이 선비와 오환을 다시 타일러 공동작전을 펴니, 한나라의 전략이 다시 궁색해졌다. 이에 한나라는 매년 2억 7천만 전錢을 고구려·선비·오환 3국에 공물로 납부하기로 조약을 맺고 휴전을 했다.

---

84 《후한서》〈동이 열전〉에는 제융(祭肜)으로 표기되어 있다.

한나라를 이긴 뒤로 매우 교만해진 모본왕은 아플 때는 사람을 안석(앉을 때 몸을 기대는 방석_옮긴이)으로 삼고 누울 때는 사람을 베개로 삼고 그 사람이 꼼짝하면 목을 베어 죽였다. 이렇게 죽은 사람이 수없이 많았다. 시종인 두노가 왕의 베개가 되는 고통을 이기지 못하고 친구 앞에서 울며 사정을 하소연하니, 친구는 "나를 보살펴 주면 임금이고 나를 학대하면 원수라고 했다. 지금 임금은 포악을 행하고 사람을 죽이니 백성의 원수다. 너는 그를 죽여라"고 했다. 이에 두노는 칼을 품고 있다가 왕을 찔러 죽였다. 모본왕이 피살된 뒤, 신하들은 모본왕의 태자가 못나고 어리석다는 이유로 폐위했다. 그래서 왕실에서는 태조를 맞이해서 왕으로 세웠다.

〈고구려 본기〉는 대주류왕 편 이후로 분명히 연대가 삭감됐다. 참고로 쓸 만한 자료는 모본왕 편 이후에 관한 기록이다. 그러나 모본왕을 대주류왕의 아들이라고 한 것은 연도 삭감의 흔적을 은닉하기 위한 허위의 내용이다. 모본왕은 대주류왕의 증손이나 4대손 정도일 것이다. 또 모본왕 때 요동을 회복했다는 기록이 〈고구려 본기〉에는 없지만, 요서의 10성城을 수축한 태조대왕(대조대왕_옮긴이) 3년 이전에 요동을 한 차례 회복했음이 명백하다. 또 《후한서》〈동이 열전〉에서는 "고구려와 선비가 우북평·어양·상곡·태원을 약탈하자 요동태수 제융이 은혜와 신뢰로 회유하니, 다시 머리를 숙였다"[85]고 했지만, 《후한서》〈채동 열전〉에서는 해마다 전錢 2억 7천만을 주었다고 했다. 이는 세공歲貢이지, 은혜를 베푼 것은 아니었다.

---

[85] 《후한서》 원문에는 구려(고구려)로 나온다.

제2장
태조대왕·차대왕 두 대왕의 문치

1. 태조대왕·차대왕 계보의 오류

왕조의 족보가 맞느냐 틀리느냐는 역사가가 아는 척할 일이 아니다. 하지만 고대사의 경우에는 각 연대의 사실 관계가 항상 왕조의 족보와 함께 전해지므로, 족보가 맞느냐 틀리느냐의 여부를 가려야 하는 것이다. 이제 태조대왕의 계보부터 말하고자 한다.

기존 역사서에서는 태조가 유류왕의 아들인 고추가古鄒加 재사의 아들이며 대주류왕의 조카라고 했다. 하지만 이미 언급한 바와 같이, 유류왕은 연대가 삭감된 기간 내의 제왕이다. 그는 광개토경호태왕의 16대조다. 따라서 모본왕에게는 3대조가 되고 태조에게는 4대조가 된다. 그러므로 유류왕이 태조의 아버지인 재사의 아버지라는 기록은 잘못됐거나 조작된 것이다.

재사의 작위는 '고추가'다. 고추가는 '고주가'를 지칭하는 이두문자다. '고주'는 오래된 뿌리[古根]라는 뜻이요(지금도 오래된 뿌리를 '고주박'이라

218

고 함), '가'는 신神의 씨란 뜻으로 그 당시 5부 대신의 칭호였다. 지금도 먼 친족을 '고죽지 먼둥그럭이'라고 하듯이, 고주가는 종친 대신의 작위였다. 고주가란 작위를 가진 것을 보면, 재사는 종친 대신이었음이 분명하다. 《후한서》와 《삼국지》에서는 "연나涓那(연나부 혹은 연노부_옮긴이)는 본래 나라의 주인이었다. 지금은 왕이 될 권리를 잃었으나(왕을 내지는 못하지만_옮긴이), 적통대인은 고추가란 칭호를 얻고 또 종묘에 설 수 있다"고 했다. 연나는 5부 중에서 서부의 명칭이고 계나桂那는 중부의 명칭이다. 고구려 정치 제도에서는 중부가 중심이 되고 4부가 복속했기 때문에, 서부인 연나가 중부를 제치고 왕을 배출했을 리 없다. 연나부에서 왕이 나왔다는 것은, 태조가 연나부의 대표인 고추가 재사의 아들로서 왕이 되고, 모본왕의 태자는 계나부를 차지한 '신한'의 아들이었다가 연나부의 고추가가 된 사실을 가리키는 것으로 보인다. 〈고구려 본기〉에 따르면 태조 이후로는 대주류왕의 후예로서 왕위를 계승한 사람이 없는데, 광개토경호태왕의 비문에 따르면 대주류왕이 직계 선조로 기록되어 있으므로 태조의 아버지인 재사는 대주류왕의 조카가 아니라 3세손이 되는 것이다.

이제 차대왕의 계보를 말하고자 한다. 기존 역사서에서는 차대왕이 재사의 아들이요 태조의 동복동생이라고 했다. 태조 당시 차대왕은 왕자로 불렸다. 차대왕이 태조의 동생이라면, 어째서 왕제王弟라고 하지 않고 왕자라고 하였을까? 지금 임금의 아들은 아니지만 이전 임금의 아들이라서 왕자라고 불렀다 하면 재사는 왕의 아버지일 뿐 왕은 아니니, 왕의 아버지의 아들을 왕자로 부른 예가 있었을까?

태조가 즉위할 때의 나이는 겨우 일곱 살이었다. 그래서 생모인 태후가 섭정을 했다. 이때 재사가 생존했다고 해도, 만사를 감당할 능력이

고구려 태조태왕과 《삼국사기》의 기록

《삼국사기》〈고구려 본기〉에서는 태조태왕(태조대왕)은 재사의 아들이고, 차태왕(차대왕)과 신태왕(신대왕)은 태조태왕의 동생 이라고 했다. 〈고구려 본기〉에서는 일곱 살에 불과한 태조태왕이 등극한 것은 왕위를 계승할 만한 적임자가 없었기 때문이라고 했 다. 이것은 태조태왕의 아버지인 재사 역시 적임자가 아니었음을 의미한다. 신채호의 분석대로, 이것은 당시의 재사가 매우 연로 했음을 시사한다. 그런데 〈고구려 본기〉에서는 태조태왕이 등극 한 지 18년 만인 태조 19년에 태왕의 동생인 차태왕이 태어나고, 다시 18년이 지난 태조 37년에 신태왕이 태어났다고 했다. 이 기 록으로 미루어보아 태조태왕이 왕이 되고 근 40년이 지날 때까 지도 태조태왕의 아버지 재사는 생식 능력이 있었다고 단정해도 무방하다. 그런 이유로 신태왕이 태어나기 훨씬 이전인 태조태왕 즉위 당시에도 재사는 건강했음을 유추할 수 있다. 만약 그랬다 면 일곱 살에 불과한 태조태왕을 왕위에 앉힐 필요도 없고 재사 의 부인이 수렴청정을 할 필요도 없었을 것이다. 그러므로 차태 왕과 신태왕이 태조태왕의 동생이라는 《삼국사기》 내용은 잘못 된 기록이라고 볼 수밖에 없는 것이다.

부인이나 어린아이보다 못할 정도로 노쇠했을 것이다. 그래서 일곱 살 된 아들이 왕위를 받고 아내가 섭정을 하게 된 것이다. 그런 그가 어찌 다시 강건해져서 차대왕·신대왕·인고 삼형제를 낳을 수 있었겠는가.

재사가 정치적으로는 무기력해도 아들을 낳을 생식능력만큼은 강건했다고 할지라도 여전히 문제는 남는다. 차대왕은 즉위할 때가 76세였으므로, 그가 태어난 해는 태조 19년이 된다. 신대왕은 즉위할 때가 77세였으므로, 그가 태어난 해는 태조 37년이 된다. 따라서 태조 원년 당시에 노쇠한 재사가 19년 만에 차대왕을 낳고 다시 근 20년 만에 신대왕을 낳았다는 말이 어찌 사리에 맞겠는가?

아마 차대왕·신대왕·인고 3인은 태조의 서자이고, 차대왕에 의해 죽은 막근·막덕 2인은 태조의 적자일 것이다. 이런 이유 때문에, 신대왕과 인고는 왕자 시절 차대왕의 전횡을 싫어했지만, '초록은 동색'이라는 이치 때문에 차대왕의 반역 음모를 고발하지 않은 것이다. 차대왕도 즉위한 뒤 막근 형제는 살해하면서도 신대왕과 인고는 그대로 두지 않았는가. 이런 점을 보면, 《후한서》에서 차대왕을 태조의 아들로 표기한 것이 올바르고, 《삼국사기》〈고구려 본기〉에서 차대왕을 태조의 동생으로 표기한 것이 오류이거나 조작일 것이다.

〈고구려 본기〉에서는 태조의 아명을 어수於漱라고 하고 이름을 궁宮이라고 했다. 어수는 이두문자로 '마스'로 읽고, 뜻은 '궁'이다. 따라서 어수나 궁이나 다 태조의 이름이다. 그러므로 어수는 아명이고 궁은 이름이라고 나눌 이유가 없다. 차대왕의 이름은 수성遂成이다. 이것은 이두문자로도 수성으로 읽는다. 더러운 그릇을 청결히 하는 짚뭉둥이(짚수세미_옮긴이)를 가리키는 말이다. 기존 역사서에서는 태조가 시호라고 했지만, 고구려에서는 시종일관 시법(시호 제도_옮긴이)을 쓰지 않았다. 그러므로 생전에 그 업적을 예찬하여 태조 혹은 국조라는 존호를 올렸다고 봐야 한다. 차대왕은 업적이 태조에 버금간다는 뜻에서 올린 존호다.

2. 태조대왕·차대왕 시대의 '선배' 제도

고구려의 강성함은 선배 제도의 창설에서 시작됐다. 창설한 연도는 기존 역사서에 전해지지 않지만, 조의란 명칭이 〈고구려 본기〉 태조 편에 처음 나타나는 것을 볼 때 태조대왕·차대왕 때에 창설된 것으로 볼 수 있다. 선배는 이두로 선인先人이나 선인仙人으로 표기했다. 선先과 선仙은 선배에서 '선'의 음에 근거한 것이고, 인人은 선배에서 '배'의 뜻에 근거한 것이다. 선배는 신수두 교도를 가리키는 보통 명칭이었다.

태조 때부터 매년 3월과 10월에 신수두 대제에 군중을 모아놓고 칼춤도 추고 활도 쏘고 깨금질(앙감질, 외발뛰기_옮긴이)도 하고 택견도 하며, 강의 얼음을 깨고 물 속에 들어가 물싸움도 하고, 가무를 해서 미추를 평가하고, 수렵을 크게 벌여 수확물의 많고 적음을 평가했다. 태조 때는 이런 내기에서 승리한 사람을 '선배'라고 불렀다.

국가는 선배가 된 사람에게 녹봉을 주어 처자를 먹이도록 함으로써 집안에 어려움이 없도록 했다. 선배들은 각각 조를 나눠 한집에서 자고 한자리에서 먹었다. 이들은 안에서는 역사를 강론하거나 학문을 익혔고, 나가서는 산수를 찾아다니거나 성곽을 쌓거나 도로를 닦거나 군중을 가르쳤다. 이렇게 사회와 국가에 일신을 바치며 일체의 고난을 사절하지 않았다. 이들 중에서 성품과 학문과 기능이 가장 탁월한 사람을 뽑아 스승으로 세웠다. 일반 선배들은 머리를 깎고 검은 비단을 허리에 둘렀고, 스승은 검은 비단으로 옷을 지어 입었다. 스승들 중에서 가장 위는 '신크마리' 즉 '두대형頭大兄 혹은 태대형太大兄', 그 다음은 '마리' 즉 '대형大兄', 가장 아래는 '소형小兄'이라고 했다.

전쟁이 나면 신크마리가 선배 전부를 모아 하나의 군단을 조직해서 출전했다. 이들은 승리하지 못하면 전사하겠노라고 작정하고 나갔으며, 인민들은 죽어서 돌아오는 자는 개선장군을 대하듯 환영했고, 패하고 살아서 돌아오는 자는 침을 뱉듯이 내버렸다. 그래서 선배들은 가장 용감하게 전쟁에 임했다. 고구려 때는 각종 지위가 거의 다 골품에 의해 결정됐기 때문에 미천한 사람이 고위직에 오르기 힘들었다. 그러나 오로지 선배의 단체에서는 신분의 귀천 대신에 학문과 기술로 지위를 정했기 때문에 여기서 인물이 가장 많이 나왔다.

오늘날 함경북도의 재가승[在家和尙]들이 고구려 선배의 후예다. 《고려도경》에서는, 재가승은 승려가 아니라 형벌을 받은 사람들이며, 승려처럼 머리를 깎았기 때문에 화상이라 부른다고 했다. 재가승이 승려가 아닌 것은 사실이다. 그러나 이들이 형벌을 받은 사람들이라는 것은, 《고려도경》의 작자인 중국 송나라 사람 서긍이 한나라 때 삭발한 죄인을 곤노髡奴(삭발한 노예_옮긴이)라고 부른 기록에 근거해서 내린 억측이다. 고구려가 망한 뒤 선배의 잔존 세력은 유풍을 보존한 채 촌락에 숨어 기존의 책무를 이행했다. 그러다가 선배란 명칭을 유교도들에게 빼앗겼고, 그런 상태에서 머리를 깎았다는 이유로 재가승이란 잘못된 명칭을 갖게 되었다. 그 후손들은 빈곤해서 학문을 하지 못한 탓에 조상의 역사를 잊고 가문의 내력을 증명할 수 없게 되었다.

송도(개경_옮긴이)의 수박手拍은 선배들이 벌인 경기다. 수박이 중국에 들어가 권법이 되고 일본에 건너가 유도가 됐다. 한국에서는 조선 왕조가 무풍武風을 천시한 탓에 그 자취가 거의 전멸했다.

3. 태조대왕·차대왕 시대의 제도

고구려는 추모왕 때는 소국들로 이루어져 있었을 뿐 아니라 모든 게 초창기라서 국가 체제를 제대로 정비하지 못했지만, 태조 때는 차대왕이 왕자로서 집정하여 각종 제도를 제정했다. 그러나 이때의 제도들은 대개 다 왕검조선이나 3부여의 것을 참고하여 대동소이하게 만들었다. 그 후 다소의 변경이 있었지만, 대개는 차대왕이 제정한 범위에서 벗어나지 않았다.

이 시대에는 신·말·불 삼한의 제도를 본떠 정부에 세 명의 재상을 두었다. 신가·팔치·발치를 둔 것이다. 신가는 태대신太大臣이란 뜻으로, 이두로는 상가相加로 표기했다. 신가의 별명은 마리였다. 마리는 머리란 뜻으로, 이두로는 대로對盧로 표기했다. 대로의 옛 뜻은 '마주'였다. 신가나 마리는 한문으로는 국상國相 혹은 대보大輔라고 썼다. 팔치는 팔뚝[肱]이란 뜻으로, 이두로는 패자沛者로 표기했다. 발치는 넓적다리[股]란 뜻으로, 이두로는 평자評者로 표기했다. 팔치·발치를 한문으로는 좌보左輔·우보右輔로 썼다. 신가·팔치·발치를 한문으로 옮기면 대보·굉신肱臣·고신股臣이라고 해야 하지만, 문자 배열의 멋을 살리고자 대보·좌보·우보라고 했다. 《삼한고기》·《해동고기》·《고구려고기》 등에서는 앞의 표기 방식대로 대로·패자·평자라고 하거나 뒤의 표기 방식대로 대보·좌보·우보라고 했다. 그런데 이두와 한문의 차이를 변별하지 못한 김부식은 《삼국사기》를 지을 때 철없는 붓으로 마구 빼고 마구 넣고 마구 섞고 마구 바꾸었다. 그래서 "좌·우보를 국상으로 바꾸었다"라든가 "패자沛者 아무개를 좌보로 삼았다"라는 웃음거리 같은 이야기가 《삼국사기》 속에서 종종 나오는 것이다.

이 시대에는 전국을 동·남·서·북·중 5부로 나누었다. 동부는 순라, 남부는 불라, 서부는 연라, 북부는 줄라, 중부는 가우라라고 했다. 순나順那·관나灌那·연나椽那·절나絶那·계안나桂安那는 순라·불라·연라·줄라·가우라의 이두문자다. 예컨대 관나의 관灌은 글자의 뜻에 근거하여 '불'로 읽어야 한다. 옛날에는 '灌'을 '부을 관'으로 읽었다. 관나의 별칭인 비류나沸流那의 '비류'는 글자의 음에 근거해서 '불'로 읽어야 한다. 중국 역사에 나오는 '관나'라는 표현은 고구려의 이두 표기를 그대로 따른 것인데도, 《삼국사기》에서 관灌을 관貫으로 바꾸는 바람에 원래의 뜻이 사라지고 말았다. 순順·연椽·절絶·계桂 4부의 명칭은 다들 음에 근거한 것이다.

중부는 신가의 관할이었다. 동남서북 4부는 중부의 통제를 받았다. 4부에는 라살이란 대관大官 한 명을 두었다. 라살은 이두로는 누살耨薩로 표기했고, 한문으로는 도사道使로 표기했다. 따라서 도사는 라살·욕살과 같은 뜻이다. 도사의 '도'는 '라'의 의역이고 '사'는 음역이다. 그런데도 《신당서》에서 "큰 성에는 욕살을 두니 이는 당나라의 도독과 같고, 그 외의 성에는 도사를 두니 이는 당나라의 자사와 같다"고 한 것은 억측이다.

신가는 정치뿐 아니라 국내외 군사 문제까지 장악했기 때문에, 그 권위가 매우 높아 대왕과 견줄 만했다. 하지만 대왕은 세습 직이기 때문에 대왕의 존귀함은 견고했다. 3년마다 대왕과 4부 라살과 주요 관원들이 대회를 열어 신가를 선임했으며, 3년마다 신가를 교체하되 공적이 있으면 연임을 허용했다. 라살은 일반적으로 세습이었지만, 종종 왕과 신가에 의해 파면됐다.

5부의 각 부는 다시 5부씩으로 나누고, 나눈 각 부마다 세 명의 상相

과 다섯 명의 경卿을 두었다. 관직 명칭에 부의 명칭을 더해 이들을 구분
했다. 이를테면, 동부(순라) 밑의 동부는 '순라의 순라'라고 하고, 동부
밑의 남부는 '순라의 불라'라고 했다. 다른 경우도 마찬가지였다. 동부에
속한 신가는 '순라의 신가'라고 하고, 남부에 속한 신가는 '불라의 신가'
라고 했다. 다른 경우도 이와 같았다.

이 외에, '일치'라는 관직은 문서 관리와 명령 전달을 관장했다. 이두
로는 을지乙支 또는 우태于台라고 쓰고, 한문으로는 주부主簿라고 썼다.
'살치'란 관직은 대왕의 시종이었다. 이두로는 사자使者라고 썼다. 한편,
중외대부中畏大夫·과절過節·부과절不過節 등의 의미와 직무는 알 수 없다.
《삼국지》·《위서》·《양서梁書》·《주서》·《구당서》·《신당서》 등에 12등급
의 관직이 실려 있지만, 조선어를 모르는 중국 사관들이 들은 대로 옮겨
놓은 것에 불과하다. 예컨대 《삼국지》에서 '주부' 외에 '우태'를 따로 적
은 것은, 주부가 우태의 의역인 줄 몰랐기 때문이다. 《신당서》에서 누
사耨奢 외에 누살耨薩을 따로 적은 것은 누살이 누사로 와전됐음을 몰랐
기 때문이다. 《통전》에서 고추가를 '빈객을 담당한 자'라고 한 것은, 고
구려 종친 대신인 고추가 중의 한 사람이 외교관이 된 것을 보고 고추가
를 외교관으로 오해했기 때문이다. 《신당서》에서 "조의두대형皂衣頭大兄
이 3년마다 교체됐다"고 한 것은 선배의 우두머리를 대신의 우두머리로
오인했기 때문이다.

제3장

태조대왕·차대왕의 한족 축출과 고토 회복

1. 한나라의 국력과 동방 침략의 과정

모본왕이 한때 요동을 회복했다는 점은 제1장에서 서술했다. 모본왕이 피살된 뒤 태조가 일곱 살의 나이로 즉위했다. 이 때문에 국내의 민심이 불안정해져서 요서에 열 개의 성을 수축했다.

이때, 한나라의 국력은 절정에 달해 있었다. 중국 역사 이래 처음 있는 일이라고 할 수 있었다. 명장 반초가 서역도호가 되어 중앙아시아의 거사車師·선선鄯善 같은 나라들을 멸하고, 지중해에 가서 대진(지금의 이탈리아)과의 관계를 열었다. 이 때문에, 피부가 희고 키가 큰 인종과 양피지에 쓰인 가로쓰기 문자가 《후한서》에 소개될 수 있었다. 두헌은 원정군을 이끌고 5천여 리를 가서 지금의 외몽골 등지에서 북흉노를 격파했다. 이 때문에 북흉노가 흑해 부근으로 밀려나 동고트족을 압박함으로써 서양사에서 민족대이동의 시기를 만들었다. 이로부터 200여 년 후 흉노 대왕 아틸라가 유럽 전역을 혼란스럽게 만든 사건의 원인이 되었다.

한나라가 이만한 국력을 갖고 있을 때였으니, 그들이 '요동은 고구려 땅'이라며 무한정 양보할 수 있었겠는가. 이런 나라가 고구려나 선비족에 2억 7천만의 치욕적인 세폐를 무한정 바칠 수 있었겠는가. 한나라는 세폐를 중단하고, 경기라는 이름의 장수를 보내 군대를 이끌고 요하를 건너 여섯 개 현을 되찾도록 했다. 그런 뒤, 경기를 요동태수에 임명하고 동진의 기회를 기다렸다.

2. 왕자 수성(차대왕)의 요동 회복

《후한서》에서는 당시 후한을 침략한 고구려 측 핵심 인물을 잘못 기록했다. 고구려 태조대왕은 형식상 군림한 제왕이었고, 전쟁과 관련된 일은 거의 다 차대왕 즉 수성 왕자가 처리했다.

전쟁의 경위는 이러하다. 처음에는 후한이 먼저 요동을 침탈하고 고구려를 침입했으며, 고구려는 이에 맞서 대항하는 피동적 위치에 있었다. 다음에는 고구려가 주동적으로 요동을 회복하고 후한의 변경을 잠식했으며, 후한이 이에 맞서 대항하는 피동적 위치에 있었다. 요동 회복을 위한 전쟁은 서기 105년에 개시되어 121년에 끝났으니, 17년간의 일이었다.

이 전쟁의 첫해는 서기 105년으로 이때 왕자 수성의 나이는 34세였다. 수성은 '고구려는 토지의 넓이나 인구의 규모는 후한에 뒤지지만, 산이 크고 계곡이 깊어 방어하기에 좋으므로 소수의 병력으로도 후한의 대군을 충분히 방어할 수 있다. 반면, 후한은 평원과 광야의 나라이므로 침입하기가 용이하여, 고구려가 비록 한 번에 후한을 격파하기는 힘들어도 자주 변경을 교란하여 피폐하게 만든 후 격멸한다'는 판단하에, 장기적으로 후한을 침입하고 교란하는 전략을 수립한 뒤 정예병을 이끌고 요동에 들어가 신창·후성 등 여섯 개 현을 쳐서 수비군을 격파하고 재물을 약탈했다. 그런 다음에 예족과 선비족을 끌어들여 후한의 우북평·어양·상곡 등을 해마다 침략하니, 17년 동안 후한이 입은 인력·가축·재물의 손실이 매우 컸다.

서기 121년 2월에서 3월 사이[86]에, 고구려의 침공을 우려한 후한 안제는 유주자사 풍환, 현도군수 요광, 요동태수 채풍에게 '유주의 인력과 병력으로 고구려를 공격하라'고 명령했다. 그러자 수성은 태조의 명에 따라 신치 총사령관이 되어 2천 명을 이끌고 험지에 주둔하여 풍환 등을 막는 한편, 3천 명을 동원해서 샛길로 요동·현도 등의 지역을 불태워 풍환 등의 후방 지원을 차단함으로써 결국 풍환 등을 대파했다. 같은 해 5, 6월에는 수성이 선비족 병력 8천 명을 다시 동원해서 요동의 요대현遼隊縣을 쳤다. 이때 수성은 고구려 정예병을 신창에 잠복시켰다가 요동태수 채풍의 구원병을 습격하여, 채풍과 그 이하 장수 100여 명을 참살하고 수많은 병졸을 살상하거나 사로잡고, 요동군을 점령하는 데 성공했다. 같은 해 12월이나 서기 122년 1월에는 백제와 예족의 기마병 1만 명

---

86 《조선상고사》 원문에서는 "기원 121년 정월"이라고 했다. 이것은 신채호가 음력을 양력으로 환산하는 과정에서 실수를 범한 결과다. 《후한서》 〈안제 본기〉에 따르면, 후한이 고구려를 침공한 시점은 건광(建光) 원년 정월이었다. 음력인 건광 원년 정월은 양력으로 121년 2월 5일에서 3월 6일까지다. '건광 원년 정월'에서 '건광 원년' 부분만 양력으로 바꾸고 '정월' 부분은 양력으로 바꾸지 않은 탓에 '기원 121년 정월'이라고 잘못 표기하게 된 것이다. 《조선상고사》에서 "동년 4월"이라고 한 부분도 여기서는 "같은 해 5, 6월"로 정정했다. "동년 12월"이라고 한 부분은 "같은 해 12월이나 서기 122년 1월"로 정정했다.

을 동원해서 현도·낙랑 두 개 군을 점령했다. 이로써 위우거가 잃은 고토 즉 옛 오열홀 전부를 완전히 회복했다. 수년간의 전쟁으로 국력이 피폐해진 상태에서 이같이 대패한 후한은 다시 전쟁을 벌일 힘이 없어 요동을 포기하고 세폐를 다시 내는 조건으로 고구려에 화평을 구걸하고 포로를 돌려받았다. 포로 한 사람당 어른은 비단 40필, 아이는 20필이었다.

고구려가 요동·낙랑 등을 회복한 사실이 〈고구려 본기〉 태조대왕 편이나 《후한서》에는 기록되어 있지 않다. 하지만 《구당서》〈가탐 열전〉에는 "요동·낙랑은 후한 건안建安 시대에 함락되었다"고 기록되어 있다. 가탐은 당나라 때에 주변 민족에 관한 유일한 연구자이기 때문에 그의 말에는 반드시 출처가 있었을 것이다. 그런데 '건안'은 서기 196년, 즉 후한 헌제 원년이니, 고구려가 중쇠中衰(번창하던 나라가 중간에 쇠퇴한일_옮긴이)한 때였으므로 건안은 건광建光의 오자라고 봐야 한다. 건광은 후한 안제 때인 121년·122년의 연호이며 왕자 수성이 채풍을 베고 후한 군대를 격파한 때다. 고구려가 요동군에 임시 설치된 현도·낙랑 등을 회복한 시점은 이때라고 봐야 한다.

고구려는 요동을 차지한 뒤, 지금의 개평현 동북쪽 약 70리에 환도성丸都城을 수축하고 서쪽 경영의 거점으로 삼는 한편, 국내성·졸본성과 함께 삼경三京으로 삼았다. 환도성의 위치에 관해서는 후세 사람들의 쟁론이 분분했다. 어떤 사람들은 환인현 부근 즉 지금의 혼강 상류인 안고성이라고 하고, 어떤 사람들은 집안현 홍석정자산 위라고 했다. 앞의 것은 산상왕이 설치한 제2환도성이고 뒤의 것은 동천왕이 설치한 제3환도성이다. 제5편에서 서술하겠지만 태조 때의 환도성이 가장 먼저 설치한 제1환도성이다. 《삼국사기》〈지리지〉에서 "안시성은 환도성이라고도 한다"고 했고,《삼국유사》에서는 "안시성은 일명 안촌홀이다"라고 했다. 환丸은 우리말의 '알'이다. '환도'나 '안시'나 '안촌'은 다 같이 '아티'로 읽어야 한다. 이곳은 지금의 개평현 동북쪽 70리에 있었음이 명백하다. 그런데도 후세 사람들은 세 개의 환도성을 구별하지 못하고 한 곳에서만 환도를 찾고자 했다. 이러니 환도성의 위치를 고증하기 위해 아무리 열심히 노력해도 이곳의 위치가 여전히 애매할 수밖에 없었던 것이다.

제4장
차대왕의 왕위 찬탈

1. 태조대왕의 가정불화

왕자 수성이 요동을 회복하고 후한의 세폐를 받아내자, 공로를 인정한 태조대왕은 신가란 지위를 부여하고 군국대사를 일임했다. 이로써 권위가 수성의 한 몸에 집중되고 명성이 천하에 알려지게 됐다. 만일 수성이 이런 명성을 이용해서 요서 지방까지 쳤다면, 삼조선의 서북 고토를 모두 회복하는 일이 용이했을 것이다. 그런데 가정에 대한 수성의 불만이 공명에 대한 열의를 감소시켰다. 그는 요동을 회복한 다음에 후한의 화친 요청을 받아들이고 귀국했다.

가정에 대한 불만은 무엇이었을까? 수성이 태조의 서자이고 막근·막덕 형제가 태조의 적자라는 점은 이미 서술했다. 막근은 고구려 왕실의 가법에 따라 왕위를 상속할 권리가 있었다. 한편, 수성은 혁혁한 무공을 근거로 태자 자리를 희망하게 되었다. 요동 전쟁을 마치고 황급히 돌아온 수성은 원정에 대한 생각을 끊고, 밖으로는 국정에 힘쓰며 현자들인 목도루·고복장을 팔치와 발치로 삼고, 안으로는 사조직을 기르며 태자 지위 얻기를 도모했다. 수성의 뜻을 알아챈 불라(비류나) 일치인 미유와 환라 일치인 어지류와 불라 조의(불라 지역의 선배 영수)인 아무개가 수성에게 아부하면서 태자 지위의 찬탈을 몰래 모의했다. 태조는 수성을 태자로 삼자니 가법이 마음에 걸리고 막근을 태자로 삼자니 수성이 마음에 걸려 오랫동안 태자를 세우지 못했다. 수성은 집정한 지 10여 년이 되도록 태자 자리를 얻지 못했다. 그래서 원망의 빛이 이따금 얼굴에 나타나고 모의의 흔적이 때때로 겉에 드러났다. 막근은 수성에게 태자 자리도 빼앗기고 죽임도 당하지 않을까 무서웠다. 하지만 막근은 병권도 없고 명성도 수성에게 뒤졌다. 그래서 그는 수성에게 대항할 방책은 오로지 태조의 마음을 돌리는 데 있다고 생각했다.

고구려 신수두 신단의 신관神官(원문은 무사巫師_옮긴이)은 부여에서처럼 정치권력을 갖지는 못했다. 하지만 신관이 점술로 길흉화복을 예언하고 세상의 존경을 받았기 때문에, 당시 사람들은 계급의 귀천을 불문하고 일체의 문제를 신관에게 물어보았다. 막근도 신관에게 뇌물을 주고 도움을 구했다. 그때 마침, 서기 142년에 환도성에서 지진이 나고 태조의 꿈에서 표범이 범의 꼬리를 물어뜯는 장면이 나왔다. 마음이 편치 못한 태조는 신관을 불러 해몽을 부탁했다. 신관은 이때야 말로 수성을 참소할 기회라고 생각했다. 그는 "범은 백수百獸의 왕입니다. 표범은 같은 종류이기는 하지만 좀 작습니다. 아마 왕의 족속이 대왕의 후사를 끊으려고 하는 것 같습니다"라고 하여, 슬그머니 서자 수성이 적자 막근을 해할 것임을 암시했다.

그러나 태조는 수성을 사랑했다. 그렇기 때문에, 신관의 말에 성급히 기울어질 리가 없었다. 태조는 불치(우보)인 고복장을 불러서 물어보았다. 고복장은 수성과 한편은 아니지만 수성의 음모를 몰랐기 때문에 "선을 행하지 않으면 길吉이 흉으로 바뀌고 선을 행하면 재앙이 도리어 복으로 바뀝니다. 지금 대왕께서 나라를 집처럼 걱정하시고 백성을 자식처럼 아끼시니, 설령 이상한 일이 생기더라도 무슨 해가 되겠습니까?"라고 말했다. 신관의 의견을 반대하고 태조의 마음을 안정시킨 것이다.

2. 수성의 음모와 태조의 선위

수성은 40년간이나 정권을 장악하고 상벌을 독점했다. 그는 막근을 살해하여 왕위상속권을 빼앗고 싶으면서도, 연로한 태조가 죽은 뒤에 일을 도모하고자 했다. 태조는 자기가 죽은 뒤에도 아무 변란이 없도록 단속한 뒤에 태자를 책봉하기 위해, 양쪽의 감정을 구슬리면서 오랜 세월을 보냈다.

서기 146년은 태조가 왕위에 있은 지 94년이고, 나이가 만 100세가 되는 경사스러운 해였다. 이때 수성의 나이는 76세였다. 수성은 100세 노인인 태조가 건강해서 자기가 태조보다 먼저 죽고 막근에게 왕위가 돌아가지 않을까 하고 염려했다. 그는 그해 음력 7월 왜산倭山 아래에서 사냥하다가 탄식의 말을 했다. 주변 사람들은 왕자의 뒤를 따라 행동할 것을 힘껏 맹세했다. 그러나 그중 한 사람이 "지금 대왕께서 어질기 때문에, 안팎의 사람들이 다른 마음을 품지 않고 있습니다. 왕자께서 간사하고 아첨하는 사람들과 함께 명철한 주상을 폐하고자 한다면, 이것은 한 줄의 실로 만균萬鈞(30만 근_옮긴이)의 무게를 끌어당기려고 하는 것과 같습니다. 만약 왕자께서 생각을 바꾸어 효도와 유순함으로 주상을 섬긴다면, 대왕께서 왕자의 선함을 깊이 헤아리시고 필시 양위할 마음이 생기실 겁니다. 그렇지 않으면 화가 닥칠 겁니다"라며 반대했다. 수성이 이 말을 싫어하자 주변 사람들이 수성을 위해 그를 살해했다. 그런 뒤에 음모가 더욱 더 깊어졌다. 이를 눈치 챈 고복장은 태조에게 이 사실을 알리면서 수성을 주살할 것을 청했다. 태조는 수성이 신하가 누리는 부귀로는 만족할 수 없는 인물이라는 것을 알게 됐다. 하지만 차마 죽일 수는 없었다. 그래서 고복장의 청을 뿌리치고 수성에게 왕위를 물려준 뒤 별궁으로 퇴거했다. 이로써 수성이 왕이 되니, 이 사람이 차대왕이다.

〈고구려 본기〉 태조 80년(서기 132년_옮긴이) 기사에서는 "좌보패자인 목도루가 수성이 다른 뜻을 품은 것을 알고, 병을 핑계 삼아 벼슬에 나서지 않았다"고 했다. 그런데 차대왕 2년(서기 147년_옮긴이) 기사에서도 "좌보인 목도루가 병을 핑계 삼아 벼슬에서 물러났다"고 했다. 이미 15년 전에 병을 핑계 삼아 벼슬에서 물러난 목도루가 어떻게 15년 뒤인 차대왕 2년에 또다시 그렇게 할 수 있었을까? 김부식은 《삼국사기》를 지을 때에 아무런 생각도 없이 각종 고서에서 이것저것 발췌했다. 그 심각성이 이 정도였다. 또 '좌보'나 '패자'나 다 똑같은 '팔치'의 번역어인데도 겹말(같은 뜻의 단어가 중복된 어휘_옮긴이)인 좌보패자라는 말을 사용했으니, 어찌 웃을 일이 아니겠는가?

태조 94년 8월 기사에서는 "왕이 장수를 보내 요동 서안평을 기습하고 대방 수령을 죽인 뒤 낙랑태수의 처자를 약탈했다"고 했다. 이것은 《후한서》에 나오는 "질환質桓 연간에 고구려왕 백고가 요동 서안평을 다시 침범하고 대방 수령을 죽인 뒤 낙랑태수의 처자를 약탈했다"는 내용을 베껴 쓴 것이다. '질환 연간'은 질제質帝와 환제桓帝가 교체된 해를 가리키므로 '질환 연간'은 태조 94년이라는 이유로, 김부식은 이것을 태조

94년 기사에 삽입했다.

그런데 백고는 신대왕의 이름이고, 이때는 신대왕 원년으로부터 20년 이전이었다. 그래서 김부식은 '고구려왕 백고'란 여섯 글자를 "장수를 보내[遣將]"라는 부분으로 대체했다. 하지만 당시의 태조는 차대왕과 막근의 상쟁 때문에 대외 문제에 신경 쓸 여력이 없었다. 따라서《후한서》의 '질환 연간'은 '환영 연간'(환제와 영제의 교체기)인 신대왕 때로 정정해야 옳다. 이것을 태조 94년의 일로 기록한 것은 잘못된 일인데도, 김부식이 여기에다가 정확하게 달까지 못 박아 '8월'이라고 한 것은 어디에 근거한 것일까? 김부식이《삼국사기》를 쓸 때에 국내외 기록을 인용하면서, 모호한 내용이 나오면 아무 근거도 없이 년과 월을 맘대로 바꾸고 자구를 가감한 사례는 한둘이 아니다.

제5장

차대왕의 피살과 명림답부의 집권

1. 차대왕의 20년 전제정치

차대왕은 태조의 양위를 받아 20년간 전제정치를 하다가 연나조의(연나부 조의)인 명림답부에게 피살됐다. 〈고구려 본기〉 차대왕 편이 간략하고 빠진 데가 많아서, 전제정치의 정도와 피살 원인이 무엇인지 분명하지 않다. 이에, 차대왕 편의 전문을 번역해서 실은 뒤 이 문제를 논의하고자 한다.

"차대왕의 이름은 수성이고 태조대왕의 동복아우(서자로 정정해야 함)다. 용감하고 위엄이 있었지만 인자함이 적었다. 태조대왕이 양위함에 따라 왕위에 올랐다, 이때 나이 76세였다.

2년 봄 정월, 관나패자 미유를 우보에 임명했다. 3월, 우보 고복장을 주살했다. 고복장이 죽을 때 '원통하다. 내가 선왕의 측근으로 반역자를 보고 어찌 침묵하고 말을 하지 않을 수 있겠는가. 선왕께서 내 말을 듣지 않아 여기까지 온 게 한탄스럽다. 금상이 보위에 오른 뒤 새로운 정치를 백성에게 보여야 하거늘 불의로써 충신을 죽이려 하니, 무도한 시대에 사느니 차라리 빨리 죽는 편이 낫겠다'고 말하면서 형벌을 받았다. 가까운 데 있는 사람이든 먼 데 있는 사람이든 이 이야기를 듣고 통분해하지 않는 이가 없었다. 가을 9월, 좌보 목도루가 칭병하고 사퇴하자, 환나부桓那部(연나부로 정정해야 함) 우태(작위의 명칭_옮긴이)인 어지류를 좌보로 삼고 작위를 대주부로 높였다. 겨울 10월, 비류나의 양신을 중외대부로 삼고 작위를 우태로 올렸다. 이들은 다 왕의 옛 친구들이다. 11월, 지진이 났다.

3년 여름 4월, 왕이 사람을 시켜 태조대왕의 원자인 막근을 죽이자, 동생인 막덕이 화가 미칠 것을 두려워하여 스스로 목을 맸다.[87] 가을 7월, 왕이 평유원平儒原(들판의 명칭_옮긴이)에서 사냥하다가 흰 여우가 따라오며 울자, 활을 쏘았으나 맞지 않았다. 왕이 신관에게 물어봤다. 신관은 '여우는 요사스러운 짐승이므로 길조가 아닙니다. 색깔마저 흰색이니, 더욱 더 괴이한 일입니다. 천제께서는 다정하게 말씀하시지 않습니다. 요괴를 보이신 것은 군주께서 두려운 마음으로 반성하고 스스로 새롭게 되라는 뜻이니, 만일 왕께서 덕을 닦으시면 화를 복으로 바꿀 수 있습니다'라고 말했다. 왕은 '흉하면 흉하다고 하고 길하면 길하다고 하면 될 일이지, 괴이하다고 해놓고서 복이 될 거라고 말하니 이 어찌 속임수가 아니겠느냐'라고 말한 뒤 결국 신관을 죽였다.

4년 여름 4월 그믐 정묘일, 일식이 있었다. 5월, 다섯 개의 별이 동방에 모였다. 일관日官은 왕이 분노할까봐 '이는 왕의 덕이요 나라의 복입

---

87 《삼국사기》 원문에는 태조대왕이 차대왕에게 왕위를 넘겨준 일을 비판하는 사관의 비평이 있지만, 신채호는 이 비평을 여기에 소개하지 않았다.

니다'라고 거짓으로 말했다. 왕이 기뻐했다. 겨울 12월, 얼음이 얼지 않았다.

8년 여름 6월, 서리가 내렸다. 겨울 12월, 천둥이 치고 지진이 났다. 그믐에 객성(일시적으로 출현하는 별_옮긴이)이 달을 범했다.

13년 봄 2월, 별이 북두칠성을 어지럽혔다. 여름 5월 그믐 갑술일, 일식이 있었다.

20년 봄 정월, 일식이 있었다. 3월, 태조가 별궁에서 훙서했다. 나이 109세였다. 겨울 10월, 연나조의인 명림답부가 백성들이 견디지 못한다는 것을 명분으로 왕을 시해하고 시호를 차대왕이라고 하였다."

이상이 〈고구려 본기〉 차대왕 편의 전문이다. 끝부분에서 "명림답부가 백성들이 견디지 못한다는 것을 명분으로 왕을 시해하고"라고 했지만, 그 앞의 기사를 살펴보면 백성들이 견디지 못할 만한 정치는 하나도 없다. 고복장은 차대왕의 음모를 고발한 사람이기 때문에 죽인 것이고, 목도루는 차대왕과 막근 사이에서 애매한 태도를 보인 사람이기 때문에 쫓아낸 것이고, 신관은 태조의 꿈을 야릇하게 풀이해서 차대왕을 해하려 한 사람이기 때문에 죽인 것이고, 막근 형제는 차대왕과 대립하던 원수이기 때문에 죽인 것이다. 이것이 아무리 참혹하고 잔인하다 할지라도, 어디까지나 사적인 보복이고 인민과는 이해관계가 없는 일이었다. 게다가 이것이 다 차대왕 2년에서 3년 사이의 일이니, 약 18년 뒤인 차대왕 20년에 발생한 명림답부 반란의 유일한 구실이 될 수는 없다. 이외의 기록은 일식·지진·우주현상 등에 관한 것들뿐이다. 이런 천문지리의 변화는 차대왕 정치의 시시비비와 관계없는 일이므로, 인민이 견딜 수 없을 정도였다는 증거로 삼을 수는 없다.

그럼 차대왕이 망하고 명림답부가 성공한 요인은 무엇일까? 차대왕이 망한 뒤에 좌보 어지류가 대신들과 함께 차대왕의 동생인 백고(신대왕)에게 왕위를 권유했다. 어지류는 처음부터 차대왕을 도와 왕위 찬탈을 계획한 수괴다. 대신들이란 것은 아마 미유·양신 등일 것이다. 이로써 미루어본다면 차대왕의 멸망은 사조직의 이반 때문일 것이다. 차대왕이 즉위하기 10여 년 전부터 차대왕을 위해 위험을 무릅쓰고 왕위 찬탈을 계획했던 사조직이 차대왕과 더불어 20년간이나 부귀를 누리다가 하루아침에 배신한 것은 무엇 때문일까? 이 원인을 찾는 것은 쉬운 일이다.

고구려는 원래 1인 전제주의의 나라가 아니라 귀족 공화제의 나라였다. 국가의 기밀사항도 왕이 단독으로 처리하지 못하고 왕과 5부 대신들의 회의로 결정했다. 형벌 같은 것도 회의의 결정에 따라 처리했다. 차대왕은 부왕을 가두고 신앙의 중심인 신관을 죽인 사람이다. 그는 어지류 등의 도움으로 왕위에 올랐지만, 왕위에 오른 뒤에는 그들을 무시하고 군주권의 독재를 주장하며 매사를 독단적으로 집행했다. 그러자 연나부 선배의 영수인 명림답부가 자기 부部의 선배들과 함께 반란을 일으키고 어지류 등이 이에 내응한 뒤, 태조의 붕어를 기회로 삼아 차대왕을 살해하고 귀족 공화제의 나라를 회복한 것이다.

어떤 사람은 명림답부가 조선 역사상 최초의 혁명가라고 말하지만, 혁명이란 것은 역사적 진보를 수반하는 변동을 가리키는 것이니, 귀족 공화제를 회복한 반란이 어떻게 혁명이 될 수 있겠는가. 명림답부는 일시적으로 정권을 찬탈한 효웅이라고 할 수는 있어도, 혁명가라고 할 수는 없다.

2. 명림답부의 집권과 외정

차대왕을 죽인 명림답부는 차대왕 시대에 박해를 피해 산속에 숨어 있었던 백고(신대왕)를 왕으로 세웠다. 또 사면령을 내려 차대왕의 태자인 추안을 용서하고 양국군讓國君에 책봉하는 한편, 차대왕 때의 가혹한 형법을 폐지했다. 그러자 나라 사람들이 기꺼이 복종했다. '신가'가 되어 군국 대소사를 통할한 명림답부는 팔치와 발치를 겸직하고 예濊·양梁 같은 맥족의 부장들을 통솔했다. 그 위엄은 태조 때의 왕자 수성보다 더했다. 〈고구려 본기〉에서는 "명림답부가 국상國相으로서 패자沛者를 겸했다"고 하고, "좌·우보를 국상으로 바꾼 것이 이때가 시초였다"고 한다. 이것은 국상이 곧 신가라는 점, 패자가 팔치 즉 좌보라는 점을 모르고 건방지게 내린 해설이다.

태조 때 한나라가 요동을 지금의 난주로 옮겨 설치했다는 점은 이미 설명했다. 서기 169년에 한나라는 요동을 회복하고자 경림耿臨을 현도태수에 임명하고 대대적으로 침입했다. 명림답부는 신하들과 함께 신대왕의 어전에서 회의를 열고 공격과 수비 중에서 어느 쪽이 나은지를 논의했다. 이때 다들 나가서 싸울 것을 주장했다. 하지만 명림답부는 "우리는 군사는 적지만 험난한 지형을 갖고 있고, 한나라는 군사는 많지만 군량미 수송의 어려움이 있다. 처음에는 수비를 하면서 한나라 병력을 약화시킨 뒤에 싸우러 나간다면, 이것이야말로 백전백승의 방략이다"라고 주장했다. 이에 따라 '선 수비, 후 공격'으로 책략을 정하고, 인민과 양곡과 가축을 성이나 산성에 모으고 수비에 치중하도록 각 지방에 명령했다. 한나라 군대는 침략한 지 수개월이 되도록 약탈을 해봐도 소득이 없고 공격을 해봐도 소득이 없었다. 군량미가 다해 굶주리게 되니, 결국 군대를 되돌리게 됐다. 이를 명림답부가 좌원坐原까지 추격하니, 한나라 군대는 한 명의 사람도, 한 필의 말도 돌아갈 수 없었다. 명림답부는 한나라 침략군을 격파한 뒤 강토를 개척하고자, 선비족 명군名君인 단석괴를 끌어들여 유주·병주 즉 지금의 직예·산서 두 성省을 공격하도록 하고, 뒤이어 고구려 병력으로 한나라를 치려고 했다. 하지만 그는 병으로 죽었다. 나이 113세였다. 신대왕이 직접 조문하고 통곡했으며 왕의 장례에 걸맞은 예법으로 묻어주었다.

《삼국사기》〈고구려 본기〉 신대왕 4년(168년) 기사에서는 "한나라 현도태수 경림이 침략하여 우리 병사 수백 명을 살상하자, 왕이 항복하고 현도에 복속하기를 청했다"고 했고, 5년(169년) 기사에서는 "왕이 주부主簿인 연인과 대가인 우거를 보내 …… 요동태수 공손탁을 도와 부산富山의 적을 치도록 했다"고 했고, 8년(172년) 기사에서는 "한나라가 대군으로써 우리를 향하므로, …… 명림답부가 좌원까지 추격하여 격파하고, 한나라 군대에서 한 필의 말도 돌아가지 못했다"고 했다. 여기서 앞의 두 가지는 《후한서》 및 《삼국지》에서, 뒤의 것은 우리나라의 《고기》에서 발췌한 것이다.

그런데 《조선사략朝鮮史略》에서는 "신대왕 5년에 한나라 현도태수 경림이 대군을 거느리고 침입하자 …… 명림답부가 좌원에서 대파하여 ……"라고 했다. 이것은 《후한서》에서 "건령 2년(169년)에 현도태수 경림이 이 나라를 치고 수백 명의 머리를 베자, 백고가 항복하고 현도군에 복속하기를 청했다"고 한 것과 시기적으로 부합한다. 이것을 보면, 경림의 침략군이 명림답부에게 패배한 것이 명백하다.

그런데도 김부식은 이것을 두 개의 사실로 오인해서 앞의 것은 신대왕 4년 기사에, 뒤의 것은 신대왕 8년 기사에 넣었다. 《삼국지》에 따르면 공손탁은 한나라 헌제 때인 영평 원년에 비로소 요동태수가 되었다. 영평 원년은 서기 190년이며 신대왕 5년으로부터 약 20년 뒤다. 신대왕이 20년 뒤에 요동태수가 될 공손탁을 도울 수 없음이 명백한 데도, 시비를 가리지 못하는 김부식이 〈고구려 본기〉 신대왕 편을 잘못 기록한 것이다. 패주한 경림이 대첩을 거두었다고 기록하고 또 시기적으로 맞지 않는 공손탁을 신대왕의 종주국 군주로 기록했으니, 이런 점을 통해 중국 역사서에 조작이 많음을 알 수 있다. 《동국통감》에서는 현도태수 경림이 침략하다가 명림답부에게 패한 일을 신대왕 8년 때 사건으로 기록함으로써 《조선사략》의 기록과 차이를 보이고 있다. 조선 왕조 초엽에는 《삼국사기》 외에 《삼한고기》·《해동고기》 등의 책들이 더러 있었다. 연도가 이렇게 차이를 보이는 것은, 고기古記들 간에 같은 부분도 있고 다른 부분도 있기 때문이다.

제6장

을파소의 재상직 수행

1. 왕후의 국정 개입과 좌가려의 난

서기 179년에 신대왕이 죽고 고국천왕이 즉위하자, 연나부 사람 우소의
딸인 우씨 왕후가 절세 미색으로 왕의 총애를 받았다. 그러자 왕후의 친
척인 어비류가 팔치가 되고 좌가려가 발치가 되어 정권을 장악했다. 그
들의 자녀들은 교만하고 난폭했다. 그 자녀들은 남의 부인과 딸을 빼앗
아서 첩으로 삼고, 남의 자식을 빼앗아서 노복으로 삼고, 남의 좋은 땅
과 집을 빼앗아서 자기 소유로 삼았다. 그러자 나라 사람들 중에서 이들
을 원망하고 비판하는 사람들이 많이 생겨났다. 왕이 이런 사실을 알고
죄를 주려 하자, 좌가려 등은 연나부를 동원해서 반란을 일으켰다. 왕
은 수도 인근[畿內]의 군사를 소집해서 이들을 토벌하고 왕비 가문의 국
정 개입을 징계했다. 그런 뒤에 4부 대신을 불러 "최근에 총애로 관직을
얻어내고 덕행으로는 직위를 얻지 못하니, 그 해독이 백성들에게 흘러
가 왕실을 동요시켰다. 이것은 다 내가 현명하지 못하기 때문이다. 너희

4부는 각각 인재를 천거하라"고 말했다. 그러자 4부가 협의하여 동부의 안류晏留라는 사람을 천거했다.

2. 을파소의 등용

고국천왕이 안류에게 국정을 맡기려 하자, 안류는 "저의 재능으로는 대임을 감당할 수 없습니다"라면서 서압록곡西鴨綠谷의 처사處士인 을파소를 천거했다. 을파소는 유류왕 때의 대신인 을소의 후손이다. 고금의 정치에 밝고 민간의 사정을 잘 알며 학식이 풍부했다. 하지만 세상에 알려지지 않은 채 초야에 묻혀 밭을 갈고 살았으며, 벼슬할 뜻을 품지 않았다. 고국천왕은 겸손한 말과 극진한 예로 맞이하고 스승의 예로 대했다. 왕은 그에게 '일치'라는 작위를 주고 가르침을 청했다. 을파소는 벼슬과 작위로 인해 오히려 포부를 펼 수 없다면서 고사했다. 그는 왕에게 새로이 인재를 뽑아 높은 지위를 주고 대업을 성취하시라고 말했다. 속뜻을 알아차린 왕은 을파소를 '신가'에 임명하고 백관의 위에서 국정을 처리하도록 했다.

초야의 한미한 처사였던 을파소가 하루아침에 높은 자리에 오르는 것을 시기한 신하들 사이에서는 이에 대한 비난이 자자했다. 그러자 왕은 조서를 내려 "만일 신가의 명령을 거역하는 자가 있으면 일족을 멸하겠다"면서 을파소에 대한 신임을 한층 더 강력하게 나타냈다. 뜻이 맞는 임금을 만난 것에 감격한 을파소는 지극정성으로 국정을 수행했다. 상벌을 신중히 처리하고 법령을 엄격히 하니 나라가 잘 다스려졌다. 그래서 고구려 900년 역사에서 최고의 재상으로 불리게 됐다.

《삼국사기》〈고구려 본기〉에서는 "고국천왕(혹은 국양)의 이름은 남무(혹은 이이모)이니, 신대왕인 백고의 둘째아들이다. 백고가 죽자 나라 사람들은 장남인 발기가 모자라다는 이유로 이이모伊夷謨(《위지》에서는 '謨'가 아니라 '模'_옮긴이)를 왕으로 세웠다. 한나라 헌제 때인 건안 초에 발기는 형인 자기가 왕이 되지 못한 것을 원망하여 소노가消奴加(《위지》에서는 '消'가 아니라 '涓'_옮긴이)와 더불어 각각 하호下戶(가난한 서민층_옮긴이) 3만여 명을 데리고 공손강에게 항복하고 비류수 상류로 돌아와 정착했다"라고 했다. 김부식은 이 내용을 《삼국지》〈고구려 열전〉에서 옮겨왔다. 그런데 발기는 《삼국사기》〈고구려 본기〉 산상왕 편의 발기이고 이이모는 산상왕 연우다. 《삼국지》의 작자가 발기·연우 두 사람을 신대왕의 아들로 잘못 기록했음을 알지 못한 김 씨는 고국천왕 남무가 이이모이자 발기의 동생이라고 기록하는 오류를 범했다. 《삼국지》〈공손탁 열전〉에 의하면 공손강의 아버지인 공손탁이 한나라 헌제 때인 초평 원년에 요동태수가 되었다. 그가 건안 9년에 사망하자, 공손강이 지위를 승계했다. 한나라 헌제 때인 초평 원년은 고국천왕 12년이다. 고국천왕의 집권 초기에는 공손강은 고사하고 아버지 공손탁도 아직 요동태수를 꿈꾸지 못하던 때였다. 그런데도 김 씨는 이것을 고국천왕 재위 원년의 사건으로 잘못 기록했다. 앞에서 소개한 "공손탁을 도와 부산의 적을 치도록 했다"는 신대왕 5년 기사와 함께 고려하면, 김 씨는 공손탁이 어느 시대 사람인 줄 몰랐던 것 같다. 이것은 기괴한 일이다.[88]

---

88 앞에 보이는 《삼국사기》〈고구려 본기〉 인용문(고국천왕 관련 내용)부터 지금 이 부분까지는 고국천왕의 즉위를 설명하는 '1. 왕후의 국정 개입과 좌가려의 난' 바로 뒤에 나와야 문맥상 이해하기가 쉽다.

고구려의 중쇠中衰와
북부여의 멸망

제1장

고구려의 대對중국 패전

1. 발기의 반란과 제1환도성(지금의 개평)의 파괴

서기 197년에 고국천왕이 죽었지만 후계자가 없었다. 좌가려의 난 이후 정치적 발언권을 얻지 못해 궁궐에 답답하게 처박혀 있었던 왕후 우 씨는, 왕이 죽자 정치무대에 복귀할 열망에 싸여 애통보다는 희열을 더 많이 느꼈다. 그래서 그는 왕의 사망을 발표하지 않고, 그날 밤 미복微服 차림으로 은밀히 왕의 큰 동생인 발기의 집에 찾아갔다. 그는 발기에게 "대왕은 후사가 없으니 그대가 후계를 해야 하지 않겠는가?"라며 호리는 말을 던졌다. 발기는 순나부 고추가로서 환도성간丸都城干(환도성주_옮긴이)을 겸직하고 요동 전역을 관리하고 있었기에 위세가 대단했다. 어차피 고국천왕이 죽으면 왕위계승권은 자신에게 있었다. 그래서 그는 우씨의 말을 귀담아 듣지 않고 "왕위는 천명이니, 부인이 말할 바가 아닙니다. 또 부인의 야간 행차는 예법에 어긋나니, 왕후로서 할 일이 아닙니다"라며 엄정한 어조로 우 씨를 책망했다.

우 씨는 너무 부끄럽고 분하여, 그 길로 왕의 둘째 동생인 연우를 찾아갔다. 그는 연우에게 왕이 죽은 일과 발기한테 핀잔받은 일을 낱낱이 이야기했다. 연우는 매우 기뻐하며 우 씨를 환영하여 밤잔치를 베풀었는데, 직접 고기를 썰다가 손가락까지 다쳤다. 그러자 우 씨는 치마끈을 끊어 상처를 싸준 뒤, 연우의 손목을 잡고 입궁하여 동숙했다. 우 씨는 다음 날 고국천왕의 사망을 발표하고, 왕의 유조를 꾸며 연우를 후계자로 삼고 즉위시켰다.

연우가 왕이 된 사실을 듣고 대노한 발기는, 우 씨와 밀통한 연우가 서열을 무시하고 왕위를 범한 죄를 격문을 통해 폭로했다. 그 뒤 순나부 병력을 동원해 왕궁을 포위하고 격전을 벌였지만, 나라 사람들의 도움을 얻지 못해 3일 만에 패배했다. 순나부 하호 3만 명을 거느린 그는 요동 전역을 한나라 요동태수 공손탁에게 바치고 구원을 요청했다.

공손탁은 한나라 말기의 영웅이었다. 그는 한나라가 망할 징조를 읽고 요동태수 자리를 얻은 뒤 요동에서 왕이 되기를 꿈꾸었다. 이때 요동의 본토는 차대왕이 점령한 뒤였기 때문에 고구려의 소유였다. 한나라 요동은 지금의 난주로 옮겨져 영토가 매우 협소했기 때문에, 공손탁은 항상 요동 땅의 고구려 영역을 엿보고 있었다. 그런 중에 발기의 항복을 받자 매우 기뻐하며, 정예병 3만 명을 동원한 뒤 발기의 투항군을 선봉대로 삼아 고구려에 침입했다. 그는 차대왕 시절 북벌군의 대본영이었던 제1환도성에 들어가 읍락을 불사르고 휩쓴 다음, 비류강 쪽으로 향하여 졸본성을 공격했다. 그러자 연우왕은 동생인 계수를 신치 즉 전군 총사령관으로 삼고 항전하여 한나라 군대를 대파하고 좌원까지 추격했다. 곤궁해진 발기는 계수에게 "계수야! 네가 어찌 큰형을 죽이려 하느냐? 불의한 연우를 위해 큰형을 죽이려 하느냐?"라고 말했다. 계수가 "연우도 불의하지만, 너는 외국에 항복하고 외국 군대를 끌어들여 조상과 부모의 강토를 유린했으니 연우보다 더 불의하지 않느냐?"고 말하자, 크게 후회한 발기는 배천(비류강)에 가서 자살했다.

발기는 일시적인 분노를 참지 못해 매국의 죄를 지었다. 계수의 한마디에 양심이 돌아와서 자살했지만, 그가 팔아버린 오열홀烏列忽 즉 요동성은 회복되지 못하고 공손탁의 소유가 되었다. 결국 공손탁은 요동왕을 자칭하고 요동 전역을 요동·요중·요서 3군郡으로 나누고, 바다 건너 동래의 여러 군(지금의 연태 등지를 포함)을 점령하여 한때 위세를 떨쳤다. 연우왕은 지금의 환인현 혼강 상류인 안고성으로 환도성을 옮기고 그곳으로 천도했다. 이곳이 제2환도성이다.

2. 동천왕의 제1환도성 회복(오·위 통지의 전말)

형수 우 씨의 힘으로 왕위를 얻은 연우왕은 그를 왕후로 삼았다. 그러나 얼마 지나지 않아 연우왕은 늙은 우 씨가 싫어졌다. 그래서 주통촌의 미녀인 후녀를 몰래 얻어 작은 왕후로 삼고 동천왕을 낳았다.

서기 227년에 연우왕이 죽고 동천왕이 왕위를 계승했다. 이때 중국은 4대 세력으로 나뉘어 있었다. 첫째는 조씨의 위나라였다. 위나라는 업鄴(지금의 직예성 업현)에 도읍을 두고 양자강 이북을 점유했다. 둘째는 손씨의 오나라다. 오나라는 건업(지금의 강소성 남경)에 도읍을 두고 양자강 이남을 점유했다. 셋째는 유씨의 촉나라다. 촉나라는 성도(지금의 사천성 성도)에 도읍을 두고 사천성을 점유했다. 넷째는 공손씨의 요동이다. 공손씨는 양평(지금의 요양)에 도읍을 두고 지금의 난하 이동 지방과 요동반도를 점유했다. 고구려는 공손씨의 적국이었다. 고구려는 촉나라와는 길이 멀어 교류할 수 없었고, 위나라·오나라와도 왕래가 없었다.

서기 233년에 공손탁의 손자인 공손연이 위나라와 오나라 사이에서 간계로 이익을 얻을 목적으로, 오나라 황제인 손권에게 사신을 보내 표문(황제에게 바치는 문서_옮긴이)을 올리고 신하를 자처하면서 함께 위나라를 공격하자고 요청했다. 매우 기뻐한 손권은 사신인 허미 등에게 수천 병력을 거느리고 공손연 쪽으로 가도록 했다. 공손연은 허미를 미끼로 위나라와 접촉할 목적으로, 허미의 호위 장사인 진조 등 60여 명을 잡아 현도군 즉 지금의 봉천성성奉天省城(봉천성 정부 소재지_옮긴이)에 가둔 뒤 죽이려고 했다.

진조 등은 성벽을 넘어 고구려로 도망한 뒤 거짓으로 이렇게 말했다. "오나라 황제 손권이 고구려 대왕에게 올리는 공물이 적지 않았고, 또 고구려와 맹약하여 공손연을 친 뒤 그 땅을 나누자는 내용의 문서와 지도가 있었습니다. 그런데 불행히도 해선이 태풍을 만나 방향을 잃고 요동 해안에 도착했습니다. 그래서 공손연의 관리에게 수색을 당해 공물과 지도·문서를 모두 빼앗긴 뒤 일행이 체포되어 감금되었습니다. 다행히 틈이 생겨 범의 아가리를 벗어나 여기까지 왔습니다." 크게 기뻐한 동천왕은 진조 등을 불러서 만나본 뒤, 조의 25명에게 진조 일행을 해로로 호송하도록 했다. 이때 표범 가죽 1천 장과 산박쥐 10패貝를 손권에게 증여하고, 고구려 육군과 오나라 수군으로 공손연을 함께 공격하기로 하는 조약을 체결했다.

3년 뒤 손권이 사굉·진굉 등을 보내 많은 의복과 보물을 공납하자, 동천왕은 일치 즉 주부主簿인 착자窄資와 대고 등을 보내 약간의 예물로 답례했다. 오나라에 간 착자는, 오나라 수군이 허약해서 해로로 공손연을 칠 수 없는데 고구려한테서 후한 예물을 받아내려고 허장성세를 부리고 있으며, 손권이 고구려한테 공손한 것 같지만 '동이를 정복했으며 그 사신이 조공을 했다'고 국내에 허위로 선포하여 신하와 백성을 속이고 있음을 알아내고, 돌아와서 이를 보고했다.

이를 듣고 대노한 동천왕은 위나라 황제인 조예에게 밀사를 보내 오나라 및 요동에 대한 공수동맹을 체결했다. 고구려가 요동을 치면 위나라가 육군으로 고구려를 돕고, 위나라가 오나라를 치면 고구려가 예족 수군으로 위나라를 도우며, 양국을 멸한 뒤 요동은 고구려가 차지하고 오나라 땅은 위나라가 차지하기로 한 것이다. 이듬해에 오나라 사신인 호위가 오자, 고구려는 그의 머리를 베어 위나라에 보냈다. 이로써 고구려·위나라 양국의 교류가 매우 활발해졌다.

3. 공손연의 멸망과 고구려·위나라 양국의 충돌

서기 237년에 동천왕은 신가인 명림어수와 일치인 착자·대고 등을 보내 수만 병력을 거느리고 양수梁水에 가서 공손연을 치도록 했다. 이때 위나라는 유주자사인 관구검에게 명령하여 역시 수만 병력을 거느리고 요하로 가도록 했다. 그러자 공손연은 곽흔·류포 등을 보내 고구려를 막고 비연·양조 등을 보내 위나라를 막았다. 얼마 지나지 않아서 위나라 군대가 패퇴하자 공손연은 연왕으로 자처하고 천자의 위엄을 갖추며 전력을 다해 고구려를 막았다.

이듬해에 위나라는 태위인 사마의에게 10만 병력을 지휘하도록 명령했다. 관구검이 요대遼隊를 쳐서 공손연의 수비 책임자인 비연·양조 등을 상대하는 사이에, 사마의는 북쪽으로 몰래 진군하여 공손연의 도읍인 양평을 기습적으로 포위했다. 공손연의 정예 병력이 고구려를 방어하기 위해 죄다 양수에 나간 뒤라 양평이 텅 비어 있었을 때였다. 비연 등이 돌아와서 구원하려 했지만 대패했다. 성안에 포위되어 30여 일간 굶주린 공손연은 겹겹의 포위를 정면 돌파하려다가 붙들려서 참수를 당했다. 이렇게 해서 공손씨는 요동에 웅거한 지 3대 50년 만에 멸망했다.

이렇게 위나라가 공손씨를 손쉽게 멸망시킨 것은 고구려가 공손연의 후방을 견제했기 때문이다. 그런데도 《삼국지》〈동이 열전〉에는 "태위 사마선왕(사마의)이 무리를 이끌고 공손을 토벌하고, 위궁(산상왕)은 주부 대가를 파견하여 수천 명의 군사로 그의 군대를 돕도록 했다"고 적혀 있을 뿐이다. 〈명제 본기〉나 〈공손탁 열전〉에는 이에 관한 내용이 한 글자도 나오지 않는다. 이는 상내약외詳內略外[89]라는 중국 역사가들 특유의 필법을 지키기 위한 것이었다.

그런데 《삼국사기》〈고구려 본기〉에서는 "위나라가 사마선왕을 보내 공손연을 토벌하자, 왕(산상왕)은 주부 대가가 1천 명을 거느리고 그의 군대를 돕도록 했다"고 했다. 사마의를 사마선왕으로 부른 것을 보면, 이 기록이 《삼국지》〈동이 열전〉을 그대로 베껴 쓴 것이 명백하다. 그런데 '수천 명'을 '1천 명'으로 바꾼 이유는 무엇일까? 우리와 그들의 역사에 관한 기록을 참고하여 이 문제를 위와 같이 정리하고자 한다.

위나라는 공손연을 멸망시키고 요동 전부를 굴복시킨 뒤, 고구려와의 맹약을 어기고 땅 한 덩어리도 고구려에 돌리지 않았다. 분노한 동천왕은 자주 병력을 동원하여 위나라를 토벌하고 서안평을 함락했다. 종

---

89 '중국 문제는 상세하게, 외국 문제는 간략하게'라는 의미다.

래의 역사 기록에서는 압록강이 바다와 연결되는 입구에 서안평이 있었다고 했다. 이것은《한서》〈지리지〉에 근거한 것이다. 공손연의 전성기에 고구려와 오나라·위나라의 교류가 서안평을 통해 해로로 이루어졌으니, 이때의 서안평은 양수梁水 부근이라고 봐야 한다. 고대의 지명은 다른 데로 옮겨지는 경우가 많았다.

4. 관구검의 침입과 제2환도성(지금의 안고성) 함락

서기 245년, 동천왕의 잦은 침략에 불안을 느낀 위나라는 유주자사 관구검을 보내 수만 병력을 거느리고 침입하도록 했다. 동천왕은 비류수에서 응전하여 관구검의 부대를 대파하고 3천여 병력을 벤 뒤, 양맥곡까지 추격하여 또다시 3천여 명을 베었다. 왕은 "위나라의 대군이 우리의 소수 병력만 못하다"며, 여러 장수들더러 후방에서 관전하도록 한 다음에, 자신이 몸소 철기병 5천 명을 거느리고 진격했다. 우리 병력이 소수임을 보고 관구검 등이 죽도록 혈전하면서 계속 전진하자, 왕의 군대가 퇴각하니 후방 병력은 놀라 무너져 결국 참패했는데, 부상자가 1만 8천 명이나 됐다.

왕이 천여 명의 기병과 함께 압록원鴨綠原으로 달아나자, 관구검은 환도성에 들어가 궁궐과 민가를 불사르고 파괴한 뒤 역대 문헌을 실어 위나라로 보냈다. 관구검은 장군인 왕기에게 왕을 추격하도록 했다. 왕이 죽령에 이르렀을 때에, 장수들은 다 흩어지고 오직 동부의 밀우만 왕을 호위했다. 추격병이 쫓아오고 형세가 위급해지자, 밀우는 결사대를 뽑아 위나라 군대와 싸웠다. 그 틈을 탄 왕은 산골짜기로 도망해서 흩어진 아군 병사들을 모아 험한 곳에서 수비했다. 그런 뒤 군중에 "밀우를 살려서 데려오는 자에게는 큰 상을 주겠다"는 영을 내렸다. 그러자 남부의 유옥구가 이 영에 따라 전장으로 나가, 땅에 엎어져 기진맥진하고 있는 밀우를 업고 돌아왔다. 왕은 다리 살을 베어 밀우에게 먹였다. 밀우는 한참 뒤에 깨어났다. 이에 왕은 밀우 등과 함께 남갈사로 달아났다.

위나라 군대의 추격은 쉼 없이 계속됐다. 북부의 유유紐由는 "이렇게 국가의 흥망이 달린 판국에는 모험을 감수하지 않고는 위기를 피할 수 없다"면서 음식을 들고 위나라 군영에 들어가 거짓 항복문서를 바쳤다. 그는 "저희 임금이 대국에 죄를 짓고 바닷가로 쫓겨나 더는 갈 곳이 없어서 항복을 청하고자 합니다. 많지는 않지만 토산물을 군영에 드립니다"라고 말했다. 유유는 위나라 장수와 접견하는 틈을 타서 식기 속에 감춘 칼을 빼내 위나라 장수를 찔러 죽였다. 이후 동천왕은 위나라 군대를 추격하라고 장수들에게 명령했다. 산산이 흩어진 위나라 군대는 다시는 전열을 이루지 못하고 요동의 낙랑으로 퇴주했다.

이 전쟁에 대한 기사는 김부식이 《삼국지》 및 《고기》의 여기저기서 발췌하여 〈고구려 본기〉에 넣은 것이기 때문에, 앞뒤 기사가 상호 모순되는 경우가 많다. 이를테면, "관구검이 1만 병력으로 고구려를 침입했다"고 하고 "왕이 보병과 기병 2만 명으로 응전했다"고 했다. 이것은 고구려 군대가 위나라 군대보다 갑절이었다는 말이 된다. 그렇다면 "위나라의 대군이 우리의 소수 병력만 못하다"고 한 것은 무슨 말인가? 또 비류수에서 위나라 군사 3천여 명을 베고 양맥곡에서 위나라 군사 3천여 명을 또 베었다는 것은, 1만 명의 위나라 군대가 6천여 명의 전사자를 냈다는 뜻이 된다. 이렇게 되면 위나라 군대가 다시 전열을 정비할 수 없었을 텐데, "왕이 철기병 5천 명으로 추격하다가 대패했다"고 한 것은 무슨 말인가?《삼국지》〈관구검 열전〉에서는, 전쟁이 끝난 뒤에 "논공행상을 시행하니, 제후에 책봉된 자가 100여 명이었다"고 한다. 이로써, 출정한 군대의 숫자와 전쟁의 규모를 추정할 수 있다. 어찌 고작 1만 명만 보냈겠는가.[90] 중국 역사학계의 상내약외 원칙을 지키고자 이 정도로 축소해서 기록한 것이다.

〈고구려 본기〉에서는 이 전쟁이 동천왕 20년(서기 245년)에 벌어졌다고 했다. 동천왕 20년은 위나라 제3대 황제 조방 때인 정시正始 8년이다. 《삼국지》〈관구검 열전〉에서는 "정시 연간에 …… 현도군을 출발하여 고구려를 쳤으며, …… 정시 6년에 다시 정복했다"고 했다.《해동역사》에는 정시 5년 및 6년의 두 차례에 걸친 전쟁이 기록되어 있다. 그러므로 정시 5년 및 6년은 각각 동천왕 18년과 19년이다. 그러나《삼국지》본기에서는 정시 7년에 "유주자사 관구검이 고구려를 쳤다"고 했다. 이것은 《삼국사기》〈고구려 본기〉와 일치한다. 어느 쪽을 따라야 할까?

1905년에 청나라 집안현 지사인 아무개 씨가 집안현 판석령 고개에서 발견한 관구검공덕비의 파편에 "6년 5월"이란 글자가 둘째 줄에 있었다. 만약 이게 진짜 공덕비라면, 정시 6년 즉 동천왕 19년이 전쟁이 시작된 때이고 제2차 전쟁의 기록은 오류일 것이다. 그런데 청나라에는 옛날 물건 위조하는 사람들이 매우 많다. 현대 중국에 남아 있는 옛 비석이나 옛 기와는 거의 다 모조품이라고 한다. 그러므로 이 비석의 파편에

---

90 1만 명이 동원되고 6천 명 이상이 전사했다면, 나머지 4천 명 중에서 100여 명의 신생 제후가 나왔을 리 없다. 잔존 병력 40명 중에서 1명이 제후에 책봉됐다는 것은 말이 되지 않는다. 이것은 애초에 1만 명보다 훨씬 더 많은 병력이 동원되었음을 의미하는 것이다.

대해서도 고고학자의 조사가 필요하다. 설령 이것이 진짜라 하더라도, 이것은 불내성의 비문이지 환도성의 비문은 아니다. 왜냐하면, 집안현의 환도성은 제3환도성이며 제3환도성은 동천왕 때 아직 건설되지도 않았기 때문이다. 이 점은 이 편의 제2장 제7절에서 상세히 설명할 것이다.

5. 제2환도성 파괴 후 평양으로 천도

제2환도성이 파괴되자, 동천왕이 품은 서북 정벌의 웅지는 차디찬 재로 변했다. 그래서 지금의 대동강 위쪽에 있는 평양으로 천도했으니, 이것이 고구려 남진의 시초다. 평양 천도 이후 두 가지 상황이 변했다.

종전에 남낙랑에 속한 소국들은 고구려에 복속하기는 했지만, 대주류왕이 최씨를 멸망시킨 데 대한 원한 때문에 복속과 배반을 되풀이했다. 그런데 평양이 고구려의 수도가 되고 제왕의 거처와 군대의 본영이 이곳에 모이게 되자, 소국들은 기세가 눌려 점차 복속 쪽으로 기울었다.

평양 천도 이전에 고구려는 항상 서북쪽으로 전진하려고 했다. 그러다 보니 흉노나 중국 등과의 충돌이 잦았다. 그런데 평양 천도 이후에는 백제·신라·가라 등과 접촉하게 되어, 북방보다는 남방과의 충돌이 많아졌다. 고구려가 서북쪽의 나라가 되지 않고 동남쪽의 나라가 된 것은 평양 천도에 기인한 것이다. 평양 천도는 제2환도성 파괴 때문이다. 그러므로 제2환도성의 파괴는 고대사에서 매우 특별한 대사건의 하나라고 할 수 있다.

제2장
고구려와 선비족의 전쟁

1. 선비족 모용씨의 강성

선비족은 항상 고구려에 복속했었다. 용맹한 단석괴도 명림답부의 통제를 받을 정도였다. 그러나 고구려가 발기의 난 때문에 요동을 잃고 약해지자, 선비족은 고구려를 배반하고 한나라에 붙었다. 후한 말기에 원소와 조조가 대립할 때, 선비족과 오환족은 원소에게 붙었다. 원소가 망한 뒤에 조조는 서기 207년 7월의 장마를 이용해서, 노룡새[91] 500리를 몰래 나와 선비족과 오환족을 불시에 공격해 그들의 소굴을 파괴했다. 이로써 오환족은 쇠망했다. 선비족은 나중에 가비능이란 자가 나타나자 다시 강성해져서 후한의 유주와 병주를 자주 침략했다. 이에 후한 유주자사 왕웅이 자객을 보내 가비능을 암살하자, 선비족은 다시 쇠약해졌다.

---

91 노룡새(盧龍塞)는 만리장성 동쪽 끝부분의 바로 밑에 있는 요새로 북경의 자금성에서 동쪽으로 약 200킬로미터 거리에 있다.

서기 250년 무렵, 선비족에서는 우문씨·모용씨·단씨·탁발씨라는 4부가 패권을 다투었다. 그중 모용씨에서 모용외란 인물이 용맹하고 명석하여 이 부족이 가장 강성해졌다. 이들은 창려 대극성 즉 지금의 동몽골 특묵우익 부근을 거점으로 사방을 약탈했다. 당시 중국의 위·촉·오 삼국이 다 망하고 진晉나라 사마씨가 중국을 통일했지만, 모용외에게 자주 패배하는 바람에 요서 일대가 항상 소란스러웠다. 어떤 역사가들은 모용씨의 거점인 창려가 지금의 난주 부근이었다고 말하지만,《진서》〈무제 본기〉에서 "모용외가 창려를 침략했다"고 한 것을 보면 모용씨의 창려는 지금의 난주가 아니었음이 명백하다. 모용씨의 창려는 훗날 모용외의 아들인 모용황이 도읍을 둔 용성龍城과 멀지 않은 곳이라고 봐야 한다.

2. 북부여의 멸망과 의려왕의 자살

북부여는 제3편에서 서술한 바와 같이 조선 열국의 문화적 근원이 되는 나라였다. 그러나 신라·고려 이래로 압록강 이북을 잃은 뒤부터, 북부여를 조선 영역 밖의 나라라고 하여 그 역사를 정리하지 않았다. 그래서 해모수왕 이후 이 나라의 흥망성쇠를 알 수 없게 되었다. 다행히 중국 역사가들이 자신들과 관련된 정치적 사실을 몇 마디나마 기록했기 때문에 북부여를 개략적으로 설명할 수 있게 됐다.

후한 안제 때인 영초 5년 즉 서기 112년, 이름을 알 수 없는 부여왕이 보병·기병 7, 8천 명을 거느리고 후한의 낙랑을 침입하여 관리와 백성들을 살육하고 약탈했다. 이것이 역사에 나타난 북부여 전쟁의 시초다. 같은 안제 때인 연광 원년 즉 서기 121년에 부여왕이 아들 위구태를 보내 후한 군대와 협력하여 고구려·마한(백제)·예족·읍루 등을 격파하도록 했다고 했지만, 이듬해에 후한이 고구려 차대왕에게 화친을 구걸하고 배상금으로 비단을 바친 것을 보면 북부여와 후한이 고구려를 격파했다는 것은 거짓 기록일 것이다. 서기 136년에 위구태가 왕이 되어 기병 2만 명으로 후한 현도군을 기습했다. 요동왕이 된 공손탁은 부여의 강성함이 두려워서, 왕족 여성을 시집보내 고구려 및 선비족에 맞선 공수동맹을 체결했다. 이 정도로 위구태왕은 고구려 차대왕처럼 전쟁을 중시한 군주였다. 그의 재위 기간이 해모수 이후의 북부여에서 유일한 전성시대였을 것이다.

위구태왕의 후계자인 간위거왕에게는 적자가 없었다. 그래서 간위거왕의 뒤를 이어 서자인 마여가 즉위했다. 그러자 오가五加 중에서 이름을 알 수 없는 우가牛加가 반심을 품었다. 그 우가의 조카[兄子]인 위거는 왕실에 충성하고 국정에 성실하며 백성들에게 재물을 잘 베풀었기 때문에 민심이 그에게 쏠렸다. 그런데 그 우가의 부자父子가 배반하자, 위거는 이들을 잡아 죽이고 가산을 적몰했다. 마여왕이 죽자 위거는 마여의 아들인 의려를 옹립하고 보좌했다. 이때 의려는 겨우 여섯 살밖에 안 된 어린아이였다. 의려가 왕이 된 지 41년 되던 때였다. 이때 위거는 이미 죽고 없었다. 부여의 국방이 소홀해진 것을 탐지한 모용외가 선비족 무리를 이끌고 북부여의 서울인 아사달을 침입했다.

모용외의 침입을 당한 의려왕은 수비가 허약해서 막아내지 못하리라 생각하고 칼을 빼내 자살함으로써 백성들 앞에서 망국의 책임을 갚고자 했다. 그는 유서를 통해 태자 의라에게 왕위를 전하고, 국력의 회복에 힘쓰도록 했다. 의려왕이 국방에 힘쓰지 못해 나라를 위망에 빠뜨린 죄가 있다는 점은 분명하다. 하지만 그는 항복하느니 차라리 죽겠다는 의기를 갖고 조선 역사상 최초로 순국한 왕이 되어 피로써 후세에게 교훈을 주었다. '성하城下의 맹盟'[92]을 체결하여 구차하게 목숨을 보존하려 한 용렬한 임금들과는 비교할 바가 아니다. 의려왕이 자살한 뒤에 의라는 서갈사나(지금의 개원 부근)에 있는 삼림지대로 달아나, 결사대를 모집하여 선비 군대를 격퇴하고 험한 요새를 근거로 새로운 나라를 세웠다.

아사달은 왕검 이래 수천 년 동안 문화의 고도古都로서 역대의 보물뿐 아니라 문헌도 많아서 신지의 역사며 이두로 적은 시문도 있었고, 왕검의 태자인 부루가 우임금을 가르쳤다는 금간옥첩金簡玉牒에 쓴 문서도 있었는데 이 모든 것이 야만족인 선비족 군대에 의해 불타고 말았다.

3. 고구려의 예족 진압과 명장 달가의 참혹한 죽음

선비족이 북부여에 침입하기 6년 전인 서기 280년, 고구려에서는 예족(〈고구려 본기〉의 숙신)의 반란이 있었다. 예족은 본래 수렵에 종사하는 야만족이었다. 이들은 처음에는 북부여에 복속했다가, 북부여가 조세를 과중하게 거둔다는 이유로 배반하고 고구려에 붙었지만, 고구려가 요동을 잃고 쇠약해지자 반란을 일으키고 국경을 침입했다. 이로 인한 인민의 사상과 가축의 상실은 헤아릴 수 없을 정도였다. 이를 크게 걱정한 서천왕이 장군감을 구하자, 많은 신하들이 왕제인 달가를 추천했다. 달

---

92 성하지맹(城下之盟)은 적군이 성 밑에까지 진을 친 상태에서 체결하는 굴욕적인 강화조약을 지칭한다.

가는 절묘한 계략으로 예족의 소굴을 습격하여 추장과 600여 호를 포로로 잡아 부여 남쪽인 오천烏川에 옮기고 각각의 부락을 복속시켰다. 그러자 서천왕은 달가를 안국군安國君에 책봉했다.

서천왕이 죽고 아들 봉상왕이 즉위했다. 그는 천성적으로 시기심과 의심이 많았다. 달가가 항렬로는 왕의 숙부이지만 전국적인 명성이 대단하기 때문에, 죄목을 만들어 그를 사형에 처했다. 백성들은 눈물을 흘리며 "안국군이 아니면 우리는 예맥의 반란 때 이미 죽었을 것이다"라고 말했다.

4. 모용외의 패퇴와 봉상왕의 폭정

모용외는 일세의 영웅이었다. 진晉나라의 정치가 부패해지자, 앞으로 중국에서 대란이 일어날 것이라고 예견한 그는 전 중국을 병탄하겠다는 야심을 품었다. 그는 동쪽의 고구려를 복속시키지 못하면 배후의 우환이 적지 않을 것이라고 판단했다. 그래서 북부여를 멸망시킨 뒤 그 승세를 몰아 고구려에 침입하겠다는 것이 그의 구상이었다. 그렇지만 안국군 달가의 명성 때문에 주저하고 있었다. 그러던 차에 달가가 죽었다. 이를 듣고 크게 기뻐한 모용외는 서기 292년에 경무장 병력을 거느리고 고구려 신성新城을 공격했다. 이때 마침, 봉상왕은 신성에 행차해 있었다. 모용외가 이를 정탐하고 성을 포위하니, 봉상왕은 매우 위급해졌다. 신성재新城宰이자 북부소형北部小兄인 고노자가 기병 500명으로 모용외의 군대를 기습하고 대파하여 왕을 구했다. 왕은 고노자의 작위를 북부대형으로 올렸다.

3년 뒤 모용외가 또 침입했다. 그의 부대는 졸본에 들어가 서천왕의 무덤을 파헤쳤다. 고구려 구원병이 이들을 격퇴했다. 왕이 모용씨의 잦은 침입을 걱정하자, 신가인 창조리가 "북부대형이자 신성재인 고노자가 지략과 용맹이 출중한 장수인데, 대왕이 고노자를 두고 어찌 선비족을 근심합니까?"라고 말하고, 고노자를 신성태수로 삼도록 왕에게 권유했다. 고노자가 백성을 아끼고 병사를 조련하여 모용외의 침략군을 수차례 격파하니, 이로써 국경이 평안해졌다.

이 때문에 모용외의 군대가 침략하지 못하자, 교만해진 봉상왕은 인민이 여러 해의 흉년과 가뭄으로 굶주리는 것도 아랑곳하지 않고 인력을 징발하여 궁궐을 건축했다. 이로 인해 인민들이 주거지를 이탈하면서 호구가 감소했다. 서기 300년에는 왕이 신하들의 간언을 거부하고 15세 이상의 남녀를 건축 부역에 총동원했다. 그러자 신가인 창조리가 다음과 같이 간절하게 충언했다. "천재지변이 잦아 농사가 안 돼서, 백성들 중에서 장정들은 사방으로 흩어지고 노약자들은 구렁텅이에 빠져 죽고 있습니다. 그런데도 대왕은 이를 돌보지 않고 굶주린 백성들을 죄다 토목사업에 부리고 있습니다. 이것은 임금이 할 일이 아닙니다. 더군다나 북방에서는 모용씨라는 강적이 날마다 우리의 빈틈을 엿보고 있습니다. 대왕은 생각해 보소서. 임금이 백성을 아끼지 않으면 인仁이 아니고, 신하가 임금에게 간언하지 않으면 충忠이 아닙니다. 신이 신가의 자리에 있습니다. 그래서 하고 싶은 말을 숨길 수 없어 말씀을 올리는 것입니다."

그러자 왕은 "임금은 백성이 올려다보는 바다. 임금이 사는 궁궐이 장엄하지 않으면 백성이 무엇을 쳐다보겠소? 신가는 백성에게서 명예를 구하려 하지 말라. 신가는 백성을 위해서 죽고 싶은가? 다시는 말하지 말라”고 말했다. 봉상왕이 고치지 않을 것이라고 판단한 창조리는 동지들과 함께 은밀히 모의하여 왕을 폐위시키려 했다.

5. 봉상왕의 폐출과 미천왕의 즉위

숙부 달가를 죽인 봉상왕은 아우인 돌고마저 의심해서 사형에 처했다. 돌고의 아들인 을불은 화가 자기에게 미치리라 생각하고 도주했다. 그 뒤 봉상왕이 여러 차례 을불을 찾으려 했지만 실패했다.

　도망한 뒤 이름을 바꾼 을불은 몸을 팔아 수실촌 사람인 음모陰牟의 집에서 머슴살이를 했다. 음모는 매우 고되게 일을 시켰다. 그는 낮에는 나무일을 시켰다. 밤에는 그 집 문 앞의 늪에 쉴 새 없이 돌을 던져 개구리 소리가 나지 않도록 했다. 이렇게 해서 그 집 식구들이 편히 잘 수 있도록 한 것이다.

　견디다 못해 1년 만에 도망한 을불은 동촌 사람인 재모와 동업하여 소금 장사가 됐다. 그는 소금을 사서 배편으로 압록강변에 들어와 강의 동쪽인 사취촌의 인가에 소금 짐을 부렸다. 그런데 그 집 노파가 공짜로 소금을 좀 달라기에, 한 말이나 주었다. 마음에 차지 않은 노파가 더 달라고 보채기에 허락하지 않았더니, 꽁해진 노파는 도리어 음해할 마음을 품었다. 그는 소금 짐 속에 신발 한 켤레를 몰래 묻어놓고, 을불이 떠난 뒤 쫓아가 소금을 뒤져 신을 찾아냈다. 그러고는 을불을 포함한 두 사람을 절도범으로 몰아 압록재鴨綠宰(압록곡을 통치하던 관리_옮긴이)에게 고소했다. 을불은 태형을 맞고 소금을 빼앗겼다. 소금은 노파에게 주라는 판결이 나왔다. 소금 장사도 할 수 없게 되고 머슴살이 할 곳도 없게 된 을불은 수많은 촌락을 전전하면서 걸식으로 세월을 보냈다. 옷은 나불나불 떨어지고 얼굴은 그냥 봐도 무섭도록 파리했다. 혹시라도 왕손이 아닐까 하는 의문을 누구도 가질 수 없을 정도였다.

당시 신가인 창조리 등은 봉상왕을 폐할 계획을 세우고 있었다. 그들은 임금 자질로 보나 서열로 보나 을불이 적합하다고 생각했다. 그래서 북부'살이'인 조불과 동부'살이'인 소우 등에게 을불을 찾도록 했다. 이들은 비류수에서 을불을 찾아냈다. 소우는 을불의 어렸을 적 모습을 기억했다. 그는 을불에게 절하고 은밀히 뜻을 전했다. "지금 왕이 무도해서, 신가 이하 대신들이 협의하여 왕을 폐하기 위해 왕손을 찾습니다." 또 "지금 왕이 인심을 잃어 국가가 위태해 신하들이 '왕손이 품행이 단정하고 성격이 인자하므로 가업을 이을 만하다'며 간절히 바라고 있으니 왕손은 의심치 말라"고 말했다. 그런 뒤 을불을 데리고 돌아와 창조리의 동지가 사는 조맥鳥陌 남쪽의 집에 숨겨두었다.

가을 9월(음력), 창조리가 봉상왕을 따라 후산侯山에서 사냥했다. 사냥을 떠나기 전에 창조리는 잎을 따서 꽂고는 "나를 좇고자 하는 사람은, 나와 함께 갈 때 잎을 따서 관모에 꽂으라"고 말했다. 그러자 무리가 창조리의 뜻을 알고, 잎을 따서 꽂고 갔다. 이때 창조리는 무리와 함께 봉상왕을 폐하고 별실에 가두었다. 왕은 상황을 피할 수 없음을 깨닫고 아들 형제와 함께 목을 매어 자살했다. 을불이 왕위에 오르니, 역사에 나오는 미천왕[93]이 바로 그다.

---

93 미천왕은 시호다. 죽은 뒤에 미천(美川)에 묻혔다고 하여 미천왕이라고 불린다.

6. 미천왕의 요동 승전과 선비족 축출

서기 197년 발기의 반란 이후부터 서기 370년 고국원왕의 말년까지는 고구려의 중쇠 시대였다. 하지만 미천왕 시대는 이 시기에서 가장 나은 시기였다.

필자는 예전에 환인현에 체류한 적이 있다. 그때 그곳의 문인이자 만주족인 왕자평에게 들은 말이 있다. 그는 이렇게 말했다. "옛날 고구려 때 우굴로란 대왕이 있었다. 신분이 낮을 때에 처지가 불우해서 사방으로 돌아다니며 걸식하면서 가죽으로 신을 만들어 신었다. 지금도 만주에서 가죽신을 우굴로(우굴로는 만주 노동자의 신)라고 하는 것은 그 대왕의 이름에서 기원한 것이다. 그렇게 걸식할 정도로 곤궁하면서도 대왕은 요동을 경영할 뜻을 늘 품고 살았다. 그래서 요동 각지에서 걸식할 때에, 산천의 형세와 도로의 원근을 알기 위해 풀씨를 갖고 다니며 길가에 뿌렸다. 자신이 다닌 길을 기억하기 위해서였다. 그래서 지금도 요동 각지의 길가에 우굴로란 풀이 많다."

우굴로가 을불과 음이 같고 또 고구려 제왕 중에 초년에 걸식한 이는 을불뿐이므로, 우굴로는 아마 미천왕 을불의 소싯적 이름이 아닌가 생각한다.

미천왕은 서기 300년부터 331년까지 31년간 재위한 제왕이다. 그 31년간의 역사는 선비족 모용씨와 혈전을 벌인 역사다. 축소된 〈고구려 본기〉와 과장된 《진서》를 종합한 뒤 그중에서 진실에 가까운 것을 골라 왕의 역사를 서술하면 대략 아래와 같다.

1) 현도군의 회복

왕자 수성이 회복한 요동이 연우왕 때 또다시 한나라의 소유가 됐다는 점은 앞에서 서술했다. 즉위한 이듬해에 현도군을 공격한 미천왕은 8천 명을 포로로 잡아 평양에 옮기고, 재위 16년에 마침내 현도성을 점령했다.

2) 낙랑군의 회복

한무제 때 한사군의 하나였던 낙랑군은 대대로 이동이 매우 잦았다. 대체로 요동 땅에 잠정적으로 설치한 것으로, 평양의 낙랑과는 거리가 멀었다. 그런 이유 때문에, 〈고구려 본기〉 동천왕 편에 나오듯, 위나라 군대가 낙랑으로 물러날 때에 동천왕이 평양으로 천도하고 평양 천도 이후에도 위나라·진晉나라의 낙랑태수가 여전히 존재할 수 있었던 것이다. 만약 중국의 낙랑이 조선의 평양인 남낙랑이었다면, 이는 평양이 고구려의 도읍인 동시에 중국 낙랑군의 군청 소재지였다는 말이 되는 것이다. 천하에 어찌 이처럼 모순적인 역사적 사실이 있었겠는가.

미천왕이 낙랑을 점령한 것은 재위 14년째인 서기 313년[94]이었다. 당시 진나라 사람인 장통이 낙랑·대방 두 군(대방도 요동에 잠정적으로 설치된 군이다. 장단이나 봉산의 '대방국'과는 다르다)을 거점으로 삼고 있었다. 미천왕이 장통을 공격하자, 항거할 힘이 없는 장통은 모용외의 부장인 낙랑왕 모용준에게 구원을 요청했다. 모용준은 구원하러 나왔지만 패배하고 말았다. 그러자 모용준은 장통을 꾀어 천여 호의 민가를 데리고 모용외에게 투항하도록 했다. 이에 모용외는 류성柳城 즉 지금의 금

---

94 《조선상고사》 원문에는 314년으로 되어 있으나 미천왕이 낙랑을 점령한 해는 313년이다. 314년은 신채호의 착오다.

주錦州 등지에 낙랑군을 설치하고 장통을 태수에 임명했다. 한편, 요동의 낙랑은 고구려의 소유가 됐다.

3) 요동 승전

요동군청 소재지는 양평 즉 지금의 요양이었다. 《진서》에서는 "미천왕이 요동을 공격하다가 자주 패배하자 화친을 구걸했다"고 했지만,《양서》에서는 "을불이 요동을 자주 침략했다. 모용외가 막을 수 없었다"라고 하여 모용외가 미천왕에게 항상 패배했다고 알려주고 있다. 이렇게 두 기록이 상호 모순된다.

《진서》는 당태종 때 지어진 책이다. 당태종은 요동이 중국의 요동이었던 것처럼 위조함으로써 자국 신민臣民을 고무하고 고구려에 대한 전쟁 열기를 일으키고자 했다. 그래서 그는 이전 왕조의 역사서인 《사기》·《한서》·《후한서》·《삼국지》 등에 적힌 조선 관련 기사, 특히 고구려 관련 기사를 상당 부분 조작했다. 이 정도였으니 자기 시대에 편찬한《진서》는 어떠했겠는가. 따라서《양서》에 기록된 내용이 진실일 것이다. 당시는 현도와 낙랑이 정복된 뒤였으니, 겨우 몇 개 현縣만 남은 요동도 고구려에게 돌아왔을 것이다. 그러나 아직은 충분한 증거가 없으므로 이정도로만 언급한다.

4) 극성 전투

서기 320년, 미천왕은 선비족 우문씨·단씨 및 진晉나라 평주자사 최비와 연합하여 모용외의 서울인 극성을 쳤다. 그러자 모용외는 네 나라를 이간시켰다. 이 때문에 미천왕과 단씨는 물러나고, 우문씨와 최비는 모용외와 싸우다가 대패했다. 이에 최비는 고구려에 투항하고, 고구려 장수 여노자如奴子는 사성詞城을 지키다가 모용외의 장수인 장통에게 패했다. 이상은 《진서》에 기록된 내용이다. 사실인 것 같지만, 실은 그렇지 않다. 여노자는 고노자高奴子의 오자인 것 같지만, 모용외를 여러 차례 격파한 명장인 고노자가 장통에게 사로잡혔다는 말은 의심스럽다. 또 고노자가 봉상왕 5년 이후로 〈고구려 본기〉에 나타나지 않는 것은 그가 그 즈음에 사망했다는 뜻인데, 그런 그가 근 40년 만에 갑자기 출현하는 것은 이상하다. 따라서 위의 내용은 조작된 기록일 것이다.

7. 제3환도성, 오늘날 집안현 홍석정자산의 함락

서기 331년에 미천왕이 죽고 고국원왕 고쇠(고사유)가 왕위를 계승했는데, 3년 뒤에 모용외도 죽고 세자인 모용황이 계승했다. 고국원왕은 야심은 미천왕을 능가하지만 재능은 그에 미치지 못했다. 모용황은 야심과 재능이 아버지 모용외를 능가하는 영웅이었다. 그뿐 아니라 두 아들인 모용준·모용각과 서형庶兄인 모용한이 다들 일세의 인재들이었다.

고국원왕은 서울인 평양이 서북 경영에 부적합하다고 하여, 지금의 집안현 홍석정자산에 환도성을 새로 세우고 그리로 천도했다. 이것이 제3환도성이다. 태조 때 수성 왕자가 쌓은 제1환도성은 적국의 땅이 되었고, 동천왕이 쌓은 제2환도성도 적국에 너무 가까웠다. 그래서 '나아가서 싸우기에 좋고 물러나서 수비하기에 좋은 곳'을 서울로 정해 제3환도성을 구축한 것이다.

고국원왕이 환도성으로 천도한 사실을 들은 모용황은 고구려가 장차 북벌을 추진할 것이라고 생각하여, 먼저 고구려에 침입하여 타격을 입힐 마음을 품었다. 하지만 겉으로는 고구려를 피해 멀리 숨는 듯이 가장하여 고구려가 방비를 소홀히 하도록 만들고 싶었다. 그래서 그는 모용외 이래의 도읍인 극성을 버리고 서북쪽으로 더 나아가 용성으로 도읍을 옮겼다. 그런 뒤 신하들을 모아놓고 "고구려와 우문씨 두 나라 중에 어느 쪽을 먼저 쳐야 하겠느냐?"고 물었다.

모용한은 이렇게 대답했다. "우문씨는 비록 강성하기는 하지만 수비에 뜻을 두고 있습니다. 고구려는 그렇지 않습니다. 우문씨를 먼저 치면 고구려가 우리 뒤를 기습할 위험이 없지 아니하니, 고구려를 먼저 쳐야 합니다. 고구려를 치는 데는 두 가지 길이 있습니다. 하나는 북치北置에서 환도성으로 향하는 북로이고, 또 하나는 남협과 목저에서 환도성으로 향하는 남로입니다. 북로는 평평하고 넓은 반면에 남로는 험하고 좁아서, 고구려는 남로보다 북로를 더 엄히 방어하고 있습니다. 병력 일부를 먼저 보내 북로로 침입하는 것처럼 해놓고, 은밀히 대군을 동원해서 남로로 기습하면 환도성을 격파하기가 어렵지 않을 것입니다." 모용황은 모용한의 계책을 채택했다.

모용황의 병력이 북로로 침입한다는 소식을 들은 고국원왕은 그들의 계책을 알지 못한 채 동생인 고무高武를 보내 5만 병력으로 북로를 수비하도록 했다. 고무는 모용황의 장군인 왕부를 참수하고 병력 1만 5천 명을 전멸시켰다. 한편, 왕은 소수의 병력으로 남로를 방어하다가 모용황의 대군을 만나 대패하고 한 필의 말을 타고 도망했다. 결국 환도성이 적군에게 함락되니, 왕태후 주 씨와 왕후 아무개가 적군에게 붙잡혔다.

환도성을 얻은 모용황이 고국원왕을 쫓으려고 하자, 모용황의 장군인 한수韓壽가 이렇게 말했다. "고구려왕이 비록 패주하기는 했지만, 각 성의 구원병이 다 모여들면 충분히 대군이 될 겁니다. 또 고구려 국내에는 험한 산이 많아서 추격이 힘듭니다. 왕을 위해 계책을 세우노니, 고구려왕의 아버지 무덤을 파서 해골을 가져가고 모후와 부인을 잡아가면, 고구려왕이 죽은 아버지와 산 어머니와 산 아내를 찾기 위해서라도 어쩔 수 없이 굴복하게 될 것입니다. 그런 연후에 은혜로 어루만져 그를 움직이지 못하게 하면, 앞으로 우리의 중원 경영에 아무런 장애가 없을 것입니다." 모용황은 이 말을 좇아 국고國庫에 들어가 역대 문헌을 불사르고 모든 보물과 재물을 약탈했으며, 성곽·궁궐·민가를 죄다 파괴했다. 또 미천왕릉을 파서 시신은 물론이고, 왕태후 주 씨와 왕후 아무개를 싣고 돌아갔다.

적군은 돌아갔지만, 고국원왕은 적국에 잡혀간 죽은 아버지와 산 어머니를 찾기 위해 비굴한 언사와 두터운 예법으로 모용씨와 교류하고 중국 대륙에 대한 경영을 부득이 포기했다. 이로 인해, 고구려는 수십 년간 약국이 되고 말았다. 환도성이 세 차례 이전한 일은 상고 시대 고구려 성쇠盛衰의 역사를 분명히 설명하는 것이다.

태조 때 수성 왕자(차대왕)가 요동을 점령하고 지금의 개평 부근에 제1환도성을 세운 때가 최고의 전성기였다. 발기가 반란을 일으켜 공손씨에게 요동을 바치자, 산상왕이 지금의 환인현 부근에 제2환도성을 세웠다. 그러나 그것마저 위나라 장군인 관구검에 의해 파괴됐다. 이때는 고구려가 쇠락하는 시기였다. 미천왕이 선비족을 축출하고 낙랑·현도·요동 등의 군을 차례로 회복하며 중흥의 결실을 이루다가 중도에 죽었다. 뒤이어 즉위한 고국원왕은 제3환도성을 지금의 집안현 부근에 세웠다가 모용황에게 파괴를 당했다. 이때가 가장 약한 시대였다.

《삼국사기》에서는 이 같은 내용을 상세히 기술하지 못했지만, 〈고구려 본기〉의 지리를 조사하면 이런 내용의 대강을 이해할 수 있다. 《삼국지》에서도 "이이모(산상왕)가 새 나라를 다시 만들었다"고 했다. 이것은 제2환도성의 신축을 가리키는 것이다.

　위에 기록된 것은 《조선사략》과 《삼국사기》에 나온 것들을 초록한 것이다. 이미 약술한 바와 같이 《진서》는 당태종이 고구려를 폄하할 목적으로 거짓 기사를 위조해서 만든 책이다. 따라서 위의 내용 중에도 의심할 만한 것이 없지 않다. 예컨대 모용황이 미천왕의 묘를 파서 갖고 갔다는 이야기가 그러하다. 미천왕 때 고구려의 서울은 평양이었다. 고국원왕이 환도성으로 천도한 것은 미천왕이 죽은 지 12년 뒤였다. 역대 고구려 왕릉은 모두 도읍 부근에 있었다. 그러므로 미천왕도 죽은 뒤에 평양에 묻혔을 것이다. 환도성에 묻히지는 않았을 것이다. 따라서 환도성에 침입한 모용황이 평양에 묻힌 미천왕릉을 어떻게 파낼 수 있었으랴. 그러므로 미천왕릉을 파내서 갔다느니 하는 이야기에 대해 의심을 품지 않을 수 없다. 따라서 그 이야기에 이어서 나오는 왕태후 및 왕후의 인질 이야기도 믿기 어렵다. 다만 그 뒤 30여 년 동안 즉 모용씨가 멸망하기 이전까지는 고구려가 중국 대륙을 경영하지 못했으니, 이런 점을 보면 고구려가 모용씨에게 패해 불리한 조약을 맺은 것만큼은 명백하다.

제6편

고구려·백제의 충돌

제1장

고구려·백제 관계의 유래

1. 남낙랑·동부여의 존망과 고구려·백제의 관계[95]

고추모와 소서노라는 한 쌍의 부부가 고구려와 백제라는 남북의 두 왕국을 각각 건설한 이래로, 고구려는 북방 열국을 잠식하며 북방의 유일 강국이 되고 백제는 온조왕이 마한 50여 국가를 통일하고 진한·변한에 각각 속했던 신라·가라를 제압하여 남방의 유일 강국이 되었다는 점은 제4편과 제5편에서 서술했다. 이처럼 남과 북의 두 강국이 대치했는데 수백 년간 상호간의 접촉이 한 번도 없었던 것은 남낙랑과 동부여가 두 나라 사이에서 장벽 역할을 했기 때문이다. 그래서 고구려와 백제의 관계에 관한 역사적 사실을 설명하려면, 남낙랑과 동부여의 존망에 관한 사실부터 언급할 수밖에 없다.

　남낙랑과 동부여 열국은 고구려 대주류왕에게 정복된 뒤로 항상 고

95　제6편 제1장에는 1절만 있고 2절은 없다.

구려에 대한 원한을 품고 중국의 지원을 빌려 보복하고자 했다. 하지만 그것은 여의치 않았다. 태조 때에 왕자 수성이 한나라를 꺾고 요동과 북낙랑을 회복하자, 남낙랑과 동부여가 고구려의 위력에 눌려 꼼짝도 하지 못했으며 고구려의 신하를 자처한 백제 역시 고구려의 요구에 따라 고구려의 서쪽 정벌을 돕는 기병을 파견했다는 점은 제4편과 제5편에서 서술했다. 그런데 백제사의 연대가 축소된 탓에 고구려 태조 시대가 백제의 어느 왕 혹은 어느 시대에 해당하는지 확인할 길이 없다. 백제사의 경우에는, 초고왕 이후의 연대만 믿을 수 있다. 초고왕 32년은 고구려 산상왕 원년 즉 서기 197년이다.[96]

이때 고구려는 고발기의 난 때문에 요동과 북낙랑을 중국의 공손씨에게 빼앗겼다(제5편 제1장 참고). 그러자 남낙랑과 동부여가 고구려에 맞서 자립했다. 이 틈을 타서 남낙랑의 남부인 대방(지금의 장단군 내지 봉산군 등지)[97]에서 호족인 장 씨가 남낙랑을 배반하고 대방국을 건설했다.

백제도 이를 기회로 고구려와의 관계를 끊고 자립했다. 초고왕의 아들인 구수왕이 쳐들어오는 예족을 몰아내면서 백제의 국세는 더욱 더 강성해졌다. 고이왕은 초고왕의 동복동생이다. 234년에 구수왕이 사망하자 고이왕은 구수왕의 태자가 어리다는 점을 이용하여 왕위를 빼앗았

---

96 앞의 해설에서 설명한 바와 같이 백제는 고구려가 건국된 지 18년 뒤인 기원전 259년 이후나 215년 이후에 세워졌다. 신채호에 따르면, 《삼국사기》에 나온 백제사의 연대 중에서 비교적 믿을 수 있는 것은 초고왕 이후 즉 서기 166년 이후다. 따라서 백제 건국부터 약 400년의 역사가 《삼국사기》〈백제 본기〉에서 실종된 것이다. 이하에서는 서기 197년 이후의 이야기가 이어진다.

97 장단군은 경기도 북서부에 있었던 지방이다. 1945년 해방 이후 북한의 장풍군·판문군·개성시로 흡수되었다. 봉산군은 황해북도 서부에 있는 지방이다.

다. 이때 관구검에게 패한 고구려는 남낙랑을 기습하여 남낙랑의 옛 도읍(지금의 평양)을 탈취하고 그곳으로 천도했다. 남낙랑이 풍천원(지금의 평강·철원 사이)으로 천도하자, 고이왕은 남낙랑의 경계를 침범하고 백성들을 사로잡았다. 그러자 위나라 낙랑태수인 유무와 대방태수인 궁준이 남낙랑과 한편이 되어 동부여를 쳐서 승리하고 돌아갔다. 고이왕은 당시 백제로서는 위나라를 대적하지 못하리라 생각하고, 사로잡은 백성들을 돌려주고 화친을 요청했다. 그러나 유무 등은 듣지 않고 신라 북부의 8개국을 남낙랑에게 떼어줄 것을 요구했다. 그러자 분노한 고이왕은 진충을 보내 대방의 기리영(현재 위치 미상)을 쳐서 왕준을 베고 위나라 군대를 몰아냈다. 이를 보고 백제의 위력을 두려워하게 된 대방왕 장 씨는 자기 딸인 보과를 고이왕의 태자인 책계에게 시집보내고 백제와 함께 대對북방 공수동맹을 맺었다. 서기 286년[98]에 책계왕이 장인-사위 간의 인정과 동맹의 의리를 위해 대방을 구원하니, 이것이 고구려와 백제가 충돌하게 된 시초였다.[99]

그 뒤 고구려는 선비족 모용씨의 발흥 때문에 서북쪽 방어에 급급했다. 그래서 남쪽을 돌아볼 겨를이 없었다. 그러나 남낙랑과 동부여의 경우에는, 강성해진 백제를 시기하여 서기 298년에 진晉나라 지원군과 합

---

98 《조선상고사》 원문에는 285년으로 되어 있으나 책계왕이 즉위한 해는 286년이다. 285년은 신채호의 착오다.

99 《삼국사기》〈백제 본기〉 책계왕 편에 따르면, 286년에 고구려가 대방을 먼저 침공했다. 이때 책계왕이 대방왕과의 관계 때문에 출병을 단행함에 따라 고구려와 백제가 최초의 군사적 충돌을 벌이게 됐다. 물론 이 이전에도 고구려와 백제 사이에는 교류가 있었다. 본문의 앞부분에서 설명된 바와 같이, 백제가 고구려의 신하를 자청하고 고구려의 파병 요구에 호응한 적도 있다. 본문에서는 286년 이후의 이야기가 이어진다.

세하여 백제를 침공했다. 이때 책계왕은 전쟁터에서 날아오는 화살에 맞아 사망했다. 뒤에 옹립된 분서왕이 남낙랑의 자객에게 암살을 당하자 비류왕이 뒤이어 등장했다.

고구려 미천왕은 북쪽으로 요동과 북낙랑을 격파하고 선비족을 쫓아냈다. 이로 인해 남방 경영에 힘을 기울일 여유가 생긴 그는 남낙랑 및 대방과 싸워 멸망시켰다. 이제 그는 백제와도 결전을 치를 수 있게 되었다. 그러나 미천왕이 죽는 바람에 이 일이 유야무야되었으며 미천왕의 아들인 고국원왕이 선비족에 패했다는 점은 앞의 편에서 설명했다. 북방 경영을 포기하고 남진주의를 채택한 고국원왕이 백제를 자주 침공하다가 백제 근구수왕에게 패배하면서 드디어 남북 혈전의 국면이 생겨났다. 다음 장에서 이 점을 설명하고자 한다.

제2장

근구수왕의 무공과 고구려의 위축

(백제의 해외정벌)

1. 백제의 대방 점령과 반걸양 전투

백제 근초고왕은 처음에는 왕후 진 씨를 총애했다. 그래서 왕후의 친족
인 진정眞淨을 조정좌평朝廷佐平[100]에 임명했다. 진정은 이런 힘을 믿고 발
호하여 신하들을 억누르고 백성의 재산을 침탈하며 20년간이나 국정을
어지럽혔다.

태자 근구수는 영명하여, 마침내 진정을 파면하고 정치적 폐단을 개
혁했다. 또 대방의 장 씨로부터 항복을 받고 그 땅을 백제의 군현으로
만들었다. 그는 육군의 제도를 개량한 데 이어 해군을 창설하여 바다 건
너 중국까지 침략할 야심을 품었다.

당시 고구려 고국원왕은 환도성을 버리고 평양성으로 천도했다. 그는
선비족에게 당한 치욕을 남방에서 보상받을 생각으로 백제를 자주 침공

100 　조정좌평은 장관급인 좌평의 일원으로 지금의 법무부장관에 해당한다.

했다. 서기 369년에 그는 기병·보병 2만 명을 황·청·적·백·흑 5기旗로 나눈 뒤 반걸양半乞壤(지금의 벽란도)까지 당도했다. 그러자 근구수도 이에 맞서 출전했다.

이 일이 있기 전에 백제 국영 목장의 마부인 사기斯紀가 국마國馬의 발굽을 손상시킨 뒤 벌을 받는 게 두려워서 고구려로 달아난 적이 있었다. 그랬던 그가 고구려 군인이 되어 이 싸움에 나왔다. 비밀리에 군영을 나간 그는 근구수를 찾아가서 보고했다. "저들의 병력이 많기는 하지만, 거의 다 남의 이목을 속이고자 숫자만 채운 가짜 군사들입니다. 적기병赤騎兵[101] 하나만 용맹하니, 이것만 격파하면 나머지는 저절로 궤멸될 것입니다." 이 말을 받아들인 근구수는 정예병을 뽑아 적기병을 기습하고 고구려 군대를 쳐서 흩어지도록 만들었다. 그런 뒤 수곡성水谷城(지금의 신계新溪) 서북까지 진격하여 돌로 기념탑을 쌓고 패하浿河(대동강 상류로 지금의 곡산·상원 등지) 이남을 백제 땅으로 만들었다.

2. 고국원왕의 전사와 백제의 재령 천도

반걸양 전투 3년 뒤에 고국원왕은 빼앗긴 땅을 회복하기 위해 정예군 3만 명을 거느리고 패하를 건넜다. 근초고왕은 근구수를 보내 강의 남쪽 기슭에 복병을 숨겼다가 불의에 기습하도록 하여, 고국원왕을 죽이고 패하를 건너 그 이북을 함락했다. 그러자 고구려는 다시 국내성(지금의

---

101 《조선상고사》원문에는 적기병(赤騎兵)으로 표기되어 있지만,《삼국사기》〈백제 본기〉에는 기(騎)가 아니라 기(旗)로 표기되어 있다.

집안현)으로 천도하고 고국원왕의 아들인 소주류왕(〈고구려 본기〉의 소수림왕)을 세워 백제를 저지했다. 상한수上漢水(지금의 재령강)에 도착한 근초고왕은 황색 깃발을 세우고 열병식을 크게 거행했다. 그는 서울을 상한성上漢城(지금의 재령)으로 옮기고 북방 진출에 박차를 가했다.

《삼국사기》〈지리지〉 고구려 편에서는 고국원왕이 평양으로 천도한 사실만 기록하고 소주류왕이 국내성으로 다시 천도한 사실은 기록하지 않았다. 이 때문에 기존의 역사가들은 고국원왕 이후에는 고구려가 항상 평양 쪽에 서울을 둔 줄로 알았다. 그런데 고구려는 국내성을 고국천故國川·고국양壤·고국원原이라고 불렀다. 고국원왕의 시신이 국내성으로 천도할 때에 그곳에 매장됐기 때문에 고국원왕이라는 칭호가 나온 것이다. 이것은 이때 고구려가 국내성으로 도읍을 옮겼다는 첫째 증거가 된다. 또 광개토경평안호태왕의 비문에 따르면, 평안호태왕은 국내성에서 성장하여 국내성 부근에 매장된 게 명백하다. 이것은 평안호태왕 이전에 국내성으로 다시 도읍을 옮겼다는 둘째 증거가 된다.[102] 이 같은 국내성 천도는 백제의 침략을 피하기 위함이었다.

한편,《삼국사기》〈백제 본기〉에서는 "근초고왕이 고구려 평양을 빼앗은 뒤, 물러나서 한성에 도읍을 두었다"고 했다. 〈지리지〉에서는 한성을 남南평양으로 불렀다.《삼국사기》에는 이 외에도 한성을 고구려 남평양으로 부른 곳이 몇 군데 있다.

그런데 고구려는 장수왕 때에 지금의 한성을 한 차례 함락했을 뿐이다. 그 이전에는 이곳이 몇 년 몇 월에 고구려 땅이 되었다는 기록이 전무하다. 따라서 북평양은 북낙랑 즉 요동의 개평·해성 등지이고 남평양

---

102   고국원태왕에 이어 소수림태왕·고국양태왕이 나온 뒤에 광개토태왕이 등장했다.

은 지금의 평양이다. 이것은 근초고왕 부자가 빼앗은 평양이 지금의 한성이 아니라 지금의 평양이라는 첫째 증거가 된다.

《삼국사기》〈지리지〉에 따르면, 중반군(지금의 재령)의 또 다른 이름은 한성이었다. 따라서 백제가 평양을 격파하고 북진하여 지금의 재령에 도읍을 설치했다고 보면, 사리에 부합한다. 만일 근초고왕이 빼앗은 평양이 지금의 한성이라면, "고구려 평양을 빼앗아 도읍으로 삼다"라고 하거나 "고구려 한성을 빼앗아 도읍으로 삼다"라고 하지 않고 "고구려 평양을 빼앗은 뒤, 물러나 한성에 도읍을 두었다"라고 기록할 이유가 있었을까? 이는 근초고왕이 빼앗은 평양이 한성이 아니라 지금의 평양이라는 두 번째 증거가 되는 것이다.

〈백제 본기〉에서는 근초고왕이 도읍을 둔 한성 부근에 한수漢水와 청목령靑木嶺 같은 지명이 있었다고 했다. 그래서 어떤 사람은 한수를 지금의 한강으로 보고, 청목령을 지금의 송악으로 본다. 하지만 고대에는 도성을 옮길 때 그 부근의 지명도 함께 옮기는 것이 일반적이었다. 따라서 한수와 청목령 등은 근초고왕이 천도할 때에 함께 옮긴 지명이지 지금의 한강과 송악은 아니다. 원래 백제에는 세 개의 한강이 있었다. 첫째는 지금의 한성 부근에 있는 '한강漢江'이고, 둘째는 위에서 설명한 재령 한성의 '월당강月唐江'이고, 셋째는 훗날 문주왕이 천도한 직산 위례성(한성과 가까운 지금의 양성陽城)의 '한내'였다. 이 책에서는 구별의 편의를 위해, 첫째는 중中한수 및 중한성으로, 둘째는 상上한수 및 상한성으로, 셋째는 하下한수 및 하한성으로 부르기로 한다.

| 깊이 읽기 |

《삼국사기》에 나타난 백제의 활동 영역

백제에 대한 한국인들의 인식은 기본적으로 《삼국사기》〈백제 본기〉에 기초한 것이다. 여기서 형상화된 백제의 모습은 경기도·충청도·전라도에 국한된 소국의 이미지다. 하지만 신채호가 규명한 바에 따르면 백제는 황해도 재령에도 도읍을 둔 적이 있다. 또 본문에서 소개하겠지만 중국 역사서인 《송서宋書》·《양서》·《남사》에 따르면 백제는 한때 북중국에도 영토를 둔 적이 있다.

이뿐 아니라 백제가 남중국까지 진출했다는 점이 《삼국사기》에 수록된 최치원의 글에서도 나타난다. 《삼국사기》〈최치원 열전〉에 따르면 최치원은 당나라에 보낸 글에서 "고구려와 백제의 전성기에는 강병 백만을 보유하여, 남으로 오월을 침범하고 북으로는 유·연·제·노를 흔들어 중국의 골칫거리가 되었습니다"라고 했다. 오월이란 곳은 지금의 상하이와 양자강 이남의 중국 강남 지방을 지칭한다. 이곳을 침범한 나라는 최치원의 글에 언급된 바와 같이 해상강국 백제였다.

백제는 가야·탐라 같은 해상강국들과 함께 동아시아 해역을 지배한 나라였다. 백제·가야·탐라의 해상 세력은 이들 국가가 망한 뒤에도 계속해서 동아시아 해역을 지배했다. 당나라 때 상하이 앞바다의 주산열도에 설치된 바닷사람들의 기지가 신라방이나 신라번으로 불린 것도 바로 그 점을 보여준다. 신라방이나 신라번은 바다에 약한 신라인들이 만든 게 아니라, 백제·가야·탐라 멸망 뒤에 신라 국적을 갖게 된 백제·가야·탐라 유민들이 만든 것이었다. 신라 중심의 역사관에서 벗어나고 중국 대륙 중심의 역사관에서 벗어나면, 백제란 나라의 활동 범위가 얼마나 넓었으며 한민족의 해상 활동이 얼마나 광범위했는지를 알게 될 것이다.

3. 근구수왕 즉위 이후의 해외경략

근구수왕은 서기 375년에 즉위하여 10년간 재위했다. 그는 고구려와의 관계에서는 겨우 한 차례 평양을 침공했다. 하지만 그는 바다를 건너 중국 대륙을 경략하여 선비족 모용씨의 연나라와 부씨의 전진前秦을 정벌하여 지금의 요서·산동·강소·절강 등지의 광활한 영토를 확보했다. 이런 이야기가《삼국사기》〈백제 본기〉에는 없지만,《양서》및《송서》에서 "백제가 요서군·진평군을 빼앗았다"라고 하고,《자치통감》에서 "부여는 처음에는 녹산鹿山에 거점을 두었지만, 백제에 패배한 뒤 서쪽으로 옮겨가 연나라에 가까워졌다"라고 한 것이 그 점을 증명한다.

근구수는 근초고왕의 태자로서 아버지를 대신해서 군사와 국정의 대권을 처리했다. 그는 침입한 고구려를 격퇴한 뒤 반격에 나서 지금의 대동강 이남을 병합했다. 이후 해군을 확충하여 바다 건너 중국 대륙을 침입했다. 그는 모용씨를 쳐서 요서 지방과 북경을 빼앗고 요서·진평 2군을 설치했다. 또 녹산 즉 지금의 하얼빈까지 들어가서 부여 수도를 점령했다. 이 때문에 북부여는 지금의 개원開原으로 천도하게 됐다. 모용씨가 망한 뒤 지금의 섬서성에서 전진왕 부견이 강성해지자, 근구수는 지금의 산동 등지를 자주 정벌하여 전진을 곤란하게 만들었다. 또 남쪽으로

| 깊이 읽기 |

중국 사서에 등장하는 백제

백제가 중국 땅을 지배했다는 점은 중국 역사서에서도 잘 증명된다. 본문에 언급된 《양서》와 《송서》 외에 《남사》의 〈이맥 열전〉에서도 "고구려가 요동을 빼앗자, 백제도 요서·진평 2개 군을 소유하고 직접 백제군을 두었다"고 했다. 《양서》는 당나라 때인 629년에 편찬된 양나라의 역사서이고, 《송서》는 남북조 시대인 488년에 편찬된 유송劉宋의 역사서이며, 《남사》는 당나라 때인 659년 이후에 편찬된 남쪽 왕조 즉 유송·남제·양나라·진陳나라의 역사서다.

한국 역사서도 아닌 중국 역사서에서 백제의 중국 지배를 인정했는데 한국 역사학계에서는 이 사실을 공식적으로 인정하지 않는다. 그런데 그 부인의 근거가 좀 이상하다. 실증을 중시할 뿐아니라 소신이 강한 역사학자라는 평가를 받는 김한규의 《한중관계사 I》(아르케, 1999)에서조차 별다른 근거 없이 백제의 중국 지배를 부정하고 있다. 이 책 175쪽에 이런 내용이 있다. "정사正史에 여러 차례 등장하는 사실史實을 단정적으로 부정하거나 무시하기도 어려운 일이지만, 백제가 점유하고 있었다는 진말晉末의 요서는 선비 모용씨에 의해 점유되어 있었기 때문에 백제가 요서에 군현을 보유하였다는 정황적 개연성이 높지 않을 뿐만 아니라 진평이군晉平二軍 혹은 '진평군 진평현晉平郡晉平縣'의 소재를 확인하기 어렵고, 요서 점유의 당사자인 백제와 북조의 사서나 사료에 전혀 기록되어 있지 않은 까닭에, 이 백제 요서 점유설은 합리적으로 이해하기가 결코 쉽지 않다."

김한규는 '진나라 말기에는 선비족 모용씨가 요서를 점령하고 있었기 때문에 백제가 요서에 군현을 두었을 리 없다'고 기술했다. 하지만 어디까지를 요서 지방이라고 하며 선비족이 항상 요서 전역을 지배했는지에 관한 명확한 사실 확인도 없이 백제의 중국 지배를 그냥 막연하게 부인하고 있다는 점에 주목할 필요가 있다. 백제가 중국을 지배했다는 점은 백제도 아닌 중국의 역사서에 엄연히 기록되어 있다. 중국은 자국의 역사는 과장해도 남의 역사는 과장해 주지 않는다. 따라서 백제가 중국 요서 지방을 점령했다는 것은 분명한 사실이다. 따라서 이것을 부정하려면, 보다 더 확실한 반증을 제시해야 한다. 단순한 추정만으로 확실한 증거를 부정하는 것은 올바른 학자의 자세가 아니라고 생각할 수밖에 없다.

　　백제나 북중국의 역사서에 이 사실이 기록되지 않은 이유도 얼마든지 이해할 수 있다. 백제 역사서인 《삼국사기》〈백제 본기〉를 기록한 김부식은 기본적으로 백제를 폄하하기 위한 의도에서 백제 역사를 기술했다. 또 침략을 받은 당사자인 북조 즉 북중국 왕조의 역사서에 이 사실이 기록되지 않은 이유도 얼마든지 이해할 수 있다. 이민족에게 침략당한 사실을 가급적 숨기는 태도는 중국 역사서에서 쉽게 찾아볼 수 있다.

　　어떤 역사학자들은 '침략을 받은 당사자가 아닌 남중국 왕조들의 역사서에 백제의 북중국 점령 사실이 나타난 것은 남중국 왕조들이 북중국 왕조들을 폄하하려는 의도를 보여주는 것'이라는 추론을 내놓는다. 하지만 《남사》나 《양서》는 남중국 왕조의 역사서이기는 하지만, 이 책들은 중국 전역이 통일된 당나라 때 편찬됐다. 당나라는 북중국을 계승한 통일 왕조였다. 따라서 남중국 왕조가 북중국을 폄하할 목적으로 백제의 북중국 점령을 역사서에 기록해 놓았다는 일부 학자들의 주장은 타당성을 상실할 수밖에 없다.

무엇보다 중국 역사서에 엄연히 기록된 역사적 진실을 부정하려면 훨씬 더 강력한 증거를 제시하지 않으면 안 된다. 중국 역사서에 기록된 중국의 한국 침략 사실은 무조건 믿으면서 중국 역사서에 기록된 한국의 중국 침략 사실은 "설마" 하며 믿지 못하는 것은 역사학자로서의 공정한 자세가 아니다.

그런데 북중국을 계승한 당나라가 이런 사실을 역사 기록에 남긴 이유는 무엇일까? 또 당나라 때 편찬된 《남사》나 《양서》에는 백제의 중국 진출이 기록된 데 비해 같은 당나라 때 편찬된 《진서》 등에는 이런 사실이 기록되지 않은 이유는 무엇일까? 이 점에 관해서는 본문에서 신채호가 직접 대답할 것이다.

는 지금의 강소·절강 등을 보유한 진晉나라를 쳐서 어느 정도의 지역을 빼앗았다. 그래서 여러 역사서에 그의 중국 진출에 관한 사실이 기록될 수 있었던 것이다.

그럼, 《진서》·《위서》·《남제서》에서 이런 사실을 빠뜨린 이유는 무엇일까? 중국 사관들은 국치를 숨기는 못된 습관을 갖고 있다. 중국에 들어간 모용씨의 연나라나 부씨의 전진이나 탁발씨의 위나라나 요나라·금나라·원나라·청나라 같은 경우는, 중국인 자신들이 자기네의 역대 제왕으로 인정했기 때문에 그들의 업적을 있는 그대로 기록했지만 그 외의 경우는 거의 다 삭제했다.

당태종은 백제와 고구려를 압박할 때 장병들을 격려할 목적으로, 중국이 두 나라의 침입을 받은 사실을 없애고 중국에 있었던 두 나라 영토의 절반이 본래 중국 것이었던 것처럼 조작했다. 《진서》는 당태종이 직접 저작에 개입한 책이므로, 백제 근구수왕이 중국에 대해 거둔 전공이 빠질 수밖에 없었다. 《위서》나 《남제서》 같은 것은 당태종 이전의 서적이므로 이 역시 근구수왕의 서방 정복을 의도적으로 삭제했을 것이다. 다만 《양서》나 《송서》에 나오는 '백제가 요서를 빼앗았다'는 문장은 기록 자체가 너무 간단하고 사실 관계도 매우 소략하므로 당태종이 우연히 이런 기록에 주목하지 못해 후세에 그대로 전해졌을 것이다.

그럼, 〈백제 본기〉에서는 어떤 이유로 이런 사실을 빠뜨렸을까? 이는 신라가 백제를 증오했기 때문일 것이다. 그래서 일부러 이런 사실을 뺐을 것이다. 일부러 뺀 게 아니라면, 후세에 사대주의가 성행한 탓에 중국 역사서에 기록된 범위에서만 조선의 중국 침략 사실을 인정하다 보니 그 외의 것들은 삭제하게 되었을 것이다.

근구수왕의 무공에 관한 기록만 삭제된 게 아니라, 문화 방면에 관한 그의 업적도 많이 삭제됐다. 근구수왕은 10여 년간은 태자로, 10년간은 대왕으로 백제의 정권을 잡았다. 그런데 〈백제 본기〉에 적힌 근구수왕의 문화적 사업은 박사 고흥을 기용해서 백제 역사서인 《백제서기》를 지은 것 한 가지뿐이다.

나는 일본 역사에 나오는 성덕태자(쇼토쿠 태자_옮긴이)의 업적은 거의 다 근구수왕의 것을 훔친 것이라고 생각한다. 근구수近仇首의 근近은 '건'으로 발음됐다. 또 백제 때는 성聖이 '건'으로 발음됐다. 따라서 근초고·근구수·근개루의 '근'은 다 성聖을 뜻한다. 근구수의 구수仇首는 '구수'로 발음된다. 구수는 마구馬廏(마구간_옮긴이)를 가리킨다. 일본 성덕태자의

'성덕'이란 칭호는 '근구수'의 근近에서 딴 것이다. 성덕태자가 마구간 옆에서 탄생했기에 구호廄戶라는 이름이 붙었다고 했으니, 이는 근구수의 구수를 본뜬 것이다. 이로써 미루어 볼 때, 성덕태자가 헌법 17개 조를 제정했다고 한 것과 불법佛法을 수입했다고 한 것은 근구수왕의 공적을 흠모한 일본인들이 그의 공적을 본떠 성덕태자 전기에 넣었음을 보여주는 것이다.

《삼국사기》에 따르면, 백제 침류왕 원년 9월[103]에 서역 승려인 마라난타가 "진晉나라에서 왔다"고 했다. 역사가들은 이를 근거로 백제가 불교를 수입한 시점을 침류왕 원년으로 잡고 있다. 그런데 《삼국사기》에서는 이전 임금의 말년을 새로운 임금의 원년으로 삼곤 했다. 그래서 이전 임금 말년에 일어난 사건을 새로운 임금 원년에 일어난 사건으로 잘못 기록한 예가 허다하다. 이 문제는 별도로 논의하고자 한다. 《삼국사기》의 이 같은 습관에 따르면, 마라난타가 백제에 들어온 해는 근구수왕 말년이지 침류왕 원년이 아니었다.[104]

---

103   양력 384년 10월 1일부터 10월 30일까지.

104   근구수왕은 재위 10년째 되는 해의 4월에 사망했다. 서기로 치면 384년 5월 7일에서 6월 4일 사이에 사망했다. 불교가 백제에 들어온 해는 384년 5월 7일 이전 혹은 6월 4일 이전이거나 아니면 383년일 것이라는 게 신채호의 판단이다. 《삼국사기》 〈백제 본기〉에는 근구수왕의 군사적 업적 가운데서 일부만 기록되어 있지만, 침류왕의 업적으로 알려진 불교 수입에 더해 법률 제정 같은 문화적 업적도 근구수왕의 성과일 것이라는 게 신채호의 추론이다.

제3장
광개태왕[105]의 서진 정책과 선비족 정복

1. 광개태왕 서토남정의 개시

서기 384년에 백제 근구수왕이 사망하고 장자인 침류왕이 왕위를 계승
했다. 2년 만에 침류왕이 사망하자 차남인 진사왕이 즉위했다. 진사왕
은 어릴 적부터 총명하고 용맹한 것으로 유명했다. 그러나 천성적으로
호탕했던 그는 근구수가 성취한 강국의 위세만 믿고 인민을 함부로 혹
사했다. 그는 지금의 개성인 청목령에서부터 위쪽으로 지금의 곡산인
팔곤성까지 성책을 쌓은 뒤 서쪽으로 꺾어 서해까지 천여 리의 장성을
쌓아 고구려를 막았다. 또 서울에는 백제 건국 이래 최고라 할 수 있는
궁궐을 매우 장엄하게 쌓았다. 큰 연못을 파서 각종 어류를 기르고 연못
중앙에 인공 산을 만들어놓고 그곳에 기이한 동물과 특이한 풀을 심었
다. 그런 뒤 그곳에서 도를 넘는 오락을 즐겼다. 그러니 인민들이 원한을

---

105   신채호는 광개토태왕의 동의어로 광개태왕을 사용했다.

품지 않을 수 없었다. 거기다가 해외의 영토를 적에 다 빼앗기는 바람에, 짧은 시간에 국세도 크게 쇠약해졌다.

고구려 고국양왕은 진사왕과 동시대 인물이다. 고국양왕은 부왕[106]이 죽임을 당한 한恨과 영토를 빼앗긴 수치를 갚기 위해 항상 백제를 벼르고 있었다. 당시 선비족 모용씨가 전진에 의해 망한 뒤로 전진왕 부견이 강성함을 자랑하고 있었다. 그런 부견이 90만 병력으로 동진을 쳤다가 대패했다. 이를 기회로 고국양왕은 요동·낙랑(북낙랑)·현토군 등을 다 회복했다.

이때 모용씨에서 나온 모용수란 자가 지금의 직예성을 근거로 천왕天王의 자리에 오르고 국호를 다시 연(후연_옮긴이)이라 하고 세력을 회복했다. 모용수는 군대를 동원해서 자주 요동을 공격했다. 한편, 몽골 등지의 과려족(《삼국사기》의 거란족)이 강성해진 뒤에 고구려의 신성 등지를 침략했다. 그래서 즉위 이후의 고국양왕은 모용수와 싸워 요동을 회복하고 과려족을 쫓고 북방 변경을 지키기에 바빴다. 그래서 남방을 공격할 겨를이 없었다.

고국양왕의 태자인 담덕 즉 훗날의 광개토경평안호태왕은 영민하고

---

106 《조선상고사》 원문에는 '조왕(祖王)' 즉 조부라고 했다. 고국양왕의 할아버지는 미천태왕이다. 미천태왕은 백제에 의해 목숨을 잃지 않았다. 미천태왕의 아들이자 고국양태왕의 아버지인 고국원태왕 때에 미천태왕의 시신을 선비족 국가인 전연(前燕)의 모용황에게 빼앗긴 적이 있을 뿐이다. 백제군에게 목숨을 잃은 왕은 미천태왕이 아니라 고국양태왕의 아버지인 고국원태왕이었다. 그래서 본문의 조왕을 부왕으로 고쳤다. 고국원태왕을 계승한 것은 아들인 소수림태왕이었고 소수림태왕을 계승한 것은 동생인 고국양태왕이다. 고국원태왕이 고국양태왕의 전전(前前) 태왕이기 때문에, 신채호가 두 사람의 관계를 부자 관계가 아닌 조손 관계로 착각한 것 같다.

용맹했다. 군사를 맡은 그는 항상 귀신처럼 빠른 전략으로 백제군을 기습하여 석현성 등 10여 성을 회복하는 성과를 거두었다. 누차 대패를 거듭한 진사왕은 결국 한강 남쪽의 위례성(지금의 광주 남한南漢)으로 천도했다. 진사왕은 담덕의 군사 행동이 무서워서 감히 전쟁에 나서지 못했다. 이로 인해 중한수中漢水 즉 지금의 한강 이북 지역은 거의 다 고구려의 소유가 됐다. 관미성 즉 지금의 강화도는 예나 지금이나 천연적인 요새로 알려진 곳이다. 이 역시 담덕의 해군에 의해 함락됐다.

《삼국사기》에는 위와 같은 전쟁이 기록된 데 반해 광개토경평안호태왕의 비문에는 이런 내용이 기록되지 않았다. 그 이유는 무엇일까?《삼국사기》는 본래 고대 기록에 의거한 것이다.[107] 그런 기록들이 지금은 전해지지 않지만, 역사서들에 인용된 문장들을 볼 때 그런 기록이 편년체가 아니라 기전체임을 알 수 있다. 기전체는 연대를 확인하기 곤란하다.[108] 그런데 김부식은 그런 기록을 토대로《삼국사기》를 집필하면서, 연대를 착실히 조사하지도 않은 채 각 왕의 연대에 사실 관계를 아무렇게나 배분했다. 예컨대 그는 법흥왕 원년의 사건인 아라가야의 멸망을 진흥왕 37년의 사건으로 만들었다. 또 석현성 등의 회복과 과려족의 격퇴는 고국양왕 말년에 훗날의 광개토경평안호태왕인 태자 담덕이 이룩한 성과인데도, 이것을 태자 담덕이 왕이 된 뒤에 이룩한 성과인 것처럼 잘못 기록했다.《삼국사기》를 읽을 때는 이런 것들을 잘 판별해야 한다.

---

107 《조선상고사》의 전체 맥락을 고려할 때, 이 문장은 '《삼국사기》는 중국의 역사서와 고대 한국의 사료에 근거한 역사서다'라는 의미로 이해되어야 한다.

108 편년체는 '어느 왕 몇 년 몇 월에 무슨 일이 있었다'는 식으로 기록된 데 반해, 기전체는 어느 인물이나 어느 외국을 중심으로 기록됐다. 따라서 편년체와 달리 기전체 기록에서는 연대를 파악하기가 상대적으로 어려울 수밖에 없다.

2. 광개태왕의 과려족 원정

고국양왕의 뒤를 이어 태자 담덕이 태왕의 보위에 오른 뒤에도 과려족
은 계속해서 변경의 걱정거리였다. 담덕은 즉위 5년 뒤인 서기 359년에
원정군을 이끌고 파부산과 부산負山을 지나 염수에 가서 600에서 700개
의 부락을 쳐부수고 소·말·양떼를 포획한 뒤에 귀환했다.《수문비사修
文備史》에 의하면 파부산은 음산산맥[109]의 와룡이고, 부산은 지금의 감숙
성 서북에 있는 아랍선산이라고 한다. 염수와 관련하여,《몽고지지蒙古地
誌》에 의하면 그곳에는 염분이 함유된 호수나 강이 많으며, 아랍선산 밑
의 길란태라는 염수에는 물가에 항상 2척에서 6척까지의 소금 덩어리가
응집되어 있다고 한다. 이로써 태왕의 족적이 지금의 감숙성 서북까지
미쳤음을 알 수 있다. 이는 고구려 역사상 가장 먼 원정이었을 것이다.

　위의 원정에 관한 기록은《삼국사기》〈고구려 본기〉에는 없고 광개토
경평안호태왕의 비문에만 실려 있다. 어떤 이들은 비문에 나오는 과려
족이 〈고구려 본기〉에 나오는 거란족이 아닌가 하고 생각한다. 하지만
거란족은 선비족의 후예이고 태왕 시대의 선비족은 모용씨나 우문씨 등
으로 불렸기 때문에, 이 시대에는 거란족이란 명칭이 나올 수 없었다. 그
러므로 〈고구려 본기〉에 거란족이 나오는 것은, 후세 역사가들이 거짓
으로 과려족을 거란족으로 고쳤기 때문이다. 과려족이 거란족이 아니면
어떤 종족일까?《위서》나《북사》에 의하면 흉노족의 후예인 연연蠕蠕이
란 종족이 지금의 몽골 등지에 분포했으며 그들이 한때 강성했다고 한
다. 과려나 연연은 자음字音이 '라라'이므로, 과려족은 흉노족의 후예다.

109　지금의 중국 내몽골자치구에 있는 산맥.

3. 광개태왕의 왜구 격퇴(백제의 천도)

왜倭는 일본의 원래 명칭이다. 지금 일본에서는 왜와 일본을 구분한다. 왜는 북해도(홋카이도_옮긴이)의 아이누족이고 일본은 대화족大和族이라고 한다. 그러나 일본어에서 화和와 왜倭가 발음상으로 동일하므로[110] 일본이 곧 왜라는 것은 명백하다. 근세에 들어 일본인들은 조선 역사서나 중국 역사서에 나오는 '왜'가 문화도 없고 흉포한 야만족이라는 점을 부끄럽게 생각하기 시작했다. 그래서 화和란 고유명사를 별도로 만든 것이다. 하지만 이것은 실상은 '왜'와 같은 것이다.

왜는 백제 건국 이후에도 무지몽매한 나라였다. 일본의 세 개 섬에서 고기잡이와 사냥으로 생활했을 뿐, 아무런 문화도 갖지 못했다. 그러다가 백제 고이왕이 왜를 교도하고 의류 제작과 농경을 포함한 제반 기술을 가르쳐주었다. 또 박사 왕인을 보내 《논어》와 《천자문》을 가르쳤다. 또 '백제 가명假名' 즉 백제의 이두를 본떠 '일본 가명(가나)' 문자란 것을 만들어주니, 이것이 이른바 일본문자가 되었다. 왜는 백제의 교화를 받고 백제의 속국이 되었지만, 천성적으로 침략을 좋아했기 때문에 도리어 백제를 침략했다. 이것이 진사왕 말년에는 더욱 더 심했다.

백제는 석현성 등 10여 지역을 고구려에 빼앗긴 것을 통탄스럽게 여겼다. 그래서 광개태왕 원년인 391년에 왕목과 진무를 보내 고구려에 빼앗긴 땅을 기습하는 한편, 왜와 친교를 맺고 대對고구려 동맹을 체결했다. 그러자 광개태왕 5년인 395년에 태왕은 과려족 원정을 마치고 돌

---

110 화(和)가 '일본'을 가리킬 때는 와(わ)로 발음된다. 왜(倭)가 '일본'을 가리킬 때도 와(わ)로 발음된다.

아오는 길에, 수군을 보내 백제의 연해·연강沿江 지역인 일팔성·구모로성·고모야라성·관미성을 함락하고 육군을 보내 미추성·야리성·소가성·대산한성 등을 함락했다. 또 그는 직접 갑주를 두르고 지금의 월당강인 아리수를 건너 백제 군사 8천여 명을 베었다. 곤경에 빠진 백제 아신왕은 동생 한 명과 대신 열 명을 볼모로 보내고 남녀 1천 명과 가는 비단 1천 필을 바쳤다. 또 '노객奴客'의 맹서盟誓(신하를 자처하는 서약서_옮긴이)를 쓴 뒤 고구려를 피해 지금의 직산인 사산虵山으로 천도하고 신新위례성이라고 불렀다.

그 후 고구려가 북방 선비족과 전쟁을 벌일 때마다 백제는 맹약을 파기하고 왜군과 힘을 합쳐 고구려에 빼앗긴 땅을 침입했다. 또 신라가 고구려와 한편이 된 것에 분개하여 왜군을 앞세워 신라를 침략했다. 그러나 태왕은 귀신처럼 빠른 군대 운용으로, 북으로 선비족을 치는 동시에 백제의 기선을 제압하고 왜군을 기습했다. 태왕이 신라를 구원하고자 지금의 고령인 임나가야에서 왜군을 대파하자, 신라 내물왕은 직접 태왕을 알현하고 예의를 갖추기까지 했다. 태왕은 407년에는 지금의 대동강에서 해전을 벌여 가장 절묘한 전공을 세웠다. 왜군 수만 명을 전멸시키고 1만여 개의 갑주와 수많은 군사 물자 및 병장기를 획득한 것이다. 이때부터 일본은 고구려가 무서워서 복종하고 다시는 바다를 넘어오지 못했다. 이로 인해 고구려의 남방은 오랫동안 평온했다.

4. 광개태왕의 환도성 천도와 선비족 정복

태왕은 야심이 넘치고 군사 전략이 출중한 동시에, 동족에 대한 사랑도 많았다. 백제를 공격한 것도 백제가 일본과 동맹을 맺었기 때문이지, 영토를 탈취하고자 했기 때문이 아니었다. 태왕의 유일한 목적은 북방의 강력한 선비족을 정벌하여 지금의 봉천성과 직예성 등지를 소유하는 것뿐이었다. 그래서 그에게 남방과의 전쟁은 소극적 의미밖에 없었고, 북방과의 전쟁만이 적극적 의미를 띠었다.

태왕은 지금의 개평 부근에 있었던 제5도읍인 안시성으로 천도한 뒤, 선비족 모용씨와 10여 년간 전쟁하면서 항상 상대의 허점을 이용해 선비족 군대를 기습적으로 격파했다. 요동 땅에서부터 지금의 영평부인 요서까지 차지하니, 불패의 명장으로 불리던 후연왕 모용수도 패퇴하지 않을 수 없었다. 뒤를 이은 후연왕 성盛과 희熙 같은 중국 역사상의 대大영웅들도 다들 꺾이고 말았다. 그래서 그들은 수천 리의 영토를 고구려에 내줄 수밖에 없었다. 광개토경평안호태왕은 그 존호처럼 광대한 영토를 개척했다.

그런데 《진서》에서는 "고구려왕이 연나라(후연_옮긴이) 평주의 숙군성을 침략하자 평주자사 모용귀가 도주했다"라고 한 것을 빼고, 그 외에는 항상 후연이 승리한 것처럼 기록했다. 왜 이랬을까? 《춘추》에서 북적北狄이 위나라를 멸망시킨 사실을 기록하지 않은 것처럼, 외부와의 전쟁에서 패한 사실을 숨기는 것은 중국 사관들의 습성이다. 사실, 모용씨의 후연이 망하고 탁발씨의 북위가 강해진 것도 태왕이 후연을 친 것과 직접적인 관계가 있다. 또 동진의 유유劉裕가 일어나 선비족과 강족을 꺾고 또 유송劉宋의 고조가 황제가 될 기반을 닦은 것도 태왕이 후연을 친 것과 간접적 관계가 있었다. 그런데도 그들이 완고한 습성을 고수하느라 사실을 사실대로 쓰지 않았기 때문에, 서기 5세기 초반에 중국 정세가 바뀐 실제 원인이 은폐된 것이다.

광개토경평안호태왕의 비문은 태왕의 혈통을 이어받은 제왕이 작성한 것이라는 점에서 《진서》보다 더 신뢰성이 높다. 그런데 선비족 정벌에 관한 내용이 한 구절도 기재되지 않은 이유는 무엇일까? 나는 예전에 태왕의 비석을 구경하기 위해 집안현에 간 적이 있다. 그곳 여관에서 만주족인 영자평이란 소년을 만났다. 그와의 필담에서 나온 비석에 관한 이야기는 아래와 같다.

　"비석은 오랫동안 풀 속에 묻혀 있었다. 그러다가 최근에 영희(만주족)가 이것을 발견했다. 그 비문에서 고구려가 영토를 빼앗은 부분은 모두 다 칼과 도끼로 도려내져 있었다. 그래서 식별 가능한 문구가 많이 사라진 상태였다. 그 뒤 일본인이 이것을 차지한 뒤 영리를 위해 비문을 탁본해서 팔았다. 이때 문구가 깎인 곳을 석회로 바르다 보니, 더욱 더 식별할 수 없게 되었다. 그러다 보니 진짜 사실은 삭제되고 위조된 내용이 첨부됐을지 모른다는 느낌이 없지 않았다."

　그렇다면, 태왕이 선비족을 정복한 전공이 비문에 없는 것은 그런 내용이 삭제됐기 때문일 것이다. 여하튼 태왕이 평주를 함락한 뒤 선비족의 쇠락을 틈타 계속 진격했다면, 태왕이 개척한 영토는 그 존호 이상으로 넓어졌을 것이다. 그러나 앞서 말한 바와 같이 태왕은 동족을 사랑하는 사람이었다. 후연 신하인 풍발이 후연왕 모용희를 죽이고, 후연에서 벼슬하던 고구려왕 후손 고운을 북연의 천왕으로 옹립하고 태왕에게 보고했을 때였다. 태왕은 "이는 동족이니 싸울 수 없다"면서 사신을 보내 즉위를 축하하고 촌수를 따져 종족 간의 도리를 정하고 전쟁을 그쳤다. 이로써 태왕의 서진 정책은 종언을 고했다. 태왕은 백제 근구수왕이 즉위하기 전년인 374년에 태어나서 391년에 즉위하고 412년에 죽었다. 향년 39세였다.

광개토경평안호태왕릉의 비문은 지금의 봉천성 집안현 북쪽 2리쯤에 있다. 높이는 약 21척이다. 서기 ○○○○년에 만주족인 영희가 발견해서 (영희가 처음 탁본을 입수한 것은 1903년이다) 탁본해 보니 비문에 빠진 글자가 많았다. 그 뒤 일본인이 비석을 입수한 뒤 탁본하여 판매했다. 이때는 빠진 글자를 석회로 발라 덧붙였다. 학자들은 그것의 실제 모습이 사라진 것을 안타까워하고 있다.

제4장

장수태왕의 남진 정책과 백제의 천도

1. 기존 전략을 수정한 장수태왕

서기 412년에 장수태왕이 광개태왕의 뒤를 이어 즉위하고 491년에 사망
했다. 재위 기간은 79년간이었다. 이 79년간은 조선 정치사에서 가장 큰
변화가 일어난 시기다. 무슨 변화일까? 고구려 역대 제왕들은 서진西進
주의나 서남西南동시공략주의를 썼다.[111] 서수남진주의西守南進主義(서쪽
을 방어하고 남쪽을 공격하는 전략_옮긴이)를 쓴 것은 장수태왕 때부터다.
이로 인해 남방의 삼국은 고구려에 맞서 공수동맹을 맺게 되었다. 당시,
남방의 백제는 이미 강성해져 있었고 신라와 가야도 점차 강성해지고

---

[111] '서진'이란 표현이 원문에는 '북진'으로 되어 있다. 신채호는 고구려가 몽골이나 중
국을 공격하는 것을 북진이라고 했다. 하지만 고구려의 입장에서 볼 때 그것은 서
진이나 서남진이었다. '북진'이란 표현은 한반도 남부에 사는 사람의 관점을 반영
한 것일 뿐이다. 그래서 이 글에서는 '북진' 대신 '서진'으로, '남북'은 '서남'으로, '북
수남진'은 '서수남진'으로 표기했다.

있어서 옛날과 비교할 수 없었다. 그래서 고구려의 정치가라면, 남방을 돌아보지 않을 수 없었다. 하지만 광개태왕은 이민족인 한족·선비족·과려족 등은 정복했지만, 동족 여러 나라는 고구려의 깃발 아래 자연스레 무릎을 꿇도록 하였다. 장수태왕은 이런 정책이 위험하다고 생각했다. 동족을 먼저 통일하고 이민족과 싸우는 게 옳다고 본 것이다. 그래서 광개태왕의 정책을 변경하고 평양으로 천도함으로써 남진주의를 표방하게 된 것이다.

이때 후연 신하 풍발은 후연왕 모용희를 죽이고 고구려 왕족의 방계인 고운을 북연 황제로 세움으로써 광개태왕의 공격을 피했다. 그러나 오래지 않아 풍발은 고운을 죽이고 스스로 천왕天王을 자처했다. 다음 대인 풍홍 때는 선비족 별종인 탁발씨가 지금의 산서 등지에서 북위를 세운 뒤로 나날이 강성해졌다. 탁발씨가 황하 이북을 거의 다 차지한 뒤 병력을 보내 북연을 치자 풍홍의 영토는 날로 줄어들었다. 견디기 힘들어진 풍홍은 고구려에 사신을 자주 보내 구원을 요청했다. 장수태왕은 서수남진이라는 확고한 전략을 갖고 있었기에, 북위와 사이가 나빠지는 것을 원치 않았다.

북연은 후연의 모용희 이래로 백성을 착취하여 궁궐과 정원을 매우 장엄하게 조성했을 뿐 아니라, 궁중에 보물과 미인을 수없이 모아두었다. 그래서 음탕과 사치가 열국의 으뜸이었다. 욕심이 남달랐던 장수태왕은 이를 탐해 북연 사신을 속였다. 남방의 백제 때문에 고구려가 대병을 보낼 수는 없지만, 북연왕이 굳이 고구려에 체류하겠다고 한다면 장사들을 보내 영접한 뒤 기회를 봐서 북연을 구원하겠다고 한 것이다. 북연왕 풍홍은 이를 수락했다. 서기 436년[112]에 북위가 기병 1만 명과 보병 수만 명을 동원해서 북연의 서울인 화룡(지금의 조양)을 침입했다. 태왕(장수태왕_옮긴이)은 말치(좌보)인 맹광에게 수만 병력을 주고 북연왕 풍홍을 데려오도록 했다. 북연의 도성에 당도한 북위 군대가 서문으로 입성하자, 신속히 동문으로 들어간 맹광은 북위에 항복한 북연 상서령[113] 곽생의 군대와 싸워 곽생을 죽였다. 또 북연의 무기고에 들어가 우수한 병장기를 빼내 북위 군대를 격파하고, 궁전에 방화한 뒤 미인과 보물을 이끌고 나왔다. 북위왕은 미인과 보물을 빼앗긴 것은 불평하지 못하면서도, 북연왕 풍홍이 고구려에 체류하는 것은 불평했다. 그래서 풍홍을 인도할 것을 요청했지만 태왕은 허락하지 않았다. 하지만 북위의 환심을 잃지 않기 위해 북위와 자주 교류하는 한편, 남중국의 유송과도 친교를 맺어 북위를 견제했다.

2. 바둑 두는 승려의 음모와 백제의 추락

중국의 북위 및 유송을 외교적 수단으로 견제한 장수태왕은 백제를 파멸시키는 데 전력을 기울였다. 장수태왕은 아버지 광개태왕 같은 전략가가 아니라, 흉폭하고 사나운 음모가였다. 그는 칼과 활로 적국의 정면을 공격하는 사람이 아니었다. 간교하고 악독한 계책으로 적의 심복들을 부패시킨 뒤 실행에 착수하는 사람이었다. 평양으로 천도한 뒤에 그

---

112 《조선상고사》 원문에는 426년이라고 했지만, 이것은 436년을 잘못 표기한 것이다. 신채호의 착오다.

113 진나라 때 처음 설치된 상서령은 처음에는 문서나 상소문을 관장하다가 한무제 이후로는 국정 전반을 책임지는 자리가 되었다. 북연 당시의 상서령은 재상급에 해당했다.

는 비밀리에 조서를 내려, 백제 내정을 문란케 할 만한 계책을 가진 책사를 모집했다. 이 조서에 호응한 인물이 불교 승려 도림이었다.

당시 백제 근개루왕(개로왕_옮긴이)은 바둑의 명수였다. 도림 역시 바둑의 명수였다. 태왕에게 은밀히 자청한 도림은 허위로 죄를 짓고 백제에 들어갔다. 그는 근개루왕의 바둑 동무가 되어 조석으로 근개루왕을 모시고 바둑을 두었다. 근개루왕은 자기와 바둑의 적수가 될 만한 이는 천하에 오직 도림 하나뿐이라면서 그를 둘도 없이 총애했다. 수년간 근개루왕의 곁에서 그의 성격과 행동을 골고루 훑어본 도림은 이렇게 말했다.

"신이 일개 망명죄인으로서 대왕의 총애를 받아 이처럼 호화로운 의식주를 누리고 있지만, 이 은혜를 갚을 길이 없습니다. 그래서 신은 온 마음을 다해 대왕께 한 말씀을 드리고자 합니다. 대왕의 나라는 안으로는 산악을 끼고 밖으로는 바다에 싸여 있어서, 적병 백만 명도 어찌하지 못할 요새입니다. 대왕이 이런 요새에 의지하여 숭고한 지위와 풍요한 재산을 갖고 사방의 눈과 귀를 두려워 떨게 할 만한 기세를 보인다면, 사방의 열국이 열심히 존경하고 섬길 겁니다. 그런데도 성곽을 높이 쌓지 못하고 궁궐을 크게 짓지 못하며 선왕의 유골을 작은 묘에 파묻어 두었습니다. 또 매년 장마 때마다 인민의 가옥이 강물에 흘러가 버리니 외국인이 보기에 창피한 일이 많습니다. 이러니 누가 대왕의 나라를 쳐다보고 높이 받들겠습니까? 신은 이것이 대왕께 좋지 않다고 생각합니다."

이 말을 달콤하게 받아들인 근개루왕은 전국의 남녀를 총동원하여 벽돌을 굽고 둘레가 수십 리 되는 왕성을 높이 쌓고, 성안에는 하늘에 닿을 듯한 궁궐을 짓고, 욱리하 가의 큰 돌을 가져다가 큰 석관을 만들어 부왕의 유골을 넣은 뒤 넓은 왕릉에 매장하고, 사성蛇城 동쪽에서 숭산 북쪽까지 욱리하의 제방을 쌓아 어떠한 장마에도 수재를 입지 않도록 하였다.

이 같은 공사를 마치자, 국고가 비고 군비가 없어지고 백성도 피폐해지고 도둑들이 창궐했다. 국가의 위급함이 누란지란 같았다. 이에 자신의 성공을 확신한 도림은 고구려로 도망가서 장수태왕에게 이런 사실을 아뢰었다.

3. 고구려 군대의 침입과 근개루왕의 순국

장수태왕은 도림의 보고를 듣고 매우 기뻐했다. 그는 말치(관직명)인 제우와 백제 출신 장수인 재회걸루·고이만년 등에게 3만 병력을 주고 백제의 신위례성(지금의 직산 부근에 있었던 옛 성)을 치도록 했다. 고구려 군대가 다가온다는 소식을 들은 근개루왕은 그제야 도림의 계책에 속은 사실을 깨닫고, 태자 문주를 불러서 "내가 어리석어 간사한 자의 말을 믿고 나라를 이 꼴로 만들었으니, 국난이 생겼다 한들 누가 나를 위해 힘을 쓰겠는가. 고구려 군대가 오면 나는 나라의 희생양이 되어 죄를 갚겠다. 하지만 너마저 나를 따라 부자가 함께 죽는다면 무슨 도움이 되겠는가. 너는 빨리 남방으로 달려가 의병을 모으고 외국의 원조를 요청하여 조상의 왕업을 이으라"라고 말한 뒤 울면서 문주를 떠나보냈다.

제우 등이 북성을 쳐서 7일 만에 함락하고 병력을 옮겨 남성을 치자,[114] 성 안은 두려움에 떨며 전의를 상실했다. 이에 근개루왕이 직접

---

114 이에 따르면, 개로왕 시대의 한성은 남성과 북성으로 구성되어 있었다.

출전했지만, 고구려 병사에게 붙들리고 말았다. 재회걸루와 고이만년 등이 처음에는 전날의 군신 간의 의를 따라 말에서 내려 두 번 절하더니, 갑자기 왕의 얼굴에 세 번이나 침을 뱉고 꾸짖은 뒤 왕을 결박해서 아차성(지금의 광진 아차산)에 가서 항복을 요구했다. 왕이 말을 듣지 않자, 이들은 왕에게 해를 입혔다. 이로써 신위례성 즉 지금의 직산 이북이 모두 고구려의 소유가 됐다.

백제 아신왕이 광개태왕을 피해 신위례성으로 천도했다는 점은 앞 장에서 이미 설명했다. 그런데 정약용이 직산을 '문주왕이 남쪽으로 이동한 뒤 잠시 이용한 수도'로 설명한 것은 잘못이다. 사성은 직산의 옛 이름이고 숭산은 아산의 옛 이름이다. 이 장을 참고하면 직산 위례성이 문주왕 이전에 아신왕이 천도한 곳이라는 점이 더욱 더 명확해질 것이다.

제7편

남방 제국의
대對고구려 공수동맹

제1장

4개국 연합군의 전쟁과 고구려의 퇴각

---

1. 신라·백제 양국 관계와 비밀동맹의 성립

장수태왕의 남진 정책은 일시적으로 백제를 약화시키는 데 그쳤다. 이것은 결국 남방 3국인 신라·가라·백제의 동맹을 부추기는 원인이 되어 역사상 초유의 대변동을 초래했다. 이 동맹의 주체가 신라였으므로, 동맹의 경과 과정을 설명하기에 앞서 신라와 백제·고구려의 관계부터 간략히 서술하고자 한다.

이전에 신라는 고구려와는 멀고 백제와는 근접했기 때문에, 고구려보다는 백제와의 관계가 더욱 더 복잡했다. 그렇지만 《삼국사기》에 기록된 신라·백제 관련 기사 중에는 신뢰할 만한 것이 많지 않다. 한두 가지 예를 제시하겠다.

첫째, 《삼국사기》에서는 신라가 탈해이사금 이후로 거의 매년 백제와 전쟁을 벌였으며, 각각 200명 정도의 소수 병력으로 어딘지도 알 수 없는 와산·봉산 등지를 번갈아 쟁탈했다고 한다. 하지만 신라는 애초부터 경주 한 구석의 소국이고, 백제는 온조 시대에 벌써 마한 50여 국을 지배한 나라였다. 그러므로 신라와 백제가 어찌 해마다 똑같이 200명의 병력을 내보낼 수 있었겠는가.

둘째, 《삼국사기》에서는 양국이 간혹 우호를 맺은 적도 있지만, 항상 백제가 먼저 신라에게 화친을 요청했다고 한다. 하지만 신라의 몇 갑절이나 되는 백제가 어찌 항상 먼저 굴복을 했겠는가. 백제와 신라 사이에는 가라 6국과 사벌·감문 같은 완충국이 있었다. 그런데 어떻게 백제가 가라 같은 나라들과는 한 번의 충돌도 일으키지 않으면서 신라를 침공할 수 있었겠는가. 이는 백제에 대해 한이 많은 신라가 백제 멸망 뒤에 백제와 관련된 사적史蹟을 변조하거나 위조했기 때문이다. 중국의 《삼국지》, 《남사》, 《북사》 등에 적힌 기록에 따르면, 신라는 처음에는 백제의 통제를 받았다고 한다. 이것이 오히려 믿을 만한 기록이다.

신라는 근구수왕 이후에 백제와 고구려가 혈전을 벌이는 틈을 타서 자립한 뒤에 백제에 대항했다. 얼마 뒤 고구려 광개토왕이 국위를 선양하자, 백제 아신왕은 왜군을 끌어들여 북으로는 고구려를 막고 남으로는 신라를 쳤다. 그러자 신라 내물이사금은 고구려 구원군을 끌어들여 왜군을 물리쳤다. 그 대가로 그는 광개토왕에게 직접 알현하고 왕족 실성을 볼모로 보냈다. 내물이사금이 죽은 뒤, 내물의 아들인 눌지가 어렸기 때문에 실성이 귀국하여 왕위를 이었다. 실성은 눌지·복호 형제를 고구려에 볼모로 보냈다. 그 뒤 실성이 고구려 귀족과 손잡고 눌지를 죽이려 했지만, 고구려는 듣지 않고 눌지를 돌려보내면서 실성을 죽이고 즉위시켰다. 눌지이사금은 고구려 덕분에 왕위를 얻었지만, 고구려가 백제를 병탄하면 신라가 홀로 견디지 못할 것이라고 생각했다. 그래서 그는 박제상을 고구려에 보내 "신라와의 우의는 볼모의 유무에 있지 않다"는 말로 고구려 임금과 신하들을 꾀어 동생 복호를 데려오도록 했다. 한편, 그는 비밀리에 백제와 손잡고 고구려를 막고자 했다. 백제 역시 왜국은 멀고 신라는 가까우므로 왜국을 끊고 신라와 손잡고 고구려를 막기로 결정하여, 신라·백제 양국의 동맹이 성립했다.

《삼국사기》에 따르면, 눌지이사금 39년 즉 서기 455년에 고구려가 백제를 침공하자 이사금이 병력을 보내 백제를 구원했다고 한다. 이것은 양국 동맹의 결과였다. 이 외에도 고구려가 두 동맹국을 침입한 일과 두 동맹국이 고구려를 침입한 일이 많았을 텐데도, 이런 것들이 기록에 나타나지 않는 것은 사료가 사라졌기 때문일 것이다.

2. 고구려에 맞선 신라·백제·임나가라·아라가라 4국 동맹

장수태왕이 신위례성을 침입하자, 근개루의 태자인 문주는 신라에 가서 급난을 알렸다. 신라는 꼭 동맹의 의리를 위해서가 아니라 스스로를 지키기 위해서라도 출병하지 않을 수 없었다. 그래서 자비마립간이 병력 1만을 보냈지만, 근개루왕은 이미 죽고 신위례성도 파괴된 뒤였다. 문주왕은 수도를 회복하지 못하고 물러나와 웅진에 도읍을 정했다. 웅진은 광개태왕의 비문에 나오는 고모나라古模那羅다. 웅진과 고모나라는 똑같이 곰나루로 읽어야 한다. 전자는 뜻에 근거한 이두문자이고 후자는 음에 근거한 이두문자다. 지금의 공주가 당시의 곰나루다.

당시 한강 이남에는 신라·백제 외에 가라 등 6개국이 있어, 이들이 지금의 경상남도를 차지했다는 점은 제3편에서 설명했다. 처음에는 신가라가 종주국이고 임나·아라·고자·고령·벽진 다섯 가라가 그 아래에 있었다. 나중에 신가라와 고자·고령·벽진 가라가 약해져 정치 문제에 대한 발언권을 상실하고, 임나·아라 두 가라만이 강성하여 신라와 대립했다. 두 가라는 광개토태왕이 왜군을 칠 때 상당한 병력을 동원해서 신라와 함께 고구려를 도와 왜군과 싸웠다.

그러나 신위례성이 무너지고 백제가 웅진으로 천도하자, 놀란 두 가라는 자국의 안보를 지키기에도 급급했다. 신라·백제는 자기들의 힘으로는 고구려를 막기 힘들다고 판단하여 두 가라에게 동맹 가입을 종용했다. 이로써 신라·백제 양국의 대對고구려 공수동맹이 신라·백제·임나·아라 4개국의 대고구려 공수동맹으로 바뀌게 되었다.

광개태왕이 왜군을 물리쳐준 은혜를 잊고 신라가 백제와 연합한 사실에 크게 분노한 장수태왕은 서기 481년에 대군을 동원해서 신라의 동북 지방을 침입했다. 신라의 소지마립간이 몸소 비열홀 즉 지금의 안변[115]까지 가서 방어했지만 대패했다. 고구려군은 승세를 타고 남진하여 고명 즉 지금의 회양[116] 등 일곱 성을 함락했다. 이에 두 가라국과 연합한 백제 동성대왕은 여러 길로 구원병을 파견해 고구려 군대를 깨뜨리고 잃은 땅을 회복했다(다음 장 참고).

---

115 지금의 북한 강원도의 북부에 위치한 곳으로 원산 남쪽으로 약 20킬로미터 거리에 있다.

116 북한 강원도의 중부에 위치한 곳이다.

3. 4국 동맹의 40년 지속

4국 동맹으로 장수태왕의 남진 정책이 꺾이고 백제와 신라가 안정을 되찾았으니, 4국 동맹은 당시 조선 정치사의 일대 사건이라고 하지 않을 수 없다. 백제 동성대왕이 해외를 경략하고 백제가 고구려 이상의 국력을 자랑하는 동안에 이 동맹은 잘 유지됐다. 서기 494년에 신라군이 살수 즉 지금의 대동강 상류 근처에서 고구려군과 싸우다가 견아성에서 포위되자 신라가 백제에 구원을 요청한 일이 있다. 이때 동성대왕은 병력 3천을 보내 고구려 군대를 격파하고 포위를 풀었다. 다음 해에 고구려가 백제의 반걸양을 치자, 신라 소지마립간은 구원병을 보내 고구려군을 격퇴했다. 이 동맹은 대략 40여 년간 유지됐다. 동맹이 해체된 뒤에야 신라가 가라 침공을 개시했다.

제2장

백제의 북위 격퇴와 해외식민지 획득

1. 동성대왕 이후 백제의 부흥

신위례성이 파괴되어 외환이 심하던 상황에서, 백제는 잦은 내란마저 겪어야 했다. 그러자 문주왕은 곰나루(웅진)로 천도했다. 문주왕이 재위 4년(《삼국사기》〈연표〉에서는 3년)에 반역자 해구에게 죽임을 당하자, 장자인 왕근왕(〈백제 본기〉에서는 삼근三斤이라고 했지만, 임걸壬乞이라고도 한 걸보면 삼근의 三은 王의 오자일 것이다)이 열세 살 어린아이로 즉위했다. 왕근왕은 이듬해에 좌평 진남과 덕솔 진로 등과 모의하여 해구를 죽였다. 왕근왕은 이 정도로 영명했지만, 왕이 된 지 3년째 되는 해에 열다섯 어린 나이로 죽었다.

　그해 즉 서기 479년에 동성대왕이 즉위했다. 대왕의 이름은 마모대摩牟大다. 기존 역사서에서 마모摩牟라고 쓴 것은 끝의 한 글자를 뺀 것이고, 모대牟大라고 쓴 것은 앞의 한 글자를 뺀 것이다. 즉위 당시에 대왕이 몇 살이었는지는 역사서에 기록되지 않았지만, 왕근의 사촌동생이라고 했으므로 열넷이나 열다섯을 넘지는 않았을 것이다. 대왕은 열넷 혹은 열다섯 살 소년으로 이 같은 난국을 당했지만 타고난 성품이 성숙하고 궁술도 백발백중이었다. 그는 고구려와 북위를 물리치고 국난을 평정했을 뿐 아니라, 바다 건너 중국의 산동·절강 등지를 점령하고 일본을 공격해서 속국으로 만들었다. 이 외에도 전공이 많지만, 《삼국사기》에는 한두 차례의 천재지변인 장마·가뭄과 대왕의 수렵 활동만 기록된 채 나머지는 모두 빠져 있다. 이는 신라 말엽의 문인들이 삭제했기 때문일 것이다. 이제 아래와 같이 그 시대의 역사를 대략 서술하고자 한다.

2. 장수태왕의 음모와 북위 군대의 침입

당시 중국은 서해를 남북으로 갈라 북위와 남제의 양국으로 분립되었다.[117] 북위는 선비족 탁발씨의 나라로 모용씨의 북연을 대신해 일어난 국가다. 북위의 세력이 매우 강했기 때문에 당시에는 북위를 유일 강대국으로 인정했다.

이때 장수태왕은 남방 4개국의 동맹 때문에 백제를 병탄하지 못하자, 손도 대지 않고 사람을 죽이는 신묘한 수완을 발휘한다. 그는 제3국을 이용해서 백제를 치고 자기는 뒤에서 이익을 거두고자 했다. 이를 위해 그는 해마다 황금 및 마노 10되를 북위 황제에게 제공했다. 그러다가 3

---

117 정확히 표현하면, 서해와 동지나해를 남북으로 갈라 북위와 남제의 양국이 분립했다고 해야 한다. 다른 말로 하면, 북중국은 북위가, 남중국은 남제가 차지했다고 말할 수 있다.

년 만에 사신 예실불을 빈손으로 북위에 보냈다. 북위 황제가 까닭을 묻자, 예실불은 "사비 부여에는 황금산이 있고, 섭라(지금의 제주)에는 마노광이 있습니다. 두 보물의 산출이 무한정해서, 지난날 이것을 캐어 폐하께 바쳤습니다. 그런데 지금 사비 부여는 백제의 서울이 되고 섭라는 백제에게 정복당해 황금산과 마노광이 그들의 손에 다 들어갔기 때문에, 우리 고구려인은 구경도 할 수 없습니다. 이러니 어찌 남에게 줄 게 있겠습니까?"라고 대답했다. 북위의 황제와 신하들은 이를 곧이듣고, 백제를 쳐 황금산과 마노광을 획득할 욕심에 동방 침략군을 일으켰다. 《삼국사기》에서는 《위서》를 근거로 예실불의 일을 장수태왕의 아들인 문자왕 때의 일로 기록했다. 예실불을 시조로 인정하는 남양 예씨의 족보에서는 예실불이 북위에 사신으로 간 일을 위와 같이 기술했다.

북위가 북으로는 고구려를, 남으로는 남제를 둔 상태에서 국경을 맞댄 나라를 두고 멀리 바다 건너 백제와 싸우는 것은, 해상교통이 불편한 고대에서는 영토를 빼앗고자 하는 자가 해서는 안 될 행위였다. 그러나 예실불의 말에 속아 황금과 마노를 취하고자 한 건 사실인 듯하다. 북위의 백제 침입이 장수태왕 때의 일이고 문자왕 때의 일이 아님을 볼 때 《삼국사기》의 연대가 틀린 듯하여, 《삼국사기》를 버리고 예씨의 족보에 따라 기술하기로 한다.

3. 북위 군대의 두 차례 침입과 두 차례 패배

중국 대륙의 국가 중에서 조선에 침입한 나라는 많았다. 하지만 군대 규모가 십만 명에 달한 것은 탁발씨의 북위가 처음이었다. 그런 대군을 격퇴한 것도 백제 동성대왕이 처음이었다. 《위서》에서는 북위의 국치를 숨길 목적으로 이를 기록하지 않았고, 《삼국사기》에서는 백제의 성공을 시기하여 역사적 진실을 삭제하는 신라의 역사 집필 방식을 따른 탓에 이를 기록하지 못했다. 오직 《남제서》에만 이런 사실의 대강이 기록되어 있다. 하지만 그마저도 당태종에 의해 대부분 사라지고, 동성대왕이 남제에 보낸 국서를 통해서만 사실의 단편을 알 수 있을 뿐이다.

그렇다면, 그 국서는 온전한 상태로 실려 있을까? 연암 박지원(원문은 '박연암'_옮긴이) 선생은 "중국인들은 남(조선)의 시문을 대담하게 고친다. 중국을 수방殊邦(다른 나라_옮긴이)이나 원방遠邦이라고 쓴 자구가 있으면, 이런 것들을 황도皇都나 대방大邦으로 고친다"고 했다. 음풍영월을 담은 사소한 시나 글에 대해서도 그렇게 하고 있으니, 정치와 관련된 국서에 대해서는 오죽하랴.

우리는 이 국서를 통해 (1) 서기 490년에 북위가 보병·기병 수십만을 동원해서 두 차례나 백제를 침입한 사실, (2) 동성대왕이 제1차로 영삭장군 면중왕 왕저근, 건위장군 팔중후 부여고夫餘古, 건위장군 부여력夫餘歷, 광무장군 부여고夫餘固를 보내 북위 군대를 대파한 사실, (3) 동성대왕이 제2차로 정로장군 매라왕 사법명, 안국장군 벽중왕 찬수류, 무위장군 불중후 해체곤, 광위장군 면중후 목간나를 보내 북위 군대를 격파하고 수만 개의 수급을 벤 사실, (4) 동성대왕이 두 번의 대전에서 대승을 거둔 뒤 국서와 격문을 내외 각국[118]에 보내 이를 과시한 사실, (5) 동성대왕이 수 세대에 걸쳐 쇠퇴하고 위태해진 백제에 태어나서 위와 같은

---

118 한국 고대 왕조는 기본적으로 소국들의 연합체에 가까웠다. 내부에도 국가가 있었으므로 '내외 각국'이란 표현이 가능하다.

양차 대전의 승리를 발판으로 국운을 만회하고 내외경략의 터를 닦은 사실, (6) 당시 출전한 대장들이 왕저근·사법명·부여고古·부여력·부여고固였다는 사실만 알 수 있다. 전선戰線의 길이가 어떠했는지, 전쟁의 기간은 어떠했는지, 나중 전쟁은 육전인 게 확실하지만 처음 전쟁은 육전인지 해전이었는지 등등은 다 명확하지 않다.

어떤 이유로 두 차례의 전쟁에서 대장들이 각각 네 명이었을까? 이는 백제도 부여나 고구려처럼 중·전·후·좌·우의 오군 제도를 썼기 때문이다. 동성대왕이 중군대원수가 되고 나머지 네 명은 각각 네 명의 원수가 되었던 것이다. 또 어떤 이유로 왕저근이나 사법명이 동성대왕의 신하로서 왕을 겸했을까? 이것도 조선의 옛 제도에 입각한 것이다. 대왕은 '신한'의 번역어로 국가 전체에 군림하는 천자의 칭호이고, 왕은 '한'의 번역어로 대왕을 보좌하는 소왕小王의 칭호였다.

4. 동성대왕의 해외 경략과 중도 사망

조선 역사에서 바다 건너에 영토를 둔 때는 백제 근구수왕과 동성대왕의 두 시대뿐이다. 동성대왕 때는 근구수왕 때보다 훨씬 더 넓었다.《구당서》〈백제 열전〉에서는 백제의 영토에 관해 말하면서 "서쪽으로 바다 건너 월주越州에 도달하고 북쪽으로 바다 건너 고려에 도달하며 남쪽으로 바다 건너 왜국에 도달한다"고 했다. 월주는 지금의 회계會稽[119]다. 회계 부근이 모두 백제의 소유였다.《문헌비고文獻備考》에서 "월나라왕 구천의 옛 도읍을 둘러싼 수천 리가 다 백제 땅"이라고 한 것도 이것을 가리킨다. '고려'는 당나라 사람들이 고구려를 지칭하는 명사였다. 고구려의 국경인 요서의 서쪽 즉 지금의 봉천성 서부는 백제의 소유였다.《만주원류고》에서 "금주·의주·애혼 등지가 다 백제"라고 한 것은 바로 이를 가리킨다. '왜'는 지금의 일본이니, 위에서 인용한《구당서》의 구절에 의하면 당시의 일본 전역이 백제의 속국이었음이 분명하다. 백제는 이같은 해외 식민지들을 언제 잃었을까? 성왕 초년에 고구려에 패하고 말년에 신라에 패해 국세가 약해졌으니, 이때 해외 식민지를 거의 다 잃었을 것이다.

동성대왕은 이처럼 큰 전공을 이루었지만, 수재나 가뭄 같은 재해가 심한 때인 것을 고려하지 않고 웅장하고 화려한 임류각을 지었다. 그 앞에 정원을 조성하고 못을 파서 진귀한 동물과 기이한 물고기를 길렀다. 또 수렵을 즐겨 자주 궁을 나갔다. 그는 재위 23년 11월 사비부여의 마포촌에서 수렵을 하다가 큰 눈을 만나 유숙하던 중에, 왕을 미워하는 전 위사좌평[120] 겸 전 가림성주 백가[121]가 보낸 자객의 칼에 맞아 재위 23년 12월[122]에 사망했다. 재위 기간은 22년간(원문은 23년_옮긴이)[123]이었다. 당시 나이는 겨우 30여 세였다.

---

119 회계는 오월(吳越) 지역을 가리키는 표현이다. 춘추 시대의 오나라와 월나라를 병칭하는 표현인 오월은 양자강 연안의 동쪽 지역을 지칭한다.

120 위사좌평은 6좌평의 하나로 경호대장 같은 것이었다. 백제의 6좌평은 조선의 6조 판서와 유사하다.

121 백가는 동성왕 8년에 위사좌평에 임명됐다가 23년에 가림성주에 임명됐다. 백가는 가림성주 취임을 거부하다가 쿠데타를 일으켰다.

122 양력 501년 12월 26일부터 502년 1월 23일 사이.

123 조선왕조실록에서는 왕이 즉위한 이듬해를 그 왕의 1년으로 계산하는 데 반해,《삼국사기》에서는 왕이 즉위한 해를 그 왕의 1년으로 계산한다. 그래서 동성왕 재위 23년은 즉위한 해로부터 22년이 된다.

제8편

삼국 혈전의 개시

제1장

신라의 발흥

_____

1. 진흥대왕의 화랑 설치

화랑은 신라를 발흥시킨 계기에 그치는 정도의 존재가 아니다. 훗날 중
국문화의 융성으로 사대주의 사상과 언론이 사회의 민심·풍속·학문을
지배하고 전 조선을 중국화하려 할 때 이에 맞서 조선을 조선답게 만든
것이 화랑이었다. 고려 중엽 이후로 화랑의 기원에 관한 이야기가 사라
져 직접적 영향을 받은 사람은 없지만, 간접적으로나마 과거의 유풍을
통해 조선을 조선답게 만든 것은 화랑이다. 그러므로 화랑의 역사를 모
르고 조선사를 말하는 것은 골수를 빼고 인간의 정신을 찾는 것처럼 어
리석은 일이다.

　그런데 화랑이 직접 기술한 《선사》·《화랑세기》·《선랑고사仙郎故事》
등의 문헌은 다 사라졌다. 그래서 화랑의 역사를 알고자 한다면, 화랑의
문외한인 유교도 김부식의 《삼국사기》와 불교도 일연(원문은 '무극'_옮긴
이)의 《삼국유사》 두 책 가운데서 과화숙식過火熟食[124]으로 적은 수십 행

의 기록에 의존할 수밖에 없다. 그 수십 행의 기록이나마 정확하냐 하면 그렇지도 못하다.

먼저,《삼국사기》에 나타난 화랑 창설 기록을 언급하고자 한다.《삼국사기》〈신라 본기〉 진흥대왕 편의 본문은 아래와 같다.

"37년 봄, 처음으로 원화源花를 받들었다. 그 전에, 임금과 신하들은 인재를 얻을 길이 없다고 걱정했다. 그래서 사람들을 집단별로 모아놓고 단체 활동을 하도록 했다. 그렇게 해서 행동을 관찰한 뒤에 인재를 발탁하고자 했다. 여기서 미녀 두 사람을 선발했다. 하나는 남모라 하고, 하나는 준정이라 했다. 무리를 모으니 300여 명이었다. 두 여성은 서로 경쟁하고 질투했다. 준정은 남모를 사저로 유인해 강제로 술을 권해 취하게 만든 뒤, 끌어다가 하천에 던져 죽였다. 준정이 사형을 당하자, 무리는 화합을 상실하고 뿔뿔이 흩어졌다. 그 후 미모의 남자들을 모아 화장을 시키고 화랑이라 명명하고 이들을 받들도록 하니, 무리가 구름처럼 모여들었다. 어떤 이들은 함께 도의를 연마하고 어떤 이들은 함께 가락을 즐기며 산천을 유람했다. 이들은 멀다고 가지 않는 곳이 없었다. 이렇게 해서 개개인의 옳고 그름을 판단하고, 훌륭한 사람을 뽑아 조정에 천거했다. 김대문은《화랑세기》에서 '현명한 재상과 충성스런 신하가 여기서 피어나고, 훌륭한 장수와 용맹한 병졸이 이로부터 나왔다'고 말했다. 최치원은《난랑비서문鸞郎碑序文》에서 '나라에 현묘한 도가 있으니, 이것을 풍류라고 부른다. 이 가르침의 근원은《선사》에 상세히 나오지만, 실제로는 3교를 다 동원해서 대중을 교화하는 데 있다. 예컨대 안에

---

124 '지나가는 불에 음식을 익힌다'는 뜻으로, 번갯불에 콩 구워 먹듯이 하는 것을 가리킨다.

들어가서는 부모에게 효도하고 밖에 나가서는 국가에 충성하라는 것은 노사구魯司寇(공자)[125]의 가르침이다. 무위를 실천하고 불언不言을 지키는 것은 주주사周柱史(노자)[126]의 가르침이다. 악을 행하지 않고 선을 행하는 것은 축건태자竺乾太子(석가)[127]의 가르침이다'라고 했다. 당나라 영호징의 《신라국기新羅國記》에서는 '귀족 자제 중에서 잘생긴 사람을 뽑아서 분을 바르고 꾸며서 화랑이라고 불렀다. 나라 사람들이 모두 존경하고 섬겼다'고 했다."

문장 하반부에서 김대문과 최치원의 말을 인용해 화랑을 상당히 찬미한 듯하지만, 자세히 살펴보면 잘못된 이해와 황당한 오류가 심각하다.《삼국사기》〈사다함 열전〉에 의하면, 사다함이 가라 정벌에 참여한 때는 진흥대왕 23년[128]이다. 그렇다면 이때 이미 화랑이 있었음이 명백한데 진흥대왕 37년[129]에 화랑 제도가 시작됐다는 것은 무슨 말일까?《삼국유사》에 의하면 원화는 여자 교사였다. 원화를 폐지한 뒤, 남자 교사를 세우고 이들을 국선 혹은 화랑이라 부른 것이다. 그런데 원화가 곧 화랑이라는 것은 무슨 말일까?

---

125 공자는 노나라에서 대사구 벼슬을 했다. 도둑을 관장하다는 뜻인 사구(司寇)는 법률을 집행하는 장관을 의미한다.《주례》〈추관사구(秋官司寇)〉에서 사구에 관한 내용을 확인할 수 있다.

126 주주사(周柱史)는 주(周)나라의 주사(柱史)라는 뜻이다. 주사는 주하사(柱下史)를 줄인 말이다.《사기》해설서인 사마정의 《사기색은》에 따르면, 주나라와 진나라의 주하사는 후대의 어사와 같았다. 이들이 궁전 기둥(柱) 밑(下)에서 대기했다고 하여 이런 명칭이 붙었다.《사기색은》에 따르면, 노자는 주나라에서 주하사 벼슬을 지냈다.

127 축건은 고대 인도의 별칭이다.

128 양력 562년 1월 21일부터 563년 2월 8일까지.

129 양력 576년 2월 15일부터 577년 2월 3일까지.

김부식 시대에는 화랑이란 명칭을 사용하는 사람들이 완전히 사라지지 않았다. 또 화랑에 관한 서적도 많이 남아 있었다. 그런데도 그가 지은 《삼국사기》에서는 화랑 창설의 연도도 불확실하고 기원도 불명확한 것은 무엇 때문일까? 김부식은 유학자의 영수로서 화랑파 윤언이[130]를 쫓아내고 화랑의 역사를 말살하려 한 자이니, 그의 생각대로 한다면 《삼국사기》에 화랑이란 명사를 단 한 자도 남기고 싶지 않았을 것이다. 하지만 그는 중국을 숭배하는 사람이었다. 어떤 이야기이든 간에 중국 책에 나오는 내용은 《삼국사기》에 넣지 않을 수 없었다. 그는 화랑을 매우 미워했지만 중국의 《대중유사大中遺事》[131]·《신라국기》 같은 책에 화랑이란 말이 실려 있기 때문에 이것을 《삼국사기》에 넣지 않을 수 없었다. 그가 위의 문장 말미에서 인용한 《신라국기》의 내용은 "귀족 자제 중에서 잘생긴 사람을 뽑아서[擇貴人子弟]" 이하의 스물네 글자[132]에 불과하다. 그런데 도종의의 《설부說郛》에 인용된 《신라국기》에는 "임금과 신하들은 인재를 얻을 길이 없다고 걱정했다. …… 행동을 관찰한 뒤에 인재를 발탁하고자 했다"는 부분이 있다. 이런 점을 보면, 그 밑의 사실 관계와 김

130 윤언이는 여진족을 몰아내고 동북 9성을 개척한 윤관의 아들이다. 김부식은 자기보다 학문적 능력이 뛰어난 윤언이에 대해 경쟁심을 갖고 있었다. 김부식은 묘청의 혁명운동이 발생하자 윤언이를 대동하고 묘청 세력을 진압한 뒤에 '윤언이가 묘청의 동지인 정지상과 내통했다'고 고발하여 윤언이를 좌천시켰다.

131 당나라 영호징이 편찬한 소설적 성격의 역사서로서, 당나라 선종(재위 846~859년) 시대의 역사를 다루고 있다. 원래의 명칭은 《정릉유사(貞陵遺事)》로, 정릉은 선종의 무덤이다. 선종 시대의 연호가 대중(大中)이라는 이유로 《대중유사》라고도 불린다.

132 김부식이 《신라국기》에서 인용한 문장은 다음과 같이 스물네 글자로 이루어져 있다. "擇貴人子弟之美者 傳粉粧飾之 名曰花郎 國人皆尊事之也."

대문·최치원의 논평도 거의 다《신라국기》에서 채록한 것이 아닌가 하는 생각이 든다. 이처럼 그는《신라국기》에 쓰인 화랑 창설의 역사만 인용하고 우리나라에서 전해지는 내용은 모두 말살해 버렸다.

다음으로,《삼국유사》에 적힌 화랑의 역사는 다음과 같다.

"진흥왕이 …… 즉위했다. …… 신선을 매우 숭상하여 민가의 낭자들 중에서 예쁜 사람을 골라 원화로 세우고 무리를 모아 효제충신을 가르쳤다. …… 남모 낭자와 교정 낭자[133]라는 두 원화를 뽑고 무리 3, 4백 명을 모았다. 교정 낭자는 남모 낭자를 질투하여 남모 낭자에게 술을 많이 먹였다. 남모에게 취하도록 먹인 뒤, 북천北川으로 몰래 데리고 가서 큰 돌로 매장해 죽였다. 그 무리는 남모가 간 곳을 몰라 슬퍼하고 눈물을 흘리다가 흩어졌다. 이 음모를 아는 사람이 있었다. 그는 노래를 지어 거리의 아이들을 모아놓고 길에서 노래를 부르도록 했다. 남모의 무리가 이것을 듣고 북천에서 시신을 찾아내고 교정 낭자를 죽였다. 그러자 왕은 명령을 내려 원화를 폐지했다. 여러 해가 흐른 뒤, 왕은 나라를 부흥시키려면 풍월도를 앞세워야 한다고 생각했다. 그래서 일반 가정의 남자 중에서 덕행이 있는 사람을 뽑고 화랑이라고 명명했다. 처음에는 설원 화랑을 국선으로 받들었으니, 이것이 화랑 국선의 시초다."[134]

위의 기록은《삼국사기》에 비하면 좀 상세한 편이지만, 흔히 하는 말로 '아닌 밤에 홍두깨' 같은 소리가 적지 않다. 이를테면, 진흥대왕이 신선을 숭상하여 원화나 화랑을 만들었다는 부분이다. 만약 그렇다면, 원화와 화랑이 도사나 황관黃冠(도사와 같은 의미_옮긴이)의 일종이란 말인가?

---

133 《삼국사기》에는 '준정'이라고 되어 있다.

134 《삼국유사》〈탑상〉 미륵선화·미시랑·진자사 편이다.

《삼국유사》저자는 불교도인 까닭에《삼국사기》저자인 유교도처럼 배타적인 심술을 품지는 않았겠지만, 기록이 모호하기는 매한가지다.

국선 화랑은 진흥대왕이 고구려의 선배를 모방해서 만든 제도다. 선배를 이두로 선인先人 혹은 선인仙人으로 쓴다는 것은 앞에서 언급했다. 선배는 신수두 제단 앞에서 열린 시합을 통해 선발됐다. 이들은 학문에 힘쓰는 한편, 수박·격검·궁술·기마·택견·깨금질·씨름 등의 각종 기예를 했다. 가깝든지 멀든지 관계없이 산천을 유람하며 시가와 음악을 익히고 한 곳에서 공동으로 숙식했다. 평시에는 환난을 구제하고 성곽·도로 등을 수축하며, 비상시에는 전장에 나가 죽는 것을 영광으로 생각하고 공익을 위해 자기 일신을 희생했다. 화랑은 이런 선배와 같은 제도였다. 이들을 국선이라 불렀는데 이는 고구려의 선인과 구별하기 위해 단어 앞에 국國 자를 넣어 만든 명사다. 화랑이라고 부른 것은 이들이 화장을 했기 때문이다. 고구려의 선배가 검은 옷을 입었다고 해서 조의라고 불린 것과 마찬가지다. 이렇게 해서 화랑과 조의선인을 구별했다. 한편, 원화라는 것은 유럽 중고中古 예수교 무사단의 여교사女敎師(중세 유럽 기독교 기사단의 여성 수도사_옮긴이)처럼 남자의 정성情性을 조화시키기 위해[135] 설치한 여성 교사였다.

《소재만필昭齋謾筆》[136]에서는 "화랑의 가르침에서는 사람이 전쟁에서 죽으면 천당의 상석을 차지한다고 했다. 노인으로 죽으면 죽은 뒤의 영혼도 노인이 되고, 소년으로 죽으면 죽은 뒤의 영혼도 소년이 된다고 했다. 그래서 화랑들은 소년의 몸으로 전쟁에 나가 죽는 것을 두려워하지

---

135 '남자의 야성을 순화시키기 위해서'라는 의미인 듯하다.
136 저자를 포함한 서지사항을 확인할 수 없는 책이다.

않았다"고 하였다. 그런데 국선國仙의 선仙을 근거로 화랑을 장생불사를 추구하는 중국의 도교로 생각하면 큰 잘못이다. 최치원이 "무위를 실천하고 불언不言을 지키는 것은 주주사周柱史의 가르침"이라고 한 것은 국선의 교리가 유교·불교·도교 3교의 장점을 갖추었음을 찬미하는 말일 뿐이다. 실제로 국선들은 전쟁터에서 생활했기 때문에 무위니 불언이니 하는 것과는 천리만리 떨어진 사람들이었다.

앞에서 설명한 바와 같이 《삼국사기》에서 "나라에 현묘한 도가 있으니 풍류라고 부른다"[137]라고 한 것과 《삼국유사》에서 "득오 급간[138]이란 이가 있었다. 풍류황권風流黃卷에 이름을 올려놓고"라고 한 것을 보면 국선의 가르침을 풍류라고 명명했음을 알 수 있다. 또 앞서 소개한 《삼국유사》에서 "나라를 부흥시키려면 풍월도를 앞세워야 한다"고 한 것과 《삼국사기》〈검군 열전〉에서 "저는 …… 풍월의 뜰에서 수행했습니다"라고 한 것에서 국선의 도를 풍월이라고도 불렀음을 알 수 있다.

풍류라는 것은 중국 서적에 나오는 유희와 같은 뜻이 아니다. 이것은 우리말의 풍류 즉 음악을 가리킨다. 풍월이라는 것도 중국 서적에 나오는 음풍영월과 같은 뜻이 아니라, 우리말의 풍월 즉 시와 노래를 가리킨다. 화랑도는 여타의 학문과 기예도 중시했지만, 무엇보다 시·음악·노래를 통해 세상을 교화하는 것을 중시했다. 《삼국사기》〈음악지音樂志〉에 있는 진흥대왕 시대의 〈도령가〉와 화랑 설원의 〈사내기물악〉은 화랑의 작품이다. 또 《삼국유사》에서 "신라 사람들 중에는 향가를 숭상하는 사람들이 많았다. 그래서 천지귀신을 감동시킨 예가 한두 번이 아니었

---

137 정확히 말하면, 《삼국사기》에 소개된 최치원의 〈난랑비서문〉에 나온 문장이다.

138 《삼국유사》〈기이〉 죽지랑 편에 따르면, 득오는 화랑 죽만을 따르는 낭도였다.

다"[139]는 것도 화랑의 작품을 두고 하는 말이다. 최치원의《향악잡영鄕
樂雜詠》을 보면, 이런 시·음악·노래로 연극을 많이 공연했음을 알 수 있
다. 부여 및 삼한 사람들이 노래를 좋아해서 주야로 가무가 끊이지 않았
다는 것은《삼국지》에도 명확히 실려 있다. 신라는 이런 풍속을 토대로
백성 교화의 전략을 세워 시·노래·음악·연극 등으로 민심을 고무시킴
으로써 기존의 소국小國에서 벗어나 문화적·정치적으로 고구려·백제와
대적할 수 있게 되었다.

　화랑의 원류를 적은《선사》·《선랑고사》·《화랑세기》 등은 오늘날 전
해지지 않는다.《선사》는 신라 이전 즉 단군 때부터 고구려·백제까지의
선배들에 관한 책이다.《삼국사기》〈고구려 본기〉에 나오는 "평양이란
곳은 본래 선인 왕검의 터였다"[140]라는 문장도《선사》의 한 구절일 것이
다.《선랑고사》와《화랑세기》 등은 신라 이래의 선배들에 관한 책이다.
《삼국사기》 열전에는 이런 책들에서 채록한 부분이 간혹 나온다. 하지
만 이것은 전쟁에서 공을 세운 화랑들에 관한 것일 뿐, 300여 화랑과 낭
도의 스승들에 관해서는 하나도 다루지 않았다. 김부식이 화랑을 말살
하려 한 의도가 여기서도 드러난다.

139　《조선상고사》 원문에는 "신라 향가는 천지를 감동시키고 귀신과 대적할 정도였다
　　　[新羅鄕歌感天地而格鬼神]"라고 적혀 있지만,《삼국유사》〈감통〉 월명사 도솔가 편
　　　에 적힌 원문은 본문에 번역된 바와 같이 "羅人尙鄕歌者尙矣, …… 故往往能感動天
　　　地鬼神者, 非一"이다.
140　《삼국사기》〈고구려 본기〉 동천왕 편의 동천왕 21년 기사에 나오는 문장이다.

2. 6가라의 멸망

김수로 6형제가 신가라(지금의 김해), 밈라가라(지금의 고령), 안라가라
(지금의 함안), 구지가라(지금의 고성), 별뫼가라(지금의 성주), 고령가라(지
금의 함창)[141]를 각각 통치했다는 점과, 임라·안라 두 가라가 4국 동맹에
참가해서 백제를 돕고 고구려를 막았다는 점은 제4편 및 제7편에서 서
술했다. 신라의 지증·법흥·진흥 세 대왕은 지속적으로 6가라를 잠식했
다. 그러다가 진흥 때 6국이 모두 신라의 소유가 됐다. 이로써 지금의 경
상 좌우도가 완전히 하나가 됐다. 이제 6가라 흥망의 역사를 약술하고
자 한다.

신가라는《삼국사기》〈신라 본기〉에서 금관국으로 표기된 나라다. 시
조인 수로 때는 신라보다 강성했다. 신라 파사이사금은 인근 소국인[142]
음즙벌국(지금 경주의 북쪽 경계 내)과 실직국(지금의 삼척)의 영토분쟁을
판결하기 힘들다고 판단하여 수로왕의 중재를 요청했다. 수로왕의 한마
디로 판결이 나자, 세 나라는 다 승복했다. 그런 뒤 파사왕은 수로왕을
위해 감사 연회를 베풀었다. 이때 신라 6부 중 하나인 한기부의 부장인
보제가 직접 나오지 않고 낮은 사람을 내보내자, 수로왕은 분노하여 하

---

141 고령가라는 오늘날의 경북 상주시 함창읍에 해당한다. 고령가라는 신라에 병합된
   뒤 고동람군(고릉군)이 되었다가 경덕왕 때 고령군이 되었다. 고려 때는 함녕군이
   되었다가 상주에 귀속되면서 함창으로 개칭됐다. 1914년에는 함창면이 됐고, 1980
   년에는 함창읍이 됐다.

142 원문에는 "그 인근 소방(小邦)"이라고 표기되어 있다. 엄밀히 말하면, '인근'이란 표
   현은 적합하지 않다. 소국인 음즙벌국도 크게 보면 전체 연맹의 일원이었다. 따라
   서 '인근 소국'보다는 '내부의 소국'이라는 표현이 훨씬 더 정확하리라고 생각한다.

신가라와 신라의 관계

과거의 동아시아 국제 관계에서는 상호 대등한 국가 관계라는 것
은 원칙상 존재하지 않았다. 그런 경우가 아주 없었던 것은 아니
지만, 거의 모든 국제 관계는 형식상 불평등한 관계였다. 강대국
은 황제국 또는 상국上國이 되고 약소국은 신하국이 되는 양상이
거의 모든 국제 관계에 존재했다. 초기의 가라-신라 관계도 그러
했다. 초기의 양국 관계에서 가라가 황제국 또는 상국의 위치에
있었다는 점은 수로왕과 파사이사금의 사례에서도 드러난다. 신
하국이 황제국 혹은 상국에 부담한 주요 의무 중 하나는 내부 문
제 보고의 의무다. 신하국이 수시로 사신을 보내 내부 문제를 보
고한 것은 바로 그 때문이다. 파사이사금이 소국의 분쟁에 관한
사항을 수로왕에게 보고한 것도 의무 이행의 차원에서 이루어진
일이다. 주의할 것은 신가라와 신라의 관계가 언제나 수직적이지
는 않았다는 점이다. 두 나라 사이에 전쟁이 벌어질 때는 이런 관
계가 중단될 수밖에 없었다. 본문의 사건이 있은 지 4년 뒤인 서
기 106년에 신라는 신가라를 침공했다.

인인 탐하리를 보내 보제를 죽였다. 하지만 파사이사금은 수로왕에 대
항하지 못했다. 탐하리에게 벌을 주라고 명령하고, 탐하리를 숨겨준 음
즙벌국를 침공할 뿐이었다. 그러나 신가라는 수로 이후로는 국세가 날
로 쇠약해져 임라가라의 침공을 받았다. 신라 법흥대왕 19년(서기 532
년) 때에 신가라 제10대 왕인 구해가 보물과 처자를 데리고 신라에 투항

했다.

안라가라의 경우에는 연대와 역사를 거의 알 수 없다. 다만, 앞에서 설명한 바와 같이 고구려 광개태왕이 남쪽 원정을 했을 때에 고구려·신라와 함께 백제에 대항했고, 백제 문주왕이 구원을 요청했을 때에 4국 동맹에 참가해서 고구려를 막았다는 사실은 알 수 있다. 소국이기는 하지만, 그 당시 정치 문제에서 빠지지 않는 나라였다.

이전 역사서 중에 안라가라의 멸망 연도를 기록한 책이 있었다. 그런데《삼국사기》〈신라 본기〉 지증왕 15년 기사에 "소경小京을 아시촌(지금의 경남 함안으로 추정_옮긴이)에 두었다"는 기록이 있다. '안라'의 이두 문자가 아시량阿尸郞이므로 지증왕 15년 이전에 안라가라가 멸망했음을 알 수 있다. 그런데《삼국사기》〈지리지〉에서는 "법흥대왕이 대병력으로 아시량국阿尸良國을 멸하고"라고 했다. 선왕이 죽은 해를 신왕이 즉위한 해로 혼동하는 예는《삼국사기》에 자주 나타나는 일인즉, 지증왕 15년 즉 지증왕의 사망 연도는 법흥대왕의 원년일 것이니, 혹시 안라가 법흥왕 원년에 망한 것은 아닐까?

《삼국사기》〈이사부 열전〉과 〈거도 열전〉에 의하면, 지증왕 때 김이사부는 변경의 군관이 되어 국경에 말떼를 모아놓고 날마다 병사들이 타고 달리도록 했다. 가야인들은 이것을 자주 보았기 때문에, 예사스러운 일로 생각하고 방비하지 않았다. 그런 중에 이사부가 습격해 멸망시켰다. 이 가라는 안라가라다. 따라서 안라가라는 대략 지증왕 말년에 이사부의 손에 의해 망했고, 법흥왕 원년에 안라가라의 수도가 신라의 소경이 되었다. 그러므로《삼국사기》〈지리지〉의 이야기는 잘못된 것이다.

밈라가라는 6가라 중에서 신라와 가장 치열하게 싸운 소小강국이다. 처음에는 신라와 싸워서 거의 다 이겼다. 그러다가 신라 내해이사금 40

년(서기 209년)에, 밈라가라에 속한 바닷가 8개국(대체로 지금의 남해·사천 등지)이 연맹하여 반란을 일으켰다. 이들은 밈라를 침입하여 대파하고 6천 명을 포로로 잡았다. 밈라왕이 왕자를 신라에 볼모로 보내고 구원병을 요청하자, 신라 태자인 석우로가 6부 정예병을 동원하여 8국 장군을 죽이고 포로 6천 명을 밈라에 돌려보냈다. 그 뒤부터는 밈라의 국세가 약해져 신라에 대항하지 못했다.

밈라가라는 신라와 합세하여 고구려 광개토태왕을 돕고 4국 동맹에 참가하여 백제를 도울 정도로 국력이 되살아난 적이 있다. 하지만 신라의 지증·법흥 두 대왕이 안라가라 등을 멸망시키자, 두려움을 느낀 밈라가라 제6대 가실왕은 신라 귀족 비조부比助夫와 결혼동맹을 맺어 자신을 지키고자 했다.¹⁴³ 하지만 결국 신라의 기습을 받고 멸망했다. 그 뒤 가실왕은 신라에 불복하는 왕족과 인민들을 거느리고 미을성 즉 지금의 충주로 달아났다. 가실왕은 여기서 백제의 도움으로 신라를 막고 미을성을 서울로 삼았다. 서기 554년에 백제 성왕이 구양狗壤(발음은 글래) 즉 지금의 백마강 상류에서 신라를 기습했을 때에 밈라병력도 함께했다. 이때 양국 연합군은 신라 신주군주新州軍主¹⁴⁴인 김무력(신가라의 마

---

143 《삼국사기》〈신라 본기〉 법흥왕 편에서는 법흥왕 9년에 비조부의 누이가 가라왕과 결혼했다고 했다. 그런데 이긍익의《연려실기술》에 인용된 최치원의《석순응전》에 따르면, 비지배(比枝輩)의 딸과 밈라가라 이뇌왕이 결혼했다고 한다. 비조부와 비지배가 동일인을 지칭하는 고유명사라는 견해가 있다. 두 고유명사의 발음이 비슷하므로 충분히 그렇게 판단할 수 있다. 다만, 밈라가라왕과 결혼한 사람이 비조부의 누이인지 딸인지는 명확히 확인할 수 없다. 또 신채호는 비조부와 결혼동맹을 맺은 사람이 가실왕이라고 한 데 비해,《석순응전》에서는 이뇌왕이라고 했다. 이 점에 대해서도 추후에 확인이 필요하다.

144 신주(新州)는 진흥왕이 한강 유역을 점령한 뒤 지금의 경기도에 설치한 행정구역이

지막 왕인 김구해의 아들)의 복병을 만나 전몰했다. 제9편에서 상세히 설명하겠지만, 충주로 천도한 밈라가라는 서기 564년에 신라 병부령 김이사부와 화랑 사다함에 의해 멸망했다.

기존 역사서에서는 대가야 즉 밈라가라가 지금의 고령에서 건국됐다가 고령에서 망했다고 기술했다. 그렇다면, 어느 사료를 근거로 밈라가지금의 충주에서 건국됐다고 말할 수 있을까?《삼국사기》〈강수열전〉에서는 "강수는 중원경 사량부[145] 사람이다"라고 하면서 "신은 본래 임나가량任那加良 사람입니다"라는 강수 본인의 말을 소개했다. 중원경은 곧충주이고, 임나가량은 곧 밈라가라다. 따라서 이것은 밈라가라가 충주로 천도했다는 첫째 증거가 된다. 또《삼국사기》〈음악지〉에는 "성열현 사람인 악사 우륵"이란 표현이 나온다. 우륵은 밈라가라의 악공이었다. 성열현 즉 지금의 청풍은 당시에는 충주 즉 미을성에 속한 땅이었다. 이것은 밈라가라가 충주로 천도했다는 둘째 증거가 된다.《삼국사기》〈신라 본기〉진흥왕 편에서는, 진흥왕 15년(서기 554년)에 "백제가 가량加良과 함께 관산성을 공격했다"고 했다. 여기서 말하는 가량도 밈라가라를

다. 김무력이 이 작업에 공로를 세웠다고 하여 그를 신주의 군주(軍主)로 임명한 것이다.《삼국사기》〈직관지〉에 따르면, 지증왕 6년에 주(州)라는 행정구역을 설치하고 그 장관을 군주라고 했다. 이것은 주의 장관이 군사권을 장악한 데다가 문관보다는 무관의 성격이 더 강했기 때문이다. 군주는 문무왕 원년에 총관으로 개칭되고 원성왕 원년에 도독으로 개칭됐다.

145 《조선상고사》원문에는 "중원경 사량"이라고 표기되어 있지만, 신라의 소경에 6부가 있었기 때문에 본문과 같이 바꾸었다. 소경에 6부가 설치된 이유는《삼국사기》〈신라 본기〉지증왕 편에서 확인할 수 있다. 이에 따르면, 지증왕 15년 1월 즉 서기 514년 2월 10일~3월 11일 사이에 신라 조정은 아시촌에 소경을 설치하고 6부 주민과 남쪽 지방 주민들을 이곳에 이주시켰다. 이처럼 새로 설치되는 소경에 6부 주민들이 이주했기 때문에 6부가 설치된 것으로 보인다.

가리킨다. 관산성은 백제 고시산군(지금의 옥천) 구양 부근이다. 밈라가라가 백제와 연합하여 옥천을 친 것은 지금의 영동군을 지나 추풍령을 넘어 고령의 옛 서울을 차지하기 위한 것이었으니, 이것은 밈라가라가 충주로 천도했다는 셋째 증거가 된다. 밈라가라는 비록 멸망했지만, 강수의 문학과 우륵의 음악으로 이름을 남겼다. 그래서 6가라 중에서 가장 칭송할 만한 나라가 되었다.

구지·벌뢰·고령 세 가라와 관련하여 《삼국사기》〈지리지〉는 "신라에 의해 멸망했다"고만 했을 뿐 그것이 언제 일인지는 밝히지 않았다. 구지는 안라가라와 가까우므로 그 운명이 밈라가라와 같았을 것이다. 6가라가 모두 멸망하자 신라는 계립령 이남을 통일하고 백제와 고구려에 대한 혈전을 시작하게 되었다.

제2장

조령·죽령[146] 이북 10개 군의 쟁탈 문제

- 고구려·백제·신라 백년 전쟁 및 수나라·당나라 침략의 기원

1. 무령왕의 북진과 고구려의 위축

백제 동성대왕이 반역자 백가에게 암살되자, 유능하고 용맹한 사촌형제
인[147] 무령왕이 백가의 난을 토벌했다. 같은 해에 무령왕은 고구려의 방

---

146 충청북도와 경상북도의 경계선에서 중간쯤에 속리산이 있다. 속리산 위쪽에 있는
   경계선 중에서 위에 있는 것이 죽령이고 밑에 있는 것이 조령이다. 죽령은 충북 단
   양과 경북 영주를 잇는 고개이고, 조령은 충북 괴산과 경북 문경을 잇는 고개다.

147 《조선상고사》 원문에는 "아들"로 표기되어 있다. 무령왕이 동성왕의 아들이라는
   이야기는 《삼국사기》 〈백제 본기〉 무령왕 편에 근거한 것이다. 여기서는 무령왕이
   동성왕의 차남이라고 했다. 신채호는 《삼국사기》 기록을 근거로 무령왕이 동성왕
   의 아들이라고 했다. 하지만 사실 관계를 따져보면 무령왕이 동성왕의 아들이었다
   고 보기 힘든 부분이 있다. 《삼국사기》에는 동성왕과 무령왕의 출생 연도가 기록되
   어 있지 않지만, 다른 자료를 통해 이것을 확인하거나 추론할 수 있는 방법이 있다.
   《일본서기》 〈웅략천황〉과 〈무령왕릉 지석〉에 따르면, 무령왕은 462년에 출생했다.
   이 점을 염두에 두고, 동성왕의 출생 연도를 《일본서기》에서 추적해 보자. 《일본서
   기》 〈웅략천황〉에 따르면, 동성왕이 왕이 된 해인 479년에 동성왕이 유년(幼年)이

비 소홀을 틈타 달솔인 부여우영에게 정예병 5천 명을 주고 고구려 수곡성(지금의 신계군)[148]을 기습하도록 했다. 그로부터 몇 년 뒤에는 장령(지금의 서흥군)[149]과 철령[150]을 차지하고 성책을 세워 예족을 막았다. 이로써 백제의 서북 경계가 지금의 대동강까지 미치게 됐다. 근구수대왕 시대의 형세가 회복된 것이다.

서기 505년에 고구려 문자왕은 치욕을 씻고자 대군을 동원해서 가불성(위치 미상)을 침입했다. 이에 맞서 무령왕은 정예병 3천 명을 거느리고 출전했다. 고구려인들은 백제군이 소수인 것을 보고 방비를 소홀히 했다. 이것을 이용해서 왕은 계책을 써 고구려군을 급습하고 대파했다. 이후 10여 년간 고구려는 남쪽을 침범하지 못했다.

무령왕은 이 틈을 타 도성과 지방의 유랑자들을 농토로 유인했다. 이들에게 농사를 시키고 제방을 수축하고 수전水田을 짓도록 하자, 국고가 더욱 더 충실해졌다. 서쪽으로 중국, 서남쪽으로 인도·대식국 등과 통상하니 문화적으로도 꽤 발달했다. 대왕이 나라를 다스린 23년간[151]은

었다고 했다. 여기서 유년이란 것은 소년이나 청년 정도를 뜻한다. 479년 현재, 동성왕의 나이가 그리 많지 않았음을 의미한다. 스무 살을 훌쩍 넘었다면 유년이라고 하지 않았을 것이다. 무령왕이 462년에 출생한 점과, 479년 현재 동성왕이 어렸다는 점을 감안하면, 두 사람의 나이 차이가 그리 많지 않았음을 알 수 있다. 여기서는 도저히 부자 관계가 나올 수 없다. 그럼, 두 사람이 사촌간이라는 점은 어떻게 알 수 있을까? 《일본서기》〈웅략천황〉에 따르면, 무령왕은 동성왕의 아들이 아니라 개로왕의 아들이라고 했다. 동성왕의 아버지인 곤지는 개로왕의 동생이었다. 따라서 무령왕과 동성왕은 사촌 관계가 된다.

148 지금의 황해북도 동쪽에 있는 지역으로 강원도와의 경계에 있다.
149 지금의 황해북도 중앙에 있는 지역으로 신계군의 왼쪽에 있다.
150 지금의 함경남도 안변군과 강원도 회양군을 잇는 고개다. 함남-강원 경계선의 중심에서 약간 오른쪽에 있다.

백제의 황금시대라고 부를 만하다.

2. 안장왕의 연애전[152]과 백제의 패퇴

고구려 안장왕은 문자왕의 장남이다. 그는 태자 시절에 상인 행색을 하고 개백현皆伯縣(지금의 고양군 행주)을 여행했다. 이곳 장로인 한 씨의 딸인 한주韓珠는 절세 미녀였다. 백제 정보원의 눈에 띄어 한 씨 집에 숨어 있던 안장왕은 한주를 보고 매우 좋아했다. 한주와 은밀히 정을 통하고 부부의 언약을 맺은 그는 "나는 고구려의 태자다. 귀국하면 대군을 이끌고 이 땅을 취한 뒤 그대를 맞이하리다"라고 말하고는 달아났다. 귀국한 뒤에 문자왕이 죽고 안장왕이 왕위를 계승했다. 안장왕은 장군을 자주 보내 백제를 쳤지만 항상 패배했다. 왕이 직접 출전한 경우에도 성공하지 못했다.

한편, 한주의 미모를 들은 그곳 태수는 한주의 부모에게 한주와 결혼할 수 있게 해달라고 부탁했다. 한주는 죽기를 각오하고 거절했다. 그러자 부모의 압박과 태수의 진노가 대단했다. 할 수 없이 한주는 "저는 이미 사랑하는 남자가 있습니다. 남자가 멀리 나가 돌아오지 못했으니, 남자의 생사나 확인한 뒤에 결혼 여부를 말하겠습니다"라고 말했다. 더욱더 분노한 태수는 "그 남자가 누구냐? 어째서 똑바로 말하지 못하느냐?

---

151 《조선상고사》원문에는 "24년"이라고 했다. 무령왕은 501년부터 523년까지 재위했다.

152 안장왕의 사랑에 관한 이야기는 《삼국사기》〈지리지〉와 《연려실기술》〈지리전고(地理典故)〉편 등에 나온다. 《조선상고사》의 내용은 《해상잡록》에서 나온 것이다.

그가 고구려 첩자이기 때문에 말을 못 하는 게 아니냐? 적국의 간첩과 통했으니, 네 죄는 죽음으로도 갚지 못할 것이다"라고 말하고 한주를 옥에 가두었다. 그런 뒤, 사형에 처하겠다며 위협하기도 하고 온갖 감언으로 꾀기도 했다. 한주가 옥중에서 노래하기를 "죽어 죽어 일백 번 다시 죽어 백골이 진토 되고 넋이야 있든 없든 님 향한 일편단심 가실 줄이 있으랴"라고 하니, 듣는 사람들이 다들 눈물을 흘렸다. 노래를 들은 태수는 한주의 마음을 돌릴 수 없음을 깨닫고 그를 죽이기로 결정했다.

한주가 갇힌 사실을 은밀히 알아낸 안장왕은 초조하고 안타깝기 그지없었다. 그러나 한주를 구할 길이 없었다. 안장왕은 장군들을 불러 "만일 개백현을 회복하고 한주를 구하는 사람이 있으면, 천금과 만호후萬戶侯(1만 호를 거느릴 정도의 권세를 가진 제후_옮긴이)의 상을 주겠다"고 약속했다. 그래도 나서는 사람은 없었다. 왕의 여동생 중에 고안학이 있었다. 그도 절세미인이었다. 그는 늘 을밀에게 시집가고 싶어 했다. 을밀도 고안학에게 장가들고 싶어 했다. 하지만 왕은 을밀의 가문이 한미하다는 이유로 허락하지 않았다. 이때, 을밀도 부름을 받고 왕을 알현했다. 그는 왕에게 "천금의 상과 만호의 후는 신의 소원이 아닙니다. 신의 소원은 안학과 결혼하는 것뿐입니다. 신이 안학을 사랑하는 것은 대왕이 한주를 사랑하는 것과 같습니다. 만약 대왕께서 신의 소원대로 안학과 결혼하게 해주시면 신도 대왕의 소원대로 한주를 찾아서 올리겠습니다"라고 말했다. 왕이 고안학을 아끼는 마음은 그가 한주를 사랑하는 마음에 미치지 못했다. 드디어 왕은 하늘을 가리켜 맹세하고 을밀의 청을 받아들였다.

을밀은 수군 5천 명을 거느리게 되었다. 해상으로 떠나기 전에 그는 왕에게 "신이 먼저 백제를 쳐서 개백현을 회복하고 한주를 살릴 터이니,

대왕이 대군과 함께 천천히 좇아오시면 불과 열 며칠 안에 한주를 만나시게 될 겁니다'라고 말했다. 그런 뒤 20명의 결사대를 뽑아 평복 속에 무기를 감추도록 하고, 이들과 함께 개백현에 미리 들어갔다.

이런 일이 있는 줄도 모르고 계백현 태수는 자기 생일에 관리와 친구들을 모아놓고 잔치를 크게 벌였다. 이 기회를 빌려 한주의 마음을 돌리고 싶어서 그는 사람을 보내 회유했다. "오늘은 내 생일이다. 오늘 너를 죽일 계획이지만, 네가 마음을 돌리면 살려줄 것이다. 그러면 오늘이 너의 생일이 되지 않겠느냐?" 한주는 대답했다. "태수가 제 뜻을 꺾지 않으면 태수의 생일이 되겠지만, 그렇지 않으면 태수의 생일이 저의 사망일이 될 겁니다. 만약 저의 생일이 된다면, 태수에게는 사망일이 되겠죠." 이 말을 듣고 태수는 대노하여 빨리 형을 집행하라고 명령했다.

그때, 초청 무사를 가장해서 연회장에 들어간 을밀의 장수들이 칼을 빼어 손님들을 살상했다. 이들이 "고구려 병사 10만 명이 성에 들어왔다"고 외치자 성안이 크게 동요했다. 이 틈을 타서 을밀은 병사들과 함께 성을 넘어 감옥을 부수고 한주를 풀어주었다. 그리고 성안의 창고를 봉쇄한 뒤 안장왕이 오기를 기다리면서, 한강 일대의 고을들을 쳐서 항복을 받아냈다. 이로 인해 백제는 크게 요동했다. 안장왕은 아무런 방해도 받지 않고 백제 고을들을 지나 개백현에 가서 한주를 만났다. 안장왕은 약속대로 고안학을 을밀의 배필로 만들었다.

이상은 《해상잡록海上雜錄》에 기록된 것이다. 《삼국사기》 본기에는 안장왕이 개백현을 점령했다는 말이 없다. 하지만 《삼국사기》 〈지리지〉의 개백현 항목에 딸린 주석에서는 "왕봉王逢현은 개백이라고도 한다. 한씨漢氏라는 미녀가 안장왕을 맞이한 땅이다"라고 했고, 달을성현 항목에 딸린 주석에서는 "한 씨漢氏라는 미녀가 높은 산의 꼭대기에서 봉화를 피워 안장왕을 맞이한 곳이기 때문에 나중에 고봉高烽이라고 명명했다"
고 했다. 이런 점을 보면 한 씨漢氏가 《해상잡록》의 한 씨韓氏임을 알 수
있다. 미녀 한 씨漢氏는 한주를 가리키고, 달을성은 지금의 고양을 가리
킨다. 달을성은 개백현을 점령한 을밀이 대왕과 한주를 만나도록 해준
곳이다.

개백皆伯은 '가맛'으로 읽는다. '가'는 고구려에서 왕이나 귀인을 지
칭하는 명사였고, '맛'은 만나본다는 뜻이었다. 《삼국사기》〈지리지〉에
서 "옥기현玉岐縣(원문은 왕기현王岐縣_옮긴이)은 개차정皆次丁이라고도 한
다"[153]고 한 점을 보면, 개皆에 왕이란 뜻이 있었다는 게 한층 더 명확해
진다. 백伯의 뜻은 '맏'이므로, 여기서 '맛'이란 음이 나온 것이다. 그러므
로 개백을 이두로 적으면 '가맛'이 되고, 가맛을 한자로 적으면 왕봉王逢
이 되는 것이다. 가맛은 한주가 안장왕을 만난 뒤에 생긴 이름이다. 그
런데도 기존의 역사가들은 본래의 지명도 모르고 이두의 독법도 몰랐기
때문에 개백을 안장왕 이전의 명칭으로 이해했다.

한편, 〈백제 본기〉에서는 성왕 7년(안장왕 11년)에 고구려가 북부 변경
인 혈성穴城을 빼앗았다고 했다. 혈성은 통로의 입구 즉 지금의 강화를
가리킨다. 을밀이 행주를 함락할 때 이곳을 함께 점령하지 않았나 하고
생각한다.

단심가는 예로부터 포은 정몽주의 작품이라고 하지만, 위의 기록을
보면 그보다 더 옛날 사람인 한주의 작품을 정몽주가 불러 조선 태종의

---

153 신채호가 확인한 서적에서는 옥기현이 왕기현으로 표기되어 있었는지 알 수 없지
    만, 현재로서는 왕기현으로 표기된 책을 확인할 수 없다. 신채호가 옥(玉) 자를 왕
    (王) 자로 잘못 본 것 같다.

노래에 답한 것이지, 포은이 처음 지은 작품은 아니라는 생각이 든다.

3. 이사부·거칠부 등의 집권과 신라·백제 양국의 동맹

고구려와 백제가 한창 혈전을 벌일 때에 신라에서는 두 명의 정치가가 나왔다. 하나는 김이사부요, 하나는 김거칠부다.《삼국사기》〈이사부 열전〉에서는 "이사부는 태종苔宗이라고도 한다"고 했다.[154]《훈몽자회》에서는 태苔를 '잇(이끼_옮긴이)'으로 풀이했다. 이異와 사斯는 '잇'이란 발음을 나타내고, 태苔는 '잇'이란 뜻을 나타낸다. 황荒은 지금도 '거칠 황'으로 읽는다. 거칠居柒은 '거칠'이란 발음을 나타내고, 황荒은 '거칠'이란 뜻을 나타낸다.《칠서언해七書諺解》에서 사대부士大夫를 '사태우'로 읽은 것을 보면, 부夫의 고음이 '우'임을 알 수 있다. 한편, 종宗은 마루라는 뜻이다. 그러므로 이두의 독법으로 볼 때, 이사부나 태종은 '잇우'로, 거칠부나 황종은 '거칠우'로 읽어야 한다.

이사부는 재치와 지혜를 가늠할 수 없는 사람이었다. 그는 젊은 나이에 가슬라 군주軍主가 되었다. 그때 우산국(지금의 울릉도)이 반기를 들었다. 신라 조정에서는 다들 "병력을 동원해서 토벌하자"고 했지만, 이사부는 "우산국은 소국이지만, 습속이 사나워서 힘으로 굴복시키려면 많은 병력을 동원해야 한다. 차라리 계책을 쓰느니만 못하다"고 말했다.

---

154 신채호는 〈이사부 열전〉의 내용만 인용했지만, 문맥을 놓고 볼 때 〈거칠부 열전〉의 내용도 인용했어야 한다. 신채호가 실수로 빠뜨린 것 같다. 〈거칠부 열전〉에서는 "거칠부는 황종(荒宗)이라고도 한다"고 했다.

그는 나무로 사자를 만들어 배에 싣고 우산국 부근에 정박했다. 그런 뒤 "만약 너희가 항복하지 않으면 이 짐승을 풀어 밟아 죽일 것이다"라고 위협했다. 그러자 우산국이 두려워서 항복했다. 그 뒤 그는 안라·밈라가라 등을 정복하고 지증·법흥 두 왕을 연이어 섬겼다. 진흥대왕 원년(서기 540년)이 되자, 일곱 살짜리 어린아이인 진흥왕을 대신해서 어머니인 태후가 섭정을 했다. 이사부는 병부령이 되어 도성과 지방의 군사 문제를 총괄하고 내정·외교 전반을 주관했다.

거칠부의 할아버지인 잉숙은 쇠뿔한(신라 재상의 칭호)이고, 아버지 물력은 아손(아찬_옮긴이)이다. 이 집안은 왕족으로서 대대로 장군과 재상을 지냈다. 거칠부는 소싯적에 큰 뜻을 품고 고구려 정찰에 나섰다. 머리를 깎고 중이 된 그는 고구려에 들어가 곳곳을 탐색했다. 그런 중에 혜량법사의 법당에 가서 강의를 듣게 되었다. 혜량은 눈치가 빠른 중이었다. 거칠부를 유심히 본 그가 "사미(새로 승려가 된 사람을 가리키는 칭호)는 어디서 왔느냐?"고 묻자, 거칠부는 "나는 신라 사람으로 법사의 이름을 듣고 불법을 배우려고 왔습니다"라고 말했다. 혜량은 "노승은 비록 불민하지만 그대를 알아볼 수는 있다. 고구려 안에 그대를 알아볼 사람이 어찌 없겠느냐? 빨리 돌아가야 한다"고 말했다. 그는 나중에 거칠부의 주선으로 신라가 고구려에 항복하게 되기를 희망했다. 신라에 돌아온 거칠부는 대아손(대아찬_옮긴이)이 되어 이사부와 함께 국정에 참여했다. 그는 백제와 동맹하여 고구려를 무너뜨리고 기회를 보아 백제를 기습해서 강토를 넓히는 방안을 계획했다.

이때 백제 성왕은 고구려에 빼앗긴 한강 일대를 되찾고자 신라와의 동맹을 모색하고 있었다. 그런데 신라는 동맹국인 6가라를 병탄한 적이 있는 나라였다. 그래서 성왕은 신라와의 동맹이 마땅치 않았을 것이다.

하지만 가라가 이미 망한 뒤라 동맹할 만한 제3국이 없었기에 성왕은 할 수 없이 신라에 사신을 보냈다. 이사부가 동맹을 흔쾌히 승낙하니, 신라·백제의 대對고구려 공수동맹이 성립했다.

4. 신라의 10개 군 기습과 신라·백제 동맹의 파기

서기 548년, 고구려 양원왕이 예족 군대를 거느리고 한강 이북에 있는 백제의 독산성獨山城을 공격했다. 진흥왕은 동맹의 약속에 의거하여 장군 주진이 정예병 3천을 데리고 고구려군을 격퇴하도록 했다. 당시 한강 이북은 안장왕의 연애전으로 인해 모두 고구려의 소유였다. 그럼, 위에서 말한 한강 이북은 어느 땅일까? 이것은 지금의 양성陽城[155] '한래(한자로 번역하면 이것도 한강이다)'[156]의 북쪽을 가리킨다. 독산성은 지금의 수원과 진위振威(지금의 평택시에 진위면이 있다_옮긴이)의 중간에 있는 독산고성禿山古城[157]인 듯하다.

  신라가 군대를 보냈다는 소식을 들은 양원왕은 대군을 동원해서 더

---

155 지금의 경기도 안성을 가리킨다. 안성은 고구려 때 사복홀(沙伏忽)이라 불렸다. '새 밝'이란 우리말을 한자 발음으로 옮긴 것이 '沙伏'이다. 신라 때는 '밝다'는 뜻인 적성(赤城)이라고 불렸다. 고려 초기에도 '밝다'는 의미가 있는 양성(陽城)이라 불렸고, 고려 명종 때 양성현이 되었다.

156 오늘날 안성시의 주요 하천 중에 한천이 있다.

157 지금은 독산성(禿山城)이라고 부른다. 진위면 위쪽인 경기도 오산시에 있다. 백제 때 처음 세워진 독산성은 지금의 서울 지역을 남쪽에서 방어하는 전략적 기지였다. 임진왜란 때 권율이 일본군을 물리친 것으로도 유명하다. 임진왜란 때 벌거숭이산이었다는 점을 고려하면, 독산(禿山)이란 한자는 이 때문에 생긴 것으로 보인다.

욱 깊숙이 침입했다. 이듬해에 고구려군은 지금의 충청도 동북 일대로 진입했다. 고구려군은 도살성(지금의 청안淸安)[158]에 주둔하고 백제군은 금현성 즉 지금의 진천에 주둔한 상태에서, 1년 좀 넘게 혈전이 벌어졌지만 좀처럼 승부가 나지 않았다. 신라는 백제와 동맹한 사이였지만, 이번에는 병력을 움직이지 않고 지켜보았다.

이듬해인 서기 551년 돌궐족이 지금의 몽골로부터 동진하여 고구려의 신성 및 백암성을 공격했다. 병력을 나눈 양원왕은 장군 고흘을 보내 돌궐을 격퇴하도록 했다. 이때 백제 달솔(백제 16관등 중에서 두 번째 관등_옮긴이)인 부여달기가 정예병 1만 명으로 평양을 기습해서 점령하자, 양원왕은 달아나 장안성을 신축하고 그리로 천도했다. 장안성이 지금의 평양이라는 말도 있다. 하지만 만일 이곳이 평양이라면 양원왕이 평양에서 평양으로 달아났다는 말이 되지 않는가. 장안성은 지금의 봉황성일 것이다. 봉황성은 당시의 신新평양이니, "안동도호부(지금의 요양)에서 남쪽으로 평양까지는 800리[159]"라고 할 때의 평양은 바로 이곳이다. 〈고구려 본기〉에서는 평원왕 28년[160]에 장안성에 천도했다고 했다. 양원왕이 도읍을 옮겼다가 곧바로 평양으로 환도한 뒤 평원왕이 다시 장안성 즉 신평양에 천도했기 때문에 이런 기록이 나왔을 것이다.

만약 신라가 동맹의 우의를 지키고 백제와 협력하여 고구려를 쳤다면 고구려를 멸망시킬 수 있었을지도 모른다. 그러나 신라는 가까운 백

---

158 충북 괴산을 가리킨다.
159 800리는 현대 한국에서는 320킬로미터, 고대 중국에서는 400킬로미터였다. 그런데 요양성에서 봉황성까지의 직선거리는 120킬로미터가 안 된다. 고대의 거리 측정이 부정확했기 때문에 본문과 같은 수치가 나온 것으로 보인다.
160 양력 586년 1월 26일부터 587년 2월 13일까지.

제를 먼 고구려보다 더 증오했다. 그래서 백제를 위해 고구려를 멸망시키면, 결과적으로 백제가 강성해져 신라가 대적하기 힘들게 되리라는 것을 알았다. 그래서 진흥왕은 가만히 백제의 뒤를 기습해서 백제의 신新점령지를 탈취하기로 마음먹었다. 이에 병부령 이사부가 지금의 충청도 동북부로 출병하는 한편, 대아찬(원문은 "한아손"_옮긴이) 거칠부가 구진·비태·탐지·비서·노부·서력부·비차부·미진부 등 장군 여덟 명을 거느리고 죽령 이북으로 출병했다. 백제는 이것을 동맹에 의한 출병으로 판단하고 매우 환영했다.

그러나 국가 간의 투쟁에 무슨 신의가 있겠는가. 이사부는 백제와 합력合力하여 도살성을 탈환한 뒤 곧바로 백제군을 기습하여 금현성을 함락하고, 거칠부는 병력을 나눈 뒤 죽령 이북에 있는 백제 진영을 기습하고 백제가 점령한 죽령 이북에서 고현高峴 이남의 열 개 군郡을 탈취했다. 백제는 열 개 군만 빼앗긴 게 아니었다. 평양을 침공한 수만 명의 백제 대군도 진퇴유곡進退維谷에 빠져 패배했다.

신라는 맹약을 배신한 자국의 행위를 숨기고자 백제가 평양을 점령한 사실을 〈신라 본기〉에서 빼버리고 거칠부가 누구와 싸워 열 개 군을 빼앗았는지를 밝히지 않았다.[161] "백제선공파평양百濟先攻破平壤(백제가 먼저 평양을 격파한 뒤에_옮긴이)"이란 일곱 글자를 우연히 남겨둔 탓에, 이것이 〈거칠부 열전〉을 통해 후세에 명확히 알려지게 된 것이다.

청안淸安의 옛 이름은 도살道薩 혹은 도서道西다. 둘 다 '돌시울'로 읽어

---

161 《삼국사기》〈신라 본기〉 진흥왕 편에서는 거칠부가 고구려를 공격해서 10개 군을 빼앗았다고 말했다. 백제가 점령한 고구려 땅을 거칠부가 가로챘다는 점을 밝히지 않은 것이다.

야 한다. 진천의 옛 이름은 흑양黑壤·금양金壤·금현金峴·금물내金勿內 혹
은 만노萬弩였다. 우리 고어에서는 천千을 '지물', 만萬을 '거물'이라고 했
다. 진천은 '거물래'이므로, 흑양의 흑黑과 만노의 만萬은 다 '거물'이란
뜻이다. 금물今勿과 금물金勿은 '거물'의 소리를 표시한 것이다. 양壤·내
內·노弩는 '래'의 소리를 표시한 것이다. 금양·금현의 금金은 금물金勿을
축약한 것이다. 그리고 현峴은 금물 안의 산성을 가리킨다.

　《삼국사기》〈지리지〉에 따르면, 지금의 경기도는 물론이고 충청도의
충주·괴산 등지도 고구려의 강역이 되었다. 그런데 근세에 정약용(원문
은 '정다산'_옮긴이)·한진서 선생 같은 분들은 고구려가 지금의 한강 이
남을 단 한 발짝도 밟은 적이 없다면서 《삼국사기》를 공격했다. 하지만
도살성 점령 사건[162]을 보면, 고구려가 한강을 넘지 못했다는 말이 어떻
게 잠꼬대가 아니겠는가? 그러나 고구려는 이곳을 일시적으로 점령했
다. 장기적으로 보면 황해도까지도 항상 백제의 땅이었다. 그러니 충북
지역을 고구려 땅으로 만든 《삼국사기》에 오류가 없다고는 볼 수 없다.

　그런데 죽령 이북에서 고현 이남의 열 개 군은 어느 지역일까? 고현은
지금의 지평砥平(경기도 양평군의 옛 이름_옮긴이)에 있는 용문산의 명치鳴
峙[163]라고 보아야 한다. 그렇다면 열 개 군은 제천·원주·횡성·홍주·지

162　《삼국사기》〈이사부 열전〉에 따르면, 백제가 고구려 도살성을 빼앗자 고구려는 이
　　에 대한 보복으로 백제 금현성을 빼앗았다. 두 나라의 전투가 소강상태에 들어가
　　자, 신라는 두 성을 모두 빼앗았다. 이처럼 《삼국사기》에서조차 고구려가 도살성을
　　차지한 사실을 인정하고 있으니, 고구려가 한강 이남을 넘은 적이 없다는 주장은
　　설득력을 잃게 된다.

163　용문산의 명치가 어디인지를 알려주는 문헌은 찾지 못했다. 용문산 밑에서 정상으
　　로 올라가는 길목에 유명한 용문사 은행나무가 있다. 이 나무 앞에 걸린 안내문에
　　따르면, 신라 의상대사 혹은 마의태자가 심었다는 이 은행나무에서는 국가에 변고

평·가평·춘천·낭천狼川(지금의 강원도 화천군_옮긴이) 등지라고 봐야 한다. 훗날 신라 9주州의 하나인 우수주 관내의 군현이 바로 이곳이다.

5. 백제 성왕의 전사와 신라의 영토 확장

신라는 열 개 군을 취한 뒤에 고구려와 강화했다. 신라는 어제의 동맹국인 백제를 적국으로 돌리고, 백제의 동북 지방을 침탈하여 지금의 이천·광주·한양 등지를 취하고 신주新州를 설치했다.

패배한 백제는 고립됐지만 분노를 참을 수 없어 반격에 나섰다. 백제는 밈라가라의 유민들에게 국원성(지금의 충주)을 떼어주고 나라를 재건하도록 한 뒤, 서기 554년에 밈라와 연합하여 어진성(진산珍山)[164]을 쳐서 신라군을 격파하고 남녀 3만 9천 명과 말 8천 필을 노획했다. 백제군이 더 나아가 고시산(지금의 옥천)을 치자, 신라 신주군주 김무력과 삼년산군(지금의 충북 보은)의 고우도도高于都刀가 대군을 거느리고 지원에 나섰다. 성왕은 정예병 5천 명을 뽑아 한밤중에 신라 대본영을 기습하려 했지만, 구천狗川(음은 '글래', 여기서 옥천이란 이름이 나옴, 지금의 백마강 상류)에서 신라의 복병을 만나 패전하고 사망했다.

승세를 탄 신라군이 백제의 좌평(대신)과 병졸 2만 9천 명을 죽이거나 사로잡자 백제 전국이 크게 진동했다. 그 뒤 백제를 더욱 더 공략한 신

가 있을 때마다 울음소리가 났다고 한다. 그래서 이 근처를 '울다 명(鳴)'을 써서 명치라고 부른 게 아닌가 하는 생각이 든다.

164 지금의 충청남도 금산.

신라와 만주

신라가 만주의 길림 지역을 차지했다는 이야기가 중국 측 기록인
《만주원류고》에 나오는데도, 이런 사실이 《삼국사기》에 기록되
지 않았다는 사실에 주목할 필요가 있다. 우리는 흔히 "김부식은
신라 중심주의에 입각해서 《삼국사기》를 지었다"고 말한다. 물
론 이것은 맞는 말이다. 하지만 김부식이 가장 염두에 둔 것은 신
라 중심주의라기보다는 한반도 중심주의라고 봐야 할 것이다. 한
반도 중심주의에 입각했기 때문에 신라가 만주 땅을 확보한 사실
조차 숨겼던 것이다. 그의 머릿속에서는 신라 중심주의보다 한반
도 중심주의가 상위에 있었기 때문에 그렇게 할 수 있었던 것이
다. '만주로 가자!'는 구호를 내건 묘청에 맞서 '한반도에서 살자!'
는 입장을 취했던 김부식의 행적을 살펴볼 때, 《삼국사기》는 신
라 중심주의가 아닌 한반도 중심주의에 입각한 역사서라고 말할
수 있다.

라는 남으로는 비사벌(지금의 전주)을 쳐서 완산주를 설치하고, 북으로
는 국원성을 쳐서 제2밈라를 멸하고 그 땅에 소경小京을 만들었다. 진흥
대왕은 이처럼 백제를 격파하여 지금의 양주·충주·전주 같은 경기·충
청·전라도의 요지를 획득했다. 그런 뒤 고구려를 쳐서 동북방으로 나가
지금의 함경도 등지와 지금의 길림吉林 동북을 차지했다.[165] 신라 영토의

---

165 신라가 지금의 중국 길림을 확보했다는 이야기는 《만주원류고》에 나온다. 뒷부분

확장은 이때가 건국 이래 최고였다.

《삼국사기》〈신라 본기〉 진흥왕 편에는 연도가 바뀌거나 사실 관계가 빠진 예가 한둘이 아니다. 화랑이 창설된 연도가 틀렸다는 점은 이 편의 제1장에서 서술했다. 또 진흥왕 14년 가을 7월[166]에 신라가 백제의 동북 변방을 취해서 신주新州를 설치했으며, 겨울 10월[167]에 백제의 왕녀를 취해 작은 왕비로 삼았다고 한 기록이 있다. 아무리 전쟁이 일상적으로 벌어진 시대라고 해도, 석 달 전(원문은 '4개월 전'_옮긴이)에 전쟁을 해서 영토를 뺏고 빼앗긴 나라들이 석 달 뒤(원문은 '4개월 후'_옮긴이)에 결혼동맹을 맺고 장인-사위 관계가 될 수 있었겠는가. 더군다나 이 일은 열 개 군을 탈취한 때로부터 불과 3년 뒤의 일이다. 3년 전에 신라와의 동맹에서 배신을 당한 백제가 3년 뒤에 딸을 시집보내고 신라왕을 사위로 삼았겠는가.

또 진흥왕 12년[168]에 "왕이 순행하다가 낭성(지금의 충주 탄금대 부근)에서 우륵과 그 제자 니문이 음악을 잘한다는 이야기를 듣고 그들을 따로 불렀다"는 기록이 있다. 《삼국사기》〈음악지〉에 따르면, 성현현(지금의 청풍) 사람인 우륵이 "자기 나라의 멸망을 예견하고 악기를 갖고 신라에 투항하자 진흥왕은 그를 국원성國原城에 안치했다"고 했다. 우륵은 본래 제1밈라 즉 고령 사람이었다. 그는 제2밈라에 들어가 지금의 청풍에서 자연을 즐기며 살다가 제2밈라가 오래가지 못할 것을 미리 알고 신

에서 상세한 설명이 나온다.

166 양력 553년 7월 26일부터 8월 24일까지.

167 양력 553년 10월 23일부터 11월 20일까지.

168 《삼국사기》〈신라 본기〉에 따르면 이 일은 진흥왕 12년 3월(음력) 즉 서기 551년 3월 23일부터 4월 20일 사이에 있었다.

라에 투항했다. 제2밈라를 점령하고 우륵을 국원성에 안치한 진흥왕이 순행 중에 우륵을 불러 가야금 소리를 감상한 곳이 지금의 충주 탄금대 유적이다. 국원성 즉 지금의 충주가 신라 땅이 된 때가 진흥왕 16년[169] 이므로, 진흥왕이 우륵의 가야금 소리를 들은 것도 진흥왕 16년 이후일 것이다. 그렇다면, 어찌 진흥왕 12년에 낭성에 순행하여 우륵의 가야금을 들을 수 있었겠는가.

한양 삼각산 북봉에 진흥대왕순수비가 있다. 이것은 대왕이 백제를 쳐서 성공한 일을 기념하는 유적이다. 함경남도 함흥 초방원草坊院에도 진흥대왕의 순수비가 있다. 이것은 대왕이 고구려를 쳐서 성공한 일을 기념하는 유적이다. 그런데 《삼국사기》〈신라 본기〉 진흥왕 편에는 이같은 대사건이 죄다 빠져 있지 않은가. 《만주원류고》 및 《길림유력기吉林遊歷記》에 따르면, 길림은 본래 신라의 땅이다. 길림이라는 표현도 신라를 가리키는 계림에서 나온 것이다. 이것은 진흥대왕이 고구려를 쳐서 강토를 개척하고 지금의 길림 동북까지 보유했다는 또 다른 증거가 된다. 한편, 박지원의 《연암집》에서는 복건성의 천주泉州와 장주漳州가 일찍이 신라의 땅이었다고 했다. 어떤 책을 근거로 이런 말을 했는지 알 수 없어 자세히 인용할 수는 없지만, 진흥대왕이 바다 건너까지 경략하여 그곳에 유적을 남기지 않았나 하고 생각한다.

---

169 《삼국사기》〈신라 본기〉에는 국원성이 신라의 소경(小京)이 된 해가 진흥왕 18년이라는 이야기만 나오고, 국원성이 신라에 편입된 해가 언제인지는 알려주지 않는다. 어쩌면 신채호의 기술대로 진흥왕 16년에 국원성이 신라에 편입됐다가 2년 뒤에 소경으로 승격했을 수도 있다. 그런 것이 아니라면, 신채호가 '진흥왕 18년'을 '진흥왕 16년'으로 잘못 표기했다고 볼 수밖에 없다.

6. 고구려의 신라 공략과 바보 온달의 전사

평양이 백제에 의해 함락되자, 고구려는 신라의 요청으로 신라와 우호 관계를 맺었다. 그러나 진흥대왕은 맹약을 어기고 동쪽 변경을 기습하여 남가슬라부터 길림 동북까지 차지했다. 그러자 고구려는 할 수 없이 전쟁을 일으켜 비열홀(지금의 안변 이북)을 회복했다. 하지만 장수태왕이 점령하고 안장왕 이후에 재점령한 계립령(지금의 조령) 이서 지방과 죽령 이서 지방에 있던 나머지 고토는 끝끝내 찾지 못했다. 신라인들은 군사 작전의 최대 요새인 북한산을 차지한 뒤로 '이 땅을 길이 갖자'는 뜻으로 〈장한성가長漢城歌〉[170]란 노래를 지어서 불렀다. 이러니 고구려인들이 어찌 가슴 아프지 않을 수 있었겠는가. 그래서 고구려는 거의 매년 병력을 동원하여 신라를 침범했지만 성공하지 못했다.

이런 상태에서 평원왕이 사랑하는 사위인 온달의 비극적인 전사가 일어났다. 당시의 시인과 문사들이 이 일을 이야기하고 이두로 기록하여 사회에 전파하니, 일반 고구려인들의 적개심은 한층 더 강해지고 신라와의 평화는 길이길이 끊어지고 말았다. 이제 기존 역사서에 실린 온달 이야기를 서술하고자 한다.

온달(옛 발음은 '온대'니, 백산白山이란 뜻)은 얼굴이 울룩불룩하고 성씨도 없는 거지였다. 거지이기는 하지만 마음만은 시원스러웠다. 집에 눈이 안 좋은 노모가 있어서 그는 항상 밥을 빌어 노모를 공양했다. 그 외에는, 하는 일 없이 거리를 오락가락했다. 가난하고 천한 사람을 없이 여

---

170 《고려사》〈음악지〉에 따르면, 신라는 한강 위에 장한성을 설치하고 그에 관한 노래를 지었다.

기는 것은 어느 사회나 똑같다. 그래서 바보도 아닌 온달을 누구나 다 바보 온달로 부르게 되었다.[171]

평원왕에게는 따님이 하나 있었다. 어릴 때 너무 질기게 울어대자, 평원왕은 사랑하는 마음에 실없는 말로 "오냐 오냐, 울지 마라. 우는 것을 좋아하면, 너를 귀한 집 며느리로 주지 않고 바보 온달의 여자로 만들겠다"며 달랬다. 평원왕은 딸이 울 때마다 그렇게 말했다. 이 따님이 성장해서 시집갈 나이가 되자, 평원왕은 상부上部 고 씨와의 혼사를 추진했다. 그러자 따님이 이런 말로 반대했다. "아버지는 항상 저에게 바보 온달에게 시집보낸다고 말씀하시지 않았습니까? 이제 와서 다른 사람에게 시집보내면, 그 말씀이 거짓말이 아니겠습니까? 저는 죽더라도 바보 온달에게 가서 죽겠습니다." 평원왕은 대노하여 "너는 만승천자萬乘天子[172]의 딸이 아니냐? 만승천자의 딸이 거지의 여자가 된단 말이냐?"라고 말했다. 그래도 따님은 듣지 않고 "필부도 거짓말을 해선 안 되는데, 만승천자가 어찌 거짓말을 하리까? 저는 만승천자의 딸인 까닭에 만승천자의 말이 거짓말이 안 되도록 온달에게 시집가고자 합니다"라고 말했다. 평원왕은 어찌 할 수 없어 "너는 내 딸이 아니니, 내 눈 앞에 보이지 말라"며 쫓아냈다.

궁에서 나올 때에 따님은 다른 것은 가진 게 없었다. 그저 보물 팔찌[173]

---

171 '바보 온달'의 의미는《삼국사기》〈온달 열전〉에서 확인할 수 있다. 이에 따르면 온달은 상대방이 웃지 않을 수 없을 정도로 못생긴 외모와 남루한 옷차림 때문에 바보 온달로 불리게 되었다.

172 1만 대의 승(乘) 즉 전차를 갖출 수 있는 광대한 영토를 보유한 군주라는 의미로서, 제후 위의 황제를 가리킨다.

173 《조선상고사》 원문에서는 '금팔찌'라고 했지만,《삼국사기》〈온달 열전〉에서는

수십 개를 팔뚝에 차고 나왔을 뿐이다. 벽이 다 무너지고 네 기둥만 우뚝 선 온달의 집을 그는 찾아 들어갔다. 들어가 보니, 온달은 어디 갔는지 없고 노모만 있었다. 노모 앞에 절하고 온달이 간 곳을 물어보았다. 노모는 눈은 안 보이지만 코가 있어 귀여운 따님의 향내를 맡고, 귀가 있어 아리따운 미인의 목소리를 들을 수 있었다. 이상하게 여긴 노모는 솜 같이 보드랍고 고운 손을 만지면서 "어디서 오신 귀한 처녀인지는 모르겠지만, 어째서 빌어먹고 헐벗는 내 아들을 찾으십니까? 내 아들은 굶다굶다 못해 산에서 느티나무 껍질이나 벗겨 먹으려고 나가서는 아직까지 안 왔습니다"라고 말했다. 그러자 따님은 온달을 찾아 산 밑으로 갔다.

산 밑에서, 느티나무 껍질을 벗겨서 갖고 내려오는 사람을 만났다. 그 사람이 온달일 거라고 생각했다. 이름을 물은 뒤에 자기가 찾아온 이유 즉 결혼에 대한 회포를 털어놓았다. 온달은 '부귀한 집의 예쁜 딸로 태어나 가난하고 천한 걸인을 서방으로 구할 이유가 있으랴'라고 생각하고 "너는 사람 홀리는 여우나 도깨비다. 사람은 아닐 것이다. 해가 지니까, 네가 내게 덤비는가 보다"라고 소리치고는 뒤도 안 돌아보고 돌아섰다. 그러고는 사립문을 꽉 닫아걸고 나오지 않았다.

따님은 문 밖에서 하룻밤을 자고 이튿날 다시 들어가서 간청했다. 온달은 어찌 대답할 바를 몰라 머뭇거리기만 했다. 노모는 "내 집같이 가난한 집이 없고 내 아들같이 천한 사람이 없는데, 그대는 일국의 귀인으

'보물 팔찌'라고 했다. 온달 이야기에 관한 한 〈온달 열전〉이 가장 권위가 있을 뿐 아니라 신채호도 이것을 참고한 것으로 보이기 때문에, 〈온달 열전〉의 표현을 따랐다.

로서 어찌 가난한 집에서 서방을 섬기려 하는 것인가?"라고 물었다. 따님은 "종잇장도 맞들면 낫다고 하니, 마음만 맞으면 가난하고 천한 게 무슨 관계가 있겠습니까?"라고 대답했다. 그는 팔찌를 팔아 집이며 밭이며 논이며 하인이며 소며 기타 모든 것을 샀다. 빌어먹던 온달은 하루아침에 부자가 됐다.

따님의 목적은 온달을 한갓 부자로 만드는 것이 아니었다. 그는 온달에게 말타기와 활쏘기를 배워야 하니 말을 사오라고 했다. 당시는 전쟁의 시대였기 때문에, 고구려에서는 마정馬政(말의 생산과 관리, 조달 등과 관련한 일_옮긴이)을 매우 중시했다. 왕의 마구간에 있는 말은 국마國馬라 하여 잘 먹이고 잘 기르며 화려한 굴레를 씌웠다. 대왕이 말을 타다가 다치면, 말먹이꾼과 마부에게 죄를 물었다. 그래서 말먹이꾼과 마부들은 날래고 건강한 말이 있으면 일부러 굶기고 때려서 병든 말로 만들어 버리곤 했다.[174] 따님은 구중궁궐의 처녀이기는 했지만 이런 폐단을 잘 알고 있었다. 그래서 말을 사라고 심부름 보낼 때 온달에게 "시장에서 파는 말을 사지 말고, 버리는 국마를 사오세요"라고 시켰다. 따님이 직접 말을 먹이고 다듬으니, 말은 날로 살찌고 튼튼해졌다. 온달의 말 타고 활 쏘는 기술도 날로 진보하여, 유명한 선생이나 고수들도 온달을 따라잡을 수 없게 되었다.

3월 3일 신수두 대축제가 열렸다. 이때 열린 사냥 시합에 온달이 참가했다. 온달은 기마 실력도 탁월하고, 사냥으로 잡은 짐승도 가장 많았다. 평원왕이 불러서 이름을 물어보자, 온달이라고 답했다. 평원왕은 크

---

174 왕의 마구간에 들어갈 좋은 말의 숫자를 줄임으로써 자신들의 책임을 줄이고자 그 렇게 했던 것으로 보인다.

게 놀랐지만, 따님에 대한 분노가 아직 풀리지 않은 터라 온달을 사위로 인정하지는 않았다.

당시 북주(우문씨 왕조) 무제가 중국 북부를 통일하고 위세를 과시했다. 그러더니 고구려의 강성을 시기하여 요동을 침공했다.[175] 이산肄山[176] 들판에서 벌어진 전투에서 누군가가 홀로 용감하게 싸우는데, 칼질이 능수능란하고 활쏘기도 신묘했다. 그가 수백 명(《온달 열전》에 따르면 수십 명_옮긴이)의 북주 병사들을 베는 것을 보고 알아보니 바로 온달이었다. 왕은 감탄해서 "이건 참으로 내 사위다"라며, 온달에게 대형大兄을 제수하고 극진히 총애했다.

훗날 영양왕이 즉위했다. 온달은 "계립령(조령_옮긴이)과 죽령의 이서 지방은 본래 우리 고구려의 영토였습니다. 신라에 빼앗긴 뒤로 그 땅 인민들은 늘 통한으로 여기고 부모의 나라를 잊지 못하고 있습니다. 대왕께서 저를 어리석다 하지 않으시고, 군대를 내주시면 한 걸음에 그 땅을 회복하리다"라고 아뢰었다. 영양왕은 허락했다. 출정하기 전에 온달은

---

175 《삼국사기》《온달 열전》에 따르면, 온달이 사냥대회에서 1등을 한 직후에 북주가 고구려를 침공했다.

176 《조선상고사》원문에는 배산(拜山)이라고 적혀 있다. 신채호 시대에 일반적으로 사용된 《삼국사기》판본은 1512년에 판각된 중종임신본·정덕임신본·정덕본이다. 이것은 일반적으로 정덕본이라 불린다. 임신년인 그 해에 명나라의 연호가 정덕(正德)이었기 때문에, 정덕본이니 임신본이니 하고 불리는 것이다. 이 정덕본에서는 온달이 최초로 참가한 전투 장소가 배산(拜山)이라고 했다. 신채호는 이 정덕본을 따랐다. 그런데 1981년에 서울의 성암고서박물관에서 고려 때 판각된 것으로 보이는 《삼국사기》판본의 일부가 발견됐다. 이것은 성암본이라고 불린다. 성암본에 의하면, 온달이 최초로 참가한 전투 현장은 이산(肄山)이다. 그래서 본문과 같이 수정했다. 이산이 어디인지, 이산이 배산의 별칭인지는 확인하지 못했다. 어쩌면 이(肄)와 배(拜)의 한자가 언뜻 보기에 비슷해서 판각 과정에서 오류가 생겼을 수도 있다.

군영에서 "신라가 한수 이북의 우리 영토를 빼앗았다. 만약 이번에 이것을 회복하지 못하면 다시는 돌아오지 아니하리라"라고 맹세했다. 그는 아차성(지금 경성 부근 광나루 옆의 아차산)[177] 아래서 신라 군대와 접전을 벌이다가 날아오는 화살에 맞아 죽었다.

고구려 병사들은 돌아가서 장례를 치르려고 온달의 시신을 영구에 넣었지만, 영구가 땅에 꽉 붙어 떨어지지 않았다. 따님이 직접 와서 울며 "국토를 못 찾고 임이 어찌 돌아가랴. 임이 아니 돌아가는데, 이 첩이 어찌 홀로 돌아가리오" 하고 졸도한 뒤 못 깨어났다. 그러자 고구려인들은

---

177 《조선상고사》에서는 온달이 전사한 곳이 아차성이며 이곳은 지금의 서울 아차산이라고 했다. 하지만 《삼국사기》〈온달 열전〉에 따르면, 온달이 전사한 장소는 아차성(阿且城)이 아니라 아단성(阿旦城)이다. 정약용은 《아방강역고》에서 아단성은 아차성일 것이라고 판단했다. 이후 대다수의 학자들이 정약용의 의견을 따른 것은, 이성계가 왕이 된 뒤에 이단(李旦)으로 개명했으며 왕의 이름에 들어간 단(旦)을 피하기 위해 이와 유사한 차(且)를 써서 아차산이라고 했을 것이라는 판단이 논리적으로 타당했기 때문이다. 신채호 역시 이런 의견에 따라 아단성을 아차성으로 이해했을 것이다. 그런데 충북 단양군 영춘면에는 온달의 이름을 딴 온달산성이 존재한다. 온달산성이란 이름은 조선 시대에도 존재했다. 이곳에서 온달이 죽었다는 전설이 오래도록 전해졌다. 또 이곳 주변에는 온달의 이름을 딴 온달동굴도 존재한다. 그래서 이를 근거로 온달이 서울 아차산이 아닌 충북 온달산성에서 죽었을 것이라는 학설이 제기되고 있다. 《신증동국여지승람》에 따르면, 온달산성이 있는 영춘면의 고구려 때 지명은 을아단현(乙阿旦縣)이었다. 을아단현이란 지명 속에 아단이란 표현이 있기 때문에 이곳을 〈온달 열전〉의 아단성으로 추정하는 것도 전혀 무리는 아니다. 온달은 아단성 전투에 출전하기에 앞서 고구려 영양태왕에게 "조령과 죽령 서북의 땅을 찾아오겠다"고 맹세했다. 조령과 죽령 서북은 충청북도에 해당한다. 따라서 조령과 죽령 서북을 빼앗기 위해 전쟁을 벌였다면 서울 아차산이 아닌 단양 온달산성에서 전투했을 가능성도 없지 않다. 하지만 현재까지는 아단성이 온달산성임을 입증할 보다 더 확실한 증거가 없으므로, 현재로서는 온달이 아차산에서 죽었다고 판단하되, 그가 온달산성에서 죽었을 가능성을 염두에 두고 고증작업을 진행하는 수밖에 없다.

따님과 온달을 그 땅에 함께 묻었다.

영구가 땅에 붙어 떨어지지 않을 리가 있겠는가. 온달의 영구를 갖고 돌아가려 할 때, 장례를 주관하는 사람들이 온달이 "계립령과 죽령 이서가 고구려로 돌아오지 않으면 나도 돌아오지 아니하리라"라고 하던 말이 생각나 온달의 나라 사랑하는 마음에 감동해서 차마 영구를 들 수 없었을 것이다. 그런 심정을, 영구가 땅에서 떨어지지 않는 것 같은 상황으로 표현한 것이다.

《삼국사기》〈온달 열전〉의 끝부분에서는 "공주가 와서 관을 어루만지며 '삶과 죽음이 결판났으니, 아아 갑시다'라고 하자 비로소 (관이) 들리고 하관하게 됐다"고 했다. 그러나 만일 공주가 '삶과 죽음이 결판났다'는 말만 하고 울었다면, 공주가 국토에 대한 열정도 없었을 뿐 아니라 남편에 대한 애정도 박약했다고 볼 수밖에 없다. 또 온달의 영구가 그 말에 움직였다면, 온달은 국토의 회복을 위해 죽은 게 아니라 상사병에 걸려 죽은 것밖에 되지 않는 것이다. 그렇다면, 말을 사서 온달을 가르친 공주의 노력은 무엇이 되고, 안온한 부귀를 버리고 전쟁에 나선 온달의 진심은 어떻게 되는 것인가?

《조선사략》에 따르면, 공주는 "국토를 아직 수복하지 못했으니 공께서 어찌 귀환하시겠습니까? 공이 귀환하실 수 없으니 첩이 어찌 홀로 귀환하겠습니까?'라고 말하고 한 차례 통곡한 뒤 졸도했다. 고구려인들은 공주를 그 땅에 함께 묻었다"고 했다. 물론 《조선사략》은 시간적인 거리로 보면 《삼국사기》보다 신빙성이 낮지만, 위의 문구만큼은 전쟁 시대의 분위기에 부합하므로 이 책에서는 《조선사략》을 채택하기로 한다.

정약용·한진서 선생은 "신라가 한수 이북의 우리 영토를 빼앗았다"는 온달의 말을 근거로 고구려가 한수 이남을 차지해 본 적이 없었음을 입증하고자 했다. 하지만 만약 그렇다면 "계립령과 죽령의 이서 지방은 본래 우리 고구려의 영토"라는 온달의 말은 어떻게 해석할 것인가? 고구려가 장수태왕 때의 몇 년 동안과 안장왕 이후의 몇 해 동안에 한수 이남을 점령했던 것은 명백하다. 온달이 말한 '한수'는 지금의 한강이 아니라 양성의 '한래'다.

몇 해 전에 일본인 이마니시 류는 북경대학에서 조선사를 강의할 때 〈온달 열전〉을 실제 역사로 볼 만한 근거가 없다고 말했다. 이것은 정말 무식한 말이다. 온달의 죽음을 계기로 고구려·신라 동맹의 길이 끊어지고 백제·고구려 동맹이 성립하여 삼국 흥망의 새로운 국면이 열렸다. 이런 온달에 관한 기록을 남긴 〈온달 열전〉은 삼국 시대의 몇 안 되는 글이다. 김부식의 가감삭제를 통해 사료의 가치가 어느 정도 줄어들었으리라는 점은 역사를 좋아하는 독자들이 일반적으로 이해하고 있을 것이다.

제3장

동서同婿 전쟁

<hr/>

1. 백제 왕손 서동과 신라 공주 선화의 결혼

백제 위덕왕의 증손[178]으로서 서기 6세기 후반에 태어난 서동은 준수한 도련님이었다. 그는 삼국에서 가장 유명한 청년이었다. 신라 진평왕의 둘째 따님인 선화공주도 어여쁜 아가씨였다. 선화공주도 삼국에서 가장 유명한 처녀였다. 진평왕은 아들은 없고 딸만 몇이었다. 그중에서 선화가 가장 어여뻤기 때문에 선화를 가장 사랑했다. "신라의 왕이 된 것이 나의 자랑이 아니라 선화의 아비가 된 것이 나의 자랑이노라"라고 말할 정도였다. 진평왕은 선화를 위해 좋은 사윗감을 얻고자 했다.

<hr/>

[178] 《삼국사기》〈백제 본기〉에 따르면, 무왕은 위덕왕의 동생인 혜왕의 손자다. 따라서 이에 따르면 무왕은 위덕왕의 손자뻘이 된다. 하지만《조선사략》에 따르면, 혜왕은 위덕왕의 차남이다. 따라서 이에 따르면 무왕은 위덕왕의 증손자가 된다. 신채호는 《조선사략》의 기록을 따르고 있다.

진평왕은 서동의 이름을 들을 때마다 서동을 선화의 남편감으로 생각했다. 위덕왕도 증손을 위해 증손부를 얻어주고 싶어 했다.[179] 위덕왕도 선화의 이름을 들을 때마다 선화를 서동의 아내감으로 생각했다.

이 시대는 가부장제 시대였다. 집안의 어른인 양쪽의 주혼자主婚者이자 일국의 대왕인 위덕왕과 진평왕이 그런 생각을 갖고 있었으니, 이 결혼은 성사되기 쉬운 혼사였다. 하지만 결혼이 쉽지 않을 뿐 아니라 절대 이루어질 수 없는 사정이 있었다. 만약 누군가 그 결혼을 제안했다면, 진평왕이나 위덕왕은 필시 "이 역적 놈!" 하고 대노하면서 처형했을 것이다.

그 사정은 무엇일까? 신라에서는 대대로 박·석·김 3성이 상호 결혼하고, 아들과 사위 중에서 연장자에게 왕위를 넘겼다. 다른 성씨의 딸을 3성의 집에 들일 수는 있어도, 3성의 딸을 다른 성씨에 시집보낼 수는 없었다. 신라 소지왕이 백제 동성대왕에게 딸을 주었다고 하지만, 또 신라 법흥왕 때 밈라가라 가실왕에게 누이를 주었다고 하지만, 실은 친딸이나 친누이가 아니라 6부 귀족의 딸이나 누이였다. 그러므로 진평왕의 입장에서는 자기 딸인 김선화의 미래 남편은 박씨가 아니면 석씨이고, 석씨가 아니면 동성인 김씨일 수밖에 없었다. 신라인도 아닌 백제 부여씨인 서동의 아내가 될 수는 없었다. 이는 선화 쪽의 사정이었다.

백제는 신라처럼 성씨를 이유로 결혼에 대해 가혹한 제한을 두지는 않았다. 하지만 위덕왕의 아비인 성왕을 죽인 자가 누구인가 하면, 바로

---

179 위덕왕의 다음 왕들인 혜왕과 법왕이 통치한 기간은 총 2년밖에 안 된다. 무왕은 위덕왕이 죽은 지 2년 뒤에 왕이 됐다. 위덕왕은 554년부터 598년까지 44년간 왕위에 있었다. 그래서 무왕이 왕이 되기 전에 증조부인 위덕왕이 오랫동안 왕위에 있었다. 이런 이유 때문에 위덕왕이 증손자인 무왕의 결혼 문제에 신경을 쓸 수밖에 없었다.

진평왕의 아버지인 진흥대왕이었다. 진흥대왕은 누구인가 하면, 그는 바로 성왕의 사위였다. 증손부를 데려올 데가 없어서 아비 죽인 원수 놈의 손녀를 데려오랴? 장인을 죽인 고약한 사위 놈의 손녀를 데려오랴? 미래에 서동의 아내가 될 사람은 백제의 목씨·국씨 같은 8대 성의 여자여야 하며, 그렇지 않으면 일반 백성일 수는 있지만 선대의 원수인 진흥대왕의 손녀일 수 없다는 마음속의 엄중한 목소리가 있었다. 이는 서동 쪽의 사정이었다.

백제와 신라의 왕이나 신하들도 대개 다 상호간의 살육 전쟁에 참여했던 사람들의 자손이기 때문에 그 결혼을 반대할 수밖에 없었다. 이것도 두 사람의 결혼을 막는 부수적 사정이었다.

사정이 이런데 서동은 성장하면서 '백제 왕가에서 태어나지 않고 차라리 신라의 일반 백성으로 태어났다면 선화의 얼굴을 한번이라도 쳐다볼 수 있을 게 아닌가'라는 생각을 굳히게 되었다. 그랬더라면 선화의 눈에 내 꼴이 한번이라도 보일 게 아닌가 하는 생각이 머리를 찔러댔다. 결국 그는 백제 왕궁을 탈출하여 신라의 동경(지금의 경주)을 찾아갔다. 거기 가서 그는 머리 깎고 어느 대사의 제자가 되었다.

당시 신라는 불교를 존숭했다. 왕이나 왕족이 궁중에 승려를 초청하여 불공을 올리거나 백고좌百高座[180]를 열어 대화상大和尙의 설법을 듣곤 하던 때였다. 서동은 설법이 열리는 기회를 이용하여 오래도록 그리

---

180 사자좌(獅子座) 100석을 마련해 놓고 고승들을 초청하여 설법을 듣는 법회. 사자좌는 '부처님이 앉는 자리, 불상을 모셔 두는 자리, 고승이 앉는 자리'라는 의미를 갖고 있다. 《삼국사기》〈신라 본기〉에 따르면, 진평왕 35년에 수나라 사신 왕세의가 황룡사에서 백고좌를 마련하고 원광법사 등의 설법을 들은 사례가 있다.

던 선화를 만나게 되었다. 그 자리에서 두 사람의 눈이 마주쳤다. 선화는 '백제 서동은 사랑스러운 사내라지만, 아마 저 중만 못할 것이다. 내가 오늘부터는 서동의 생각을 버리고 저 중을 좋아해야지'라고 생각했다. 서동은 '내가 네 남편이 되지 못하면 죽어버리리라. 너도 내 아내가 되지 않을 바에야 죽여버리리라'라고 마음먹었다. 이렇게 해서 두 사람의 마음이 맺어지게 되었다. 서동은 선화의 시녀에게 뇌물을 주고 밤을 이용해서 선화의 궁에 들어가서 사통했다. 선화는 서동이 아닌 다른 사내의 아내가 되지 않겠노라고 맹세하고, 서동은 선화가 아닌 다른 여자의 남편이 되지 않겠노라고 맹세했다.

하지만 주변 사정이 허락하지 않으니 어찌하랴. 서동과 선화는 상의 끝에 "차라리 이 일을 세상에 드러내고, 세상에서 허락하면 결혼하고 그렇지 않으면 함께 죽자"고 합의했다. 서동은 이따금 엿과 밤과 과일을 잔뜩 사서 거리를 돌아다니며 아이들을 꼬여 "선화 아기씨님은 염통이 반쪽이라네. 본래는 온전했지만 반쪽은 서동에게 떼어주고 반쪽은 자기가 갖고 상사병을 앓고 있다네. 서동아, 어서 오소서. 어서 오시어 염통을 도로 주고 선화 아기씨를 살려주소서"라는 노래를 부르게 했다. 이 노래가 하루아침에 신라 동경의 곳곳에 퍼지니, 모르는 자가 없을 정도였다.

선화는 아버지 진평왕에게 고백하고, 서동은 귀국하여 증조부 위덕왕에게 고백했다. 두 사람은 다른 사람과 결혼하라는 요구를 받으면 죽을 각오로 거절하기로 마음을 먹었다. 위덕왕과 진평왕은 처음에는 '조부모나 부모가 모르는 남녀 사통은 가정의 변고'라며 곧바로 사형을 내릴 듯이 했지만, 그래도 사랑하는 딸이요 사랑하는 손자이니 어찌 하랴. 진평왕은 박·석·김 3성의 혼인 전통을 타파하고, 위덕왕은 죽은 아버지의 원수를 잊기로 했다. 이렇게 해서 서동과 선화의 결혼을 허락함으로써 양국 왕실은 다시 사돈이 되었다.

2. 결혼 이후 약 10년간의 양국 동맹

양국은 결혼동맹 이후 매우 친밀한 우호 관계를 유지했다. 《삼국사기》에는 그런 내용이 없다. 이것은 나중에 고타소낭古陀炤娘[181]의 참사(고타소 낭자의 참혹한 죽음_옮긴이)를 계기로 백제를 증오하게 된 신라가, 백제를 멸한 뒤에 그런 기록을 모두 태워버리고 신라 왕가의 여자가 백제에 출가한 자취를 숨겨버렸기 때문이다. 그러나 《삼국유사》에서는 선화공주의 미모를 들은 서동이 머리를 깎고 신라 서울에 와서 아이들을 꾀어 노래를 부르게 했다고 하고, 《동국여지승람》에서는 무강왕이 진평왕의 딸인 선화공주와 결혼하여 용화산에 미륵사를 짓자 진평왕이 기술자들을 보내 도왔다고 했으니, 양국이 한동안 우호 관계를 유지한 것은 사실이다.

《고려사》〈지리지〉에서는 후조선 무강왕 기준과 왕비의 능을 세상 사람들이 말통末通대왕릉으로 불렀다고 했다. 그리고 주석에서, 백제 무왕의 아명이 서동이라는 이야기가 있다고 소개했다. 그러나 서동은 백제 왕위를 이어받은 지 42년 만에 사망하고 나서 무왕이란 시호로 불렸으므로, 무강왕이란 표현은 후조선 기준이 아니라 백제 무왕을 잘못 표기한 것이다. 이두의 독법으로 읽을 경우, 서동은 서薯에서 뜻을 취하고 동

---

181 고타소는 김춘추의 딸로 한자 이름은 김소(金炤)다.

서동에 대한 신채호의 생각

후조선 무강왕 부부의 무덤이 말통대왕릉으로 불렸다는《고려
사》〈지리지〉의 내용을 소개한 뒤에, 그 부분의 주석에서 '백제 무
왕의 아명이 서동이라는 이야기가 있다'고 말한 신채호의 설명
방식에는 이해되지 않는 부분이 있다.《고려사》〈지리지〉에서 후
조선 무강왕에 관한 이야기를 하면서 왜 갑자기 백제 무왕의 아
명을 소개했는지 언뜻 이해되지 않는다.

　신채호가 이렇게 모호하게 해설한 것은 〈지리지〉의 원문을 정
확히 기억해 내지 못했기 때문이다. 〈지리지〉에서는 전라도 금마
군(지금의 익산)에 관해 설명하면서 "또 후조선 무강왕과 왕비의
무덤이 있다[又有後朝鮮武康王及妃陵]"고 한 뒤 주석에서 "세속에서는
말통대왕릉이라고 한다. 일설에는 백제 무왕이며 아명은 서동이
었다고 한다[俗號末通大王陵. 一云百濟武王小名薯童]"고 했다. 주석의 의
미는, 금마군에 있는 왕릉의 주인이 백제 무왕이며 그의 아명이
서동이라는 이야기도 있다는 것이다. 신채호의 글을 보면 〈지리
지〉와 신채호의 주장이 상충하는 것 같지만, 〈지리지〉의 주석은
신채호의 주장을 뒷받침하는 내용을 담고 있다.

童에서 음을 취해 '마동'으로 읽어야 하며, 말통은 말末과 통通에서 모두
음을 취해 마동으로 읽어야 한다. 따라서 말통대왕릉은 무왕 서동과 선
화공주가 합장된 무덤이다.

　그런데 말통대왕이 즉위한 뒤 백제와 신라가 혈전을 벌이는 사이가

되었으므로, 신라가 혈전의 상대방 쪽으로 기술자들을 보내 사찰 건축을 도왔을 리 만무하다. 미륵사는 서동이 왕손이었을 때 지은 원당願堂 (소원을 빌기 위해 세운 법당_옮긴이)으로 보인다. 원당을 지을 때는 신라·백제의 두 사돈 국가가 상호 우호적이어서, 고구려에 맞서 동맹을 유지했다. 그러므로 진평왕 원년에서 24년까지, 즉 백제 위덕왕 26년에서 45년을 지나 혜왕 2년과 법왕 2년을 넘어 무왕 2년까지는 신라와 백제 사이에 단 한 차례의 전쟁도 없었다. 이 시기에 양국은 수나라에 경쟁적으로 사신을 보내 고구려 공격을 요청함으로써 수문제 및 수양제가 침입할 수 있는 발판을 제공했다.

3. 동서 전쟁, 김용춘의 총애 다툼과 무왕의 항전

백제는 위덕왕 말년이나 혜왕·법왕 시대 즉 서동이 왕증손·왕손·왕태자였을 때는 신라와 평화적이었다. 그러나 서동이 왕이 된 뒤인 무왕 3년부터 신라와 전쟁을 하기 시작했다. 백제는 신라의 아모산성阿母山城 (지금의 운봉[182])을 치고, 신라는 소타·외석·천석·옹금(지금의 덕유산 위)에 성책을 쌓고 백제를 막았다. 또 백제는 좌평인 해수解讎를 시켜 네 개의 성을 공격하고 신라 장군 건품·무은과 격전을 벌였다. 이후로 양국은 지금의 충청북도 충주·괴산·연풍·보은 등지와 지금의 지리산 좌우의 무주·용담·금산·지례 등지와 지금의 덕유산 동쪽인 함양·운봉·안의 등지에서 무수한 생명과 재산을 희생하면서 쇠가 쇠를 먹고 살이

---

182   전북 남원의 옛 지명.

살을 먹는 참극을 연출했다.

진평왕은 무왕이 사랑하는 아내의 아버지다. 속담에, 아내에게 엎어지면 처가의 밭 말뚝에도 절을 한다고 했다. 그런데 무왕이 왕이 되어 정치권력을 잡은 뒤에 사랑하는 아내의 아버지 나라를 밭 말뚝만큼도 생각하지 않고 날마다 병력으로 유린하려 한 이유는 무엇일까? 신라 왕위는 삼성상전三姓相傳(박·석·김 3성 간에 대대로 이어졌다는 의미_옮긴이)으로 계승되었다. 이것은 시조 박혁거세 때 제정된 성문헌법은 아니었다. 처음에는 박·석 2성이 결혼했으며 그중 1성의 아들이나 사위가 왕이 될 권리를 가졌다. 그러다가 건국 300년 뒤에 첨해왕의 사위이자 김씨인 미추이사금이 2성에 가세함으로써 삼성상전의 국면이 이루어졌다. 따라서 600년 뒤에 부여씨가 3성에 가세해서 사성상전의 국면을 이루는 것이 무엇이 불가했겠는가.

엄밀히 말해, 무왕은 신라 왕위를 이을 권리가 있었다. 원래 신라는 아들과 사위 중에서 연장자가 선왕의 왕통을 계승하는 나라였다. 진평왕은 딸만 있고 아들은 없었다. 맏딸 선덕[183]이 있었지만, 여승이 되어 출가해서 정치에 관여하지 않았다. 따라서 선화는 둘째딸이었지만, 선화의 남편인 무왕은 맏사위였다. 그러므로 무왕은 신라의 왕위를 물려받을 권리가 있었다. 이런 이유 때문에 무왕은 신라왕이 될 희망을 품었을 것이다. 진평왕도 무왕에게 왕위를 넘길 생각을 가졌을 것이다. 만일 그렇

183　선덕여왕의 자매 관계에 관한 필사본 《화랑세기》의 설명은 색다르다. 이 책에는 천명공주와 선덕공주 둘만 나온다. 이에 따르면, 본래 천명공주가 장녀이고 선덕공주는 차녀였다. 이 책의 제13대 풍월주 김용춘 편에 따르면, 진평왕은 처음에는 천명공주의 남편에게 왕위를 물려주려 했다가 나중에는 천명공주를 출궁시키고 선덕공주에게 장녀의 지위를 준 뒤 선덕공주를 후계자로 삼았다.

게 됐다면 박·석·김·부여 사성상전의 국면이 생겨, 신라와 백제가 하나의 나라가 되고 양국 인민이 무의식적인 혈전을 피했을 것이다.

백제는 부여씨 밑에 사沙[184]·진眞·국國·해海·연燕·목木·백苩·협劦씨라는 8대 가문이 있었지만, 부여씨가 권력을 독점했기 때문에 귀족 공화제인 고구려와는 달랐다. 신라는 원래 박·석·김 3성의 공화제 국가였지만, 이때는 김씨 일가가 왕위상속권을 거의 독점하다시피 했다. 그랬기 때문에 부여씨와 김씨 양쪽 왕의 마음만 맞았다면 결혼을 통한 양국의 연합도 용이했을 것이다.

그러나 천하의 일이 꼭 그렇게 순조롭게 진행되랴. 양국 신하들이 거의 다 반대했겠지만, 그중에서도 김용춘이 가장 강력한 반대 의견을 품었을 것이다. 김용춘이 누구인가? 그는 진평왕의 셋째 딸인 천명天明[185]의 남편이다. 선화가 백제에 시집가서 멀리 떨어져 있었으니 진평왕의 애정은 자연스레 천명에게 옮겨갔을 것이고, 첫째 사위이자 선화의 남편인 서동보다는 둘째 사위이자 천명의 남편인 용춘을 더 사랑하게 되었을 것이다. 만약 신라 왕위가 서동에게 가지 않는다면 김용춘 자신에게 돌아올 가능성이 컸으므로, 김용춘은 반대 의견을 내세워 저지에 나섰을 것이다. 결국 그의 반대가 성공하여, 서동에게 왕위를 물려줄 생각을 버린 진평왕은, 출가하여 승려가 된 장녀 덕만 즉 선덕여대왕을 불러 왕태녀王太女로 삼고 김용춘을 중용하여, 장래 명목상 권위는 선덕에게

---

184 《조선상고사》 원문에는 사(沙) 가문이 누락되어 있다.

185 《조선상고사》 원문에는 문명(文明)이라고 되어 있지만, 《삼국유사》 〈기이〉 김춘추 편에 따르면 선덕·선화 이외의 또 다른 딸은 천명이다. 필사본 《화랑세기》에서도 마찬가지다. 천(天) 자와 문(文) 자가 얼핏 보면 비슷해서 신채호가 착오를 일으켰을 수도 있다.

있을지라도 실권은 김용춘에게 있도록 했을 것이다. 김용춘에게 왕위를 계승할 명분을 주지 않고 덕만에게 왕위를 준 것은 물론 서동의 감정을 자극하지 않기 위해서였을 것이다.

그러나 서동도 총명한 인물이었으니, 어찌 이런 방법에 속으리. 그는 즉위 후에 김용춘을 죽이기 위해 병력을 동원하여 신라를 쳤다. 김용춘은 처음에는 뒤에 숨어 진평왕의 진영에서 참모 역할을 하다가, 나중에는 내성사신內省使臣[186]으로서 대장군을 겸직하고 전쟁에 모습을 드러냈다. 이로 인해 상호 간의 악전고투가 거의 매년 벌어지니, 이것이 이른바 동서 전쟁이다.

4. 동서 전쟁의 희생자,
   이 전쟁은 두 동서 간의 왕위쟁탈전이었다

두 사람의 탐욕적인 이기주의의 충돌에 불과했지만, 그들은 국가와 민족의 흥망을 위한 일이라는 명분을 내세워 국내의 민심을 자극했다. 또 죽기를 각오하는 무사들을 끌어들이고자 명예와 작록爵祿(여기서는 지위와 녹봉의 의미_옮긴이)을 앞세웠다. 그래서 한편에는 비애로 슬피 우는 인민들이 있고, 한편에는 공명에 춤추는 장수와 병사들이 적지 않았다.

《동국여지승람》에는 영평永平의 '부자 연못'[187]에 관한 이야기가 나온다. 전쟁이 지루하게 계속되자 신라 민간에서는, 장정들이 전쟁에 나갔

---

186 내성사신은 궁궐 사무를 관장하는 장관이다. 구한말의 궁내부 대신과 상응한다. 《삼국사기》〈직관지〉에서 이에 관한 내용을 확인할 수 있다.

다 하면 돌아올 기한이 몇 번이 지나도 돌아오지 않는 일이 많았다. 어느 늙은 아버지가 아들이 여러 해 만에 전쟁터에서 돌아온다는 기별을 들었다. 그는 마중을 나갔다가 이 연못에서(연못 위 바위에서_옮긴이) 아들과 상봉했다. 두 사람은 서로 껴안고 울고불고하며, 오랫동안 쌓인 부자간의 정도 나누고 생활의 곤란도 하소연했다. 그러다가 바위 아래로 떨어져 이 연못에 수장됐다. 그래서 '부자 연못'이라고 불리게 되었다.

《삼국사기》〈설씨녀 열전〉에 따르면, 설 씨는 한미한 집안의 딸이었다. 그는 외모가 곱고 아름다우면서도 행실이 단정했다. 그래서 보는 사람마다 다 흠모했지만, 아무도 감히 범접하지 못했다. 진평왕 때 그의 연로한 아버지가 먼 곳에 있는 국경을 지키러 나가게 되었다. 설 씨가 이 때문에 근심에 빠지자, 근처에 사는 청년인 가실이 이 사실을 들었다. 가실은 자기가 대신 국경에 나가겠다고 제안했다. 이 말을 들은 설 씨의 아버지는 매우 기뻐서 가실과 자기 딸을 결혼시키려 했다. 그러나 설 씨는 가실에게 "전쟁터에 나가면 3년 기한 안에 돌아올 터이니, 그때 결혼하자"고 했다. 이에 동의한 가실은 자기 소유의 말을 설 씨에게 주었고, 설 씨는 훗날의 증표로 거울을 반으로 쪼개 가실과 함께 나눠 가졌다.

변경에 나간 가실은 3년이 두 번 지난 6년이 넘어도 돌아오지 않았다. 설 씨의 아버지는 딸의 장래를 걱정해서 다른 사람과 결혼시키려 했다. 설 씨가 말을 듣지 않자, 아버지는 강제로 일을 진행했다. 설 씨는 도망가려다가 못 가고, 마구간에 들어가 가실이 준 말을 보고 탄식했다. 그때 가실이 돌아왔다. 의복이 남루하고 모습이 형편없어서, 거의 알아볼

---

187 《신증동국여지승람》〈경상도〉에 따르면, 지금의 경남 합천에 부자연(父子淵) 즉 부자 연못이 있었다.

수 없을 정도였다. 가실은 쪼개진 거울을 보여주고 둘을 맞춰보았다. 설씨와 가실은 함께 울었다. 드디어 두 사람은 결혼했다.

이상의 두 기록은 전쟁 시대 실정의 만분의 일에 불과하지만, 당시 인민의 애수와 고통을 보여주기에 충분하다. 그러나 당시 무사들의 분위기는 달랐다. 아래에 이를 소개한다.

(1) 귀산貴山은 파진간[188]인 무은의 아들이자 사량부(6부 중 하나) 사람이었다. 그는 추항이란 청년과 친했다. 둘은 원광법사에게 가서 가르침을 청했다. 법사는 "불교에는 10계가 있지만, 너희는 다른 사람의 신하이기 때문에 이것을 지킬 수는 없다"며 "화랑에 5계가 있으니, 임금을 충성으로 섬기고 어버이를 효도로 섬기고 친구를 신의로 사귀며 전쟁터에는 용맹으로 나아가고 생명을 살상할 때는 변별이 있어야 한다고 했다. 너희는 이것을 지키라"고 말했다. 진평대왕 때인 건복 19년(서기 602년)에 백제가 아모성 즉 지금의 운봉을 침공하자, 왕은 파진간인 건품·무은 등에게 방어를 지시했다. 귀산과 추항도 함께 출전했다. 백제군은 거짓으로 패배하는 척하면서 천산泉山(지금의 함양)으로 퇴각했다. 그런 뒤 백제군은 숨겨둔 복병으로 신라군의 추격병들을 공격했다. 백제군은 쇠갈고리로 무은을 얽어매어서 생포하려 했다. 귀산은 "우리 스승께서 내게 가르치시기를 전쟁터에서 용맹하라 하셨으니, 어찌 감히 물러서랴"라고 외치고 추항과 함께 창을 들고 힘껏 싸워 적병 수십 명을 죽였다. 결국 그는 칼을 맞아 중도에 죽었다.

(2) 찬덕讚德은 모량부(이것도 6부 중 하나) 사람이었다. 용맹한 의지와

---

188 파진간(波珍干)은 신라의 17관등 중에서 제4등이었다. 파진찬이라고도 했다.

탁월한 절개를 가진 사람이었다. 그는 진평왕 때인 건복 27년[189]에 가잠성 성주가 되었다. 그는 이듬해 10월[190] 백제의 침공을 당해 100여 일이나 포위됐다. 왕이 상주上州·하주·신주新州의 병력 5만 명을 동원하여 구원하려고 했으나, 구원군은 패전하고 돌아갔다. 찬덕은 통분하여 장병들에게 "3주의 장수들이 적의 위세를 보고 진격하지 못하고 성의 위기를 보고도 구원하지 못하니, 이는 의가 없기 때문이다. 의 없이 사는 것은 의로써 죽느니만 못하다"라고 말하고는, 양식이 없는 것에 개의치 않고 시신을 먹고 오줌을 마시며 싸웠다. 하지만 다시 이듬해 정월[191] 인력으로는 더는 어찌할 수 없게 되자, 그는 머리로 홰나무를 들이받고 골이 깨져 죽었다. 가잠성은 지금의 괴산이다. 찬덕이 머리로 괴수를 들이받은 곳이라 하여, 괴산이란 지명이 생겼을 수도 있다.

(3) 해론奚論은 찬덕의 아들이다. 진평왕 때인 건복 35년[192]에 금산당주金山幢主가 된 그는 한산주 도독인 변품과 함께 가잠성 회복을 위해 나섰다. 교전이 시작되기 직전에 해론은 "이곳은 내 아버지가 죽은 곳"이라며 단도를 든 채 달려 나가 여럿을 죽이고 자신도 죽었다. 시인들은 장가長歌를 지어 슬픔을 표시했다.

(4) 눌최訥催는 사량부 사람이었다. 진평왕 때인 건복 41년[193]에 백제 대군이 침입하여 속함·앵잠·기잠·봉잠·기현·용책 등 여섯 개 성을 공

---

189 양력 610년 1월 30일부터 611년 2월 17일까지.

190 양력 611년 11월 11일부터 12월 9일까지.

191 양력 612년 2월 7일에서 3월 7일까지.

192 양력 618년 2월 1일부터 619년 1월 20일까지.

193 양력 624년 1월 26일부터 625년 2월 12일까지.

격했다. 왕은 상주·하주·귀당·법당·서당의 다섯 개 군軍에 지원을 명령했다. 다섯 개 군의 장군들은 백제 진영이 기세등등한 것을 보고 공격할 엄두를 내지 못했다. 그중 한 장수가 "대왕이 우리에게 5군을 맡기셨으니, 국가의 존망이 이 싸움에 걸려 있다. 그렇지만 유리할 때 진격하고 불리할 때 퇴각하는 것이 병법의 가르침이다. 적군이 기세등등하니, 만약 진격했다가 패하면 후회해도 소용이 없을 것이다"라고 말하자 다른 장수들은 다들 그렇다며 철군하려 했다. 하지만 그냥 돌아갈 면목은 없으니, 노진성[194] 등 여섯 개 성을 쌓고 회군했다. 그러자 백제군은 한층 더 공세를 강화하여 속함·기잠·용책 세 성을 함락했다.

기현·앵잠·봉잠 세 곳의 성을 수비하던 눌최는 다섯 개 군의 장군이 다 돌아갔다는 말을 듣고 분노를 감추지 못했다. 그는 장병들에게 "양춘陽春(음력 1월_옮긴이)이 되면 초목이 다 무성하지만, 엄동이 되면 송백松柏(소나무와 잣나무_옮긴이)만 홀로 푸른 법이다. 이제 구원병은 없고 세 성이 고립되었으니, 지사와 의사들이 절개를 지킬 날이 되었다. 너희는 어찌 할 것이냐?"라고 외쳤다. 장병들은 다들 눈물을 흘리며 함께 죽기를 맹세했다. 성이 함락되어 생존자가 몇 명 안 됐지만, 군사들은 오히려 더 열심히 싸우다 죽었다.

이상의 네 가지는, 신라의 파진간이나 도독 혹은 5군 대장들이 출동한 동서 전쟁에서 배출된 충신·의사義士에 관한 역사다. 백제와의 대규모 전쟁이었기에 특별히 역사에 기록된 것이다. 이 외에도 소소한 전투

---

194 《삼국사기》〈눌최 열전〉에 따르면, 전쟁 전에 조정에서는 노진성 등 6개 성을 쌓으라는 명령을 내렸다. 그때 경황이 없어서 명령을 이행하지 못하다가, 이때 이르러 그 명령을 이행하게 된 것이다.

들은 거의 매일 같이 벌어졌다. 백제사가 거의 다 사라져서 전모를 알 수 없게 됐지만, 백제가 신라보다 사납고 호전적인 국가였으니 전쟁에서 배출된 충신·의사도 백제 쪽이 더 많았을 것이다. 그러나 두 동서 즉 두 개인의 이기심을 만족시키고자 다수의 인민을 동원한 전쟁에서 배출된 충신과 무사들이었으니, 이 시대의 충신·의사는 가치 없는 충신·의사들이라고 해야 할 것이다.

제9편

고구려의
대對수나라 전쟁

제1장

임유관 전투

1. 고·수 전쟁의 원인

세력과 세력이 만나면 상호 충돌하는 것이 공리公理요 정리定理다. 고대 동아시아에서 수많은 종족이 상호 대결했지만, 이들은 거의 다 무식하고 미개한 유목민이며 야만족이었다. 이들은 일시적으로 정치권력을 획득했을 뿐, 문화가 취약했기 때문에 뿌리 없는 나무 같은 종족들이었다. 그래서 한번 무너지기 시작하면, 다시 일어설 터전을 잃고 말았다. 토착 민족으로서 장구한 역사와 선진적 문화를 가진 것은 중국과 조선뿐이었다. 중국과 조선은 고대 동아시아의 양대 세력이었다. 그러니 둘이 만날 때에 어찌 충돌이 없었으랴. 간혹 충돌이 없는 때도 있었지만, 이런 경우는 양쪽이 각각 내부의 분열 및 불안으로 통일 문제가 더 시급할 때였다.

　상고 시대는 말할 것도 없고 고구려 건국 이래 조선은 봉건적 상태에 놓여 있었다. 그래서 내부 열국의 상호 침공 때문에 대외정복에 나설 여력이 없었다. 중국은 한나라의 통일을 계기로 대외정복의 힘이 넉넉했기 때문에, 한나라 때는 중국이 고구려를 가장 많이 침략했다.

태조·차대 두 대왕 때는 고구려가 조선 전체를 통일하지는 못했어도, 고구려의 국력이 매우 강성했기 때문에 조선 안에서는 고구려에 필적할 세력이 없었다. 그래서 고구려가 한나라를 쳐서 요동을 점령하고 직예·산서 등지도 침략할 수 있었던 것이다. 그러나 곧이어 왕위쟁탈전이 혼란스러워지다가 결국 고발기가 요동을 바치고 공손탁에게 항복했다. 이로써 고구려는 인민이 가장 많고 토질도 비옥한 만주 땅을 잃고 약소국으로 전락했다.

고구려가 약소국의 지위를 면하고자 조조의 후손인 위나라와 모용씨의 나라인 연나라처럼 중국 북방의 국가들에 도전하는 사이에, 남방에서는 백제와 신라가 일어나 고구려와 맞설 만한 힘을 갖게 되었다. 이어서 고국양·소수림·광개 세 명의 고구려 태왕이 등장하여 요동을 쳤다. 이때 고구려는 서북쪽으로 거란족을 정복하고 열하[195] 등지를 점령했다. 뒤이어 등장한 장수태왕이 70년간 국부를 비축하니, 인구가 증가하고 국력이 팽창하여 중국과 경쟁할 수 있게 되었다. 그러나 남방 4개국이 고구려에 맞서 공수동맹을 체결하자, 고구려는 후방에서 견제를 받게 되었다. 이로 인해 장수태왕 이래로 고구려는 서진주의를 버리고 남방 통일에 전력을 기울이게 되었다. 만약 이런 때에 중국 대륙이 통일되었다면, 고구려에 대한 침략이 한층 더 빈번해졌을 것이다. 하지만 중국도 남북으로 분립하여 산해관 동북쪽을 돌아볼 겨를이 없었다. 그렇기

---

195 지금의 승덕시(청더시)로 북경 동북쪽에 있다. 청나라 황제들의 여름 별장인 피서산장이 있는 곳으로도 유명하다.

때문에, 북위 탁발씨가 백제를 침입한 일(제7편 제2장 참고)이나 북주 우문씨가 고구려를 침입한 일처럼 일시적 침입은 있었어도, 상호 간의 흥망을 다투는 장기적 혈전은 일어나지 않았다.

서기 589년에 북주 우문씨의 황위를 빼앗은 수나라 문제 양견이 진나라(중국 강남 지방의 왕조)를 병합하고 전 중국을 통일했다. 강력한 제국을 이룬 수나라는 중국 이외의 나라들을 무시하기 시작했다. 북방의 돌궐이나 그보다 남쪽인 토욕혼[196]은 쇠약해서 중국에 신하의 예를 취할 뿐이었다. 동방의 고구려라는 제국만이 강성하여 홀로 중국과 대항했으니, 저 오만한 중국의 제왕이 참을 수 있었으랴(수나라 황족과 신하들은 거의 다 선비족이었지만 한족에 동화된 지 이미 오래였다). 이것이 수나라가 고구려를 침공한 제1요인이었다.

백제와 신라는 수십 년간 풀지 못할 원수가 되었지만, 갑자기 장인-사위의 나라가 되어 상호 화해하고 고구려에 대해 적대적 태도를 취했다. 양국은 항상 수나라에 사신을 보내 고구려를 쳐달라고 요청하는 한편, 고구려 국정의 허와 실을 이따금 수나라에 알려줌으로써 수나라 군주와 신하들의 야심을 자극했다. 이것이 수나라 침공의 제2요인이었다.

훗날 신라가 당나라에 망하지 않고 구차한 반半독립이나마 유지할 수 있었던 것은, 다년간 전개된 고구려의 강인한 저항과 연개소문의 맹렬한 공격이 있었기 때문이다. 만일 고구려가 수나라에 의해 망했다면, 백제와 신라는 수나라의 군현이 되고 말았을 게 아닌가. 그래서 우리는 역사책을 읽을 때, 신라·백제가 수나라에 도움을 요청한 사실을 보고서

---

196 토욕혼은 4세기 중엽에서 7세기까지 청해성과 감숙성 남부를 통치한 선비족 왕조였다. 청해성과 감숙성은 몽골초원과 티베트고원의 중간에 있다.

책을 덮고 한숨을 쉬게 된다.

2. 수문제의 모욕적 서한과 강이식의 북벌론

서기 597년은 고구려 영양대왕 8년이다. 또 이 해는 수나라 문제가 진陳 나라를 병탄하고 중국을 통일한 지 9년 뒤였다. 이즈음 수나라는 풍년 이 계속되고 갑옷과 병장기도 매우 풍족했다. 그러자 고구려와 자웅을 겨룰 목적으로, 기만과 오만으로 가득한 모욕적인 서한을 보냈다. 그 대강은 다음과 같다.

"짐이 천명을 받아 군대를 양성하고 왕(영양태왕_옮긴이)에게 변경 구석을 맡긴 것[197]은, 원로방지圓顱方趾[198]가 교화를 통해 하늘의 특성을 닮을 수 있도록 하기 위해서였다. 왕이 항상 사절을 보내 조공하고(다른 나라에서 중국에 사절을 보내는 것을 조공이라고 하는 것은 중국 춘추 시대 이래의 습성이다. 상대국이 대등한 나라인 경우에는 국서에는 조공이라고 쓰지 못

---

[197] 《수서》〈동이 열전〉 고구려 편에 나오는 "위왕해우(委王海隅)"란 문구로,《조선상고사》원문에서는 "왕에게 해우를 위임함은"이라고 번역되어 있다. 일부 서적에서는 해우를 문자 그대로 "바다 귀퉁이"라고 번역했지만, 고구려가 수나라와 육지를 맞댄 국가였다는 점을 감안하면 이런 해석은 현실에 맞지 않는다. 고대 중국에서는 사해(四海)란 표현이 중국 영토의 사방 끝을 가리키는 경우가 있었다. 이런 용례를 고려하면 '해우'는 '바다 귀퉁이'가 아니라 '변경 구석'으로 번역되어야 한다. 현대 중국어에서도 '해우'가 '외지고 먼 지역'을 가리키는 경우가 있다.

[198] '둥근 머리와 네모난 발'이라는 뜻으로서 인류를 가리킨다.《수서》〈동이 열전〉 고구려 편에서는 원수방족(圓首方足)이란 표현이 쓰였다. 원수방족과 원려방지는 같은 뜻의 사자성어다. 신채호는 원수방족을 원려방지로 기억한 듯하다.

하고 역사서에만 그렇게 썼다. 고구려를 자극해서 전쟁을 일으킬 생각에 고의적으로 이런 표현을 쓴 것이다) 또 번부藩附[199]로 자처하지만, 왕은 성의가 부족하다. 왕은 짐의 신하이니, 짐의 덕을 닮아야 한다. 그런데도, 왕이 말갈을 압박하고 거란을 가두어 왕의 신하로 만들고 또 그들이 짐을 알현하지 못하도록 가로막고 선한 자들이 의를 사모하지 못하도록 하고 있으니, 어찌 이처럼 해독을 끼칠 수 있는가. 짐의 태부太府[200]에는 기술자가 적지 않으니, 왕이 필요하다고 주청만 하면 얼마든지 보내줄 수 있다(부강을 과장하는 말). 그런데 최근 몇 년간 은밀히 재화를 움직이고 아랫사람들을 이용해서 노수弩手(화살을 연속 발사하는 쇠뇌를 쏘는 사수_옮긴이)를 양성하고 병기를 수리하니, 이것은 무엇을 하기 위함인가? …… 너희 나라가 땅이 좁고 사람이 적을지라도[201], 만약 짐이 왕을 쫓아내게 되면 …… 반드시 다른 관헌(고구려왕을 대신할 인물_옮긴이)을 보낼 것이다. 왕이 마음을 씻고 행동을 바꾼다면 짐의 좋은 신하가 된다는 뜻이니, 이렇게 한다면 어찌 다른 관헌을 보내리오. …… 왕은 요하가 양자강보다 얼마나 넓다고 생각하는가? 고구려 군대가 많다 한들, 진陳나라보다 많겠는가?[202] 짐이 만약 생명을 존중하지 않고 왕의 죄과를 책망

---

199 번(藩)은 울타리로 둘러싼다는 의미이고, 부(附)는 종속되어 있다는 의미다. 울타리처럼 중국 주변을 둘러싸고 있는 속국을 가리키는 글자다.

200 《주례》〈천관〉 편에 따르면, 고대 주나라 때는 태부가 대부(大府)로 불렸다. 대부는 왕실뿐 아니라 국가 전체의 재정을 담당했다.

201 《조선상고사》에는 인용되지 않았지만, 《수서》의 원문에는 이 부분 뒤에 "모든 천하는 짐의 신하이니"라는 구절이 있다.

202 《조선상고사》에는 인용되지 않았지만, 수문제의 국서에는 수나라가 양자강 연안의 진(陳)나라를 멸망시키고 중국을 통일한 이야기가 설명되어 있다. '요하가 양자강보다 넓은가? 고구려 군대가 진나라 군대보다 많은가'라고 말한 것은, 진나라는

하고자 한다면, 장군 한 명만 보내도 충분할 것이다. 그러니 무슨 큰 힘이 들겠는가마는, 일단은 열심히 왕을 깨우쳐 왕이 스스로 새롭게 되기를 바라노라."

《삼국사기》에는 평원왕 32년[203]에 수문제가 평원왕에게 이 글을 보냈다고 기록되어 있지만,《수서》에는 수문제 때인 개황 17년[204]에 평원왕에게 보냈다고 기록되어 있다. 그런데 평원왕 32년은 수문제 개황 17년보다 훨씬 빠르다. 그러므로《삼국사기》에서 연도를 잘못 표기한 것이다. 또 개황 17년은 평원왕이 사망한 지 7년 뒤다. 따라서《수서》에서는 고구려왕을 잘못 표기한 것이다. 이웃나라 제왕의 사망 연도를 실제로 사망한 연도가 아닌 부고가 들어온 연도로 기록함으로 인해 사건의 발생 연도가 바뀌는 것은《춘추》이래로 중국에서 항상 있었던 일이다. 그래서《수서》에서도 이 같은 오류가 생긴 것이다.《삼국사기》는 평원·영양왕의 연도는《고기》에 의거해서 기록하고, 중국과 관련된 사건은 순전히《수서》에 의거해서 기록했다.《수서》에서 위의 글이 평원왕에게 보낸 것이라고 하니까,《삼국사기》에서는 이 글이 평원왕 32년에 보낸 글이라고 잘못 기록한 것이다. 이로 인해 사건에 관계된 인물까지 잘못 기록하게 된 것이다.

영양대왕은 모욕적인 글을 받고 분노했다. 그는 신하들을 불러 답변 서한을 준비하려고 했다. 이때 강이식이 "이 같이 모욕적이고 무례한 글

수나라의 상대가 되지 않고 고구려는 진나라의 상대가 되지 않는다는 허세를 부리기 위해서였다.

203 양력 590년 2월 10일부터 591년 1월 30일까지.
204 양력 597년 1월 24일부터 598년 2월 11일까지.

김부식의 고구려 폄하

《수서》〈고구려 열전〉에서는 수문제가 위의 국서를 개황 17년에 고구려왕 탕湯에게 보냈다고 했다. '탕'은 중국 역사서에서 평원 태왕을 지칭하는 표현이다. 그런데 개황 17년 당시의 고구려왕은 평원태왕이 아니라 영양태왕이었다. 따라서 이 국서는 신채호의 설명대로 수문제가 영양태왕에게 보낸 것이다. 김부식은 개황 17년에 고구려왕이 누구였는가를 살펴보지 않고, 수문제가 평원태왕에게 보낸 국서라는 점에 착안하여 이 서한의 도착 시점을 평원태왕이 죽은 해인 평원왕 32년으로 설정했다. 평원왕 32년이란 시점은 김부식이 임의로 설정한 것이다. 따라서 평원태왕이 죽기 전에 수문제의 국서를 받았다는 《삼국사기》 기록은 실수에 의한 것이 아니라 고의에 의한 것이었다.

그런데 이 국서에 관한 《삼국사기》의 설명 방식은 좀 흥미롭다. 《삼국사기》〈고구려 본기〉에서는 평원태왕이 이 국서를 받은 뒤에 너무 황공해서 감사의 답신을 준비하려다가 갑자기 사망했다고 했다. 협박조의 국서를 받고 평원태왕이 황공했을 리는 없다. 이런 설명 방식은 평원태왕이 협박조의 국서를 받고 정신적 충격을 받은 뒤에 사망한 것 같은 느낌을 주기에 충분하다. 고구려왕이 수문제의 협박 때문에 충격을 받고 사망한 것 같은 인상을 줄 여지가 있는 것이다. 고구려를 폄하하기 위한 김부식의 의도가 살며시 드러나는 대목이다.

에 대해서는 붓으로 답변할 게 아니라 칼로 답변해야 합니다"라면서 개전을 주장했다. 이 말을 반긴 대왕은 강이식을 병마원수(총사령관_옮긴이)로 삼고 정예병 5만과 함께 임유관臨渝關²⁰⁵을 향하도록 했다. 그는 또 예족(《수서》의 말갈족) 군대 1만 명을 보내 요서 지방을 침공하여 수나라 군대를 유인하도록 하는 한편, 거란군 수천 명을 보내 바다 건너 산동을 치도록 했다. 이로써 양국의 제1차 전쟁이 개시되었다.

《삼국사기》에는 강이식이란 세 글자가 나타나지 않는다. 이것은 이 책이 《수서》에 의존했기 때문이다. 《대동운해大東韻海》에서는 강이식이 살수 전투 때의 병마도원수라고 했고, 《서곽잡록西郭雜錄》에서는 강이식이 임유관 전투 때의 병마원수라고 했다. 살수 전투 당시 왕제王弟 고건무가 해상을 맡고 을지문덕이 육지를 맡았으니, 강이식이 병마도원수가 될 수는 없다. 그래서 《서곽잡록》을 따르기로 한다.

3. 임유관 전투

이듬해(영양태왕 재위 9년, 서기 598년_옮긴이)에 고구려 군대는 요서를 침공했다. 고구려군은 수나라 요서 총관인 장충과 접전을 벌이다가 거짓으로 패하는 척하며 임유관으로 물러갔다. 그러자 수문제는 한왕漢王 양량을 행군도총관으로 삼고 30만 대군과 함께 임유관으로 가도록 하고, 주라후를 수군총관으로 삼고 바다로 나가게 했다. 주라후는 공개적으

---

205 임유관(臨渝關)의 유(渝)는 '투'로도 발음된다. 만리장성의 최동단 관문인 산해관(山海關)의 바로 밑에 있었다.

로는 평양으로 향하는 것처럼 했지만, 실은 양곡 선박을 인솔하고 요해遼海로 들어갔다. 양량의 군대에 군량을 대줄 목적이었던 것이다.

강이식은 수군을 보내 바다에서 수나라의 양곡 선박을 격파하도록 하는 한편, 전군에 명령을 내려 요새를 지키고 출전하지 말도록 했다. 수나라 군대는 양식이 없는 상태에서 6월 장마를 만났다. 이로 인해 굶주림과 질병으로 사망자가 속출하자 수나라군은 결국 퇴각을 결정했다. 추격에 나선 강이식은 유수渝水[206]에서 그들 대부분을 섬멸하고, 수많은 군수물자와 장비를 획득한 채로 개선했다.

《수서》에서는 "양량의 군대는 장마 중에 질병을 겪고, 주라후의 군대는 풍랑을 만났다. 수나라 군대가 퇴각할 때 사망자가 열의 아홉이나 됐다"고 했다. 자연적인 불가항력 때문에 패배한 것이지 고구려에 패배한 것은 아니라는 뜻을 내포하고 있는 것이다. 하지만 이것은 중국의 체면을 세우고자 치욕을 숨기는 이른바 춘추필법에 따른 것이다. 임유관 전투는 물론이고 다음 장에 나올 살수 전투에 관한 기록에도 춘추필법에 의거한 것들이 많다. 아무튼 임유관 전투 이후를 계기로 고구려를 무서워하게 된 수문제는 두 번 다시 전쟁을 일으키지 못했다. 양국은 휴전 합의를 맺고 상품 교역을 재개했으며 10여 년 동안이나 아무 일 없이 지냈다.

---

206 여기서 말하는 유수는 지금의 요녕성을 흐르는 대릉하(大淩河)를 가리킨다. 대릉하는 요동반도 옆의 요동만 안쪽으로 흐르는 강이다. 북위 40도의 위쪽, 동경 120도의 오른쪽에서 대릉하를 발견할 수 있다.

제2장

살수 전투

1. 고·수 전쟁 재발의 원인과 계기

장수태왕 이래로 남진주의를 취한 고구려는 서북방의 중국과는 친교하고, 남방의 신라·백제와는 전쟁을 벌였다. 그러다가 수나라가 남북 중국을 통일하자, 두려움을 느낀 고구려는 신라와 백제를 멸하고 조선을 통일해야겠다는 생각에 남방 정벌군을 자주 일으켰다.

한편, 동서 전쟁을 계기로 상호 화합의 여지가 없어진 신라와 백제는 매년 창과 방패로 항쟁하고 있었다. 그러던 차에 북방 고구려의 침략으로 국력이 피폐해져 더는 견딜 수 없게 되자, 양국은 각각 수나라에 사신을 보내 고구려를 공격해 줄 것을 종용했다. 그러나 수나라는 임유관 싸움에서 패한 뒤로 고구려를 가벼이 볼 수 없었기에 그런 요청을 거절했다.

이런 상태에서 수문제가 죽고 수양제가 즉위했다. 당시 수나라는 매년 풍년이 계속된 덕분에 전국이 풍요로웠으며 각지의 창고에 미곡이 넘쳐났다. 수양제는 지방 순행을 좋아하여, 지금의 직예성 통주에서부터 황하를 넘어 지금의 절강성 항주까지 3천 리의 운하를 판 뒤 용주龍舟(임금이 타는 배_옮긴이)를 타고 여기저기 돌아다녔다. 이때 수나라는 토욕혼(지금의 티베트 바로 위), 서돌궐(지금의 몽골), 돌궐(지금의 몽골 동부) 등의 조공을 받았다. 수나라는 하늘 아래에서 오직 자국만이 강력한 제국이라고 자랑스러워했다.

수나라가 해결해야 할 것은 동방의 고구려뿐이었다. 고구려는 수나라보다 영토가 좁은 나라였다. 하지만 인구가 많고 병사들이 용감하여 수나라를 두려워하지 않았다. 한때 병마도원수로서 강남의 진나라를 평정했다는 이유로 무공을 자랑하며 헛된 야심을 품은 수양제가 이런 고구려를 어찌 잠시인들 그냥 둘 수 있으랴. 그의 야심이 폭발하지 않은 것은 그가 때를 기다리고 있었기 때문이다.

서기 607년(수양제가 즉위한 지 3년 뒤), 양제는 수백 명의 기병을 거느리고 유림楡林(지금의 산서성 영하)에 있는 돌궐족 계민가한의 장막에 행차했다. 이때 돌궐은 수나라에 신하국을 자처하고 있었지만, 강성한 고구려가 두려워 고구려에도 자주 사신을 보내어 조공했다. 양쪽 모두에 속국의 예를 다했던 것이다. 때마침, 이때 고구려도 답례로 사신을 보냈다.

이를 알아챈 수양제는 고구려 사신을 불러달라고 계민가한을 위협했다. 수양제가 총애하는 배구裴矩는 "고구려의 땅은 거의 다 한사군의 땅이니, 중국이 이것을 차지하지 못하는 것은 수치스러운 일입니다. 선대 황제가 일찍이 이를 멸하려고 했지만, 양량이 재능이 없어 성공하지 못했습니다. 전하께서 어찌 이것을 쉽게 잊으실 수 있습니까?"라며 수양제를 부추겼다. 수양제는 고구려 사신에게 "고구려왕이 내게 알현하지 않으면, 짐이 반드시 직접 나가볼 것이다"라며 조롱했다. 사신이 수양제에 게 뭐라고 답변했는지, 사신이 귀국한 뒤에 고구려 조정에서 어떤 회의 를 했는지는 역사 기록이 없어 알 수 없다.

배구는 《동번풍속기東藩風俗記》 30권을 지어 수양제에게 올렸다. 그는 평양의 아름다움과 개골산(금강산)의 수려함을 그림과 글로 설명했다. 이것은 순행을 좋아하는 수양제의 침략 야욕을 한층 더 고무시켰다. 이 리하여 수양제는 평범한 무명의 병사들을 대거 동원하여 동양 고대사에 서 일찍이 없었던 대전을 일으키게 되었다.

2. 수양제의 침입과 전략

음력으로 대업 7년 2월[207], 수양제는 고구려를 침공하겠다는 조서를 내 렸다. 그는 전국의 군대를 이듬해 음력 정월까지 탁군涿郡(지금의 직예성 탁현)[208]에 집결시키라고 명령했다. 그리고 유주총관 원홍사에게 동래 (지금의 연태) 해구에서 병선 300척을 건조하라고 시켰다. 음력 4월에는

---

207 《조선상고사》 원문에서는 "기원 601년 6월"이라고 했다. 수양제는 604년에 즉위 했으므로, 이것은 틀린 연도다. 또 수양제가 고구려 침공 조서를 내린 때는 6월이 아니라 4월이었다. 《수서》 〈양제 본기〉 및 《북사》 〈양제 본기〉에 따르면, 이 날은 음력으로 신미년(대업 7년) 2월 임오일이다. 양력으로 환산하면 611년 4월 14일이 된다. 〈2. 수양제의 침입과 전략〉에서 신채호가 음력과 양력을 뒤섞어 사용한 탓에 독자들이 혼란스러울 수 있기 때문에, 음력 날짜로 통일했다.

208 《조선상고사》가 《조선일보》에 발표된 1931년을 기준으로 할 때, 탁군의 명칭은 북 평(지금의 북경)이었다.

강남과 회남淮南²⁰⁹의 선원 1만 명 및 노수弩手 3만 명과 영남²¹⁰의 배찬수排鑽手(작은 창을 사용하는 병사_옮긴이) 3만 명을 동원하여 수군을 증강했다. 음력 5월에는 하남(황하 이남_옮긴이)과 회남에 조서를 내려 전쟁용 수레 5만 대를 만들어 군복·무기·군막을 수송하도록 했다. 음력 7월에는 강남·회남의 장정과 선박을 동원해서 여양창黎陽倉²¹¹·낙구창洛口倉²¹² 등에 비축된 쌀을 탁군으로 운반하도록 했다. 강과 바다에서는 선박이 항상 천여 리나 이어지고, 육지에서는 수십 만 일꾼들이 떠들며 운반하는 소리가 밤낮으로 끊이지 않았다.

음력으로 이듬해(대업 8년_옮긴이) 정월에 수양제는 탁군에 가서 전군全軍을 통수했다. 그는 좌와 우에 각각 12군을 배치하고, 각 군에 대장과 부장副將을 1인씩 두었다. 기병은 40대隊로 나누었다. 100인을 1대로 하고, 10대를 1단團으로 했다. 전체를 4단으로 나눈 것이다. 보병은 80대로 나누었다. 20대를 1단으로 했다. 이 역시 전체를 4단으로 나눈 것이

---

209 중국 문명은 북중국을 흐르는 황하 유역에서 발달했다. 그러다가 유목민족이 남쪽으로 밀고 내려온 오호십육국 시대(304~439년)부터 중국 문명은 남중국에 있는 양자강 유역으로 확대됐다. 양자강 연안의 오른쪽 끝에 있는 것이 상해(상하이)다. 황하와 양자강의 중간쯤에서 가로로 흐르는 강이 회수(회하)다. 강남과 회남을 함께 언급하는 경우에, 강남은 양자강 이남, 회남은 회수 이남 즉 양자강 이북을 가리킨다.

210 한국의 영남은 조령(충북과 경북의 경계)의 남쪽인 경상남북도를 가리키는 데 비해, 중국의 영남은 남령산맥(난링산맥)의 이남인 광서성·광동성 등을 가리킨다. 남령산맥은 양자강 아래에 있다.

211 지금의 하남성 준현(浚縣)에서 동쪽으로 2리에 있는 대배산(大伾山) 북쪽에 있었던 국영 양곡 창고.

212 지금의 하남성 정주시(鄭州市)에 속한 공의시(鞏義市) 하락진(河洛鎮) 칠리포촌(七里鋪村) 동쪽의 황토령(黃土嶺)에 있었던 양곡 창고.

다. 보급병과 산병散兵[213]도 각각 4단으로 나누고, 보병의 사이에 끼워 넣었다. 갑옷과 군기의 색깔은 각 단마다 달랐다. 진격·퇴각·정지·행군의 형세가 정연했다. 이것이 전체 24군의 모습이다. 각각의 군軍이 40리나 이어지고, 매일 1개 군씩 출발하니, 40일 만에 전체가 다 출발하게 되었다. 선두에서 후미까지 쭉 이어지고 북과 뿔소리가 산하를 울리며 깃발이 960리나 휘날렸다. 황제 직할부대가 맨 나중에 출발하니, 추가적으로 80리가 더 늘어났다. 정규군은 도합 113만 3,800명이었다. 그래서 200만 군대라고 불렀다. 여기에다 수송부대가 400만이었으니, 중국 역사상 미증유의 대규모 군대 동원이었다.

수양제의 출동 명령이 《수서》에 기록되어 있다. 좌군 12군은 루방鏤方·장잠長岑·명해溟海·개마蓋馬·건안建安·남소南蘇·요동·현토·부여·조선·옥저·낙랑 방면으로 진군하고, 우군 12군은 점선黏蟬·함자含資·혼미渾彌·임둔·후성候城·제해提奚·답돈踏頓·숙신·갈석碣石·동이東暆·대방·양평 방면으로 진군하여, 모두 평양에 집결할 것을 명령했다. 명해는 지금의 강화도, 옥저는 함경도 및 훈춘 등지, 임둔과 동이는 지금의 강원도이니, 평양에 집결하라는 명령을 받은 수군이 훈춘이나 함북 또는 평양 이남으로 갈 이유가 있었을까? 《자치통감》에 기록된 각 군軍의 진군 상황에 따르면, "좌익위대장군 우문술은 부여 방면[夫餘道]으로, 우익위대장군 우중문은 낙랑 방면[樂浪道]으로, 좌효위대장군 형원항은 요동 방면[遼東道]으로, 우효위장군 설세웅은 옥저 방면[沃沮道]으로, 우둔위장군 신세웅은 현토 방면[玄菟道]으로, 우어위장군 장근은 양평 방면[襄平道]으로, 우

---

213 아군 주력부대가 적군 주력부대와 싸우기 전에 적과 소규모의 전투를 벌여 적군의 대열을 흐트러뜨리는 책임을 맡은 부대.

무후장군 조효재는 갈석 방면[碣石道]으로, 좌무위장군 최홍승은 수성 방면[隧城道]으로, 우어위호분장군 위문승은 증지 방면[增地道]으로 가서, 모두 압록강 서쪽에서 집결하라"고 했다. 낙랑·현토의 경우에는 한나라 이래로 요동에 임시로 설치한 북낙랑·현토가 있었으니 압록강 서쪽이라고 할 수 있지만, 옥저가 어찌 압록강 서쪽이 될 수 있으랴? 이처럼 거의 다 임시로 만든 지명이고, 고구려의 본래 지명이 아니니, 이것으로는 행군 경로를 자세히 밝힐 수 없다.

전쟁 상황을 근거로 추론하면, 수양제의 작전 계획은 대략 이렇게 정리된다. 그는 24군을 수륙 두 방면으로 나누었다. 육군은 다시 두 방향으로 나누었다. 하나는 어영군과 10여 개의 군이었다. 수양제는 이들을 직접 지휘하여 요하를 건너 요동의 각 성을 치기로 했다. 또 하나는 좌익위대장군 우문술 등이 이끄는 아홉 개 군이다. 우익위대장군 우중문이 참모를 맡고 우문술이 지휘를 맡아 요하를 건너 고구려 서울 평양을 침공하기로 했다. 수군은 수만 명이었다. 좌익위대장군 수군총관 래호아와 부총관 주법상이 군량 수송선을 이끌고 해로로 대동강에 들어가 우문술과 합류하여 평양을 공격하기로 했다.

태조대왕 때 왕자 수성(차대왕)이 한나라 군대의 보급로를 끊고 한나라 군대를 격파한 뒤로, 고구려가 북방의 침입에 맞설 때마다 이 같은 책략을 쓰면 반드시 승리했다. 북방 침입자들도 이것을 가장 경계했다. 그래서 수양제는 육군에게 행군 중에 먹을 양식만 갖고 목적지인 요동성과 평양성에 가도록 하고, 그 뒤에는 수군이 운송한 양식을 먹으면서 두 성을 포위하도록 했다. 이렇게 해서 지구전을 벌여 고구려의 항복을 받아내려 한 것이다.

3. 고구려의 방어와 작전계획

후세 사람들은 살수 전투가 거의 전적으로 을지문덕의 작전이었던 것처럼 말한다. 또 을지문덕이 고작 수천 명의 병력으로 수나라 수백만 대군을 격파한 것처럼 말한다. 하지만 이것은 사실과 다르다. 멸망 당시에 고구려의 상비군은 30만 명이었다. 그러니 영양대왕의 전성기인 을지문덕 당시에는 30만 명이 넘었을 것이다. 또 "왕이 직접 수군을 거느렸다"고 한 광개토태왕릉비문이나 "고구려가 거란과 함께 우리의 해상 경비병들을 죽였다"고 한 수양제의 선전포고문에서는 고구려 수군의 존재가 드러난다. 따라서 수군도 대략 수만 명에 가까웠다고 볼 수 있다.

30여 만 명 중에서 몇 만 명은 남방의 백제와 신라를 막는 데 투입되고, 그 나머지 20여 만 명이 수나라에 맞서 싸우는 전사가 되었을 것이다. 수륙대원수는 당연히 영양대왕이었다. 수군원수는 왕제王弟인 고건무이고, 육군원수는 을지문덕이었다. 수나라 군대가 수륙 양방향으로 침투했기 때문에, 고구려 군대는 수륙 양쪽의 방어에 균형을 맞추면서 선수후전先守後戰을 지향했다. 육상의 장수들은 인민들에게 양곡을 거둬 성안에 들어가 살도록 했고, 수군도 요새 항구의 안전지대로 물러나 전투를 회피했다. 수나라 군대의 양식이 떨어지면 공격을 개시할 계획을 갖고 있었던 것이다.

4. 고구려 군대의 패강 승전

수나라 군대를 안쪽으로 유인할 목적으로, 을지문덕은 요하 북서쪽에 있던 군대를 요하에 배치했다. 대업 8년 3월[214], 수나라 군대가 요하에 당도했다. 서쪽 연안의 수백 리에 상하로 길게 진을 치자, 그 모습이 마치 우글우글한 벌떼 같았다. 각 단團의 장비와 깃발은 울긋불긋하게 햇빛에 반사됐다.

수나라 군대에서 가장 용맹한 선봉장 맥철장이 부교를 동쪽 강안江岸에 대려 하자, 을지문덕은 장수들에게 반격을 명령했다. 고구려군은 맥철장 등 장수 수십 명과 병졸 만여 명을 죽이고 부교를 끊었다. 수나라 병사 중에서 잠수나 헤엄을 잘하는 자들은 포상에 욕심이 나서 물에 뛰어들어 부교를 다시 연결했다. 을지문덕은 예정된 작전에 따라 거짓으로 패하는 척하면서 퇴군했다. 그러자 수양제는 전군을 동원해서 요하를 건넜다. 수양제는 어영군과 좌익위대장군과 왕웅 등에게 요동성을 포위하라고 명령하고, 좌둔위대장군 토우서 등의 10여 개 군에게 요동성 부근의 성들을 포위하라고 명령했으며, 좌익위대장군 우문술 등의 아홉 개 군에게 을지문덕을 추격하여 평양을 치라고 명령했다.

이보다 앞서, 수군총관 래호아는 양자강·회수 수군 10만여 명과 함께 양곡 수송선을 타고 동래東萊(지금의 산동성 연대)에서 출발하여 창해(발해)를 건너 패강 입구에 들어섰다. 왕제인 고건무는 수군을 외진 항만에 숨겨놓고, 평양성 밖 민가들에 재물과 비단을 늘어놓도록 지시했다. 그런 뒤 수나라 군대가 상륙하는 것을 방치했다. 래호아는 정예병 4만 명을 뽑아 평양성으로 돌진했다. 수나라 군인들이 재물과 비단을 약탈하느라 대오가 흐트러지기 시작했다. 그러자 고건무는 결사대 500명을 평

---

214 《수서》〈양제 본기〉에 따르면, 대업 8년 3월 15일 즉 612년 4월 20일에 수양제가 요하에 당도했다.

양성 외성外城의 빈 절에 숨겼다가 수나라 군대를 격파했다. 전군에 추격 명령을 내리자, 곳곳의 수군水軍도 일제히 공격을 개시했다. 수나라 군인들은 강 입구로 달려가 서로 먼저 배에 올라타려고 다투었다. 그러다 보니, 밟혀 죽는 자가 매우 많았을 뿐만 아니라 양곡 수송선도 바다 밑으로 가라앉고 말았다. 래호아는 자기 혼자 몸으로 작은 배를 타고 도주했다.

양곡 수송선이 침몰했으니, 그 뒤 평양에 침입한 우문술 등의 대군이 무엇을 먹고 싸우겠는가. 이미 이때부터 고구려는 승자의 위치를 군혔다. 만일 전공의 등급을 매긴다면, 왕제 고건무가 을지문덕보다 높다고 할 수 있다. 왕제 고건무의 공이 큰데도, 대부분의 역사 독자들이 을지문덕만 아는 것은 무슨 이유 때문일까? 사마광의 《통감고이通鑑考異》에서는, 양곡 수송선이 실패하지 않았다면 우문술이 살수에서 패하지는 않았을 것이라고 했다. 이것이 맞는 말이 아닌가 생각한다.

5. 고구려 군대의 살수 승전

요하에서 퇴각한 을지문덕은 수나라 군대의 약점을 탐지하고자 항복 사신이 되어 수나라 진영에 들어가서 내부를 살피고 돌아왔다. 우문술 등은 그의 당당한 모습에 놀라 "이게 고구려의 대왕이냐 대대로냐?"라며 그를 사로잡지 못하고 돌려보낸 것을 후회했다. 그래서 사람을 보내 다시 만날 것을 요청했다. 이때 이미 을지문덕은 패강의 첩보를 듣고 우문술 등의 부대에서 굶주린 기색을 발견했다. 필승의 계산이 이미 섰는데 무엇 하러 호랑이 굴에 다시 들어가리. 을지문덕은 급히 말을 달려 돌

신채호의 《을지문덕전》

을지문덕과 관련된 얘기 중, 을지문덕이 수나라 군영에 홀로 들어갔다가 나온 뒤 수나라 군대와 전투를 벌였다는 부분이 얼른 이해되지 않을 수도 있다. 신채호는 1908년에 발간한 《을지문덕전》에서 이 점을 비교적 명확하게 설명했다. 이 책을 소설로 분류하는 사람들도 있지만, 이 책은 위인전이지 소설은 아니다. 신채호는 사료에 근거해서 《을지문덕전》을 서술했으며, 글 중간중간에 신채호 자신의 감정을 이입했을 뿐이다. 감정이입을 한 부분 때문에 이 책이 언뜻 소설로 비치는 것이다. 하지만 이 책은 작가적 상상에 의해 을지문덕의 삶을 구성한 게 아니라 사료에 근거해서 그렇게 했기 때문에 소설이 아니라 위인전이다. 《을지문덕전》 제10장에 따르면, 을지문덕은 홀로 말을 타고 수나라 군영에 들어갔다. 그리고 그가 수나라 군영에서 나온 뒤에 수나라 측이 "다시 만나자"고 요청했지만, 그는 이것을 거절하고 고구려군 진영으로 돌아왔다. 그런 뒤에 수나라 군대가 공격을 가하자, 을지문덕은 고구려군을 데리고 거짓으로 연전연패하면서 적군을 살수까지 유인했다.

아왔다. 수나라 군대를 유인할 목적으로 그는 이따금 요새에 머물러 상대방과 접전을 펼치다가 거짓으로 도망가는 척했다. 이렇게 하루 중에 칠전칠패를 하니, 우문술 등은 매우 기뻐하면서 "고구려 군대는 하잘것 없다"며 계속해서 전진했다. 그러다가 살수(지금의 청천강)를 건너 평양까지 당도했다.

　수나라 군대가 평양성에 도착해 보니, 성 안팎의 민가들이 고요해서
사람의 그림자뿐 아니라 닭이나 개의 소리도 들리지 않았다. 의심이 생
긴 우문술 등은 곧장 진격하지 못하고 사람을 보내 성문을 두드려보도
록 했다. 성안에서는 "조만간 항복하기 위해 토지와 인구에 관한 장부
를 조사하는 중이니, 대군大軍은 성 바깥에서 5일만 기다려달라"고 대답
했다. 전보 같은 게 없었던 고대인 까닭에, 래호아가 패전한 사실을 몰
랐던 우문술 등은 래호아를 기다렸다가 함께 공격할 생각에 평양성의
거짓 항복을 수락했다. 그러고는 성 부근에 진을 쳤다. 굶주린 병사들이
노략질을 하려고 했지만, 집집마다 텅 비고 물건도 전혀 없었다.

　5일을 거듭하여 10여 일이 지났지만, 성안에서는 아무 움직임이 없었
다. 우문술은 정예병을 이끌고 공격을 개시했다. 바로 그때 성벽의 사면
에 고구려 깃발이 동시에 꽂히고 화살과 돌멩이가 비 오듯 쏟아졌다. 을
지문덕은 통역을 통해 "너희의 양곡 수송선이 바다에 잠겨 먹을 것은 끊
어지고 평양성은 높고 튼튼하여 뛰어넘을 수 없으니, 너희들이 어찌하겠
느냐?"라고 외친 뒤, 노획한 수나라 수군 장병들의 직인과 깃발을 던져
주었다. 그제야 수나라 병사들은 래호아가 패한 사실을 알고 동요하기
시작했다. 이런 상태로는 싸울 수 없었기에 우문술 등은 철군을 시작했
다. 을지문덕은 사람들을 보내 모래주머니로 살수의 상류를 막은 뒤, 정
예병 수만 명을 뽑아 수나라 군대의 뒤를 천천히 뒤쫓도록 했다.

　수나라 군대가 살수에 도착하니, 배가 한 척도 없었다. 우문술 등은
수심을 헤아릴 수 없어서 머뭇머뭇하기만 할 뿐이었다. 그때 갑자기 고
구려 승려 일곱 명이 나타났다. 그들은 다리를 걷어붙이고 물에 들어가
서 "오금에도 닿지 않는 물이구나"라고 말했다. 이를 듣고 기뻐한 수나

라 병사들은 앞을 다투어 물에 뛰어 들어갔다. 수나라 군대가 강의 중간에 도착하기 전에 상류에서 모래주머니를 무너뜨렸다. 그러자 물이 거세게 밀고 내려왔다. 이런 상태에서 을지문덕 부대가 후미를 습격했다. 수나라 군인들은 칼과 활에 맞아 죽거나 물에 빠져 죽었다. 살아남은 자들은 하루 낮과 하룻밤 동안 450리를 달려 압록강에 도착한 후에 강을 건너 달아났다. 요동성에 가보니 30만 5천 명이었던 우문술 등의 아홉 개 군이 겨우 2,700명밖에 되지 않았다. 100에 하나 꼴도 남지 못한 것이다. 게다가 병장기·보급품 수억만 개가 모두 고구려의 노획품이 되었다.

6. 고구려의 오열홀 대첩

수양제의 어영군과 그 외의 10여 개 군은 수십만의 대군을 이루어 오열홀과 요동 각지를 쳤지만, 하나도 함락하지 못했다. 오히려 음력 3월부터 음력 7월까지 4, 5개월 동안 고구려인의 화살과 돌에 맞아죽은 수나라 병사들의 해골이 성 바깥에서 산을 이루었을 정도다. 또 양식을 얻지 못한 탓에 장병들이 굶주림에 시달렸다. 이런 상태에서 우문술 등이 패하고 돌아온 모습을 보니 싸울 생각이 더욱 더 없어질 수밖에 없었다.

　그런데도 수양제는 최후의 요행을 바라는 마음으로 전군을 오열홀성 앞에 집결시켰는데, 을지문덕이 이 부대를 공격해서 대파했다. 사람과 말의 목을 베고, 수많은 병장기와 보급품을 노획했다. 훗날 고구려가 망한 뒤 당나라 장군 설인귀가 그곳에 있었던 경관京觀[215]을 헐고 백탑白塔을 세웠다. 사람들은 당태종이 안시성을 침입했을 때 당나라 장수 울지 경덕이 이 탑을 쌓았다고 말하지만, 이것은 와전된 이야기다.

수양제가 오열홀에서 패배한 것을 계기로 수나라 24개 군의 수백만 명이 전멸하고 오직 호분낭장 위문승의 잔여 병력 수천 명만 남았다. 이들이 수양제를 호위하면서 도주했다. 《수서》에서 우문술이 살수에서 패전한 것만 기록하고 수양제가 오열홀에서 패전한 것은 기록하지 않은 것은 '존귀한 자를 위하여 숨긴다'는 춘추필법에 따른 것이다. 춘추필법을 알아야만 중국 역사를 읽을 수 있다.

고구려 쪽에서 요하를 건너 ○○리쯤 가면 유명한 발착수渤錯水가 나온다. 수水가 붙기는 했지만, 실은 강이 아니라 200리에 걸친 늪이다. 그래서 요택遼澤이라고도 불린다. 요택에 병사들의 뼈가 묻혔다는 내용이 당태종의 조서에 실린 것을 보면, 수나라 군대가 이곳에서 매우 많이 죽었음을 알 수 있다. 이것은 고구려군의 추격에 의한 사망일 것이다.

이 전쟁의 3대 전투는 패강·살수·오열홀 전투다. 맨 처음 공을 세운 것은 패강 전투이고 두 번째로 공을 세운 것은 살수 전투이며 끝맺음을 한 것은 오열홀 전투였다. 그런데도 셋을 전부 합쳐 살수 전투라고 부르

---

215 경관은 적국의 전사자 유해를 한 곳에 모아 흙으로 덮어 만든 무덤으로, 고구려가 수나라를 물리친 전공을 기념하기 위해 세운 것이었다. 이것을 '대단한 광경'이란 의미의 경관(京觀)이라고 부른 이유는 《춘추》 해설서 중 하나인 《춘추좌씨전》에 설명되어 있다. 이 책의 〈선공〉 편에서는 "옛날에 명석한 군주는 불경스러운 무리를 토벌한 뒤 두목을 죽여 시신을 묻고 나서 대대적인 살육을 벌였다. 이렇게 대단한 광경을 만듦으로써 악한 자들에게 경계를 남겼다"고 했다. 여기서 '대단한 광경'에 해당하는 글자가 바로 경관(京觀)이다. 악한 자들의 시체를 쌓아 거대한 무덤을 만든 것이 대단한 구경거리가 됐다는 의미에서 그렇게 표현한 것이다. 참고로, 《조선상고사》에서는 고구려가 망한 뒤에 경관이 허물어졌다고 한 데 반해, 《삼국사기》 〈고구려 본기〉에서는 고구려가 망하기 37년 전인 영류태왕 14년(631년 2월 7일 ~632년 1월 26일)에 허물어졌다고 한다.

는 것은 부당하다. 하지만 오랫동안 관용적으로 쓰인 표현이므로 이것
을 그대로 쓰기로 한다.

제3장
오열홀·회원진 양대 전투와 수나라의 멸망

1. 수양제의 재침과 오열홀 성주의 방어

대업 8년(서기 612년_옮긴이)에 패배하고 돌아간 수양제는 장군 우문술 등에게 패전 책임을 물어 파면한 뒤 감옥에 가두었다. 음력으로 이듬해 정월, 그는 패전의 치욕을 씻고자 전국의 병력과 군마를 탁군에 다시 집결시켰다. 이와 함께 그는 요동고성遼東古城(지금의 영평부로 고구려 태조가 요동성을 차지하자 한나라는 이곳으로 요동성을 옮겼다)을 보수하고 군량을 비축하도록 했다. 그는 "여러 장수들이 지난번에 패전한 것은 군량이 부족했기 때문이지 전쟁을 못했기 때문이 아니다"라는 조서를 내리고 장수들에게 직책을 돌려준 뒤 고구려 침공을 준비했다. 그는 요동을 평정하지 못한 상태에서 평양을 기습한 것이 전년도의 실책이라고 판단하고, 이에 따라 조서로는 각 장수들의 출정 경로를 전년도와 비슷하게 정했으나, 실제로는 오열홀을 먼저 함락한 뒤 지리적으로 가까운 지역을 하나하나 평정하면서 평양까지 도달하는 계획을 세웠다.

이때 수나라는 전쟁에서 대패한 탓에 국고도 비고 군인도 없고 국부도 고갈되고 민심도 불안한 상태였다. 이를 이용해서 반란을 꾸미는 이들이 지은 〈무향요동랑사가無向遼東浪死歌〉('요동으로 가지 말라 헛되이 죽으리라'란 의미_옮긴이)란 노래가 나돌았다. 수양제는 이에 개의치 않고 백성의 재산을 강탈해서 군량으로 만들고 장정들을 강제 징집해서 병사로 만들었다.

이들을 훈련시킨 지 몇 개월 만에 수양제는 군대를 요동으로 보냈다. 그는 장군 우문술·이경 등에게 고구려 구원군이 이동하는 길을 차단하도록 했다. 어영군 장수를 비롯한 여러 장수들을 직접 통솔한 수양제는 오열홀 포위에 착수했다. 당시 오열홀 성주의 이름은 역사책에 나타나지 않지만, 지략과 용기가 대단한 인물이었음에 틀림없다. 성안의 장병들도 거의 다 숱한 전쟁을 경험한 용사들이었다. 수양제는 높은 누각을 세우고 긴 사다리를 대는 한편, 땅굴을 파고 토산을 쌓는 등의 공성 기술을 있는 대로 다 동원했다. 하지만 성주도 체계적으로 응전했기 때문에, 대치한 지 수십 일 만에 수나라 병사들이 허다하게 죽었다.

이때, 수나라 예부상서 양현감[216]이 반란을 일으켰다는 기별이 왔다. 수양제는 군사 물자·병장기·공성기구 등을 다 포기하고, 이경二更(밤 9시

---

216 《조선상고사》 원문에는 '동도수장(東都守將) 양현감'이라고 되어 있다. 수나라의 제1수도는 대흥성(섬서성 서안)이고, 제2수도는 대흥성의 오른쪽인 동도(하남성 낙양)였다. 동도수장은 낙양성의 사령관을 의미한다. 그런데 제2차 고구려-수나라 전쟁 당시, 양현감은 예부상서 벼슬을 받은 상태에서 여양군 즉 지금의 하남성 준현에서 군량미를 감독했다. 준현은 낙양성의 동북쪽에 있다. 이곳은 동위 114도에서 약간 오른쪽, 북위 36도에서 약간 아래쪽에 있다. 이곳에서 군량미를 감독하던 양현감은 반란을 일으킨 뒤 동도를 포위했다가 실패하자 서쪽으로 도주한 뒤에 자살했다. 이런 행적에서 드러나듯이 양현감이 동도수장을 맡은 적은 없다.

에서 11시 사이_옮긴이)에 은밀히 장수들을 모아 신속히 철군을 단행했다. 이 사실이 오열홀 성주에게 발각됐다. 이로 인해 수나라 군대의 후미가 고구려 군대의 습격을 받아 거의 사망했다.

2. 수양제의 제3차 침입과 노수弩手의 저격

수양제는 양현감의 반란을 토벌했다. 하지만 국력의 피폐와 인민의 원한이 이미 극도에 도달한 뒤였다. 그런데도 수양제는 패전의 치욕을 씻고자 국내의 병력과 군마를 재소집해서 회원진懷遠鎭(요하의 서쪽 연안에 있는 도시_옮긴이)에 당도했다. 이미 두 차례의 패배를 경험한 장병들 중에는 또다시 가면 죽을 줄 알고 도망하는 이들이 많았다. 반란이 일어난 지방 중에는 징집에 불응하는 곳도 있었다.

수양제는 이번에도 싸우기 힘들겠다는 것을 깨닫고 중지하고 싶어졌다. 하지만 중국 전체의 웃음거리가 되면 반란을 진압할 수 없을 것이라는 우려가 들었다. 그래서 아무 핑계라도 만들어서 휴전하기 위해, 반역자 곡사정斛斯政의 송환을 유일한 조건으로 고구려에 화친을 제의했다. 곡사정은 양현감 당파로 고구려에 투항한 사람이었다.

이때 고구려의 국론은 둘로 갈렸다. 갑甲파는 "남방의 신라·백제를 멸망시키기 전까지는 중국에 대해 겸손한 언사와 공손한 예법으로 화친을 유지해야 한다"면서 "이제까지 중국에 대해 너무 강경했기 때문에 수년간의 전쟁을 초래했으니, 앞으로라도 정책을 바꾸어 수나라와 화친을 하자"고 주장했다. 을乙파는 "신라와 백제는 산천이 험해서 방어하기는 쉬워도 공격하기는 힘들며 인민들도 강고해서 좀처럼 굴복하지 않지만,

중국 대륙은 이와 달리 평원과 광야가 많아 군대를 움직이기 좋고 인민들도 전쟁을 무서워해서 한쪽이 무너지면 다른 쪽도 동요한다"면서 "장수태왕의 서수남진西守南進 정책은 본질적으로 잘못된 것이니 이제부터라도 이 정책을 버려야 한다"고 주장했다. 그러면서 을파는 "남방에 대해서는 견제만 하고, 정예병을 뽑아 수나라를 친다면 많은 군대를 동원하지 않고도 성공하기 쉬울 것이다. 성공한 뒤에 인민을 다독거리고 인재를 채용한다면 전 중국을 통일하기 쉬울 것이다"라고 말했다. 이런 식으로 양쪽은 서로 다른 의견을 내놓고 경쟁했다.

'갑'은 왕제 고건무의 일파였다. 많은 호족들이 이에 가세했다. '을'은 을지문덕의 일파였다. 일부 무장들이 이에 가세했다. 두 사람 다 수나라와의 전쟁에서 큰 공을 세워 나라 사람들의 신망이 높았기 때문에, 두 파의 세력도 거의 비슷했다. 영양대왕은 을파의 주장에 공감했다. 하지만 고구려는 호족 공화제 국가였기 때문에 왕일지라도 갑파의 의견을 꺾기는 쉽지 않았다. 이런 상태에서 수양제가 곡사정의 송환을 조건으로 화친을 제의하자, 나라 안에서는 갑파에 동조하는 사람들이 우세를 점령했다. 결국, 가련한 망명객인 곡사정의 송환을 수락한 고구려는 국서를 받든 사신을 수양제의 진영에 보냈다.

이에 분노한 어떤 장사將士(장졸_옮긴이)는 쇠뇌를 몸속에 품고 수행원을 가장해서 사신의 뒤를 따라갔다. 그는 수양제의 가슴을 쏘고 달아났다. 이것으로 화친을 깨뜨리지도 못하고 곡사정의 송환을 막지도 못했지만, 수양제의 혼을 빼고 고구려의 기개를 보여주기에는 충분했다. 화살을 맞고 돌아간 수양제는 병을 앓았다. 그는 분노도 심했다. 이런 상태에서 나라가 한층 더 혼란스러워지자 수양제는 몇 년 못 가서 암살을 당했다. 결국 수나라도 망하고 말았다.[217]

이 전쟁을 설명하는 기회에 안정복 선생은 영양왕이 살수 전투 승리의 여세를 몰아 수양제의 아버지 시해를 벌주지 못하고 을지문덕 같은 장수들을 내세워 수나라를 합병하지 못한 것을 한탄했다. 하지만 수양제가 아버지를 시해했다는 이야기는 명확하지 않다. 이것은 수나라 궁중비사에 속하는 것이다. 당시의 고구려인들도 이런 이야기를 듣지 못했을 것이다. 그러므로 이것은 말할 필요가 없는 일이다. 하지만 《해상잡록》에는 이 전쟁 뒤에 을지문덕 일파가 중국 정벌을 주장했다는 이야기가 실려 있다. 그런데도 선생은 이것을 《동사강목》에 기록하지 않았다. 그 이유는 무엇 때문일까? 아마 비사秘史의 설을 정사正史에 실을 수 없다는 생각 때문이었을 것이다. 하지만 정사인 《삼국사기》·《동국통감》 등은 사대주의에 입각한 기록이다. 이런 책들은 중국과의 전쟁과 관련해서는 오로지 중국 측의 기록만 인용했다. 따라서 이 경우에는 비사가 정확한 자료에 근거했을 것이라는 생각이 들어 이 책에서는 이를 채택한다.

---

217 수나라가 614년 제3차 고구려 침공에 실패한 뒤인 617년에 태원유수 이연(훗날의 당고조)이 군사 반란을 일으켜 수도를 장악했다. 이연은 처음에는 수양제의 손자인 양유(楊侑)를 황제로 옹립하고 수양제를 태상황으로 추대했다. 618년에 수양제가 측근인 우문화급에게 살해되자, 이연은 양위의 형식을 빌려 당나라를 건국했다.

제10편

고구려의
대對당나라 전쟁

제1장

연개소문의 서쪽 여행과 혁명

---

1. 연개소문의 출생과 소년 시절의 서쪽 여행

연개소문은 고구려 900년의 전통인 호족 공화제를 타파하고 정권을 통일했으며, 장수태왕 이래로 철석같던 서수남진 정책을 남수서진 정책으로 바꾸었다. 그는 국왕 이하의 대신 및 호족 수백 명을 도살하고 자신의 독무대를 만들었으며, 서국西國 제왕인 당태종을 격파하고 중국 대륙에 대한 침략을 시도했다. 그의 행동이 정의로웠는지, 그의 판단이 옳았는지에 관계없이, 그는 당시 고구려뿐 아니라 동방아시아 전쟁에서 유일무이한 중심인물이었다.

그런데 《삼국사기》에 나오는 연개소문에 관한 기록은 고작 〈김유신열전〉에서 "개금이 김춘추에게 숙소를 마련해 주었다"라고 언급한 것뿐이다. 그 외의 기록은 순전히 《신당서》·《구당서》·《자치통감》 같은 중국 역사책에서 베낀 것들이다. 중국 역사책이라는 것은 연개소문의 숙적인 당태종과 그 신하들의 입과 붓에서 나온 것을 소재로 했다. 그렇기 때문에 신뢰성이 매우 낮다.

연개소문은 고구려 서부에서 대대로 자리를 잡은 귀족의 일원이었다. 서부의 명칭이 연나淵那라서 연淵이라는 성을 쓰게 되었다.《삼국사기》에서 그의 성을 천泉씨로 표기한 것은, 당나라 사람들이 당고조의 이름인 연淵을 피하고자 '연' 대신 '천'을 썼기 때문이다.

당나라 사람 장열이 규염객虯髯客[218]이란 인물에 관해 서술한 적이 있다. 그는 이렇게 말했다. "규염객은 부여국 사람으로서 중국 태원太原에 왔다. 여기서 이정李靖[219]과 사귀고 이정의 아내인 홍불기紅拂技와 남매의 의를 맺었다. 중국의 제왕을 꿈꾸던 규염객은 당공唐公 이연의 아들인 이세민(당태종)을 보고 그의 뛰어난 기개에 눌렸다. 그래서 이정에게 '중국의 제왕이 되겠다는 생각을 끊고, 귀국하면 난을 일으켜 부여국의 주인이 되겠다'고 말했다."(《규염객전》의 대강만 간추렸다.)

선배先輩들은 부여국은 고구려를 가리키고 규염객은 연개소문을 가리킨다고 말했다. 연개소문이 당태종의 기개에 눌려 중국의 제왕이 되려는 생각을 버렸다는 것은 '제왕은 하늘이 정하는 것이므로, 알량한 머리를 가진 자가 함부로 넘볼 자리가 아니다'라는 중국 소설가의 권선징악적 필법을 반영한 것에 불과하다. 다만, 연개소문이 중국을 침략하기 전해 그곳 정세를 탐지할 목적으로 서쪽으로 한 차례 여행을 했던 것은 사실인 듯하다. 중국[220]에 전해지는《갓쉰동전》도 이와 같은 종류의 설화다.

---

218 규염은 전설상의 동물인 규룡이 도사린 것처럼 꼬불꼬불한 수염을 가리킨다.

219 이정(571~649)은 당태종 이세민의 부하이자 당나라의 명장이다. 돌궐족·토욕혼과의 전쟁에서 전공을 세웠다. 그가 저술한 《위공병법》과 《이위공문대》는 당나라의 대표적인 병서로 손꼽힌다.

220 본문에 인용된 《갓쉰동전》의 내용을 보면 알 수 있듯이, 이 이야기의 공간적 배경

그 대강은 아래와 같다.

연국혜라는 재상이 있었다. 그는 나이 오십이 되도록 슬하에 자녀가 없었다. 그래서 아들 하나를 점지해 달라고 하늘에 기도를 올렸다. 그런 뒤에 낳은 옥동자가 갓쉰동이란 아들이다. 갓쉰동이란 말은 갓 쉰 살 되던 해에 낳은 아이라는 뜻이다. 갓쉰동은 용모가 비범하고 재능이 탁월한 아이로 성장했다. 그래서 연국혜는 수중의 구슬처럼 아끼고, 자기 곁에서 떠나지 못하게 했다.

갓쉰동이 일곱 살 되던 해였다. 하루는 갓쉰동이 문 앞에서 놀고 있는데, 어떤 도사가 지나가다가 "아깝다! 아깝다!"라고 말하고는 훌쩍 지나가버렸다. 이 말을 전해들은 연국혜는 쫓아가서 도사를 붙잡고 이유를 물어보았다. 처음엔 사양하며 대답하지 않던 도사는 나중에야 "이 아이가 자라면 공명과 부귀가 무궁하겠지만, 타고난 수명이 짧아

은 한반도다. 문희·경희·영희라는 인명부터가 그렇다. 또 중국을 '달딸'로 부른 것도 그렇다. '달딸'은 몽골을 가리키는 타타르에서 나온 말이다. 중국을 달딸로 불렀다는 것은 몽골이 중국을 정복한 뒤에 이 책이 나왔음을 의미한다. 따라서 이 책은 고려 중기 이후의 고려인들이 지은 것임을 알 수 있다. 또 신채호도 《갓쉰동전》의 내용을 소개한 뒤에 이 이야기가 한반도에서 나왔다고 언급했다. 사실, 순우리말 표현인 갓쉰동이란 표현이 중국 소설의 제목이 됐을 리는 없다.

국문학자 권혁준이 《강원민속학》 제20집에 기고한 〈인제군 인물 설화에 나타난 역사성〉이란 논문에 따르면, 1974년에 나온 《태백의 설화 하(下)》에 갓쉰동에 관한 설화가 수록되어 있다. 논문에 인용된 갓쉰동 설화는 신채호가 소개한 《갓쉰동전》과 똑같다. 이에 따르면 갓쉰동이 아버지에 의해 버려진 장소는 지금의 강원도 인제였다. 신채호가 강원도에서 전해지는 설화를 중국 소설로 착각한 것 같다. 여기서 중요한 것은 《규염객전》과 《갓쉰동전》의 내용이 유사하다는 사실이다. 이것은 《규염객전》의 주인공이 연개소문이라는 사실에 대해 많은 사람들이 공감했음을 의미하는 것이다.

서 그때까지 기다리지 못할 겁니다"라고 말했다. "그렇다면 액을 막을 방법이 없겠습니까?"라고 묻자, "15년간 아이를 내버려서 부모와 만나지 못하게 하면 액을 면할 겁니다"라고 도사는 답했다.

연국혜는 도사의 말을 믿었다. 차마 하기 힘든 마음도 없지 않았지만, 그는 갓쉰동의 장래를 위해 갓쉰동을 산도 설고 물도 낯선 먼 시골에 갖다 버리라고 하인에게 명령했다. 다만, 훗날 아들을 찾을 수 있도록 먹실로 등에 '갓쉰동'이란 세 글자를 새겨 넣었다.

갓쉰동을 버린 곳은 원주의 학성동이었다. 이 동네에는 류 씨라는 원로가 살고 있었다. 그는 앞내에서 황룡이 올라가는 꿈을 꾸었다. 이상한 생각에 새벽에 나가 보니, 준수하게 생긴 어린아이가 있어 집으로 데려와 키웠다. 등에 새겨진 '갓쉰동'이란 세 글자를 보고 이 아이를 그대로 '갓쉰동'으로 불렀다.

갓쉰동은 자랄수록 얼굴도 준수하고 체격도 돋보였다. 하지만 근원을 알 수 없는 아이라는 이유로 집안사람들은 그를 천민으로 다루었다. 류 씨는 갓쉰동을 사랑했지만, 남들의 시비에 휘말리기 싫었다. 그래서 갓쉰동의 신분을 높여주지 못하고, 그저 글자 몇 개를 가르쳐 자기 집 종으로 부렸다.

하루는 갓쉰동이 산에 올라가 나무를 베고 있는데, 난데없이 청아한 통소 소리가 들려왔다. 지게를 세워놓고 소리를 따라가니, 노인 하나가 앉아서 통소를 불고 있었다. 노인은 갓쉰동을 보고 "너 갓쉰동이 아니냐? 네가 지금 공부하지 않으면 앞으로 어떻게 큰 업적을 이룰 수 있겠느냐?"면서 학문의 필요성을 강조했다. 갓쉰동은 이야기에 취해 해지는 줄도 모른 채 듣기만 했다. 갑자기 노인은 석양을 가리키며 "오늘은 늦었으니 내일 오라"며 어디론가 획 가버렸다. 갓쉰동은 그제야 "내가 나무를 하러 왔다가 빈 지게를 세워놓고 이렇게 하루를 보냈구나. 주인의 꾸중을 어쩌지?"라며 걱정했다. 그런데 내려와서 보니, 누가 해놨는지 나뭇짐이 지게 위에 쌓여 있었다. 다음날부터 갓쉰동은 나무하러 갈 때마다 노인을 만났다. 갓쉰동은 노인에게서 검술·병법·천문·지리 등을 배웠다. 그런 뒤에 내려오면 어김없이 지게에 나뭇짐이 놓여 있어서 그것을 그냥 지고 돌아왔다.

류 씨는 아들은 없고 딸만 셋이 있었다. 문희·경희·영희가 그들이다. 셋 다 빼어난 미인들이지만, 그중에서 영희가 가장 나았다. 갓쉰동이 열다섯 살 되던 해의 봄이었다. 하루는 류 씨가 갓쉰동을 불러 "세 아가씨를 데리고 꽃구경을 하고 오라"고 말했다. 그래서 갓쉰동이 가마를 갖고 문희의 방문 앞에서 "아가씨, 가마를 대령했습니다"라고 말하자, 문희는 버선발로 마루 끝에 서서 "아이고! 맨땅을 어떻게 디디냐? 갓쉰동아, 네가 거기 엎드려라"라고 하고는 갓쉰동의 등을 밟고 가마에 들어갔다. 경희를 태울 때에도 그랬다. 화가 크게 난 갓쉰동은 여자아이를 한 주먹에 때려죽이고 싶었지만, 류 씨의 은혜를 생각해서 가까스로 참았다.

영희의 방 앞에 간 그는 '이 애도 개들의 동생이니 별다를 게 있겠어?'라는 생각이 나서 "가마를 대령했습니다!"라고 한마디 하고는 일찌감치 뜰에 엎드렸다. 문을 나선 영희는 이걸 보고 놀라서 "갓쉰동아, 이게 무슨 일이야?"라고 말했다. 갓쉰동은 말했다. "갓쉰동의 등이야 하나님이 아기씨들을 위해서 만든 게 아닙니까? 이 등에 나무를 져다가 아기씨들의 방을 덥히고, 이 등에 쌀을 실어다가 아기씨들의 배를 불리고 있습니다. 아기씨들이 앉고자 하면 갓쉰동의 등을 자리로 이용하시고, 아기씨들이 걷고자 하면 갓쉰동의 등을 디딤돌로 쓰시고 ……." 말이 채 끝나기도 전에 영희가 뛰어내리며 "아서라, 이게 무슨 일이냐? 사람의 발로 사람의 등을 밟는 일이 있을 수 있느냐?"라고 말하고는 갓쉰동을 일으켰다.

갓쉰동은 영희의 꽃 같은 얼굴, 관옥 같은 살빛, 정다운 목소리에 마음을 잡지 못했다. '어렸을 적 일을 어렴풋이 기억하면, 우리 집도 너와 결혼할 만한 집안이었는데 ……'라는 생각에 갓쉰동의 눈에는 눈물이 핑 돌았다. 영희는 갓쉰동의 용모가 비범하고 목소리가 우렁찬 것을 보고 "너 같은 남자가 어찌 남의 집 종이 되었느냐?"라며 저도 모르게 눈물을 흘렸다.

그 뒤부터 갓쉰동도 영희를 사랑하고 영희도 갓쉰동을 사랑했다. 둘의 정분은 날로 두터워졌다. 하루는 갓쉰동이 "내가 일곱 살 때 집을 떠난 일이 어렴풋이 기억난다. 아마 우리 부모가 도사의 말을 믿고 나를 버린 뒤 훗날 다시 찾으려 했던 것 같다. 나도 집에 돌아가면 귀인의 아들이니, 나랑 결혼하자"라고 영희에게 말했다. 영희의 대답은 "나는 귀인의 아내가 되기를 바라지 않고 사나이의 아내가 되기를 바란다. 만일 네가 사나이가 아니라면, 귀인의 아들일지라도 나의 남편이 되지 못할 것이다. 네가 사나이라면, 종일지라도 나는 네가 아니면 아내가 되지 않을 것이다. 너는 너의 회포를 말해봐"라는 것이었다.

갓쉰동은 "달딸이는 항상 우리나라를 침범하고 괴롭히는데, 우리는 그저 달딸이를 쳐서 물리칠 뿐이고 달딸이한테 쳐들어가지는 못했다. 나는 항상 이것이 한스럽다. 달딸이의 땅을 한 번만이라도 토벌해서 백 년 태평성대를 이루고 싶다"고 말한 뒤, 나무하러 가서 신선한테 검술·병법·천문·지리 등을 배운 이야기를 했다. 그러자 영희는 매우 기뻐하면서 "적국을 치려면 적국의 사정을 잘 알아야 한다. 그대가 직접 달딸국에 들어가 그곳 산천을 두루 살피고 나라 사정을 조사해서 성공의 기반을 닦아 오면, 나는 그대의 아내가 못 된다면 종이라도 되어 그대 곁에서 백 년을 모시고 싶다"고 말했다.

흔쾌히 동의한 갓쉰동은 류 씨의 집에서 도주했다. 떠날 때 영희가 건네준 금가락지와 은그릇 같은 것으로 노잣돈을 만들어 달딸국으로 향했다. 그곳에 들어가서 달딸의 언어도 배우고 풍속도 익히고, 그 속 사정을 알기 위해 이름도 돌쇠라고 고쳤다. 그는 달딸국 왕의 가복이 되었다. 행동거지가 영특했기 때문에 그는 왕의 신임을 받았다. 왕의 둘째 공자公子는 영리하고 비범하며 사람을 잘 알아봤다. 그 공자는 아버지에게 "갓쉰동은 비범한 인물인 데다가 달딸의 종자가 아니니, 죽여서 후환을 끊어야 합니다"라고 고했다. 공자는 갓쉰동을 철책으로 만든 집에 가두고 굶겨 죽이려 했다.

갓쉰동은 자기가 위험에 빠졌다는 사실을 깨달았다. 하지만 계책이 없으니 그저 답답할 수밖에 없었다. 그의 곁에는 길들일 목적으로 잡은 새매(수릿과의 새_옮긴이)를 가둔 새장이 있었다. 그는 와락 달려들어 새장을 부수고 새매를 다 날려 보냈다. 이때 달딸왕의 부자는 사냥을 나가고 공주만 있다가 깜짝 놀라 "너는 왜 새매를 다 놓아 보내느냐? 우리 아버지와 오라버니에게 죄를 지은 게 아니냐?"라고 말했다. 갓쉰동은 "내가 내 자신이 갇힌 것이 답답하다 보니, 매도 갇혀 있는 게 답답할 것이라는 생각이 들었다. 내가 나를 가둔 사람을 원망하면서, 내 곁에 갇힌 매를 풀어주지 않는다면 매가 나를 얼마나 원망하겠느냐? 내가 차라리 매를 위해 죽을지언정 매의 원망은 받지 않겠다는 마음이 불현듯 생겨 새매를 풀어주었다"라고 말했다.

공주는 갓쉰동의 말을 듣고 측은한 생각이 들어 "내가 우리 둘째 오라버니에게 들어보니, 너는 우리 달딸을 망하게 할 사람이라고 하더라. 너는 어째서 달딸을 망치려 하느냐?"라고 물었다. 갓쉰동은 "내가 만약 달딸을 망하게 하려고 하늘이 낸 사람이라면, 네 오라버니가 죽이려 해도 나는 죽지 않을 것이다. 설령 나를 죽일지라도, 나 같은 사람이 또 생길 것이다. 하지만 너의 오라버니에게 잡혀서 이렇게 죽게 된 마당에 이 몸이 어떻게 달딸을 망친단 말이냐?"라고 말한 뒤 "공주가 만일 나를 풀어준다면, 나는 저 매처럼 천산만수千山萬水를 훨훨 날고 나무아미타불을 외며 공주를 보호해 달라고 빌겠다. 그 외에 다른 생각은 안 들 것 같다"고 말했다.

공주는 더욱 더 측은한 마음이 들어 "오냐, 내 아무리 무능한 여자라지만 우리 아버지의 딸이요 우리 오라버니의 동생이니 어찌 너 하나를 살리지 못하겠느냐. 조금 있다가 아버지와 오라버니가 돌아오시면 너의 무죄를 고하고 너를 살리도록 하겠다"고 말했다. 갓쉰동은 공주의 얼굴을 한참 쳐다보다가 고개를 숙였다. "공주는 애쓰지 마소서. 돌쇠 한 놈 죽는 게 무슨 대수이겠습니까? 듣자 하니, 부처님은 사람을 구할 때 아버지와 오라버니에게 고한 일이 없다고 하더이다. ……"라고 그는 말했다. 공주는 얼굴색이 변하고 말문이 막혔다. 공주는 내전의 불당에 들어가 기도하고 열쇠로 철문을 열어 갓쉰동을 내보냈다.

나올 때에 공주는 손목을 잡고 "내 너를 처음 봤지만, 너를 보면 내 마음도 따라간다. 네 몸은 새매처럼 훨훨 날아갈지라도 마음만은 나한테 주고 가라"고 말했다. 갓쉰동은 "공주가 저를 잊는다 해도 제가 어찌 공주를 잊으리까?"라고 말했다. 할 말은 많지만, 갈 길이 바빴다. 그는 걸음아 나 살려라 하며 주먹을 불끈 쥐고 도망해서 성문을 빠져나갔다. 그 뒤 풀뿌리를 캐서 먹으며 낮에는 숨고 밤에는 움직여 달딸의 국경을 벗어나 귀국했다. 집에 돌아온 달딸의 제2공자는 공주가 갓쉰동을 몰래 풀어준 것을 알고 대노하여 누이 공주의 목을 칼로 베었다.

이 이야기의 뒤에는, 귀국한 갓쉰동이 책문策文을 지어 과거에 급제한 일, 영희와 결혼한 일, 달딸을 토벌한 일 등등이 나오지만 이것들은 모두 생략한다. 나는 이런 이야기가 중국을 정탐한 연개소문 전설 중의 하나일 것이라고 믿는다.

갓쉰동은 개소문蓋蘇文과 같은 표현이다. 개蓋는 '갓'으로 발음하고 소문蘇文은 '쉰'으로 발음한다. 연국혜는 연남생의 묘지에 나오는 연개소문의 아버지 연태조다. 연국혜란 것은 실명이거나 자字이거나 그렇지 않으면 소설 작가가 만든 이름일 것이다. 달딸국왕은 당고조이고 제2공자는 당고조의 셋째아들인 당태종이다.

당고조와 당태종을 달딸왕과 달딸공자로 표현한 이유는 무엇일까? 여염집 부녀자들이 읽는 우리말 서적은 언문책이라는 이유로 천대를 받았다. 그런데 수백 년간 사대주의 세력에 눌린 탓에, 언문책에서조차 중국 대륙의 정통 제왕을 공격하거나 비난하는 것은 기피 사항이었다. 그래서 당나라를 달딸로, 당고조를 달딸왕으로, 당태종을 달딸왕 제2공자로 고친 것이다.

연개소문이 병력을 동원해서 임금과 대신·귀족 수백 명을 죽인 사실이 《갓쉰동전》에서 빠진 이유는 무엇일까? 이것은 옛 소설의 권선징악주의 때문에 빠졌다. 또 연개소문 시대의 조선에서는 과거 제도가 없었기 때문에, 책문을 지어 과거에 급제하는 일도 없었을 것이다. 이것은 과거 제도를 숭상한 이조 시대에 첨부되었을 것이다. 《갓쉰동전》은 이처럼 옛 소설을 새 관념에 맞게 가감한 소설이다. 그래서 이 내용이 얼마나 믿을 만한지에 대해 말할 수 없다는 점이 안타깝다.

《규염객전》과 《갓쉰동전》에는 서로 다른 부분이 있다. 어느 쪽이 맞는지를 추론해 보면 다음과 같다. 고구려가 수양제의 수백만 대군을 대파하자 전 중국이 크게 진동했다. 당고조·당태종 부자는 수양제 치하의 태원太原에서 작은 공국公國을 이루고 있었다. 이정李靖은 태원의 하급 관리였다. 태원은 예로부터 고구려의 침입을 많이 받았다. 그래서 이곳 사람들은 고구려를 상당히 경계했을 것이다. 특히 당태종은 안으로는 중국을 평정하고 밖으로는 고구려를 침략할 야심을 가진 사람이었기에 항상 고구려나 고구려인들의 동태에 주목했을 것이다. 그런 당태종이 가복들 틈에서 고구려인 연개소문을 발견했으니 얼마나 경악했겠는가. 《당서》(《구당서》와 《신당서》를 합한 표현_옮긴이)에서도 연개소문의 외모가 괴이하고 호방하다고 했다. 연개소문을 발견했을 때, 당태종은 미래의 강적이 수중에 잡힌 것을 행운으로 여겨 기뻐했을 것이다. 놀람과 기쁨에 빠진 당태종이 연개소문을 죽이려 했을 것이라는 점은 불을 보듯 명확하다. 이런 이치로 추론해 보면, 《갓쉰동전》은 믿을 만한 책이라고 볼 수 있다.

《구당서》와 《신당서》에서는 당태종의 말을 인용해서 "개소문은 방자하다"느니 "개소문이 감히 나오지 못했다"느니 "개소문은 어수선하고 야심이 많다"느니 하고 말했다. 이런 말은 모두 연개소문을 혐오하는 것이지만, 이것은 그만큼 연개소문을 꺼리고 어려워했음을 보여주는 것이다. 《당태종이위공문대唐太宗李衛公問對》[221]에서는 막리지 연개소문이 스스로 병법을 안다는 말을 했다는 문구가 나온다. 이것은 연개소문을 욕하기보다는 존경하는 뜻을 담은 것이라고 할 수 있다. 그런 연개소문이 당태종의 기운에 눌려 동쪽으로 떠났다니, 이것이 대체 무슨 소리인가?

다른 기록과 대조할 때《규염객전》은 의심스러운 점이 많다. 그래서 이
책에서는《규염객전》을 버리고《갓쉰동전》을 선택하기로 한다.

2. 연개소문 귀국 후의 국내외 정세

연개소문이 중국에서 귀국한 것은 대체로 서기 616년경이다.《갓쉰동
전》에 따르면, 연태조 부부는 등에 새긴 이름을 보고 아들을 찾았고, 만
리 밖으로 떠난 정혼자를 기다리던 류씨 집안의 영희도 신랑과 재회했
다. 이 기담은 고구려 안에서 순식간에 널리 퍼졌다. 하지만 이런 것은
역사적 사실이 아니므로 여기서는 생략하기로 한다.

　연개소문이 귀국한 뒤, 수양제는 신하인 우문화급(살수에서 패하고 돌
아간 우문술 장군의 아들)에게 죽임을 당했다. 이 시기에 수나라에서는 군
웅들이 일어나 우열을 다투었기 때문에, 온 나라가 마치 끓는 국처럼 부
글부글했다. 얼마 후[222] 당공唐公 이연의 아들인 이세민 즉 당태종도 아
버지 이연을 협박해서 반란을 일으켰는데, 처음에는 수나라에 대해 신
하의 예를 취했지만, 마침내 군웅을 모두 토벌한 뒤에는 아버지 이연을
당 황제로 추대했다. 그리고 얼마 뒤에 형 이건성과 동생 이원길이 권력
다툼을 벌이자, 이에 분노한 이세민은 병력을 이끌고 이건성과 이원길

221　이정(李靖)이 지은 병서로서,《이위공문대(李衛公問對)》라고도 한다.

222　문맥상, 수양제의 죽음 이후 이연·이세민 부자의 반란이 일어난 것처럼 기술되어
　　있으나, 사실은 이연 부자의 반란이 있은 뒤에 수양제가 죽었다. 신채호의 착오인
　　듯하다.

을 기습해서 살해했다. 그 뒤 아버지 이연을 압박해서 제위를 빼앗고 자신이 황제가 되었다.

당태종은 연호를 정관貞觀으로 정하고, 15년간이나 정치투쟁에 심혈을 기울였다. 유명한 신하들과 명석한 재상들을 모아 각종 문화사업을 벌였다. 또 국가사회주의에 입각해서 토지를 모두 공전公田으로 만들고 백성들에게 비교적 평등하게 분배했다. 또 16위衛를 설치했다. 이뿐 아니라 고구려의 징병제를 참고하여 상비병 이외에 후비병後備兵을 두어 인민이 농한기에 기마와 활쏘기를 익힐 수 있도록 했다. 또 이정·후군집 등의 장수들을 보내 돌궐(지금의 내몽골), 서돌궐(지금의 서몽골), 철륵(지금의 외몽골), 고창高昌 토욕혼(지금의 신장위구르)을 정복하도록 했다. 이렇게 그는 내치와 전쟁에서 모두 혁혁한 성과를 거두었다. 이것이 중국사에서 가장 요란하게 말하는 정관지치貞觀之治라는 것이다.

그러나 연개소문이 귀국한 이듬해, 수가 망한 뒤로부터 정관 15년 때까지 도합 26년이니, 이 26년 동안 고구려의 내정은 어떠했을까?[223] 왕제 고건무는 을지문덕과 함께 수나라 군대를 물리친 양대 공신이지만, 을지문덕은 서진남수주의를 취하고 고건무는 서수남진주의를 취한지라 두 사람은 정치적 입장을 달리했다. 이런 상태에서 618년에 영양왕이 죽고 고건무가 즉위했다. 이로 인해 그의 주의는 한층 더 견고해졌다. 을지문덕 일파의 신하들이 수나라가 망하고 당나라가 흥하는 과도기를 틈타 서북으로 강토를 넓히자고 주장했지만, 왕은 이를 억누르고 듣

---

223 실제로 연개소문은 616년경에 귀국했고, 수나라는 연개소문 귀국 2년 뒤인 618년에 멸망했다. 그리고 정관 15년은 641년 2월 16일부터 642년 2월 4일까지다. 따라서 수가 망한 뒤부터 정관 15년 때까지는 도합 26년이 아닌 23년이다.

지 않았다. 그는 당나라에 사신을 보내 국교를 맺고, 수나라 말에 포로로 잡은 중국인들을 모두 송환했다. 장수태왕의 남진 정책을 다시 강화한 그는 병력을 동원해서 신라와 백제를 자주 쳤다. 연개소문은 이를 반대하며 "고구려의 가장 큰 걱정거리는 당나라이지 신라와 백제가 아닙니다. 지난날 신라와 백제가 동맹해서 우리나라 영토를 침탈한 일은 있지만, 지금은 정세가 변해서 신라와 백제의 원한이 깊어져 두 나라가 화친할 가망은 없습니다. 그러니 국가적으로 남방을 지키기 위해 신라와 동맹하여 백제를 견제하든지 아니면 백제와 동맹하여 신라를 견제하든지 둘 중 하나를 택한다면, 두 나라가 서로 싸울 것이기 때문에 우리나라는 남방을 걱정하지 않아도 될 것입니다. 이 틈을 타서 당나라와 결전을 벌여야 합니다. 서국西國이 잠시도 우리나라와 양립할 수 없다는 점은 지난날의 경험에 비추어볼 때 명확합니다. 지난날 나라에서 수백만의 수나라 군대를 격파할 때에 곧바로 대군을 동원하여 그들의 뿌리를 토벌했다면, 그들을 평정하는 것이 손바닥 뒤집듯 쉬웠을 것입니다. 그런 천재일우의 호기를 잃었다는 것은 지사志士들로서는 통한할 만한 일입니다. 지금도 좀 늦기는 했지만, 저 이가李家의 형제들이 서로 반목하여 이건성은 이세민을 죽이려 하고 이세민은 이건성을 죽이려 하며 이연은 혼미하여 둘 사이에서 우물쭈물하고 있으니, 이런 때에 우리나라가 대군을 동원해서 저들을 친다면, 이건성이 반란을 일으켜 우리나라에 붙거나 이세민이 반란을 일으켜 우리나라에 붙든가 할 것입니다. 설사 그렇게 되지 않는다 할지라도, 저들이 수나라 말에 대패하고 수년간의 재앙을 입은 데에다가 국부가 아직 소생하지 못했음은 물론이고 국력도 아직 회복되지 못했으므로, 우리와 전쟁을 벌일 여력이 없을 것이니 지금은 매우 특별한 호기입니다. 만약 저들 형제 두 사람 중에서 하나가 죽고 나머지 하나가 권력을 독점하고 세력을 통일한 뒤에 정치적 폐단을 고치고 군사 제도를 바로잡은 다음에 우리나라를 침범한다면, 영토의 크기나 인민의 숫자로 볼 때 우리가 그들을 따라가지 못하니 우리가 무엇으로 저들에게 대항하겠습니까. 나라가 흥하고 망할 운명이 여기에 있는데도 신하들과 장군·재상들 중에 이를 아는 자가 없으니, 이 어찌 한심한 일이 아닙니까"라고 말했다. 이렇게 극력으로 당나라 정벌을 주장했지만, 영류왕과 대신들은 이 말을 듣지 않았다.

서기 626년이 됐다. 당나라 무덕武德 9년인 이 해에 아버지의 황위를 빼앗은 당태종은 신라와 백제에 사신을 파견하여 두 나라가 서로 싸우지 말 것을 권고했다. 얼마 안 가서 그는 을지문덕의 전승을 기념하기 위해 쌓은 경관京觀이 양국의 평화에 장애물이 된다며 철거를 요구했다. 크게 놀란 영류왕은 조만간 당나라의 침략이 반드시 가시화되리라고 예상했다. 그런데도 영류왕은 서수남진 정책을 고수하고 남방에 대한 침략을 그치지 않았다. 동시에 국내의 남녀 백성들을 징발하여 북부여성에서 지금의 요동반도 남단까지 천여 리의 장성을 쌓았다. 이 공사는 거의 16년 만에야 끝났다. 기술자를 포함한 백성들이 노동력을 제공한 것이 전쟁에 동원된 것보다 규모 면에서 훨씬 더 컸다. 이로 인해 남자들은 농사를 짓지 못하고 여자들은 양잠을 하지 못하니, 국력이 매우 피폐해졌다. 《삼국유사》에서는 장성 건축이 연개소문의 주청에 의한 것이라고 했지만, 이것은 "연개소문이 노자의 형상과 도사들을 요청했다"는 이야기처럼 근거 없는 허위 주장이다(제3장 6절 참고).

3. 연개소문의 혁명과 대大살육

서기 646년경, 서부西部의 살이薩伊[224]인 연태조가 죽자 연개소문이 살이 지위를 승계하게 되었다. 그런데 연개소문이 항상 격렬하게 '당나라를 치자'고 주장을 했기 때문에, 영류왕과 모든 대신·호족들은 연개소문이 평화를 파괴할 인물이라고 위험시하여, 그의 승계를 허가하지 않았다. 연개소문의 정치 생명을 끊으려 했던 것이다.

연개소문은 자존감이 강해서 '내가 아니면 고구려를 구할 사람이 없다'고 자부하는 인물이었다. 하지만 굽힐 데에 굽힐 줄 아는 인물이기도 했다. 직위 승계에 대한 승인을 얻지 못하자 그는 4부의 살이와 호족들의 집을 찾아다니며 "개소문이 비록 불초하지만 여러 대인께서 더는 죄를 묻지 않고 고작 직위 승계권만 박탈하시니, 이 정도만으로도 은혜가 넘칩니다. 오늘부터 개소문은 힘써 회개하고 여러 대인의 가르침을 따르겠습니다. 그러니 대인들께서는 개소문이 직위를 세습케 하셨다가 불초한 일이 생기면 직위를 박탈하소서"라고 호소했다. 대인들은 그를 안쓰럽게 여겨 서부살이 직위를 관장하도록 했다. 하지만 그가 도성에 있는 것은 불가하다며, 북방에 가서 북부여 장성의 공사를 감독하도록 했다.

한편, 당태종은 고구려의 내정을 탐지하고자 밀사들을 자주 파견했다. 하지만 이들은 매번 고구려 나졸에게 발각됐다. 그래서 당태종은 남양南洋에 있는 삼불제三佛齊 왕[225]에게 뇌물을 주고 고구려의 병력 규모,

---

224 《삼국사기》〈연개소문 열전〉에서는 '살이'를 대인(大人)으로 표기했다.

225 7~11세기에 인도네시아 수마트라섬을 중심으로 번영을 누렸던 스리비자야(스리위자야) 왕국을 가리킨다.

군대 배치, 군사 지리, 기타의 정보를 정탐해 달라고 부탁했다. 삼불제국은 남양의 소국이었다. 이전부터 고구려와 무역하고 고구려에 조공하던 나라였다. 그래서 삼불제 사신은 고구려 각지를 마음대로 여행할 수 있었다. 당태종의 요청을 흔쾌히 수락한 삼불제왕은 조공을 하겠다는 명분으로 고구려를 정탐을 실행할 사신을 파견했다. 삼불제 사신은 각종 사항을 정탐한 뒤, 귀국하겠다고 말하고는 해상에서 당나라로 향했다.

그러나 삼불제 사신은 바다 가운데서 고구려 해라장海邏長(해상 경찰대장)에게 붙들렸다. 해라장은 의기 충만한 무사요, 연개소문을 천신처럼 숭배하는 사람이었다. 그는 조정이 연개소문의 전략대로 당나라를 치지 않는 것에 분개하고 있었다. 그는 당나라의 밀정인 삼불제 사신을 잡은 뒤 비밀문서를 빼앗아 조정에 바치고 밀정을 감옥에 가두려다가 "아서라! 큰 적을 보고도 치지 못하는 나라에 무슨 조정이 있겠는가?"라며 문서를 바다에 모두 던지고 먹실로 사신의 얼굴에 "해동 삼불제 사신의 얼굴에 글을 새겨[面刺海東三佛齊] 내 어린아이 이세민에게 말을 전하노라[寄語我兒李世民]. 만약 금년에 조공하러 오지 않으면[今年若不來進貢], 내년에 죄를 문책할 군대를 일으킬 것이다[明年當起問罪兵]"라고 한시漢詩 일 절을 새긴 뒤 다시 "고구려 태대대로 연개소문의 졸병인 아무개가 쓰다"라고 썼다.

해라장은 얼굴에 비해 글자 수가 많고 먹물이 흐릿해서 알아볼 수 없다면서, 이것을 백지에 옮겨 적고 그 사신 편에 당나라에 보냈다. 이를 보고 분개한 당태종은 곧바로 조서를 내려 고구려를 침입하려고 했다. 그러자 측근들은 "대대로의 이름은 연개소문이 아니며, 사신의 얼굴에 글자를 새긴 연개소문은 누군지 알 수 없습니다. 누군지 알 수도 없는 연개소문의 부하의 죄를 근거로 맹약을 깨뜨리고 고구려에 군대를 보낼 수는 없습니다. 먼저 사신 편에 밀서를 보내 왕에게 물어보는 게 옳지 않은가 생각합니다"라고 간언했다. 당태종은 이 말을 따랐다. 이에 따라, 사실의 진위를 알려달라는 밀서를 가진 당나라 사신이 고구려에 들어왔다.

이런 사실을 들은 영류왕은 친위대를 보내 해라장을 조옥詔獄[226]에 구인하고 조사했다. 해라장은 당당하게 자백하고 조금도 거리낌이 없었다. 당황한 영류왕은 서부살이 연개소문 한 사람을 제외하고 각부 살이 및 대대로·울절 등의 대신들을 그날 밤중에 은밀히 소집했다. 그는 "해라장이 당나라왕에게 모욕을 준 것은 큰 일이 아니지만, 서한의 끝부분에 대대로가 아닌 연개소문을 대대로로 쓴 것과, 허다한 대신 중에서 다른 사람은 놔두고 하필이면 연개소문의 졸병으로 자처한 것을 보면, 추종자들이 연개소문을 추대하려는 게 명백하다"면서 "연개소문이 항상 당나라 정복을 주장하고 군사적 토벌을 선동하는 방법으로 조정을 반대하고 인심을 사고 있으니, 지금 이 자를 베지 않으면 후환이 생길 것이니 직위를 박탈하고 사형에 처하는 게 옳다"고 말했다. 이에 대해 중론이 일치했다.

이전 같았으면 명령만 떨어지면 병사 하나를 보내 연개소문을 체포할 수 있었겠지만, 이제는 연개소문이 서부살이가 되어 대군을 장악했기 때문에 거친 연개소문이 체포를 거부하고 반항하리라는 것은 열의 아홉은 뻔한 일이었다. 그렇게 공식적인 조서를 내려 연개소문을 잡으려 한다면 온 나라가 한 바탕의 소동을 겪을 게 분명했다. 연개소문이 장성 공

---

226 특별한 죄인을 가두는 감옥. 군주의 조서가 있어야만 가둘 수 있다고 하여 조옥이라고 불렸다.

사 감독의 임명을 받고 출발하는 날에 어전 돌층계에서 엄숙히 예를 올릴 것이니, 이때 그의 반역죄를 선포하고 왕명으로 체포하면 장사 하나만으로도 연개소문을 충분히 묶을 수 있으리라는 것이 대신들의 계산이었다. 어전에서 물러난 대신들은 그날이 오기만을 기다렸다.

천하의 일은 사람의 계획대로 되지 않고, 아침저녁으로 또 짧은 시간에 의외의 방법으로 돌변할 수 있다. 어전회의의 비밀이 어떻게 누설되었는지, 연개소문이 이 사실을 알게 되었다. 그는 심복 장사들과 은밀히 모의하고 선제공격의 계책을 선택했다. 출발하기 전에 그는 평양성 남쪽에서 열병식을 거행한다고 공표하고, "대왕과 대신들이 친림해 주시기를 바랍니다"라고 주청을 올리고 각부部에 통고했다. 각부 살이와 대신들은 가기가 싫었지만, 그랬다가는 연개소문의 의심을 사서 대사를 그르칠 수 있다는 생각에 참석하기로 결정했다. 대왕만큼은 존엄을 지키고 친위대와 함께 왕궁에 계시면, 연개소문이 아무리 딴 마음을 품는다 해도 왕의 권위에 눌려 섣불리 행동할 수 없으리라고 계산했다.

그날 모든 대관들이 연개소문의 열병식장에 다다라서, 경쾌한 군악 소리에 인도되어 군막 안으로 들어갔다. 술을 두어 차례 마셨을 때, 연개소문이 갑자기 "반역의 무리들을 잡으라"고 외치자 사방에 대령하고 있던 장사들이 번개처럼 달려들어 칼·도끼·몽둥이로 일제히 공격을 개시했다. 자리에 있는 대신들도 거의 다 백전 용사들이었지만, 겹겹이 포위된 데다가 숫자의 열세가 명백했으니 어찌 벗어날 가망이 있었겠는가. 순식간에 대신과 호족 수백 명이 육장肉醬(고기를 썰어 간장에 넣고 조린 반찬_옮긴이)이 되고 선혈이 식장을 붉게 물들였다.

연개소문은 수하 장사들을 거느리고 "대왕의 긴급명령이 있다"는 핑계로 성문을 통과해서 궁궐 문 앞까지 당도했다. 못 들어가게 막아서는 경계병을 칼로 벤 그는 궁중으로 뛰어 들어가 영류왕을 찔러 넘어뜨렸다. 그리고 그 시신을 칼로 쳐 두 도막을 내고 수채 구멍에 던져버렸다. 대왕의 근위병들은 연개소문의 당당한 모습과 신속한 행동에 놀라 저항조차 할 수 없었다. 20년 전에 패강 입구에서 수나라 장수 래호아의 수십 만 대군을 일격에 섬멸하여 지략과 용기가 천하에 최고라고 소문난 영류왕이 뜻밖에도 연개소문에게 무참하게 죽임을 당했다.

영류왕을 죽인 연개소문은 왕의 조카인 고보장을 대왕으로 추대하고 스스로 신크말치라 칭하여 대권을 장악했다. 고보장은 비록 왕이라 하지만 아무런 실권이 없었다. 연개소문이야말로 진정한 의미에서 실권을 가진 대왕이었다.

신크말치는 태대대로란 뜻이다. 고구려는 처음엔 세 명의 재상을 두고 이들을 각각 신가·말치·불치(크말치)로 불렀다. 이것들을 이두로 표기하면 상가相加·대로對盧·패자沛者다. 신가는 처음엔 행정권과 병권을 총괄했지만 권력이 과중해지자 나중엔 이름까지 폐지되고, 말치·크말치만 남게 되었다. 말치와 크말치는 병권 없이 왕을 보좌하고 백관을 총괄하는 수석대신일 뿐이었는데, 이제 연개소문은 크말치 앞에 '신'을 더해 신크말치라고 하고, 신크말치가 행정권과 병권을 총괄하도록 했다. 또 살이의 세습을 폐지하고 연개소문의 측근들을 그 자리에 임명했다. 4부 살이의 평의회도 폐지하고 관리의 인사와 국고의 출납 및 선전·강화 등의 국사도 모두 신크말치의 전권으로 처리하도록 했다. 왕은 국새만 찍을 뿐이었다. 연개소문은 고구려 900년 역사에서 장군·재상·대신뿐 아니라 제왕들도 갖지 못한 권력을 가진 유일한 인물이었다.

4. 연개소문의 대對당나라 정책

당나라에 대적하여 이를 격파한 뒤에 중국을 고구려의 속국으로 만드는 것은 연개소문의 필생의 과업이었다. 연개소문이 소년 시절에 서쪽을 여행한 것도 이것을 위해서였고, 혁명적 수단을 써서 대왕을 죽이고 각 부 호족들을 무찔러 행정권과 병권을 한손에 거머쥔 것도 이것을 위해서였다.

그러나 당나라는 영토와 인구가 고구려의 몇 갑절이었다. 그래서 당나라를 치려면 고구려 단독으로 하기보다는 여러 나라의 힘을 모아 하는 게 옳았다. 이때 고구려·당나라 외에도 많은 나라들이 있었으니, 한쪽은 고구려의 동족인 남방의 신라·백제였고, 또 한쪽은 고구려와 혈통이 다른 돌궐(지금의 내몽골)·설연타(지금의 서몽골 등지)·토욕혼(지금의 신장위구르) 등이었다. 예전에 연개소문은 영류왕에게 고구려·백제·신라 삼국이 연합하여 당나라와 싸워야 한다고 주장한 바 있었다. 하지만 영류왕은 듣지 않았다. 김춘추가 김고타소(김소_옮긴이) 낭자의 원수를 갚기 위해 고구려에 와서 지원을 요청했을 때, 연개소문은 김춘추를 자기의 사저에 기거시키고 천하의 대세를 토론했다. 그때 연개소문은 김춘추에게 "사적인 원수를 잊고 조선 삼국이 제휴하여 중국을 치자"고 했다. 하지만 김춘추는 백제에 한창 이를 갈던 때라 이 말을 듣지 않았다.

《삼국사기》〈고구려 본기〉에서는 김춘추의 방문 시점이 보장왕 원년이라고 했다. 하지만 이것은 선왕 말년의 일을 신왕 원년의 일로 표기하는 《삼국사기》의 습관에 기인한 것이다. 이 책의 〈김유신 열전〉에서는 "태대대로 개금을 보내어 김춘추의 숙소를 마련해 주었다"고 했다. 여기에 나오는 연개소문의 관직은 훗날의 것을 이때에 미리 쓴 것이다. 연개소문이 정권을 잡았을 때, 신라는 당나라와 동맹을 맺은 뒤였다. 그래서 연개소문은 백제 의자왕과 사신을 교류하고 '백제가 신라와 싸우면 고구려는 당나라를 쳐서 당나라가 신라를 돕지 못하게 하고, 고구려가 당나라와 싸우면 백제는 신라를 쳐서 신라가 당나라를 돕지 못하게 한다'는 동맹을 체결했다. 또 연개소문은 오족루烏族婁를 돌궐족 열국에 보내, 고구려가 당나라와 싸울 때 당나라의 배후를 기습해줄 것을 요청했다. 하지만 돌궐 열국은 당나라에 무릎을 꿇은 뒤라 세력이 미미했다. 설연타의 진주가한眞珠可汗만 동의했을 뿐, 나머지는 감히 응하지 못했다. 연개소문은 탄식하면서 "고구려가 남진 정책을 고수하다가 천재일우의 호기를 놓친 적이 적지 않다"고 말했다.

제2장

요하 전쟁

요하 전쟁은 기존 역사서에서 통째로 빠져 있다. 그런데 《신당서》〈고구려 열전〉에서는 "신라가 도움을 요청하자 황제(당태종 지칭)가 오선吳船[227] 400척을 동원하여 군량미를 운반하고 영주 도독 장검張儉에게 고구려를 치도록 했다. 하지만 요하가 범람하여 군대를 되돌렸다"고 했다. 이것은 서기 645년 안시성 전투 이전에 요하에서 발생한 대규모 전쟁에서 당나라가 완패했음을 의미한다. 당나라 사관들이 나라를 위해 치욕을 숨기는 춘추필법에 입각해 이처럼 간략하고 모호한 몇 구절만 남겨둔 것이다. 당태종은 연개소문이 혁명을 일으킨 뒤 고구려 민심이 혼란스러워진 틈을 타서 수군을 동원해 신속히 침투하려다 고구려 수군에 패하고 말았다. 기록이 충분하지 못해서 실제 상황을 상세히 기록할 수

---

227 중국 문헌에 나오는 오(吳)는 손권의 오나라뿐 아니라 양자강 이남의 강남 지역을 가리키기도 한다. 본문의 오선(吳船)은 강남 지역 전함이란 의미로 이해되어야 한다.

는 없지만, 이것이 안시성 전투의 서막이다. 양국 충돌에 관한 역사의 첫 번째 국면이므로, 여기서는 눈동자만 살짝 보여주는 것이다.

제3장

안시성 전투

1. 안시성 전투 이전의 교섭과 충돌

《삼국사기》에 기록된 고구려의 대對수나라 및 대對당나라 전쟁에 관한
기사는 거의 다《수서》와《당서》에서 초록한 것이다.《수서》와《당서》에
적힌 두 전쟁에 관한 기록이 거의 다 조작이라는 점은 앞에서 이미 서술
했다.《수서》는 수나라가 전쟁 뒤에 곧바로 망하고 수나라 사람이 아니
라 당나라 사람이 기록한 책이기 때문에 그나마 조작이 적은 편이다. 그
러나《당서》는 당나라가 오래 존속했고 당나라 사관이 고구려와의 전쟁
을 기록했기 때문에, 시是와 비非, 승과 패를 뒤집어 조작한 것이 수도 없
이 많다. 이제《구당서》·《신당서》·《자치통감》·《책부원귀冊府元龜》등에
나타난 양국의 교섭·충돌 과정을 간략히 서술하고 각각의 진위를 변별
한 연후에 당시의 실정을 논술하고자 한다.

(1) "정관 17년 6월²²⁸ 태상승太常承 등소鄧素가 고구려에 사신으로 갔
다가 돌아온 뒤, 회원진에 수비병을 추가적으로 배치하여 고구려²²⁹를

압박해야 한다고 주청했다고 한다. 이에 대해 황제는 '먼 곳 사람이 복종하지 않으면 덕을 쌓아야 한다고 했다. 일이백 명의 수비병으로 먼 곳 사람들에게 겁을 줄 수 있다는 말은 이제껏 들어본 적이 없다'고 말했다."[230] 고구려를 보고 돌아온 등소가 고구려의 국력에 겁이 나서 경비병력 증강을 주청하면서 고작 일이백 명을 증설하자고 말하지는 않았을 것이다. 이는 고구려를 모멸하는 분위기를 드러내기 위한 것이다. 실제로 이런 대화가 있지는 않았을 것이다.

　(2) "정관 17년 윤6월[231] 당태종이 방현령에게 '개소문이 군주를 시해하고 국정을 전횡하고 있으니 정말 참을 수 없다. 지금 병력을 동원해서 그를 잡는 것은 어렵지 않지만, 나는 백성들을 힘들게 하고 싶지 않다. 그저 거란과 말갈을 동원해서 그를 괴롭히고 싶은데, 어떻겠나?'라고 말했다."[232] 말갈은 예족으로, 고구려에 복속한 지 수백 년 되는 종족이었다. 거란도 장수태왕 이후 고구려에 복속했다. 어찌 당태종이 말갈과 거란을 이용해서 고구려를 괴롭힐 수 있었겠는가. 당태종이 아무리 노쇠했다고 해도 이처럼 현실에 맞지 않는 말을 하지는 않았을 것이다. 이것도 사관이 조작한 기록일 것이다.

　(3) "어떤 사람이 '지금은 고구려를 토벌해야 할 때입니다'라고 말하자, 당태종은 적이 상喪을 당한 것을 이용해서 토벌하고 싶지는 않다고

228　양력 643년 6월 22일부터 7월 20일까지.

229　《조선상고사》 원문에는 '고려'로 되어 있다. 고려라는 표현은 고구려 때도 사용됐다.

230　《자치통감》에 나오는 기사다.

231　서기 643년 7월 21일부터 8월 19일까지.

232　《자치통감》에 나오는 기사다.

대답했다." 당태종은 연개소문이 군주를 시해한 역적이라는 이유로 공격하고자 했다. 그렇다면, 춘추대의로 보더라도 얼마든지 상을 이용해서 칠 수도 있는 것이다. 그런데 적이 상중이라는 이유로 당태종이 거부했다니, 이게 무슨 말인가? 당태종은 동방 침략의 전략을 완성하지 못했기 때문에 병력을 동원하지 않았을 뿐이다. 그래서 사관의 기록은 부당하다.

(4) "신라가 당나라에 사신을 보내 '고구려와 백제가 동맹하여 우리를 치려고 한다'고 말했다고 한다. 당나라 황제는 사농승 상리현장에게 옥새가 찍힌 국서를 들고 가서 고구려를 타이르도록 했다. 국서에 이렇게 적혀 있었다. '신라는 신하의 예를 다하는 나라이니, 너희와 백제는 각각 군대를 물리라. 만약 신라를 공격한다면 내년에 군대를 동원해서 너희를 칠 것이다.' 음력으로 이듬해 정월, 상리현장이 평양에 가보니, 대막리지 연개소문이 이미 군대를 동원하여 신라의 성城 두 곳을 깨트린 상태였다. 이때 고구려왕은 측근을 보내 연개소문을 데려오도록 했다고 한다. 상리현장이 대막리지에게 신라를 치지 말라고 타이르자, 대막리지는 '옛날 수나라가 침입했을 때 신라는 그 틈을 타서 우리 땅 500리를 빼앗았다. 빼앗은 땅을 돌려주지 않으면, 전쟁을 멈출 수 없소'라고 말했다."[233] 만약 상리현장이 모욕적인 국서를 갖고 갔다면, 그 역시 훗날의 장엄張儼(뒤에 언급)처럼 투옥되었을 것이다. 정말로 그랬다면 상리현장이 무사히 돌아갈 수 있었겠는가. 또 연개소문이 신라를 정벌하는 중이었다면, 어찌 당나라 사신 상리현장의 요청으로 소환될 수 있었겠는가? 〈신라 본기〉에 의하면, 수나라가 침략한 틈을 타서 신라가 고구려 땅

---

233 《자치통감》에 나오는 기사다.

500리를 빼앗은 일도 없고, 연개소문이 신라의 두 개 성을 기습적으로 격파한 일도 없다. 이는 상리현장이 사신으로 갔다가 돌아온 뒤에 출병의 구실을 국내에 선포하기 위해 당태종이 조작한 것이라고밖에 볼 수 없다.

(5) "황제가 고구려를 정벌하기 위해 가짜 사신을 모으려 하자, 모두들 꺼려했다고 한다. 이때 장엄이 분연히 나서며 말했다. '천자의 위엄과 무력으로 사방 이민족을 억눌러야 하는 법인데, 작은 나라가 무서워서 신하를 자처할 수 있겠습니까. 만약 불행이 생기면 그곳이 바로 내가 죽을 곳입니다.' 결국 그는 사신으로 나갔다가 대막리지에 의해 수감되었다." 장엄이 무슨 임무를 띠고 고구려에 갔는지는 기록되어 있지 않다. 만일 그 이전에 연개소문에 의해 참수를 당한 당나라 사신이 없었다면, 사신으로 가는 것을 다들 꺼렸을 리 있을까. 이로써 본다면, 당나라 사관들이 국치를 숨길 목적으로 양국 교섭의 과정을 많이 생략했음을 알 수 있다.

무릇 고구려와 당나라는 서로 우열을 다투는 사이어서 상호 공존할 수 없는 관계였다. 연개소문과 당태종도 서로 우열을 가리는 사이어서 상호 양립할 수 없는 관계였다. 이 같은 두 인물이 두 나라에서 정권을 잡았으니, 양국 전쟁의 발발은 필연적인 일이었다. 만약 연개소문이 몇 년만 더 일찍 집권했다면, 당태종이 동방을 침략하기 전에 연개소문이 먼저 서방을 침략했을지 모를 일이다. 당태종이 중국을 통일한 지 30년, 또 제왕이 되어 온갖 정책을 시도한 지 20년, 또 돌궐·토욕혼 등의 나라를 정복한 지 10년이 지난 뒤에야, 연개소문은 겨우 혁명을 성사시키고 신크말치 자리에 있었으므로, 당태종이 침입한 것이다. 연개소문의 입장에서는 고구려 내치·외교를 단속한 뒤에 전쟁을 벌이고 싶은 생각이 굴

뚝같았을 것이다. 하지만 상황이 허락하지 않기 때문에, 서둘러 남쪽의 백제와 동맹하고 서북쪽의 설연타 등을 선동해서 자기편을 만든 것이다. 당태종도 수양제가 고구려와의 전쟁으로 망했다는 사실 때문에 경계하고 있었겠지만, 그렇다고 전쟁을 하지 않을 수 없는 형세에 있음도 알고 있었기에, 연개소문이 내부 문제를 정리하기 전에 고구려를 꺾고자 급하게 병력을 동원한 것이다. 이것이 당시 양쪽의 긴박한 사정이었다. 중국 역사책의 춘추필법적 기록과 우리 역사책의 노예적 추종을 고려할 때, 그 이외의 기록은 거의 다 믿을 수 없는 낭설이다.

2. 당태종의 전략과 침입 경로

당태종의 고구려 침입은 일조일석에 이루어졌지만, 그것은 거의 20년간의 준비를 거친 일이었다. 진秦나라·한나라 때의 흉노족도 결국 쇠하고, 위나라·진晉나라 때의 다섯 유목민족도 결국 약해졌다. 그 외에 돌궐·토욕혼도 이따금 중국 서북쪽에서 일어났지만, 다들 얼마 되지 않아 약해졌다. 오로지 고구려만이 동남쪽과 동북쪽에서 중국과 대치했다. 고구려는 남북조 때는 탁발씨[234]의 북주와 겨루고 수나라 때는 수양제의 수백만 대군을 전멸시켜 천하에 맹위를 떨쳤다. 이와 동시에, 고구려는 중국에 맞서 신수두의 교리와 이두 문학과 음악·미술 등을 특유의 국풍으로 발달시키니, 정치뿐 아니라 여타 방면에서도 하나의 큰 제국을 형

---

234 돌궐족 언어를 사용한 탁발씨가 남북조 시대에 세운 국가는 북위(386~534년)와 북주(557~581년)였다.

성했다.

당태종은 중국 밖에 고구려 같은 나라가 있다는 사실에 화가 났다. 그는 정관지치 20년 동안 겉으로는 안정적인 모습으로 신하들과 더불어 치국과 덕치에 대해 토의했지만, 머릿속에서는 참모이자 모사꾼인 방현령도 모르게 대對고구려 전쟁에 관한 계획을 떠올리곤 했을 것이다. 그는 고구려를 치자면 수양제의 패인을 연구해서 수양제와 정반대의 전략을 만들어야 한다고 생각하여 아래와 같은 전략 초안을 작성했다.

(1) 수양제가 패배한 첫 번째 원인은, 정예병을 위주로 하지 않고 무조건 대군을 위주로 한 탓이다. 숫자상의 병력은 400만 명에 달해도, 실제로 전투를 감당할 만한 병력은 수십만도 안 됐다. 그러므로 십년간 양성한 병력 중에서 정예군 20만 명만 따로 추려내야 한다.

(2) 수양제가 패배한 두 번째 원인은, 고구려 변경부터 잠식하지 않고 대군을 동원해 곧바로 평양을 침입한 탓이다. 그래서 보급로가 끊기고 후방 지원도 없었다. 그러므로 평양부터 침입하지 말고 요동 각지를 먼저 정복해야 한다.

(3) 수양제가 패배한 세 번째 원인은, 병사들이 이동 중에 먹을 식량은 육군 수백만이 개별적으로 짊어지고, 막상 전쟁 중에 사용할 식량은 수군이 전함을 통해 별도로 운반한 탓이다. 수군이 운반한 식량을 군량미로 사용하려 했지만, 양곡을 수송한 선박이 고구려 수군의 공격으로 침몰되는 사태가 벌어졌다. 선박에 실은 식량이 없어질 가능성에 대비하려면, 국내에서 소·말·양 등의 목축을 권장해야 한다. 병사 한 명에게 전투용 말과 소 한 필 및 양 몇 필을 분배하여 병사들이 이동 중에 식량을 각자 짊어지지 않고 소로 운반하게 하고, 고구려에 도착한 뒤 양곡 수송선을 기다릴 것 없이 충분한 양식을 확보할 수 있도록 하는 한편, 병사

들이 소·말·양 등의 육류를 충분히 먹을 수 있도록 해야 한다.

(4) 수양제가 패배한 네 번째 원인은, 다른 나라의 원조 없이 단독으로 고구려와 싸운 탓이다. 따라서 김춘추의 원조 요청을 명분으로 신라와 공수동맹을 맺어 고구려의 후방을 교란시켜야 한다.

당태종은 위와 같은 전략을 수립한 뒤, 정관 18년 7월[235] 낙양에 군대를 집결시키고 영주 대인성大人城(지금의 진황도)에 군량미를 모았다. 또 영주도독 장검에게 유주·영주 2개 지역의 군대를 통솔하고 요동 부근에서 유격 활동을 벌여 고구려의 상황을 살피도록 했다. 장작대장將作大匠(공병대장_옮긴이) 염립덕에게는 대인성으로 군량미를 운송할 것을 지시했다. 같은 해 10월[236] 형부상서 장량을 평양도행군대총관平壤道行軍大總管에 임명하고 상하常何 및 좌난당을 부총관에 임명했다. 또 방효태·정명진·염인덕·유영행·장문간을 총관에 임명하고, 양자강·회수·영남·섬서 정예병 4만 명과 장안·낙양 용사 3천 명을 거느리고 해로로 떠나도록 했다. 해로로 출발한 부대는 겉으로는 평양을 향하는 것처럼 했지만 실제로는 요하로 향했다. 한편, 이적을 요동도遼東道 행군대총관에 임명하고 강하왕 이도종을 부副대총관에 임명하고 장사귀·장검·집필사력·계필하력·아사나미야·강덕본·오흑달을 총관에 임명했다. 이들과 장량의 부대가 요동에서 합치도록 했다. 당태종은 친위군 20만 명을 직접 거느리고 뒤따라가기로 했다.[237]

---

235 양력으로 환산하면 644년 8월 8일부터 9월 6일까지다.

236 《신당서》〈태종 본기〉에 따르면 정관 18년 11월 24일, 즉 서기 644년 12월 28일이다.

237 당나라 군대는 육상과 해로의 두 방향으로 침공을 개시했다. 수군의 역할을 맡은 부대는 장량이 이끄는 평양도행군이다. 육군의 역할을 맡은 부대는 다시 두 부대로 세분됐다. 하나는 당태종의 친위군이고 또 하나는 이적의 요동도행군이다. 그런

3. 연개소문의 방어 겸 공격 전략

당나라 군대가 침입했다는 소식이 들어오자, 연개소문은 장수들을 모아 놓고 적에 맞설 대응책을 강구했다. 어떤 이는 평원왕 때 온달이 북주와 싸웠을 때처럼 요동평원에서 기병을 주력으로 격전을 벌여 승부를 결정하는 것이 옳다고 말했고, 어떤 이는 영양왕 때 을지문덕이 수나라와 싸웠을 때처럼 인민과 식량을 모두 성안으로 옮긴 뒤, 평양으로 유인하여 적의 보급로를 끊고 적이 굶주리는 틈을 타서 격파하는 게 옳다고 말했다. 중론이 분분하자 연개소문은 "전략은 형세에 따라 정하는 겁니다. 오늘의 형세가 평원왕 때나 영양왕 때에 다른데, 어떻게 그때처럼 전략을 정할 수 있겠습니까? 지형에 따라 수비하다가 기회를 봐서 공격해야 합니다. 옛날 사람들이 만든 방법에 집착할 필요는 없습니다"라고 말했다.

연개소문은 건안·안시·가시·횡악 같은 몇몇 성만 지키도록 하고, 그 외의 성에서는 곡식과 사료를 치우거나 불태워서 적들이 약탈할 것이 없도록 만드는 한편, 오골성(지금의 연산관連山關)[238]을 방어선으로 삼고 용맹한 장수들과 대규모 병력을 배치했다. 또 안시성주 양만춘과 오골

데 평양도(平壤道) 즉 평양 방면으로 간다고 해상으로 출발한 수군은 실상은 평양이 아닌 요동반도로 방향을 잡았다. 속임수를 썼던 것이다. 친위군을 제외한 두 부대는 형식상으론 요동 방면과 평양 방면으로 나뉘었지만, 실상은 두 부대가 다 요동 방면이었던 것이다. 요동 방면으로 떠나는 두 부대가 육군과 수군으로 갈렸을 뿐이다.

238 요동반도 동부에 있었던 성으로서 지금의 요령성 봉성진에 있었다. 안시성과 압록강의 사이에 있다. 안시성보다는 압록강에 좀 더 가깝다.

성주 추정국에게 별도로 은밀하게 말을 전했다.

"지금 당나라 사람들은 수나라의 패배를 거울삼아 군량미 문제에 특히 신경을 쓰고 있습니다. 앞으로 있을 군량미 부족에 대비해서 군영 안에 소·말·양떼를 많이 갖고 왔습니다. 하지만 가을과 겨울이 되면 풀도 마르고 강도 얼 텐데, 무엇으로 소·말·양떼를 먹이겠습니까? 저들도 이것을 알기 때문에 속전을 하려고 할 겁니다. 그러나 수나라의 패전을 답습하지 않기 위해, 평양으로 직진하지는 않고 안시성을 먼저 공격할 겁니다. 양공께서는 출전하지 말고 성을 지키십시오. 적들이 굶주리게 될 때, 양공께서 안시성 안에서 공격을 개시하고 추공께서 밖에서 공격하면 됩니다. 나는 뒤에서 당나라 군대의 후미를 습격해서 그들의 퇴로를 끊어버리고 이세민을 사로잡고자 합니다."

4. 상곡의 횃불과 당태종의 패주

《해상잡록》에 따르면, 당태종은 출병하기 전에 당나라 제일 명장인 이정李靖을 행군대총관에 임명하려고 했다고 한다. 그러자 이정은 사양하면서 "군주의 은혜도 중하지만, 스승의 은혜도 돌아보지 않을 수 없습니다. 이 몸은 일찍이 태원에 있을 때 연개소문에게 병법을 배웠습니다. 이 몸이 폐하를 도와 천하를 평정한 것은 다 그의 병법 때문입니다. 그러니 신이 어찌 감히 이전에 스승으로 받들던 개소문을 칠 수 있겠습니까?"라고 말했다. 태종이 "개소문의 병법을 고대의 누구와 견줄 수 있겠느냐?"고 묻자, 이정은 "고대의 누구와 견줄 수 있을지는 알 수 없지만, 현재 폐하의 장수들 가운데는 적수가 없습니다. 제왕의 위엄으로 접근하

신다 해도, 승리하기 어려울 것 같습니다"라고 대답했다.

태종은 불쾌한 마음이 들어 "중국의 크기로 보나 인민의 숫자로 보나 병력의 세기로 보나, 어찌 개소문 하나를 두려워하겠는가?"라고 말했다. 이정은 "개소문은 비록 하나이지만 재주와 머리가 수많은 사람을 능가하니 어찌 두렵지 않겠습니까?"라고 답했다고 한다. 이 기록이 사실이라면, 당태종은 일찍이 여동생 (《갓쉰동전》에 나오는) 때문에 연개소문을 죽이지 못한 것을 원통해했을 것이다.

정관 19년 2월[239] 당태종은 낙양으로 떠났다. 거기서 그는 수나라 우무후장군右武侯將軍으로 수양제를 따라 살수 전투에 참가했다가 수나라가 망한 뒤 당나라에서 의주자사를 역임하고 은퇴한 정원숙을 불러 고구려 사정을 물어보았다. 정원숙은 "요동은 길이 멀어 군량미 운반이 힘들고, 고구려가 성벽 방어를 잘하기 때문에 성을 빼앗기가 곤란합니다. 신은 이 길이 매우 위태로운 길이라고 봅니다"라고 답했다. 이때도 기분이 안 좋아진 당태종은 "지금의 국력이 수나라 때와 견줄 바가 아니니, 공은 그저 결과나 지켜보라"고 말했다. 하지만 만일에 대비해서 태자와 이정에게 후방의 방비를 명하고 떠났다.

요택(지금의 발착수)에 이르니, 200리나 되는 진흙 벌판이 펼쳐졌다. 그래서 사람과 말이 모두 움직일 수 없었다. 당태종은 장작대감 염립덕에게 목석을 날라다 길을 만들라고 명령했다. 이때 보니 수나라 장병들의 해골이 곳곳에 널려 있었다. 당태종은 제문을 지어 곡을 하고 신하들을 돌아보며 "오늘날 중국의 자제들이 거의 다 이 해골들의 자손이니 어

---

239 《구당서》〈태종 본기〉에 따르면, 당태종은 정관 19년 2월 12일 즉 서기 645년 3월 14일 낙양으로 출발했다.

찌 복수하지 않으리오"라고 말했다. 요택을 건넌 뒤 그는 웃으면서 "누가 개소문이 병법을 안다고 했는가? 어찌 그는 이 요택을 지키지 않는건가?"라고 말했다.

요하를 건넌 뒤의 전황은 거의 다 순조로웠다. 요동 즉 오열홀·백암·개평·횡악·은산도·황성 등을 차례로 함락했다. 그런 뒤 이적 등을 불러 군사 회의를 열고 진군 행로를 다시 의논했다. 강하왕 이도종은 오골성을 빼앗은 다음에 곧바로 평양을 습격하자고 했고, 이적과 장손무기長孫無忌는 안시성부터 치자고 했다.[240] 일찍이 수양제가 우문술 등에게 30만 대군을 거느리고 평양을 기습하게 했다가 전군이 몰살당한 일을 당태종은 잘 알고 있었다. 그래서 이도종의 말을 채택하지 않고 이적의 말에 따라 안시성부터 침공했다.

연개소문이 안시성주 양만춘과 오골성주 추정국에게 요동의 전쟁 문제를 위임했다는 점은 이미 설명했다. 안시성은 아리티 혹은 환도성 혹은 북평양으로도 불렸다. 이곳은 일찍이 태조대왕이 서북을 경영할 목적으로 설치한 성이다. 고발기의 난 때 중국에 빼앗겼다가 고국양왕이 이곳을 수복한 적이 있다. 이곳은 해상과 육상의 요충지라서 성첩城堞(원래 의미는 성 위에 낮게 쌓은 담_옮긴이)을 더 쌓고 정예병을 배치했다. 그리고 성안에는 항상 수십만 석의 양곡을 비축해 두었다. 그래서 난공불락의 요새라고 불린 지 오래였다.

정관 19년 6월[241] 당태종은 이적 등 수십만 명을 거느리고 안시성을

---

240 중국 쪽에서 요하를 건너면 안시성이 먼저 나오고 그 뒤에 오골성과 압록강이 나온다. 이도종의 전략은 안시성을 그냥 두고 오골성과 평양성을 치자는 것이었다. 그만큼 위험부담이 따르는 전략이었다.

포위했다. 그는 통역을 시켜 "항복하지 않으면, 성을 함락하는 날에 모두 다 도륙할 것이다"라고 외치도록 했다. 그러자 양만춘도 성 위에서 통역을 시켜 "항복하지 않으면, 성을 나가는 날에 모두 다 도륙할 것이다"라고 외치도록 했다.

당나라 병사들이 성에 접근하면, 성안의 병사들이 신속히 쏘아 맞췄다. 빗나가는 화살이 하나도 없었다. 그러자 당태종은 성을 촘촘히 포위하여 성안을 굶기기로 결심했다. 하지만 성안에는 식량이 넉넉히 비축되어 있었다. 당나라 군대는 비록 갖고 온 식량이 풍부했지만 여러 달이 지나자 점차 바닥을 드러냈고, 요동 지역의 성을 여러 개나 얻었지만 다들 아무것도 비축되지 않은 빈 성뿐이었으며 해상의 전함들마저 고구려 수군에 의해 죄다 격파된 탓에 식량을 운반할 길도 없었다. 게다가 요동에서는 날씨가 일찍 쌀쌀해지므로 가을바람에 풀이 마르게 되면 소·말·양떼가 아사할 수밖에 없었다.

이렇게 극심한 낭패를 당한 당태종은 강하왕 이도종에게 안시성 동남쪽에 토산을 쌓도록 했다. 흙으로 나무를 싸서 층층이 쌓아 올리고 중간에 다섯 길을 내서 사람이 다닐 수 있도록 했다. 60일간의 기간과 50만 명의 인력이 투입됐다. 공사 중에도 수만 명의 당나라 병사들이 하루에 6, 7회씩 돌아가면서 안시성을 공격했다. 이 과정에서 적지 않은 사상자가 발생했다.

토산이 완성된 뒤에는 산 위에서 투석기를 쏘고 충거衝車²⁴²를 굴려 성

---

241 《구당서》〈태종 본기〉에 따르면, 당나라 군대가 안시성 밖에 도착한 날짜는 정관 19년 6월 20일 즉 서기 7월 18일이다.

242 상하좌우를 쇠로 덮어 적진이나 성벽에 충격을 줄 때 사용하는 수레.

벽을 훼손했다. 성안에서는 무너진 곳에 목책을 세웠지만, 도저히 당해 낼 수가 없었다. 그래서 양만춘은 결사대 백 명을 뽑아 성벽이 무너진 틈으로 나가 당나라 군대를 공격하도록 했다. 그런 뒤 토산을 빼앗아 산 위의 포석기와 충거를 차지했다. 이로써 도리어 고구려가 산 밑의 당나라 군대를 공격하게 되었다. 계책이 궁해진 당태종은 회군을 고려하기 시작했다.

요동의 전쟁 문제를 양만춘·추정국 두 사람에게 맡긴 연개소문은 정예병 3만을 거느리고 적봉진 즉 지금의 열하 부근을 향해 계속 남진했다. 그는 만리장성을 넘어 상곡上谷 즉 지금의 하간河間[243] 지역을 기습했다. 어양에 머물러 있던 당나라 태자 이치李治(훗날의 당고종, 고구려를 멸망시킨 주역_옮긴이)는 크게 놀라 긴급을 알리는 봉화를 올렸다. 봉화는 하룻밤 사이에 안시성까지 전달됐다.

당태종은 임유관 아래쪽에서 변란이 생겼음을 알고 곧바로 회군을 준비했다. 이때 오골성주 추정국과 안시성주 양만춘은 봉화를 보고 연개소문이 목적지에 도달한 것과 당태종이 조만간 도망할 것을 예견했다. 이에 추정국은 전군을 거느리고 안시성 동남쪽의 협곡으로 몰래 진군하여 기습을 단행하고, 양만춘은 성문을 열고 공격을 개시했다. 당나라 진영은 대혼란에 빠져 사람과 말이 서로 짓밟고 달아나는 상황이 벌어졌다. 당태종은 헌우락에 이르러 말발굽이 진흙 벌판에 빠져 움직이지 못하고, 왼쪽 눈마저 양만춘의 화살에 맞아 생포될 위기에 처했다. 이때 당나라 용장 설인귀가 달려와서 당태종을 구출하고 말을 갈아 태웠다. 전군前軍 선봉장인 유홍기는 추격자들을 가로막고 혈전을 벌였다. 시간이

---

[243] 지금의 베이징에서 정남쪽으로 150킬로미터 정도 떨어진 곳이다.

꽤 오래 흐른 뒤에야 당태종은 탈출에 성공했다. 《성경통지盛京通志》〈해성고적고海城古蹟考〉에 기록된 '당태종함마처唐太宗陷馬處'(당태종의 말이 빠진 곳_옮긴이)가 바로 그곳이다. 지금까지도 현지의 식자들 사이에서는, 당태종의 말이 진흙 벌판에 빠지고 화살에 눈알을 잃고 생포될 뻔했다는 이야기가 전해지고 있다.

양만춘 등은 당태종을 쫓아 요하에 이르러 수많은 당나라 장수들을 베거나 사로잡았다. 요택에 이르러 보니 당태종이 말들을 진흙 벌판에 눕혀놓고 그것을 교량으로 삼아 건너고 있었다. 음력 10월에 임유관에서 남쪽의 연개소문은 당나라 군대의 퇴로를 끊고 북쪽의 양만춘은 당나라 군대를 추격했다. 당태종은 어찌할 바를 몰랐다. 때마침 눈바람이 크게 불어 천지가 아득해지고 지척을 분간할 수 없게 되었다. 양쪽 군대의 병사와 말들이 엎어지고 자빠져 혼란스러운 상황이 벌어졌다. 당태종은 이 틈을 타서 도망했다.

안시성 전투는 고대 동양의 역사상 큰 전쟁이었다. 군대 규모는 수나라 때에 미치지 않지만, 양쪽 전략의 치밀함이나 군대의 훈련이나 물자의 규모로 보면 살수 전투를 능가한다. 전투 기간도 그때보다 갑절이었다.[244] 이 전투는 두 민족의 운명을 좌우한 대전투였다. 그런데도 《당서》의 기록은 사리에 맞지 않는다.

(1) 백제는 고구려의 동맹국이었는데도, 《당서》에서는 "백제가 금칠 갑옷을 바쳐 당나라 군대가 이것을 입고 출전하니, 갑옷의 광채가 밝은 대낮을 환하게 했다"고 했다. 고구려의 동맹국인 백제가 적국인 당나라

---

[244] 《조선상고사》에서는 고구려·당나라 전쟁을 안시성 전투로 표현하고, 고구려·수나라 전쟁을 살수 전투로 표현했다.

군대에 군사 장비를 제공했다는 것은 말이 되지 않는다.

(2) 당나라 군대의 패배는 군량미 고갈 때문이기도 했다. 그런데도 《구당서》나 《신당서》에서는 "당태종이 백암성 등을 깨고 10만 석 혹은 50만 석의 양곡을 얻었다"고 했다. 이것은 처음에 운반해 온 군량미 외에 현지에서 얻은 양식도 적지 않았다는 말이 아닌가.

(3) 연개소문은 영류왕과 호족들을 죽이고 측근 세력을 요직에 배치했다. 그는 종래의 귀족 정치를 타파하고 권력을 중앙집권적으로 행사했다. 그런데도 "당태종이 안시성에 당도하자, 북부누살 고연수와 남부누살 고혜진이 고구려·말갈(예족) 병력 15만 6,800명을 거느리고 안시성을 구원하러 왔다"고 했다. 왕족인 고씨들이 남북의 두 부를 근거로 '살이'라는 중책을 맡고 수십만의 병력을 보유하고 있었다는 것이다. 연개소문이 혁명을 일으킨 이후의 고구려에서 어찌 이런 현상이 나타날 수 있었겠는가.

(4) 안시성은 곧 환도성이니, 고구려 삼경三京의 하나로 육해 교통의 요충이므로 개소문이 혁명한 뒤에 이 땅을 다른 파에게 줄 수 없을 것인데, 《당서》에서는 "안시성주(양만춘)가 재주와 용기가 있고 성이 험하고 양식이 풍족하므로 막리지 연개소문의 난 때 웅거해 지켜서 항복하지 아니하므로 막리지가 그 성을 주었다"고 했다. 그렇다면 그때에 고구려는 몇 개의 나라로 나뉘어 있었다는 말이 되는데, 어찌 하나로 단결하여 수십만의 당나라 군대를 막을 수 있었겠는가.

(5) 평양을 공격하는 전략은 수양제가 패망한 요인이었다. 그런데도 《당서》에서는 "이정은 이 계책을 쓰지 못한 것이 패전의 최대 요인이었다고 생각했고, 당태종도 이 점을 후회했다"고 했다. 이는 이들이 수양제의 역사를 잊어버렸다는 말이 되지 않는가.

위와 같이 사실과 모순되는 기록이 많은 이유는 무엇일까? 그 이유는 대체로 아래와 같다.

(1) 당나라 사관들은 사방의 만국을 당나라의 속국으로 보는 주관적인 자부심에 얽매여 있었다. 그들은 '존귀한 자의 잘못을 숨긴다'느니 '어버이의 잘못을 숨긴다'느니 '중국의 잘못을 숨긴다'느니 하는 춘추필법에 입각하여 기록을 조작했다. 이 때문에 백제가 고구려의 동맹국이라는 객관적 사실에도 불구하고 앞의 (1)과 같은 망발을 범한 것이다.

(2) 당나라 군대가 요동성·개평성 등을 점차로 점령한 것은 연개소문이 세운 계책에 말려든 결과다. 이것을 숨기기 위해 노획물이 많은 것처럼 과장하다가 앞의 (2)와 같은 위증을 범한 것이다.

(3) 당태종이 패주한 사실을 숨기고 승리한 것처럼 꾸미려다 보니, 고씨의 천하가 이미 연씨의 천하로 바뀐 것을 잊어버리고, 15만 대군을 가진 고연수·고혜진 두 누살이가 투항했다는 (3)과 같은 망언이 나온 것이다.[245]

(4) 당태종은 수십만 대군을 갖고도 4, 5개월이 지나도록 안시성처럼 고립된 성을 무너뜨리지 못했다. 이런 수치를 숨기려다 보니, 앞의 (4)처

---

245 앞의 (3)에서 신채호는 "당태종이 안시성에 당도하자, 북부누살 고연수와 남부누살 고혜진이 고구려·말갈(예족) 병력 15만 6,800명을 거느리고 안시성을 구원하러 왔다"는 《구당서》〈고구려 열전〉의 내용을 소개했다. "15만 대군을 가진 고연수·고혜진 두 누살이 투항했다는 (3)과 같은 망언이 나온 것이다"라고 기술한 것으로 보아, 신채호는 앞의 (3)에서 두 사람이 투항했다는 내용도 소개하려고 했다가 빠뜨린 것 같다. 《구당서》에서는 "당태종이 안시성에 당도하자, 북부누살 고연수와 남부누살 고혜진이 고구려·말갈(예족) 병력 15만 6천 800명을 거느리고 안시성을 구원하러 왔다"는 내용을 소개한 뒤에 고연수·고혜진이 당태종의 기세에 눌려 투항했다는 내용도 소개했다.

럼 안시성은 당태종도 빼앗지 못했을 뿐 아니라 고구려 대권을 잡은 연개소문조차도 어쩌지 못한 곳이라는 식의 기록이 나온 것이다.

(5) 당나라가 고구려에 패한 것은 책략과 힘이 부족해서 아니라 그런 것을 쓰지 못했기 때문이라는 인상을 주기 위해, 강하왕 이도종이 평양의 허를 찌르자고 말한 적이 있다는 어리석은 이야기를 소개한 것이다.[246]

이상은 대략적인 내용이다. 더 세밀히 살펴봐도 대개 다 이런 식이다. 그러므로 《구당서》와 《신당서》를 따르지 않고, 《해상잡록》·《성경통지》와 동북 3성省 토착민들의 전설을 근거로 기술하고자 한다.

5. 화살 독으로 인한 당태종의 죽음과
   연개소문의 당나라 정복

당태종이 양만춘의 화살에 눈을 맞았다는 이야기는 나무꾼과 처사의 전설이 되고 시인의 노랫말이 되었다. 목은 이색은 〈정관음貞觀吟〉에서

---

246 앞의 (5)에서 신채호는 강하왕 이도종에 관한 내용을 서술하지 않았다. 이것은 앞부분에서 이미 그 내용을 소개했기 때문인 듯하다. 앞부분에서 신채호는 "강하왕 이도종은 오골성을 빼앗은 다음에 곧바로 평양을 습격하자고 했고, 이적과 장손무기(長孫無忌)는 안시성부터 치자고 했다. 일찍이 수양제가 우문술 등에게 30만 대군을 거느리고 평양을 기습하게 했다가 전군이 몰살당한 일을 당태종은 잘 알고 있었다. 그래서 이도종의 말을 채택하지 않고 이적의 말에 따라 안시성부터 침공했다"고 기술했다. 중국 측 역사서에서 이도종의 평양 직접 침공 전략을 소개한 것은 '당나라도 평양을 기습해서 고구려의 허를 찌를 수 있었지만, 그렇게 하지 않았을 뿐'이라는 인상을 주기 위해서라는 게 신채호의 생각이다.

"주머니 속의 물건일 뿐이라고 하지만, 어찌 알았으리오. 검은 꽃이 흰 깃털에 떨어질 줄을!"이라고 노래했고, 노가재老稼齋 김창흡은 〈천산시千山詩〉에서 "먼 옛날에 배짱 좋은 양만춘은 화살을 쏴서 규염虯髥[247]의 눈동자를 떨어뜨렸네"라고 했다. 이런 부류의 시는 이 외에도 많다. 그러나 《삼국사기》나 《동국통감》 같은 역사서에서는 《당서》를 베껴 쓴 까닭에 이런 기록을 싣지 않았다. 이는 사대주의 역사가들이 외국에 대한 우리 나라의 승리를 모두 지워버렸기 때문이다.

이와 관련하여 중국 역사서를 살펴보면, 《구당서》〈태종 본기〉와 《신당서》와 《자치통감》은 당태종의 건강 문제에 관해 제각각의 기록을 남겼다. 어느 책에서는 당태종이 내종內腫으로 죽었다고 했고, 어느 책에서는 당태종이 감기로 죽었다고 했고, 어느 책에서는 당태종이 이질痢疾로 죽었다고 한다. 한 세대 동안 중국에서 군림한 만승천자의 사망 원인이 늑막염인지 장티푸스인지 분간할 수 없도록 모호하게 기록한 것은 고구려인의 독화살에 맞아 죽은 치욕을 숨기기 위한 것이라고 볼 수 있다. 그러다 보니 이처럼 모순된 기록이 나온 것이다.

하지만 당태종의 병이 요동에서 생겼다는 점에 대해서는 모든 기록이 일치한다. 그가 양만춘이 쏜 화살에 묻은 독 때문에 죽은 것은 명백하다. 이는 송나라 태종이 태원에서 독화살에 맞아 입은 부상이 매년 재발

---

247 조선 후기 사람인 김창흡의 시는 이덕무의 《청장관전서》에 소개되어 있다. 시에 나오는 규염은 흔히 당태종으로 해석된다. 문맥상으로 봐도, 화살을 맞은 사람은 분명히 당태종이다. 그런데 《규염객전》의 규염객도 흔히 연개소문으로 해석된다. 이런 모순이 생긴 것은 김창흡이 《규염객전》의 내용을 정확히 이해하지 못했기 때문일 수도 있다. 규염객을 연개소문이 아닌 당태종으로 잘못 이해하고 위와 같은 시를 쓴 것으로 보인다.

하다가 3년 만에 죽었다는 사실을 《송사》가 숨긴 것과 같다(진정陳霆의 《양산묵담兩山墨談》에 나온다). 당태종이 죽은 뒤에 신라와 당나라의 동맹이 더욱 더 공고해진 것, 당나라에서 안록산·사사명을 비롯한 절도사들이 발호한 것은 당태종이 고구려 독화살에 죽은 사건과 무관하지 않다. 그런데도 이런 것을 숨기고 역사적 사실의 인과 관계를 은폐했으니, 춘추필법의 해독은 이처럼 심각하다.

연개소문이 중국을 침입한 것도 기록에는 등장하지 않는다. 오늘날 북경성 조양문 밖 7리의 황량대謊糧臺를 비롯해서 산해관까지 이르는 동안에 황량대라고 불리는 곳이 10여 곳이 있는데, 전설에 따르면, 황량대는 당태종이 모래를 쌓아놓고 양식을 쌓은 것처럼 속인 곳이다. 고구려인들이 이곳을 습격하면 복병을 동원해서 물리쳤다고 한다. 이것은 연개소문이 당태종을 추격하기 위해 북경까지 갔다는 증거가 된다. 또 산동성이나 직예성 같은 지역에는 고려라는 글자가 앞에 붙은 지명이 군데군데 존재하는데, 전설에서는 이런 곳들이 연개소문이 점령했던 곳이라고 한다. 그중에서 가장 유명한 것은 북경성 안정문 밖 60리쯤에 있는 고려진鎭과 하간현河間縣에서 서북쪽 12리쯤에 있는 고려성城이다. 당나라 사람인 번한樊漢은 〈고려성 회고시詩〉에서 이렇게 말했다.

외딴곳 성문이 부른다.
구름 같은 숲과 함께 성벽은 길고
물 맑은 곳에 저녁 햇살이 머무르고
모래 검은 곳에 별빛이 빛나고
계속되는 북소리에 구름도 연달아 움직이고
새 꽃들이 피어올라 대지를 물들인다.

평화롭던 아침 시장 변하여
악기 소리 다시는 들리지 않네.
가시나무는 누런 모래 속에 숨고
쑥은 오래된 길 옆을 덮고
가벼운 먼지는 비취를 덮고
황량한 언덕 위로 소와 양들이 있고
그해 일은 어쩔 수 없구나.
가을 소리 조용한데 기러기 날아간다.

위의 시는, 연개소문이 일시적으로 당나라 영토를 침략했을 뿐 아니라, 성을 쌓고 인민을 배치하여 북소리가 구름에 닿고 꽃과 버들이 땅을 덮고 시장이 번화하고 악기 소리가 퍼지며 비취보옥이 풍성한 곳으로 만들었음을 보여준다. 이는 신新점령지의 부귀를 보여주는 실록이라고 볼 수 있다.

당나라 역사서에는 당태종이 안시성에서 도망한 뒤로 거의 매년 매월 고구려를 침공한 것처럼 되어 있다. "어느 해 어느 달에 우진달을 보내 고려를 토벌하고 어느 성을 점령했다"느니 "어느 해 어느 달에 정명진을 보내 고려를 토벌하고 어느 성을 점령했다"느니 등등의 기록이 있다. 이것은 당태종이 고구려 때문에 눈알이 빠지고 인민과 자제들을 많이 잃어 천신 같은 제왕의 위엄이 땅에 떨어진 데다가, 고구려에 복수전을 벌이지 않으면 더욱 더 많은 치욕을 당할 수밖에 없는 현실에서 나온 것이다. 또다시 대규모 군대를 동원할 경우 수양제의 전철을 밟을 수밖에 없었기 때문에 이런 교활한 술책을 만들어낸 것이다. 장군들에게 "고구려 어느 땅을 침략했다"느니 "고구려 어느 성을 점령했다"느니 하는 허위

보고를 매월 올리게 함으로써 근거 없는 위세를 국내에 보여주고자 했던 것이다.

당태종이 죽을 때에 '요동 전쟁을 그만두라'는 유훈을 남긴 것은 아들 고종이 아비의 원수를 갚지 못할 경우 갖게 될 부담을 미리 덜어주는 한편, 인민을 사랑하는 군주라는 소리가 나오게 하기 위한 것이었다. 그러나 당태종이 말한 요동 전쟁은 처음부터 없었다. 그러니 무슨 전쟁을 그만둘 수 있었겠는가. 당태종의 일생은 허위로 가득하므로, 역사가나 역사 독자들은 그에 관한 기록을 조심스럽게 읽어야 한다.

이처럼 연개소문의 대외정복은 성공적이었다. 그는 어떻게 이렇게 할 수 있었을까? 비결은 두 가지다.

《구당서》〈발해 열전〉에서는 "대문예가 …… 말했다. …… 옛날 고구려 전성기에는 강병이 30여 만 명이었으며 당나라와 맞먹었다"고 했다. 또《당서》에서는 "고구려가 신성新城과 국내성에서 기병 4만 명을 동원했다"고 했고 "신성과 건안성의 적들이 10만이나 된다"고 했으며 "고구려와 말갈의 무리가 15만 명이다"라고 했다. 이에 따르면, 고구려 정규군이 30만 명을 넘었고 그 외의 예비 병력도 적지 않았음을 알 수 있다. 《고려사》〈최영 열전〉에서는 "당태종이 30만 명을 동원해서 고구려를 침입하자, 고구려는 승군 3만 명을 동원하여 격파했다"고 했고,《고려도경》에서는 "재가화상들은 …… 검은 비단으로 허리를 묶고 …… 전쟁이 나면 직접 조직을 만들어 전장으로 달려나갔다"고 했으며《해상잡록》에서는 "명림답부와 연개소문은 모두 조의선인 출신이다"라고 했다. 이상에 의하면, 승군은 불교 승려로 구성된 군대가 아니라 신수두 제단을 지키는 흑의 무사였으며 연개소문은 조의선인 수령 출신이었음을 알 수 있다. 따라서 수십만의 군대와 그 중심인 3만의 조의군이 연개소문의 대외정복을 성사시킨 첫 번째 비결이다.

미수 허목은 "호전적인 국가로는 백제만 한 나라가 없었다"고 했고 순암 안정복은 "삼국 중에서 백제가 전쟁을 가장 좋아했다고 한다"고 했다. 백제는 용감하고 사나우며 전쟁을 잘하는 나라였다. 이런 나라가 고구려와 동맹한 것이 연개소문의 대외정복을 성사시킨 두 번째 비결이다.

최치원은 "고구려와 백제의 전성기에는 강병이 백만 명이었다. 남쪽으로 오월吳越을 침입하고 북쪽으로 유계幽薊와 제노齊魯를 어지럽혔다"고 했다. 이것은 연개소문이 백제와 합작한 결과를 가리킨다. '북쪽을 평정했다'거나 '남쪽을 안정시켰다'고 하지 않고 '북쪽을 어지럽혔다'느니 '남쪽을 침입했다'느니 한 것은, 이것이 당나라 숭배주의자인 최치원이 당나라의 재상에게 올린 글이기 때문이다. 그래서 춘추필법적인 어구를 쓴 것이다. 최치원의 글을 통해, 당시 유계(지금의 직예성), 제노(지금의 산동성), 오월(지금의 강소·절강성)이 고구려와 백제의 세력권에 들어갔음을 알 수 있다. 연개소문과 백제에 관한 사실은 다음 편에서 상세히 서술하고자 한다.

6. 연개소문의 행적에 관한 허구

신라 때는 연개소문을 백제를 지원한 인물로 인식했고, 그 후에는 유교 윤리적 관점에서 군주를 시해한 역적으로 보거나 사대주의를 거역한 죄인으로 인식했다. 그래서 항상 그를 박대하고 그에 관한 전설이나 역사 유적을 소멸시켰다. 도교 수입과 천리장성 축조만을 연개소문의 업적으로 인정했을 뿐이다. 하지만 이것은 다《당서》에서 만들어낸 허위이며 사실은 아니다.

이제《삼국유사》본문을 통해 이것이 허위임을 증명하고자 한다. 본문은 다음과 같다. "《당서》에 따르면, 수양제가 요동을 정벌할 때에 측근 무장 중에 양명羊皿이란 이가 있었다. (전쟁이) 자기 군대에 불리해지자 그는 죽음에 임박하게 되었다. 죽기 전에 그는 '(다시 태어난다면) 반드시 총애받는 신하가 되어 저 나라를 멸하겠다'고 맹세했다. 개盖씨가 조정을 장악하게 되었을 때에 개盖를 성씨로 삼은 것은, 양명이 그렇게 기원한 것이 응답을 받았기 때문이다. 또《고려고기高麗古記》(전하지 않는다_옮긴이)에 따르면, 수양제는 대업大業 8년인 임신년[248]에 30만 병력을 이끌고 바다를 건너 침공했다. 대업 10년 갑술년[249]에 …… 황제는 군대를 되돌리기 전에 측근들에게 '짐은 천하의 주인으로서 소국을 직접 침공했는데도 승리하지 못했으니, 만대의 웃음거리가 되었구나'라고 말했다. 이때 우상右相인 양명이 '신이 죽으면 고구려의 대신이 되어 반드시 그 나라를 멸망시키고 제왕의 원수를 갚겠습니다'라고 아뢰었다. 황제가 죽은 뒤에 (그는) 고구려에서 태어났다. 열다섯 살이 되자, 총명하고 무예가 뛰어났다. 무양왕武陽王(영류왕)이 그의 지혜를 듣고 데려다가 신하로 삼았다. 그는 스스로 개盖라는 성을 쓰고 금金이란 이름을 썼다. 직위는 소문蘇文에 이르렀다. 이것은 시중 직책에 해당한다. 개금이 왕에게

---

248 대업 8년 임신년은 612년 2월 7일부터 613년 1월 26일까지다. 이해에 수양제는 제 1차 고구려 침공을 감행했다.

249 대업 10년 갑술년은 614년 2월 15일부터 615년 2월 3일까지다. 이해에 수양제는 제3차 고구려 침공을 감행했다.

'솥에 발이 세 개 있듯이, 나라에도 세 개의 가르침이 있습니다. 신이 나라를 돌아보니, 유교와 불교만 있을 뿐 도교가 없습니다. 그래서 나라가 위태롭습니다'라고 아뢰자, 왕은 그의 말이 옳다고 생각하여 당나라에 그것을 요청했다. 태종이 서달敍達을 비롯한 도사 여덟 명을 파견하자, 왕은 기뻐서 불교 사찰을 도관道觀으로 바꾸고 도사를 우대하는 한편, 이들을 유교 선비의 위에 두었다. …… 개금은 또 주청을 올려 동북쪽과 서남쪽에 장성을 쌓도록 했다. 이로 인해 남자들은 부역을 나가고 여자들은 농사를 지었다. 공사는 16년 만에 끝났다. 보장왕 때에 당태종이 직접 여섯 개 군軍을 거느리고 침공했다."

양명의 후신後身이 개씨가 됐다는 것은 요설이고, 연개소문을 두고 '개盖라는 성을 쓰고 금金이란 이름을 썼으며, 직위가 소문蘇文에 이르렀다'고 한 것은 망언이니, 이런 것들은 변론할 필요조차 없다.

도교를 수입했다느니 장성 축조를 건의했다느니 하는 것도 조작이다. 수양제는 서기 617년에 죽었다. 영류왕 즉 무양왕이 노자교를 수입한 것은 《당서》에 따르면 당나라 고조 때인 무덕 7년 즉 서기 624년이다. 연개소문은 수양제가 죽은 뒤에 태어났고 영류왕이 노자교를 수입할 당시에는 겨우 여덟 살이었다. 그러니 "열다섯 살이 되자 …… 신하로 삼았고 …… 당나라에 그것을 요청했다"는 게 말이 되는가.

장성의 축조는 영류왕 14년에 시작됐다. 16년 만에 끝났다면 보장왕 5년 즉 당태종 침략 이듬해에 끝났다는 말이 된다. 그렇다면 "공사는 16년 만에 끝났다. …… 당태종이 직접 여섯 개 군軍을 거느리고 침공했다"고 한 것은 어찌된 일일까?

영류왕은 서수남진주의에 따라 당나라와 화친하고 신라·백제를 공격하려 한 사람이고, 연개소문은 남수서진주의에 따라 백제와 손잡고 신라를 견제하고 당나라를 공격하려 한 사람이다. 당나라 황제가 이씨이고 도교 시조인 노자도 이씨라는 이유로, 당나라 왕조는 노자가 황실 혈통의 선조라고 허위 선전을 하면서 도교를 극도로 숭상했다. 영류왕은 당나라와 화친하겠다는 생각에 당나라 선조인 노자의 가르침과 그 교도인 도사들을 맞이했다. 종교적으로 신수두를 신봉하고 정치적으로 당나라를 공격하자고 주장하는 연개소문이 어찌 자기 나라 종교를 버리고 적국 당나라의 선조인 노자의 가르침을 환영했겠는가. 또 장성은 공격용이 아니라 방어용으로 쌓은 것이다. 이것은 북방을 지키고자 하는 영류왕이나 쌓을 수 있는 것이다. 날마다 북방 공략을 주장하고 이것을 실천하고자 한 연개소문이 원성을 살 만한 방어용 장성의 축조를 위해 국력을 소모할 까닭이 있었을까. 연도도 틀리고 사리에도 맞지 않으므로, 두 가지가 다 조작이라는 것은 의심할 여지가 없다.

어떤 사람은 "《삼국사기》에 따르면 연개소문이 '유·불·도 3교는 솥의 발과 같아 하나라도 없으면 안 된다'며 '당나라에서 도교를 수입하자'고 왕에게 주청한 때가 보장왕 2년이므로, 《삼국유사》에서 연개소문이 도교 수입을 요청했다고 한 것은 연도만 틀릴 뿐 실제로 있었던 사실이 아니겠느냐?"고 말한다.

《삼국유사》에서는 이것을 《고려고기》에서 인용했다고 말했다. 따라서 《삼국사기》 역시 같은 《고려고기》에서 인용했음이 명백하다. 《고려고기》에서는 "개금이 무양왕(즉 영류왕)에게 당나라에서 도교를 수입하자고 주청했다"고 했다. 이 점을 본다면, 《삼국사기》 작자인 김부식이 연도를 바꿔 보장왕 2년의 일로 기록했다는 점이 명백해진다.

김부식은 각종 고기古記와 중국사를 이용해서 《삼국사기》를 지었다. 그는 연도가 모호한 기록이 나오면 사실 관계 유무를 세밀히 살피지 않

| 깊이 읽기 |

김부식과《고려고기》

김부식은《고려고기》에 근거해서 연개소문의 도교 수입을 소개했다.《고려고기》에서는 그것이 영류태왕 때의 일이라고 한 데 반해,《삼국사기》에서는 그것이 보장태왕 때의 일이라고 했다. 따라서 김부식의 기록은 완전한 조작이 아니라《고려고기》에 근거한 것이다. 그런데도 신채호는 김부식이 '연개소문이 도교를 수입했다'고 이야기한 것은 "더는 물을 것도 없는 허위의 조작"이라고 했다.

신채호가 이렇게 말한 것은, 설령《고려고기》에 그렇게 적혀 있더라도 상식적으로 볼 때 연개소문이 도교를 수입했을 리가 없는데도 이런 간단한 이치조차 고려하지 않고《고려고기》의 기록을 수용한 것은 김부식 본인이 역사를 조작한 것과 다를 바 없다고 생각했기 때문이다. 최초로 조작한 것은《고려고기》지만, 김부식도 뻔히 알면서 이런 사실을 인용했으므로 김부식 역시 조작에 가담한 셈이 된다는 것이다.

고 연월을 마음대로 바꾼 경우가 많다. 연개소문이 보장왕에게 도교 수입을 요청했다고 운운한 것도 한 가지 예다. 그러므로 연개소문이 도교 수입과 장성 축조를 건의했다는 두 가지 기록은 더는 물을 것도 없는 허위의 조작이다.

그렇다면, 조작을 만들어낸 장본인은《고려고기》라는 말이 된다.《고려고기》가 사실을 조작한 이유는 무엇일까?

《고려고기》[250]는 신라 말의 불교 승려가 지은 작품으로 보인다. 중국의 북위 세조와 당나라 무종은 도교 진흥을 위해 모든 불교 사찰을 철거하고 불교 승려들을 살해했다. 그래서 당시 어느 나라 승려이든지 간에 다들 도교에 대해 이를 갈고 원한을 품었다.

연개소문은 백제와 동맹하여 신라를 멸망시키려 한 인물이기 때문에, 신라인들은 온갖 말을 다해 연개소문을 비난했다. 《고려고기》 작자는 책을 지을 때 《당서》를 참조했다. 거기에는 "영류왕이 도교를 수입했다"는 내용과 "장성을 축조했다"는 내용이 나온다. 이것을 본 그는 도교를 증오하는 마음에서 《당서》를 자기한테 유리하게 해석하고, 중생을 구제한다면서 법라法螺[251]를 크게 불어댔다. "도교를 믿지 말아라, 도교를 믿다가는 고구려처럼 나라가 망한다. 도교를 수입하여 우리의 정신적 생명을 없애려 하고 장성 공사를 제안하여 우리의 육체적 생명을 없애려한 자는 바로 연개소문이다." 연개소문을 미워하는 사회적 심리를 이용해서 이런 식으로 도교를 배척한 것이다. 하지만 연도나 실정이 맞지 않으니, 이것이 조작임은 자명하다.

우리나라에 전해지는 연개소문에 관한 이야기는 명칭과 사실 관계를 거의 다 바꾸어서 기록한 《갓쉰동전》 외에는 다들 위작들뿐인가. 나는 20여 년 전에 서울 명동에서 노상운 선생이란 노인을 만났는데, 그는 "연개소문은 자字가 김해金海이며, 병법 분야에서는 예나 지금을 통틀어 최고다. 그가 지은 《김해병서》는 송도 시대에 왕이 각 지역에 병마절도

---

250 고려가 세워지기 전에는 고려라는 표현이 고구려를 가리키는 데 사용되었으며, 구한말에는 고려라는 표현이 조선을 가리키는 데 사용되었다.

251 소라 껍데기로 만든 악기. 종교적 선전을 '법라를 불어대다'라는 말로 표현하고 있다.

사를 임명할 때마다 한 벌씩 하사하던 책이었다. 이 병서는 지금은 존재하지 않는다. 연개소문이 그 병법으로 당나라의 이정을 가르쳤고, 이정은 당나라의 최고 명장이 되었다. 이정이 저술한 《이위공병법》은 무경칠서武經七書의 하나로 간주되고 있다. 《이위공병법》의 원본에는 이정이 연개소문한테서 병법을 배운 이야기가 자세히 적혀 있을 뿐 아니라 연개소문을 숭배하는 뜻을 담은 구절이 많다. 당나라와 송나라 사람들은 연개소문 같은 외국인을 스승으로 받들고 병법을 배워 명장이 된 것은 중국의 치욕이라고 생각하여 결국 그 병법을 없애버렸다. 지금 유행하는 《이위공병서》는 후세 사람의 위작이다. 이 책의 서두는 '막리지는 자기 스스로 병법을 안다고 말했다'라며 연개소문에 대한 폄하로 시작한다. 그러나 이것은 원본이 아니다"라고 말했다.

선생이 무슨 근거로 이런 말을 했는지, 역사학에 어두웠던 당시의 나로서는 자세히 알 수 없었다. 요양·해성海城·금주金州·복주復州 등지에 연개소문에 관한 유적과 전설이 많고, 연해주의 개소산蓋蘇山에 연개소문 기념비가 있어 블라디보스토크에서 배를 타고 '블나고베시첸스크'²⁵²로 가는 바닷길에서 종종 그 산이 보인다고 한다. 훗날 혹시라도 그 비문을 찾아 연개소문에 관한 기록을 변증하고, 빠진 부분을 보충할 날이 있지 않을까 생각한다.

---

252 지금의 블라고베셴스크로, 이곳은 블라디보스토크의 서북쪽에 있는 내륙 지방이라서 바닷길을 통해 갈 수 없는 곳이다. 앞부분에서 신채호는 "블라디보스토크와 하바롭스크를 왕래하는 선객들로부터 '석혁특산에 우뚝 선 윤관 혹은 연개소문의 기념비를 본 적 있다'는 말을 들었다"고 기술했다. 이 점을 고려하면, 하바롭스크를 쓰려다가 실수로 블라고베셴스크로 쓴 것으로 보인다.

7. 연개소문 사망 연도의 10년 오차

《삼국사기》에 나오는 연개소문 이야기가 《구당서》·《신당서》·《자치통감》 등을 베낀 것이라는 점은 이미 설명했다.《구당서》·《신당서》·《자치통감》 등에서는 연개소문이 죽은 해가 당나라 고종 때인 건봉 원년이라고 했다. 당고종 건봉 원년은 보장왕 25년(서기 666년)이므로, 《삼국사기》에서도 보장왕 25년을 연개소문의 사망 연도로 기록해 놓았다.

하지만 만약 연개소문이 보장왕 25년에 사망했다면, 연개소문이 죽기 이전에 고구려의 동맹국인 백제가 멸망했고, 고구려의 서울인 평양이 멸망 전에 소정방에게 포위를 당했다는 말이 된다. 그러나 그랬다면, 당태종과 이정 등이 무엇 때문에 고구려를 두려워하고, 소동파와 왕안석 등이 무엇 때문에 연개소문을 영웅으로 인정했을까?

나는 연개소문의 사망 연도가 백제 멸망 이전의 어느 해였을 것이라고 가정을 세워보았다. 이런 가정에 따라 연개소문의 사망 연도를 조사했지만, 오랫동안 확증을 얻지 못했다. 그러던 차에 이른바 천남생 묘지墓誌가 최근 하남성 낙양의 흙 속에서 발견되었다. 이 묘지에 따르면, 남생 형제의 분쟁이 건봉 원년 즉 서기 666년 이전의 일이라는 게 명백하다. 묘지에는 연개소문이 몇 년에 죽었다는 말은 없다. 그런데 "(남생이) 24세 때 막리지를 맡고 삼군대장군을 겸했으며, 32세 때 태막리지 지위가 더해져 군사와 국정을 총괄하게 되어 아형 원수阿衡元首(아형은 재상을 가리키는 표현_옮긴이)라고 불렀다"고 했고 "의봉 4년 정월 19일 병에 걸려 안동부 관사에서 죽으니 춘추 46세였다"고 했다. 당고종 때인 의봉 4년은 서기 679년이고, 그때 남생은 46세였다. 그렇다면 남생이 24세였을 때는 서기 657년이었다는 말이 된다. 남생이 24세 즉 서기 657년에

삼군三軍의 의미

오늘날의 삼군三軍은 육·해·공군을 통칭하는 개념이지만, 강태공의 병법을 담은 《육도》에 따르면 고대 동아시아의 삼군은 보병·전차·기병을 통칭하는 개념이었다. 한편, 《주례》나 《서경》에는 또 다른 의미의 삼군이 등장한다. 이에 따르면, 천자의 나라는 여섯 개의 군軍을 합한 육군을 보유하고 큰 제후의 나라는 세 개의 군을 합한 삼군을 보유한다고 했다. 여기서 말하는 군은 보병·전차·기병과 관계없는 개념이다. 이 삼군은 보병·전차·기병이 포함된 삼군이 아니라 단순히 세 개의 군단이 합쳐진 삼군을 지칭한다. 이런 점을 고려할 때, 고구려인이 기록하지 않은 고구려의 역사에서 고구려가 삼군을 보유했다는 이야기가 나온다면, 이것은 두 가지 의미 중 하나로 이해되어야 한다. 고구려가 전군全軍을 보병·전차·기병으로 나누었다는 의미일 수도 있고, 고구려가 전군을 세 개의 군으로 나누었다는 의미일 수도 있다. 만약 이것이 두 번째 의미라면, 그 기록은 조작이라고 봐야 한다. 그런 의미라면, 고구려가 천자국인 중국에 대한 공경의 표시로 자국 군대의 규모를 일부러 줄였다는 말이 된다. 고구려가 중국 왕조에 사대를 한 적은 있지만, 그것은 조공무역을 통한 경제적 이익을 얻기 위한 것에 불과했다. 그래서 실질적으로는 중국의 제후국이 되지 않았다. 그러므로 고구려가 삼군을 보유했다는 기록이 보병·전차·기병의 삼군이 아니라 그냥 세 개의 군이 통합된 삼군을 가졌다는 의미를 담은 것이라면, 그 기록은 중국 측이나 신라 측에 의해 조작된 허구라고 보아야 한다.

막리지 겸 삼군대장이 되어 병권을 잡았다는 것은 서기 657년[253] 이전에 연개소문이 죽고 그 지위와 직책이 남생에게 승계되었음을 확증하는 것이다.

남생이 태막리지가 되던 해인 서기 665년에 연개소문이 죽고 그 지위와 직책이 남생에게 승계됐다고 보는 사람이 있을 수도 있다. 그러나 《삼국사기》〈고구려 본기〉나 《삼국사기》〈개소문 열전〉에서는 연개소문이 막리지가 되었다고 했다. 한편, 《삼국사기》〈김유신 열전〉이나 〈천남생 묘지〉에서는 연개소문이 태대대로였다고 했다. 또 〈개소문 열전〉에서는 서부대인 겸 대대로인 아버지가 죽자 연개소문이 직위를 세습했다고 했고, 〈천남생 묘지〉에서는 증조부인 자유(연개소문의 조부)와 조부인 태조(연개소문의 아버지)가 막리지를 맡았다고 했다. 이처럼 갑甲 책의 '막리지'가 을乙 책에서는 태대대로나 대대로로 표기됐고, 병丙 책의 태대대로 혹은 대대로가 정丁 책에서는 막리지로 표기됐다.

대로對盧의 대對는 '마주'라는 뜻이다. 이두에서 대對라는 글자를 뜻에 근거해서 발음하면 '마'가 된다. 막리지莫離支의 '막'을 음을 근거로 발음하면 '마'가 된다. 막리지의 '리'와 대로의 '로'를 음을 근거로 발음하면 'ㄹ'이 되니, '막리'나 '대로'는 '말'로 읽어야 한다. 고구려 말년의 관제에서는 '말치'가 장군과 재상을 겸해 초기의 신가처럼 되었다. 말치는 이두로 '대로' 혹은 '막리지'로 표기했다. 대로지對盧支라 하지 않고 '대로'라고

---

253 《조선상고사》 원문에는 '654년'이라고 쓰여 있다. 하지만 이것은 다음 다음 문단에 나오는 "이것은 막리지 겸 삼군대장군이 된 서기 657년 즉 24세 때에 남생이 정권과 병권을 모두 장악했다는 확증이 되는 것이므로, 이 해에 연개소문이 죽었다는 결론이 나온다"는 문장과 모순된다. 이 점을 보면 신채호가 '657년'을 쓰려다가 실수했음을 알 수 있다.

만 한 것은 약자로 표기하다 보니 그렇게 된 것이다. 말치가 취임한 지 몇 년이 되면 태대太大 혹은 대大 칭호를 덧붙여 태대대로지太大對盧支 혹은 태막리지라고 불렀다. 태대막리지라 하지 않고 대막리지라고 한 것은 약자로 표기하다 보니 그렇게 된 것이다. '말치' 즉 '대로지'와 태대막리지는 직위는 동일하지만, '신크' 즉 '태대'는 공적과 덕성을 기리는 품계다. 《삼국사기》〈직관지〉에서 각간 김유신이 전략을 주도한 것을 포상하고자 각간 앞에 '태대' 두 글자를 붙여 태대각간 지위를 부여한 것과 같다. 이것은 막리지 겸 삼군대장군이 된 서기 657년 즉 스물네 살 때에 남생이 정권과 병권을 모두 장악했다는 확증이 되는 것이므로, 이 해에 연개소문이 죽었다는 결론이 나온다.

대로와 막리지가 동일한 말치를 가리키는 것이라면, 〈천남생 묘지〉에서 "증조부인 자유와 조부인 태조와 아버지인 개금이 모두 막리지를 맡았다"라거나 "증조부 자유와 조부 태조와 아버지 개금이 모두 태대대로를 맡았다"라고 하지 않고, "증조 자유와 조부 태조는 모두 막리지를 맡았고, 아버지 개금은 태대대로를 맡았다"고 함으로써 막리지와 대대로를 구분한 이유는 무엇일까?

〈천남생 묘지〉의 윗부분에서는 연남생이 중리위진대형中裡位鎭大兄이 된 뒤 태막리지가 되었다고 하고, 아랫부분에서는 연남생이 당나라에 항복한 뒤에도 태대형이란 기존 관직을 받았다고 했다. 태대형은 중리위의 진대형을 가리킨 것이거나 태막리지를 가리킨 것이다. 이같이 다른 글자로 썼기 때문에 묘지명에 쓰인 관명을 거의 구분할 수 없다. "모두 막리지를 맡았다. …… 태대대로를 맡았다"의 다음 문장에서 "할아버지도 아버지도 쇠를 잘 부리고 활을 잘 쏘았으며 병권까지 아울러 쥐고 다들 정권을 독재적으로 장악했다"고 했으니, 막리지와 태대대로가 병권과 정권을 장악한 최고의 수석대신이었음을 알 수 있다. 《당서》〈고려 열전〉에서는 "대대로는 국정을 총괄한다"고 하고 《당서》〈개소문 열전》에서는 "막리지는 당나라의 중서령 병부상서와 같은 직책이다"라고 했으니, 양자가 장군과 재상을 겸한 최고 고관임을 알 수 있다.

따라서 서기 657년에 '신크말치' 연개소문이 죽고 장자 연남생이 말치가 되어 아버지 연개소문의 지위를 승계했다가 9년 뒤에 신크란 칭호가 덧붙여져 신크말치라고 불렸음이 틀림없다. 기존 역사서를 근거로 서기 666년에 연개소문이 죽었다고 말하는 것은 잘못이며, 〈천남생 묘지명〉속의 연남생이 대막리지가 된 해를 근거로 서기 665년에 연개소문이 죽었다고 말하는 것도 잘못이다. 연개소문의 죽음은 분명히 서기 657년의 일이다.

어떤 사람은 "《구당서》 및 《신당서》에서 연개소문의 사망 연도를 늦추어 서기 666년이라고 한 이유는 무엇이며, 〈천남생 묘지〉에서 아버지 연개소문의 사망 연도를 쓰지 않은 이유는 무엇일까?"라고 말한다.

이유는 다른 데 있지 않다. 당태종이 눈알을 잃고 죽은 것은 연개소문 때문이다. 또 당나라의 영토 일부는 연개소문에게 빼앗겼다. 그렇기 때문에 춘추대의로 말하자면, 당나라 신하들은 한시도 쉬지 말고 복수를 꾀했어야 한다. 그런데 세월은 흘러가는데, 연개소문 생전에는 고구려의 침략만 받고 고구려 땅을 한 치도 침략하지 못했다. 이것은 연개소문이 무서워서 군주의 복수를 잊었다는 뜻이 되니, 이 얼마나 수치스러운 일인가. 이런 수치를 가리기 위해, 연개소문 생전에도 당나라 군대가 평양을 포위한 것처럼 보여줄 목적으로 연개소문의 사망 연도를 10년이나 늦춰서 역사책에 기록한 것이다. 이것은 뒤에서 설명하는 바와 같이 부여복신이 사망한 달을 늦춰 잡은 것과 동일한 맥락이다. 고대에는 교통이 불편하고 역사 기록이 많지 않아서, 민간인들은 이웃나라 유명인의 생사에 관한 한 관방의 발표에 따라 정보를 주고받을 수밖에 없었다. 그래서 이처럼 연개소문의 사망 연도에 관한 허위 기록이 중국에서 실제 사실처럼 퍼져나가게 된 것이다.

8. 연개소문의 공적에 대한 평가

기존 역사가들은 '성공했나 실패했나' 또는 '흥했나 망했나'라는 기준으로 사람의 우열을 판단하거나 유교적 윤리관으로 사람의 시시비비를 판단했다. 연개소문의 경우에는, 본인은 성공했지만 불초한 자식들이 유업을 제대로 지키지 못했다. 그래서 춘추필법을 흉내 내는 사람들은 연개소문을 배척하고 연개소문을 흉적으로 몰며 모독과 치욕을 가했다.

　혁명이란 무엇인가? 그것은 역사적 진보의 의의를 가진 변화를 수반하는 것이다. 역사란 것은 어느 날 어느 때고 변화하지 않는 경우가 없으니, 어느 날 어느 때고 간에 혁명 없는 순간은 없을 것이다. 그렇다면 전체 역사를 다 혁명의 역사라고 해야 하지만, 역사가들은 혁명이란 어휘를 특히 중시하여 문화적·정치적으로 시대를 구획할 만한 진보적 의의를 가진 인위적 대변혁을 혁명이라고 정의한다. 이런 의미의 정치적 혁명가를 찾자면, 우리 조선 수천 년 역사에서 이런 사람은 몇 명 되지 않을 것이다. 한양의 이씨가 송도의 왕씨를 대체한 것과, 이씨 조선의 이시애·이괄 등이 반란을 일으킨 것은 외형상의 성과는 다르지만 두 가지 다 정권찬탈을 위한 행위에 불과하다. 이런 것들은 내란이나 역성易姓이라고 부를 수는 있어도, 혁명이라고 부를 수는 없다.

하지만 연개소문은 다르다. 그는 봉건 세습적인 호족 공화제를 타파하고 정권을 한 곳에 집중함으로써 분권적인 국면을 통일적인 상태로 바꾸었다. 또 반대파는 군주든 호족이든 불문하고 죄다 소탕했다. 그는 영류왕을 비롯해서 수백 명의 관료들을 주살했다. 또한 침략한 당태종을 격파했을 뿐 아니라, 이를 추격하여 중국 전역을 진동시켰다. 그는 혁명가의 기백을 가지는 데 그치지 않고, 혁명의 능력과 지략까지 갖추었다고 봐야 한다.

그러나 그는 죽기 전에 지혜롭고 유능한 사람을 자기의 후계자로 만들지 못했다. 그래서 조선 만대의 행복을 유지하지 못했다. 불초한 자식들에게 대권을 맡기는 바람에 결국 성과를 무너뜨리고 말았다. 그는 야심은 많았지만 덕은 부족했던 것 같다.

하지만 역사 기록이 없는 탓에 오로지 적국의 붓으로 전해지는 기록만을 갖고 연개소문을 논평해야 하기 때문에, 그에 관한 사실의 전말을 종합적으로 파악할 수는 없다. 점 하나로 전모를 논하는 것은 옳지 않은 일이다. 노예적인 사대주의 역사가들은 좁쌀과 팥알처럼 작은 자기 눈알에 보이는 대로 연개소문을 수백 년간 혹평해 왔다. 그들은 '신하는 충성으로써 군주를 섬겨야 한다'는 불완전한 도덕률로 그의 행위를 탄핵하고 '대국을 섬기는 소국은 하늘을 두려워해야 한다'는 노예적 심리로 그의 공적을 부인했다. 이런 식으로 역사적 인물의 시체를 한 점 살도 남지 않도록 씹어버린 것에 대해 나는 통한한다. 이 때문에 몇 구절의 논평을 더했다.

제11편

백제의 강성과
신라의 음모

제1장

부여성충의 위대한 전략과
백제의 영토 개척

1. 부여성충의 전략 건의

부여성충은 백제 왕족으로서 어릴 적부터 지략이 출중했다. 예족이 침략할 때마다 그는 지역민들을 거느리고 산성을 근거로 방어하면서 항상 절묘한 작전으로 많은 예족을 살상했다. 한번은 예족 장수가 사신을 보내 "나라를 위하는 너희의 충절을 흠모하여 작은 음식을 올리겠다"며 궤짝 하나를 바쳤다. 산성 사람들이 궤짝을 열어보려 하자, 성충은 이것을 불에 던졌다. 넣고보니, 그 속에 든 것은 벌과 땅벌 같은 것이었다. 다음날, 예족 장수가 궤짝 하나를 다시 바치자, 산성 사람들은 이것을 불에 던지려고 했다. 성충은 이번에는 열어보도록 했다. 열어보니 그 속에 든 것은 화약과 염초 등이었다. 셋째 날에도 궤짝 하나를 보내자, 성충은 톱으로 켜도록 했다. 그랬더니 피가 흘러나왔다. 칼을 품은 용사가 허리가 끊어진 채 죽어 있었다. 이때가 서기 645년, 무왕이 죽고 의자왕이 즉위한 뒤였다.

의자왕이 이를 듣고 성충을 불렀다. "짐은 덕이 없이 대위를 이은 탓에 이것을 감당치 못할까 두렵다. 신라가 백제와 더불어 화해할 수 없는 원수가 되었으니, 백제가 신라를 멸하지 못하면 신라가 백제를 멸할 것이다. 이는 내가 더욱 더 염려하는 바다. 옛날 월나라왕 구천은 범려를 얻어 백성을 10년간 기르고 10년간 가르쳐서 오나라를 멸했다. 자네가 범려가 돼서 짐을 도와 나를 구천으로 만들어주면 어떻겠느냐?"

성충은 말했다. "구천은 오나라왕 부차가 교만하여 방비를 소홀히 한 탓에 20년간 백성을 기르고 가르쳐서 오나라를 멸망시킬 수 있었습니다. 하지만 우리나라는 북으로는 고구려, 남으로는 신라의 침입이 그칠 날이 없습니다. 전쟁의 승패가 경각에 달리고 나라의 흥망이 조석朝夕으로 갈리니, 어찌 한가하게 20년간 기르고 가르칠 틈이 있겠습니까? 그런데 고구려는 서부대인 연개소문이 반역의 뜻을 품어 조만간 내란에 직면할 것이기 때문에, 한참 동안은 외부 문제를 다루기 힘들 것입니다. 그래서 고구려는 우리나라가 근심할 상대가 아닙니다. 신라는 본래 소국이었지만 진흥왕 이후로 갑자기 강국이 되어, 우리와 원수가 되더니 근래 들어 더욱 더 위협적이 되고 있습니다. 내성사신 김용춘은 선대왕(백제 무왕_옮긴이)과 혈전을 벌이다가 죽었습니다. 항상 우리나라를 엿보는 그 아들 김춘추는 영명한 선대왕이 두려워서 행동에 나서지 못했습니다. 하지만 지금은 선대왕이 붕어하시고 안 계십니다. 김춘추는 대왕께서 군사 문제에 익숙하지 못한 청년인 줄 알고 가벼이 여기고 있습니다. 그는 우리나라가 상을 당한 틈을 타서 머지않아 침략을 할 것입니다. 이에 대한 대응을 연구하셔야 합니다."

왕은 "신라가 우리나라를 침략할 경우, 어디로 들어오겠느냐?"고 물었다. 성충은 "선대왕께서 성열성(지금의 청풍) 이서 지방과 가잠성(지금의 괴산) 이동 지방을 차지하자 신라가 이것을 오랫동안 분하게 여겼으므로, 그들은 반드시 가잠성을 공격할 것입니다"라고 대답했다.

왕은 "그렇다면 가잠성의 수비를 증강해야 하느냐?"고 물었다. 성충은 "가잠성주 계백은 지략과 용맹을 겸비했기 때문에 신라가 모든 군대를 동원해서 포위·공격한다 해도 쉽게 무너지지 않을 것입니다. 그러니 염려하실 필요가 없습니다. 불시에 공격하여 허를 찌르는 것이 병법의 상책上策입니다. 신라 정예병이 가잠성을 공격할 때 우리는 가잠성을 구원한다고 공표한 뒤 군대를 동원해서 다른 곳을 기습해야 합니다"라고 답했다.

왕은 "어느 곳을 기습해야 하느냐?"고 물었다. 성충은 "신이 들어보니, 대야주(지금의 합천) 도독인 김품석이 김춘추의 딸인 김소 낭자의 남편이 되자 그 권세를 믿고 부하와 백성들을 학대하며 음탕과 사치를 일삼은 탓에, 오래 전에 원한의 대상이 되었다고 합니다. 지금 우리나라가 상을 당했다는 소식을 들으면, 그는 더욱 더 수비를 소홀히 할 것입니다. 신라 정예병이 가잠성을 포위한 상황하에서는, 설령 대야주가 위험할지라도 신속히 구원하기 힘들 겁니다. 그때 우리 군대가 대야주를 무너뜨리고 여세를 몰아 공격한다면 신라 전역이 진동할 것이므로, 이렇게 되면 신라를 멸망시키기 쉬울 겁니다"라고 말했다. 왕은 "공의 지략은 고금을 막론하고 대적할 자가 없다"고 말하고 성충을 상좌평에 임명했다.

2. 대야성의 함락과 김품석의 참사

의자왕이 즉위한 이듬해 음력 3월[254], 신라가 정말로 장군 김유신과 정예병 3만 명을 보내 가잠성을 쳤다. 계백이 성을 근거로 임기응변으로 응전하니, 수개월 사이에 신라 병사들이 수없이 사상을 당했다. 음력 7월[255]에 의자왕이 정예병 수만 명을 뽑아 가잠성을 구원한다고 공표한 뒤, 북쪽으로 움직이다가 갑자기 대야주 쪽으로 군대를 돌리고 미후성을 포위했다.

대야주는 신라 서부의 주요 기지로 관할하는 성읍이 40여 개나 되었다. 김춘추는 딸인 김소 낭자를 매우 사랑했다. 그래서 대야주의 속현인 고타古陁(지금의 창녕)를 식읍食邑으로 주고 딸을 고타소古陁炤라고 명명했다. 또 김소 낭자의 남편인 김품석을 대야주 도독에 임명하고 40여 성을 총괄하도록 했다.

음란하고 난폭한 김품석은 병사와 백성들을 돌보지 않고 미녀와 재물을 강탈했다. 그는 종종 부하의 부인을 빼앗아 첩으로 삼기도 했다. 김품석의 막료인 검일은 미모의 아내를 빼앗긴 데 분노하여 항상 보복의 기회를 노렸다. 그러다가 백제가 미후성을 포위했다는 소식을 듣고 몰래 사람을 보내 내응을 자청했다.

의자왕은 부여윤충(부여성충의 동생)더러 정예병 1만 명을 데리고 가도록 했다. 백제군이 성 앞에 도착하자, 검일은 성안의 창고에 불을 질러 군량미를 태워버렸다. 성안 사람들은 몹시 두려워 전의를 상실했다. 할

수 없이 김품석 부부는 막료인 서천으로 하여금 성 위에서 부여윤충에게 "우리 부부가 살아서 고향에 돌아갈 수 있도록 허용해 주면 성 전체를 내어주겠다"고 말하도록 했다. 부여윤충은 측근들에게 "저희 부부를 위해 국토와 인민을 파는 놈을 어찌 살려주겠느냐? 하지만 이를 거부했다가 성안에서 수비에 나서게 되면, 앞으로 얼마 동안 더 싸워야 할지 모르니 차라리 거짓으로 허락한 뒤 사로잡아야 하겠다"고 말했다. 부여윤충은 서천에게 "하늘의 해를 두고 맹세하노니, 공의 부부를 살려서 보낼 것을 약속한다"고 말하고 은밀히 군대를 숨겨놓은 뒤 거짓으로 철수했다. 김품석이 부하 장병들을 먼저 성 밖으로 내보내자, 백제군은 이 틈을 타서 복병을 보내 이들을 다 죽였다. 김품석 부부는 검일에게 살해당했다. 그리고 백제 군대가 성안에 들어갔다.

미후성에 있던 의자왕은 소식을 듣고 대야성으로 갔다. 그는 부여윤충의 작위를 높이고 말 20필과 쌀 1천 석을 상으로 주고, 수하 장병들에게도 차등적으로 상을 주었다. 그런 뒤, 여러 장수들을 보내 각 지역을 공략하도록 했다. 대야주는 원래 임라가라 땅이었다. 그래서 그곳 백성들은 고국을 그리워하고 신라를 싫어했다. 그러던 차에 백제 군대가 들어오자 모두들 환영했다. 이로 인해 40여 성이 한 달 내에 모조리 백제의 차지가 되었다.

《삼국사기》에서는 "7월에 의자왕이 미후성 등 40여 성을 점령했고, 8월에 부여윤충을 보내 대야성을 함락했다"고 했지만, 《해상잡록》에서는 "대야성을 점령한 뒤 40여 성을 함락했다"고 했다. 후자의 기록이 사리에 가까우므로, 이것을 따르기로 한다.

대야大耶는 '하래'로 읽는다. 이것은 낙동강 상류를 가리키는 표현이다. 《삼국사기》〈김유신 열전〉에서는 대야를 대량大梁으로 표기했다.

야耶나 량梁 같은 글자는 고어에서는 '라' 혹은 '래'로 발음했다. 대야는 신라 말에 협천陜川으로 개칭되고, 후세에는 합천으로 발음됐다. 하지만 당시에는 협陜의 첫 음인 '하'와 천川의 뜻인 '래'를 합쳐 '하래'로 읽었다.

3. 고구려·백제 동맹의 성립

의자왕이 대야주 40여 성을 차지하고 얼마 뒤, 연개소문이 영류왕을 죽이고 고구려의 정권을 잡았다. 의자왕이 성충에게 "연개소문이 신하로서 임금을 죽였는데도 고구려 전역이 두려워 엎드리고 죄를 묻는 자가 없는 것은 무슨 까닭인가?"라고 물었다. 성충은 "고구려가 서국(중국을 가리키는 말)과 전쟁한 지 수백 년이 됐습니다. 처음에는 서국에 여러 번 패하다가, 근세에 날로 강대해져 요동을 차지하고 요서까지 진출했습니다. 육상에서만 힘을 행사하는 게 아니라, 해상에까지 드나들 정도입니다. 영양대왕 때는 세 차례나 수나라 백만 군대를 격파하여 국위를 크게 떨쳤습니다. 그래서 고구려 병사와 백성들이 서국과 우열을 다투는 열기가 하늘을 찌르고 있습니다. 그런데 고건무가 도리어 이를 억압하고 서국과 화친하니, 군인과 백성들이 분노한 지 오래됐습니다. 연개소문은 고구려의 전통적인 장군 겸 재상의 명문가 출신으로 왕의 정책을 반대하고 당나라 정복론을 주장하여 국민의 마음에 부응하고 이걸 기반으로 고건무를 죽였습니다. 그래서 고구려 전역이 연개소문의 죄를 묻지 않는 것입니다. 이제 그들은 연개소문의 공로를 노래할 것입니다"라고 말했다.

왕이 "고구려와 당나라가 싸우면 어느 나라가 이기겠느냐?"고 묻자,

성충은 "당나라가 고구려보다 영토도 넓고 인민도 많지만, 이세민은 연개소문의 전략을 따를 수 없습니다. 승리는 반드시 고구려 쪽에 있을 겁니다"라고 대답했다. 의자왕이 "이세민은 네 나라의 군웅을 토벌하여 하나로 통일한 황제가 되었지만 연개소문은 아무런 전쟁 경력도 없는데, 어떻게 연개소문의 전략이 이세민보다 낫다고 하느냐?"고 묻자, 성충은 "신은 예전에 고구려를 여행하면서 연개소문을 만난 적이 있습니다. 그때 연개소문은 아무런 지위도 없이 그저 연씨 가문의 귀공자에 불과했습니다. 그런데 그는 용모가 웅장하고 기개가 호탕했습니다. 신이 호기심이 생겨 그와 담론을 나누다가 병법에 관해 이야기하게 되었습니다. 그래서 연개소문의 지략이 비상하다는 것을 알게 된 것입니다. 이번 일만 해도 그렇습니다. 연개소문은 직위를 세습한 지 얼마 되지 않아 음성과 안색 한 번 나타내지 않고 하루아침에 대신 이하 수백 명을 죽이고, 패수 전투에서 수나라 군대를 격파하여 명성을 얻은 고건무 왕을 쳐서 고구려의 대권을 잡았습니다. 이것은 이세민이 따라할 수 있는 일이 아닙니다"라고 대답했다.

왕이 "그럼, 고구려가 당나라를 멸할 수 있을까?"라고 묻자, 성충은 "이 점은 단언할 수 없습니다. 만약 연개소문이 10년 전에 고구려의 대권을 잡았다면 당나라를 멸할 수 있을지도 모르겠습니다. 하지만 연개소문은 이제 막 정권을 잡은 사람입니다. 그에 비해 이세민은 벌써 20년 전에 서국을 통일하고 치국의 방책을 정밀히 짰으며 인민을 사랑하고 복종시킨 지 오래입니다. 그렇기 때문에 연개소문이 승리한다 해도, 당나라의 민심이 갑자기 이반하지는 않을 것입니다. 이 점이 승패를 단언하기 힘든 첫 번째 이유입니다. 연개소문이 고구려를 통합하기는 했지만, 이것은 그저 외형일 뿐입니다. 내부적으로는 왕실과 호족의 잔당들이 항상 연개소문을 노리고 있습니다. 만일 당나라를 멸하기 전에 연개소문이 죽고 그 후계자가 재목감이 못 된다면 사방에서 반란이 일어날 것입니다. 이것이 두 번째 이유입니다. 이래서 양국의 흥망을 미리 말하기 힘듭니다"라고 대답했다.

왕이 "우리나라가 비록 신라 대야성을 차지하기는 했지만, 아직 그 뿌리를 뽑지는 못했기 때문에 그들이 복수심을 버리지 않을 것이다. 이런 상태에서 고구려가 당나라를 멸하거나 당나라가 고구려를 멸한다면, 둘 중 하나는 반드시 남침할 것이다. 그렇게 되면 우리나라는 북쪽으로는 고구려나 당나라의 침략을 받고, 동쪽으로는 신라의 반격을 받을 것이다. 어찌해야 하겠느냐?"라고 묻자, 성충은 "지금의 형세를 볼 때, 고구려가 당나라를 치지 않으면 당나라가 고구려를 쳐서 상호 대립하게 될 것입니다. 이 점은 연개소문도 잘 알고 있습니다. 고구려가 당나라와 싸우자면 남방의 백제나 신라와 화친해서 후방의 우환을 없애야 한다는 점을 연개소문은 잘 알고 있습니다. 백제와 신라는 서로 원한이 깊습니다. 그래서 고구려가 한쪽과 화친하면 다른 쪽과 적국이 될 수밖에 없다는 점을 연개소문은 잘 알고 있습니다. 그러므로 연개소문은 앞으로 어느 한 나라와 화친을 맺어둠으로써, 자기들이 당나라와 전쟁을 벌일 때 남방의 양국이 상호 견제하고 고구려의 뒤를 엿보지 못하게 할 것입니다. 지금 백제를 위한 계책은 신속히 고구려와 동맹하는 것입니다. 그래서 백제는 신라를 맡고 고구려는 당나라를 맡아야 합니다. 신라는 백제의 적수가 되지 못합니다. 그러므로 틈을 봐서 유리한 쪽으로 행동한다면, 이 동맹은 고구려보다는 백제에 더 유리할 것입니다"라고 대답했다.

옳다고 여긴 왕은 성충을 고구려에 보냈다. 고구려에 간 성충은 이해관계를 제시하면서 연개소문을 설득했다. 동맹조약이 거의 성사될 단계에 접어들 때였다. 갑자기 연개소문이 성충을 멀리하고 몇 달 동안 만나주지 않았다. 이상하게 여긴 성충이 탐지해 보니, 신라 사신 김춘추가 와서 고구려와 백제의 동맹을 방해하고 고구려와 신라의 동맹을 위해 움직이고 있었다.

성충은 연개소문에게 편지를 보내 "명공明公(존칭의 일종_옮긴이)께서 당나라와 싸우지 않는다면 모를까, 만일 당나라와 싸우고자 한다면 백제와 화친하지 않으면 안 됩니다. 무슨 이유인가 하면, 이렇습니다. 서국이 고구려를 칠 때에 항상 군량미 부족으로 패했습니다. 수나라가 좋은 사례입니다. 만약 백제가 당나라와 연합한다면, 당나라는 육로인 요동으로부터 고구려를 침략할 뿐 아니라 해로로 백제로 들어와 백제의 쌀을 먹으면서 고구려를 칠 것입니다. 이렇게 되면 고구려는 남북 양쪽에서 적을 상대하게 되니, 얼마나 위험하겠습니까? 신라는 동해안에 있는 나라이기 때문에, 당나라가 이곳으로 군대를 수송하는 것은 백제로 수송하는 것만 못합니다. 또 예전에 신라가 백제와 동맹하여 고구려를 치다가 결국 백제를 속이고 죽령과 고현 사이의 열 개 군을 빼앗았다는 점은 명공께서도 알고 계십니다. 신라가 오늘 고구려와 동맹한다고 해서 내일 당나라와 연합하여 고구려를 기습하지 않으리라고 어찌 장담할 수 있겠습니까?"라고 말했다. 글을 본 연개소문은 김춘추를 가두고 죽령 이외, 욱하郁河 일대의 영토를 빼앗으려 했다. 이 점은 제12편에서 서술할 것이기 때문에 여기서는 이 정도로 하고자 한다. 이렇게 해서 성충은 고구려와 동맹을 맺고 돌아오게 됐다.

4. 안시성 전투 당시 성충의 건의

서기 644년에 신라가 장군 김유신을 보내 죽령을 넘어 성열·동대同大성 등을 기습하자, 의자왕은 신하들을 모아놓고 방어 전략을 논의했다. 성 충은 "그간 계속 패배만 하던 신라가 자신을 지킬 생각도 없이 갑자기 쳐들어오니, 여기에는 필시 까닭이 있을 겁니다. 신이 듣기로는, 김춘추 가 고타소 낭자의 복수를 위해 여러 차례 은밀히 바다 건너 당나라에 가 서 구원병을 요청했다고 합니다. 당나라 주인인 이세민은 이미 오래 전 에 해동海東을 침략할 뜻을 품었습니다. 따라서 당나라와 신라가 고구 려·백제에 대한 음모를 세웠을 겁니다. 신이 그 음모를 추론해 보면, 아 마 당나라는 고구려를 치는 동시에 수군으로 백제의 서쪽을 침략하고, 신라는 백제를 쳐서 고구려를 돕지 못하도록 하는 동시에 대군을 동원 해서 고구려의 후방을 교란하기로 했을 겁니다. 그러나 신라가 성열·동 대성을 차지하기 전에는 고구려의 후방을 교란하지 못할 겁니다. 또 당 나라가 요동을 차지하기 전에는, 해로를 통한 군량미 운반이란 문제 때 문에 백제를 침입할 함선을 따로 마련하지 못할 겁니다.[256] 이제 백제를

---

256 고구려와 수나라의 전쟁을 생각하면, 이 문장의 의미가 쉽게 드러난다. 수나라 군 대는 요동 지역을 지배하지 못한 까닭에, 평양성을 직접 공격하는 군사들에게 먹 일 군량미를 해로로 수송해야 했다. 이 때문에 수나라 수군의 역량 중 상당 부분 이 군량미 수송에 투입되어야 했다. 만약 수나라가 평양성과 가까운 요동을 확보 한 상태였다면, 해로 수송의 필요성이 그만큼 줄어들었을 것이다. 그랬다면, 수나 라 수군의 전투력이 훨씬 더 증강됐을 것이다. 성충의 말은, 당나라가 요동을 차지 하기 전에는 평양성을 직접 공격하는 병사들에게 먹일 식량을 해로로 수송해야 할 부담이 크기 때문에, 당나라 수군이 백제를 침략할 여유가 그만큼 없을 것이라는 의미다.

위한 계책을 생각해 보면, 성열성 등을 신라에 내주고 군대를 대기시키며 관망하는 게 좋습니다. 그렇게 하면 당나라·신라가 고구려와 격렬한 전투를 벌이게 되어 서로 손을 떼기 어려울 것입니다. 신라는 백제가 무서워 대규모 군대를 고구려에 보내지 못할 테지만, 당나라는 필시 모든 국력을 다 동원해서 고구려를 침입할 것입니다. 이 틈을 타서 백제가 함선으로 정예병 수만 명을 싣고 당나라의 강남을 친다면, 이곳을 점령하기가 용이할 것입니다. 강남을 점령한 뒤에 그곳의 재물과 민중을 이용해서 계속 진격한다면, 서국의 북방은 고구려의 소유가 될지라도 남방은 다 백제의 차지가 될 겁니다. 그렇게 되면 신라가 설령 백제를 증오한다 할지라도, 미미한 소국이 무슨 일을 할 수 있겠습니까? 그저 머리 숙여 명령을 따를 수밖에 없을 겁니다. 그때가 되면 백제가 신라를 가질 수도 있고 그냥 둘 수도 있을 것입니다. 어느 쪽이든 아무 문제가 되지 않을 겁니다"라고 건의했다.

의자왕은 이 의견에 따라 장수들에게 변경을 고수할 것을 명령했다. 이듬해에 정말로 당나라가 30만 대군을 동원해서 고구려를 침공하고 안시성을 공격했지만, 여러 달 동안 승부가 나지 않았다. 이때 신라는 13만 대군을 동원해서 고구려 남방으로 들어가 후방 교란을 시도했다. 의자왕은 계백에게 신라군의 후미를 기습해서 성열성 등 일곱 개 성을 회복할 것을 명령하는 한편, 부여윤충을 보내 부사달(지금의 송도) 등 10여 성을 점령하도록 했다. 또 수군을 보내 당나라의 강남을 기습하여 월주越州(지금의 소흥) 등지를 점령하고 해외 개척에 착수했다. 그러던 중에 임자의 참소로 부여성충이 왕의 박해를 받고 뜻을 성취하지 못했다는 점을 제3장에서 상세히 설명할 것이다.

제2장

김춘추의 외교와 김유신의 음모

1. 김춘추의 보복 운동

김춘추는 신라 내성사신 김용춘(백제 무왕과 동서 전쟁을 시작한 사람)의
아들이다. 김용춘이 죽자 김춘추가 지위를 승계하여 신라의 국정을 장
악하고 무왕과 혈전을 벌였다. 무왕이 죽은 뒤에 의자왕은 성충의 계책
에 따라 대야주를 쳐서 김품석 부부를 죽이고 관내 40여 성을 빼앗았다.
이때 김춘추가 어찌나 통분해 했는지, 그 흉문凶聞을 듣고 기둥에 기대선
채 사람이나 개가 지나가는 것도 깨닫지 못하고 붉게 피어오른 얼굴빛
으로 먼 곳만 바라보았다. 그러다가 갑자기 주먹으로 기둥을 치며 "사나
이가 어찌 앙갚음을 못 하리오!" 하고 일어섰다. 기둥을 친 뒤에 김춘추
가 내린 결론은 "신라는 나라가 작고 백성들이 약하니 무엇으로 백제에
대한 원한을 갚겠는가. 오로지 외부의 지원을 청하는 것뿐이다"였다. 그
래서 고구려에 간 것이다.

고구려는 수나라 백만 대군을 격파한 유일한 강대국이고, 연개소문

은 고구려의 유일한 거인이었다. 그런 연개소문과 사귀면 백제에 대한 원한을 갚을 수 있을 거라는 생각에, 김춘추는 신라·고구려 동맹의 이익을 연개소문에게 제시했다. 동맹이 거의 성사되려던 찰나에 백제 사신 상좌평 부여성충이 이런 사실을 알고 연개소문에게 편지를 보냈다. 결국 연개소문은 김춘추를 잡아 가두고, 욱리하 일대의 영토를 요구했다.

김춘추는 은밀히 수하를 보내 고구려왕의 총신인 선도해에게 선물을 주고 자기를 살려달라고 빌었다. 연개소문 천하에 고구려왕의 총신이 무슨 힘이 있겠는가마는, 선물에 탐이 난 선도해는 "내가 공을 살릴 수는 없지만, 공이 살아나갈 방략은 가르쳐줄 수 있다"며 당시 고구려에서 유행하던 《귀토담龜兎談》(거북이와 토끼의 이야기_옮긴이)이란 책자를 전달했다. 김춘추가 책자를 받아보니, 대충 이런 내용이었다.

"거북의 꾐에 빠진 토끼는 벼슬을 얻고자 거북의 등에 업혀 용왕국에 들어갔다. 가보니, 벼슬을 주려던 게 아니었다. 토끼의 간이 병에 걸린 용왕에게 약이 된다는 생각에, 거북을 보내 토끼를 유인한 것이었다. 토끼는 용왕을 속이기 위해 임기응변으로 기지를 발휘했다. 그는 '신은 달의 정기로 태어난 자손이라서 달을 보고 잉태합니다. 보름 이전에 달이 차는 동안에는 간을 내어놓고, 보름 이후에 달이 기우는 동안에는 간을 다시 넣어둡니다. 신이 대왕의 나라에 들어올 때는 보름 이전이라서 간을 내어놓는 때였습니다. 그래서 지금은 간이 신의 뱃속에 있지 않고 금강산의 나무 밑에 감추어져 있습니다. 신을 보내주시면 간을 가져 오겠습니다'라고 말했다. 거북의 등에 업혀 육지로 돌아온 뒤에 토끼는 '사람이나 짐승이나 간을 꺼냈다 넣었다 하는 경우가 어디 있겠느냐? 아나! 옜다! 간 받아라!'라고 말하고는 깡충 뛰어 달아났다."

선도해의 뜻을 알아차린 김춘추는 고구려왕에게 거짓으로 글을 올려

"욱리하 일대를 고구려에 바치겠다"고 말했다. 그러자 연개소문은 김춘추와 맹약한 뒤, 김춘추를 석방시키고 귀국을 허용했다. 국경에 당도한 뒤 김춘추는 고구려 사신을 돌아보며 "땅은 무슨 땅이냐? 어제의 맹약은 죽음에서 벗어나기 위한 거짓말이었다"라고 말하고는 토끼같이 뛰어서 돌아왔다.

김춘추가 고구려에서 실패하고 돌아왔으니, 신라는 고구려·백제 사이에서 고립되는 약소국이 될 수밖에 없었다. 이제, 바다 건너 당나라에서 새로운 동맹을 찾을 수밖에 없게 되었다. 그래서 김춘추는 바다를 건너 당나라에 들어가 당태종에게 신라의 위급한 형세를 하소연했다. 그는 힘닿는 데까지 최선을 다해 비굴한 언사와 예법을 보이며 구원을 요청했다. 그는 당나라 군주와 신하들의 마음에 들기 위해 아들 법민·인문 등을 당나라에 인질로 남겨두었다. 또 자기 나라의 의관을 버리고 당나라의 의관을 쓰고, 진흥왕 이래의 자기 나라 연호를 버리고 당나라의 연호를 쓰며, 당태종이 편찬한 《진서》와 당태종이 가감한 《사기》·《한서》·《삼국지》 등을 가져가 자기 나라에 그대로 전파했다. 이 책들 속에는 조선에 대한 모욕적 언사가 많이 들어 있었다. 이렇게 그는 사대주의의 병균을 전파하기 시작했다.

2. 김유신의 등용

김춘추가 한창 복수 운동에 열중할 당시, 그를 보좌하던 명물 하나가 있었다. 그가 바로 김유신이다. 연개소문이 고구려의 대표 인물이고 부여성충이 백제의 대표 인물이었다면, 신라의 대표 인물은 김유신이었다고 할 수 있다. 고구려·백제가 망한 뒤에 신라 역사가들은 연개소문과 부여성충에 관한 자료를 말살하고 오직 김유신만을 찬양했다. 그래서《삼국사기》열전에서는 김유신 한 사람의 전기가 을지문덕 이하 수십 명의 전기보다도 훨씬 더 길다. 부여성충 같은 이는 열전에 실리지도 못했다. 그렇다면 〈김유신 열전〉 속에 과장된 이야기가 많이 들어갔을 것이라는 점을 쉽게 짐작할 수 있다. 이런 점을 고려하여 사리에 부합하는 것만 추려보면 아래와 같다.

김유신은 신가라 국왕인 김구해의 증손이다. 5가라는 신라와 혈전을 벌이다가 망했다. 하지만 신가라는 한 차례 전쟁도 없이 신라에 나라를 넘겼다. 그래서 골품을 따지는 신라였지만 감사의 표시로 김구해에게 식읍을 주고 준準귀족 대우를 하지 않을 수 없었다. 김구해의 아들인 김무력은 장군·대관大官이 되어 구천 전투에서 백제 성왕을 격살하는 전공을 세웠다. 그러나 신라 귀족들은 김무력이 외래의 김씨라 하여 3대 성씨 중 하나인 김씨와 구별하고 3대 성씨와의 혼인을 불허했다.

김무력의 아들인 김서현은 여행 중에 3대 성씨의 일원인 김숙흘종의 딸 김만명을 만났다. 김만명의 아름다움을 보고 욕망을 금치 못한 그는 추파를 던지고 정을 통했다. 이렇게 해서 임신한 아들이 김유신이다. 김숙흘종이 대노하여 김만명을 가두었지만, 김만명은 금물내(지금의 진천)에 있는 김서현의 처소로 달아나 부부의 예를 거행하고 김유신을 낳았다. 아버지 김서현은 일찍 죽고 어머니 김만명이 김유신을 길렀다.

김유신은 처음에는 방탕하고 무절제했다. 그러나 어머니의 눈물의 가르침에 감동해서 열심히 공부하기 시작했다. 그리고 나이 열일곱에 화랑에 들어갔다. 그 뒤 중악산·인박산 등지에 들어가서 구국의 기도를 올리고 검술을 익히면서 점차적으로 명성이 높아졌다. 그러나 김유신은 자신이 가라 김씨인 까닭에 특별한 연줄이 없으면 나라에 중용될 수 없다는 점을 잘 알았다. 그래서 그는 왕의 총애를 받는 내성사신 김용춘의 아들인 김춘추와 사귐으로써 출세의 발판을 얻고자 했다.

김유신은 자기 집 부근에서 김춘추와 제기[257]를 차다가 일부러 김춘추의 단추를 차서 떨어뜨렸다. 그런 뒤, 김춘추를 집에 데려갔다. 그러고는 막내 누이를 불러 단추를 달도록 했다. 막내 누이 김문희가 담박한 화장과 간편한 복장으로 바느질 도구를 갖고 나왔다. 그 얼굴과 겉모습에서 풍기는 아름다움이 김춘추의 눈을 호렸다. 결국 김춘추는 청혼을 했다. 이로써 김춘추가 김문희의 남편이 되고 김유신의 매부가 되었다.

김용춘이 죽고 김춘추가 정권을 잡자, 김유신은 장군감에 걸맞은 능력에 더해 김춘추의 후원까지 받게 되어 신라의 군주軍主 자리에 올랐다. 김춘추가 왕이 되자 그는 소뿔한(관직명으로 장군과 재상을 겸한 칭호)의 지위를 얻어 신라의 군사 대권을 장악했다.

3. 김유신 전공 기록 속의 숱한 조작

《삼국사기》〈김유신 열전〉에 따르면, 김유신은 전략과 전술에서 남을 능가하는 백전백승의 명장이었다. 하지만 대부분의 경우에 이것은 패전은 숨기고 작은 승전은 과장한 허위의 기록이다.

"진덕대왕 원년(서기 647년)에 백제 군대가 무산·감물·동잠성 세 개 성을 치자, 김유신이 보병 및 기병 1만 명을 거느리고 악전고투를 하다

---

257 《삼국유사》〈기이〉 김춘추 편에서는 축국(蹴鞠) 즉 축구를 했다고 했다.

가 힘이 떨어지게 됐다. 김유신이 비령자_{丕寧子}에게 '지금 상황이 급하니, 그대가 아니면 누가 군대를 움직일 수 있겠는가?'라고 말하자, 비령자는 두 번 절하고 적진에 달려들었다. 그러자 그의 아들 거진과 하인 합절이 뒤를 따라갔다. 세 사람이 힘껏 싸우다가 전사하자, 감동한 삼군_{三軍}이 달려들어 적군을 대파하고 3천여 수급을 베었다."

"김유신이 압량주(지금의 경북 경산) 군주가 되어 …… 대량주(대야주) 전투의 치욕을 갚으려 하자, 왕은 '소수로 다수를 대적하는 게 위험하지 않겠는가?'라고 말했다. 김유신이 '지금 우리 쪽 사람들이 한 마음으로 뭉쳐 있으므로, 백제를 두려워할 이유가 없습니다'라고 대답했다. 왕이 허락하자 김유신은 압량주 병력을 뽑아 대량성(대야성_옮긴이) 밖에 당도했다. 백제군이 저항하자 그는 밀리는 척하면서 옥문곡으로 후퇴했다. 신라군을 가볍게 본 백제군은 대군을 동원해서 추격했다. 그때 신라군은 복병을 동원해서 앞뒤로 협공하여 백제군을 대파했다. 신라는 백제 장군 여덟 명을 사로잡고 천여 수급을 베었다. 그런 뒤 사신을 백제 장군에게 보내 '우리 군주 품석과 그 부인인 김 씨의 유골이 너희 나라에 있으니, …… 두 사람의 유골을 보내주면, 나는 생존자 여덟 명을 돌려보낼 것이다'라고 말했다. 백제가 …… 김품석 부부의 유골을 돌려보내자, 김유신은 …… 여덟 명의 송환을 허용했다. 그런 뒤 그는 승세를 타고 백제 경내로 들어가서 악성_{嶽城} 등 열두 개 성을 빼앗고 1만 명의 수급을 베고 9천 명을 포로로 잡았다. 이 공로로 그는 아찬의 작위를 얻고 상주 행군대총관이 되었다. 또 그는 진례성_{進禮城} 등 아홉 개 성을 도륙하고 9천여 수급을 베고 600명을 포로로 잡았다."

"진덕여왕 2년 8월[258]에 백제 장군 은상이 석토성_{石吐城} 등 일곱 개 성을 공격하자, 왕은 유신·죽지·진춘·천존 등의 장군에게 3군을 거느리고 다섯 길로 나눠 공격할 것을 명령했다. 하지만 열흘이 되도록 승부가 나지 않았다. 이로 인해 시체가 들판에 가득 하고, 흐르는 피에 방패가 뜰 정도가 되었다. 신라군은 도살성 밑에 주둔했다. 신라군은 말에게 휴식을 주고 병사들에게 식사를 주면서 다시 공격할 기회를 엿보았다. 그때 물새가 동쪽에서 날아와 김유신의 군막을 지나갔다. 장병들은 다들 불길한 징조라고 말했다. 그러자 김유신은 '오늘 백제 첩자가 올 테니까, 너희는 모르는 척하라'고 하고 '오늘은 성벽을 굳게 지키고 움직이지 말며, 내일 구원병이 오면 싸우자'고 말했다. 이것을 들은 백제 첩자가 돌아가서 은상에게 보고했다. 신라 구원병이 오는 줄로 믿은 은상은 불안하고 두려웠다. 이 틈을 타서 김유신이 공격에 나서서 백제군을 대파했다. 달솔 정중과 군인 100명을 포로로 잡았으며, 좌평 은상·자견 등 열 명과 병졸 8,980명을 참수하고 말 1만 필과 갑옷 1,800벌을 노획했다. 또 병장기도 이 만큼 노획했다. 귀로에 만난 백제 좌평 정복이 병졸 1천 명과 함께 투항했지만, 그들을 그냥 풀어주었다."

〈신라 본기〉의 기록도 위와 거의 비슷하다. 여기에 나오는 악성의 연혁은 알 수 없다. 진례성은 용담·진안 사이의 진내을進仍乙(고구려 쪽 명칭이다. 신라에서는 진례라고 했다)이다. 악성도 그 부근일 것이다. 이것은 전라도 동북부가 신라의 위협을 받았다는 말이 된다. 석토성石吐城의 연혁은 알 수 없지만, 도살성이 청안清安의 옛 이름이므로 석토성도 그 부근일 것이다. 이것은 충청도 동북부가 신라의 소유였다는 말이 된다.

만약 김유신이 이렇게 항상 승리만 했다면, 백제 영토는 크게 축소되었을 것이다. 그런데《당서》에 따르면, 신라 사신 김법민이 구원병을 요

258 양력 648년 8월 24일부터 9월 23일까지.

청하면서 "큰 성과 중요한 진鎭들이 모두 백제에 병합되고 강토가 나날이 줄어들고 있습니다. …… 옛 땅을 되찾기 위해 화친을 청하고자 합니다"라고 말했다.《삼국유사》에서는 "태종대왕은 백제를 공격하기 위해 당나라에 군대를 요청했다. 홀로 있을 때에 얼굴에 근심하는 빛이 나타났다"고 했다. 당시 백제는 성충·윤충·계백·의직 같은 현상명장賢相名將(어진 재상과 뛰어난 장군_옮긴이)들이 숲을 이루었고, 군인들도 수많은 전장에서 훈련을 받았기 때문에 신라가 도저히 상대할 수 없는 적이었다. 김유신이 작은 승리를 몇 번이나 거두었는지는 알 수 없지만, 〈김유신 열전〉이나 〈신라 본기〉에 기록된 것 같은 혁혁한 승전은 실제 사실이 아닐 것이다.

4. 김유신의 특기인 음모

앞에서 설명한 바와 같이, 김유신의 전공이 거의 다 허위라면 그를 무어라 불러야 할까? 김유신은 지략과 용맹을 갖춘 명장이 아니라 음험하고 사나운 정치가다. 그는 평생의 공적을 전장에서 세운 사람이 아니라, 음모로 이웃나라를 어지럽힌 인물이었다. 그런 실례의 하나를 들고자 한다.

　　신라 부산현夫山縣(지금의 송도 부근인 듯) 현령인 조미곤이 포로가 되어 백제 좌평 임자任子의 가노가 되었다. 그는 충실하고 부지런히 임자를 섬겼다. 그러다 보니, 마음대로 출입할 수 있는 자유를 얻게 됐다. 조미곤은 몰래 신라로 도망가 김유신에게 백제의 사정을 보고했다. 김유신은 "임자는 백제왕이 총애하는 대신이라고 하니, 나의 뜻을 그에게 전해라. 그가 신라의 쓰임을 받도록 한다면 너의 공이 누구보다 클 것이다.

네가 위험을 무릅쓰고 나의 말대로 할 수 있겠는가?"라고 말했다. 조미
곤은 "생사를 가리지 않고 명령대로 하겠습니다"라고 말했다.

조미곤은 김유신의 밀명을 받고 다시 백제에 들어갔다. 그는 임자에
게 "이 나라의 백성이 되어 나라의 풍속도 모르는 것은 옳지 않은 일인
지라, 미처 여쭙지도 못하고 여행을 갔다 돌아왔습니다"라고 말했다. 임
자는 그의 말을 곧이듣고 의심하지 않았다. 조미곤은 이 틈을 타서 임자
에게 "실은 고향이 그리워서 신라에 갔다 왔습니다. 여행했다는 것은 임
시방편으로 꾸며낸 말이옵니다. 신라에 가서 김유신을 만났습니다. 그
는 어른에게 '백제와 신라가 원수가 되어 전쟁을 그치지 않고 있으니, 양
국 중에서 한 나라는 필시 망할 것이다. 그렇게 되면 우리 둘 중 한 사람
은 부귀를 잃고 포로가 될 것이다. 나는 우리 두 사람이 약속을 해서, 신
라가 망하면 유신이 공의 도움으로 백제에서 벼슬하고, 백제가 망하면
공이 유신의 도움으로 신라에서 벼슬했으면 좋겠다. 그렇게 하면 어느
나라가 망하든지 간에 우리 두 사람은 부귀를 지킬 것 아니냐?'라는 말
을 전하라고 했습니다"라고 고했다. 임자는 잠자코 말이 없었다. 조미곤
은 황공한 낯빛으로 물러났다. 며칠 후, 임자가 조미곤을 불러 그 일을
되물었다. 조미곤은 김유신의 말을 되풀이한 뒤 "국가는 꽃과 같고 인생
은 나비와 같습니다. 만일 이 꽃이 진 뒤에 저 꽃이 핀다면, 이 꽃에서 놀
던 나비는 저 꽃으로 옮겨 가서 사시사철 항상 봄처럼 놀지 않겠습니까.
꽃을 위해 절개를 지키려고 부귀를 버리고 몸을 굽힐 필요가 있겠습니
까?"라고 말했다. 임자는 원래 부귀에 정신이 빠진 범부였다. 이 말을 달
콤하게 여긴 그는 조미곤을 보내 김유신의 말에 동의를 표시했다.

이에 김유신은 임자를 더욱 더 끌어들이기 위해 "일국의 대권을 홀로
장악하지 못한다면, 무슨 부귀의 위세가 있다고 할 수 있겠습니까? 듣

자 하니, 백제에서는 성충이 왕의 총애를 받기 때문에 그가 하는 말은 다 시행되지만, 공은 그저 그 밑에서 한가롭게 지낸다 합니다. 이거야말로 치욕이 아닙니까?"라는 말을 전했다. 그러고는 임자를 백방으로 유혹해서, 부여성충을 참소하도록 만들었다. 그는 요녀 금화錦花를 임자에게 추천해서 백제 왕궁에 들이도록 하고, 부여성충 이하의 어진 신하들을 살해 혹은 축출하도록 했다. 이렇게 그는 백제를 이용해서 백제를 망치도록 만들었다(다음 장 참조).

제3장

부여성충의 자살

1. 금화와 임자의 참소 및 이간질

임자는 김유신이 보낸 무녀 금화를, 미래의 화복과 국가 운명을 예견하
는 선녀라고 칭찬하면서 의자왕에게 추천했다. 이에 넘어간 왕은 금화
에게 백제 미래의 길흉을 물어보았다. 금화는 눈을 감고 있다가 한참 만
에야 신의 말을 전달했다.

금화는 "만일 백제가 충신 형제를 죽이지 않으면 목전에 망국의 화가
있을 것이고, 그들을 죽이면 천만세 영원히 국가의 복을 누릴 것이다"라
고 말했다. 왕이 "충신을 쓰면 나라가 흥하고 충신을 죽이면 나라가 망
한다는 것이 고금의 이치이거늘, 충신의 형제를 죽여야 백제의 국운이
영원하리라는 것은 무슨 말인가?"라고 말했다. 금화는 "말로는 충신이
지만 실제로는 충신이 아니기 때문입니다"라고 말했다. 왕이 "그 충신
형제가 누구냐?"고 묻자, 금화는 "첩은 그저 신의 밀명을 전할 뿐이지,
구체적으로 무슨 뜻인지는 모릅니다"라고 대답했다. 왕은 성충·윤충 형

제의 이름에 충忠 자가 들어가 있다는 생각이 들었다. 그래서 그들을 의심하기 시작했다. 임자는 성충에 대한 왕의 마음이 흔들리는 것을 눈치채고 성충을 참소하기로 마음먹었다.

하루는 왕이 임자와 함께 한가로이 술을 마시다가 "성충은 어떤 사람인가?"라고 물었다. 임자는 "성충은 재주와 지략이 지금 세상에서 매우 특출합니다. 전쟁의 승패를 예측하면 백에 한 번도 실수가 없습니다. 또 남의 마음을 잘 헤아리고 말솜씨가 있어서 이웃나라에 사신으로 가게 되면 어명을 욕되게 하지 않을 사람이니, 천하에 매우 특별한 인재입니다. 그러나 재주가 특별하니 만큼 그를 다루기도 쉽지 않습니다. 신이 들어보니, 성충이 고구려에 사신으로 갔을 때 연개소문과 친해졌다고 합니다. 그래서 연개소문에게 '고구려에 공이 있고 백제에 성충이 있으니, 우리 두 사람이 합하면 천하에 무슨 일을 못 하겠습니까?'라고 하면서, 스스로를 백제의 연개소문으로 자처했다고 합니다. 연개소문은 성충에게 '나는 공이 아직 대권을 잡지 못한 것이 한스럽다'라면서 성충을 매우 후대했다고 합니다. 성충이 이처럼 불측한 마음으로 이웃나라의 강력한 대신과 친밀한 데다가 동생 윤충 같은 명장도 있으니, 신은 만세 후에는 백제가 대왕 자손의 백제가 아니라 성충의 백제가 되지 않을까 생각합니다"라고 말했다.

이에 왕은 윤충을 파면하여 소환했다. 또 성충도 홀대했다. 당시 윤충은 월주에서 군인들을 훈련하면서 당나라의 강남을 삼킬 계획을 품고 있고 있었다. 그러다가 갑작스레 참소를 당해 소환되었다. 이로 인해 월주가 얼마 안 있어 당나라에 함락되자 윤충은 울분을 품고 죽었다.

2. 성충의 자살과 그 일파의 축출

윤충이 죽고 성충도 쫓겨나자, 금화는 더욱 더 거리낌 없이 의자왕을 충동질했다. 금화는 왕흥사와 태자궁을 화려하게 쌓도록 해서 국가 재정을 궁핍하게 만들었다. 또 "백제 산천의 지덕地德이 험악하니 철로 눌러야 합니다"라며 곳곳의 명산에 쇠기둥이나 쇠못을 막고, 강과 바다에 쇠그릇을 던져 나라의 철을 소진시키도록 만들었다. 이에 나라 사람들은 금화를 원망하고 미워하여 '불가살'이라고 불렀다. 불가살은 백제 신화에 나오는 쇠 먹는 신이었다.

성충이 상소를 올려 임자와 금화의 죄를 지적했다. 하지만 왕의 측근은 다들 임자와 금화의 심복이었다. 도리어 이들은 성충을 참소하면서 "성충이 대왕의 총애를 잃은 뒤부터 항상 분노의 마음을 품었습니다. 그래서 이런 상소를 올린 것입니다"라고 말했다. 왕은 성충을 궁중 감옥에 가두고 좌평 홍수를 고마미지(지금의 장흥)로 내쫓았다. 또 서부 은솔인 복신의 직책을 빼앗고 감옥에 가두었다. 이들은 다 성충 일파였다.

성충은 옥중에서 상소로 유언을 올렸다. "충신은 죽을지라도 임금을 잊지 못하므로, 신이 한 말씀 올리고 죽고자 합니다. 신이 천시天時와 인사人事를 살펴보니, 머지않아 전쟁의 화가 닥칠 것입니다. 군대를 움직일 때는 지세를 봐서 상류에 진을 치고 적군을 맞이해야 만전을 기할 수 있습니다. 만약 적군이 쳐들어오면, 육로로는 탄현을 막고 수로로는 백강을 막아야 합니다. 이렇게 험한 곳에 진을 치고 싸워야 합니다"라고 쓴 뒤 음식을 끊고 28일 만에 죽었다. 고구려 태대대로 연개소문이 죽기 1년 전이었다.

후세 사람들은 탄현은 지금의 여산礪山 탄현이라 하고, 백강은 지금의 부여 백강이라 한다. 하지만 백제가 망할 때 신라 군대가 탄현을 넘고 당나라 군대가 백강을 지난 뒤에 계백이 황산(지금의 연산 부근)에서 싸우고 의직이 부여 앞강에서 싸웠다. 따라서 탄현은 지금의 보은에 있는 탄현이고, 백강은 지금의 서천舒川 백마강의 바다 쪽 입구로, 홍수가 말한 이른바 기벌포(다음 장 참고)라는 곳이다.

제4장

신라·당나라 군대의 침입과

백제 의자왕의 체포

1. 신라와 당나라의 연합 침공

서기 654년에 진덕여대왕이 죽고 김춘추가 왕위를 이으니, 그가 곧 역사에서 말하는 태종무열왕이다. 태종의 아버지인 김용춘 때부터 이 집안은 사실상 대왕의 실권을 가졌지만 동서인 백제 무왕과의 왕위 다툼 과정에서 백제와의 관계를 극도로 악화시키지 않기 위해 왕의 명의를 처음에는 선덕, 다음에는 진덕, 즉 출가 여승에게 주었다. 하지만 진덕여대왕이 죽은 뒤에는 양국의 분열이 봉합할 수 없을 정도였기 때문에, 태종이 백제의 눈치를 볼 필요 없이 왕의 명의를 갖게 된 것이다.

태종이 왕이 된 뒤에는 신라가 김품석 부부의 복수에 더욱 더 집착했을 뿐 아니라, 백제의 압박이 전보다 더 심해졌다. 그래서 태자 김법민을 당나라에 보내 구원병을 요청해야 했다. 이때 당나라에서는 고종이 왕위에 있었다. 그는 고구려를 상대로 아버지의 복수를 하고자 여러 차례 고구려를 침공했지만 번번이 실패했었다. 그래서 신라와 합력合力하여 백제를 멸망시킨 뒤 고구려를 협공하고자 태종의 요청을 수락했다.

2. 계백과 의직의 전사

의자왕 20년 3월(원문은 '서기 660년 3월_옮긴이)[259] 신라 왕자 김인문이 당나라 행군대총관 소정방과 함께 병력 13만 명을 거느리고 래주萊州(산동반도 북쪽 해안의 왼쪽 끝부분_옮긴이)에서 바다를 건넜다. 이들은 음력 6월[260] 덕물도(지금의 남양 덕물도)에 이르렀다. 신라 태종은 금돌성(지금의 음성)에 진을 치고, 태자 김법민과 대각간 김유신 및 장군 진주·천존 등이 병선 100척을 거느리고 영접하러 나갔다. 소정방이 김법민에게 "신라·당나라 양국 군대가 수륙을 나누어 이동하자. 신라 군대는 육로로 가고 당나라 군대는 수로로 가서, 7월 10일(양력 8월 21일_옮긴이) 백제 서울 소부리所夫里에서 만나자"고 했다. 김법민·김유신 등은 금돌성으로 돌아가서 김품일·김흠순 등의 장수들과 함께 정예병 5만 명을 거느리고 백제로 향했다.

의자왕은 그제야 밤샘 연회를 파하고 신하들을 불러 전쟁의 방도에 관해 협의했다. 좌평 의직은 "당나라 군대가 물에 익숙지 못한 자들을 데리고 멀리 바다를 건너왔기 때문에 분명히 피곤할 겁니다. 그들이 상륙할 때 기습하면 깨부수기 쉬울 것입니다. 당나라 군대를 깨뜨리면 신라는 저절로 겁을 먹고 싸움 없이도 무너질 것입니다"라고 말했다. 좌평

---

259 양력 660년 4월 16일부터 5월 14일까지.
260 양력 7월 13일부터 8월 11일까지.

상영은 "당나라 군대는 멀리 왔기 때문에 이들에게는 속전속결이 유리합니다. 그렇기 때문에 상륙하는 동안에는 다들 용감할 것입니다. 그러므로 요새를 막고 수비하다가, 저들이 양곡이 떨어지고 지친 뒤에 싸워야 합니다. 신라는 우리 군대에 여러 번이나 패한 탓에 우리를 두려워하고 있기 때문에, 먼저 신라를 깨뜨린 다음에 상황을 봐서 당나라 군대를 쳐야 합니다"라고 말했다. 의자왕은 본래 평시든 전시든 항상 용단을 내리던 인물이었다. 하지만 이때 요상한 무녀와 여러 소인배들에 둘러싸인 의자왕은, 이렇게 논의가 분분해지자 의외로 흐리멍덩해져 어찌할 바를 몰랐다. 그러다 갑자기 꾀지팡이[智謀杖]로 이름난 좌평 하나가 생각났다. 그는 성충의 일파로 지목되어 고마미지(지금의 장흥)에 귀양을 간 부여 흥수였다. 의자왕은 그에게 사람을 보내 계책을 물었다.

흥수는 이렇게 대답했다. "탄현과 기벌포는 나라의 요충지입니다. 한 명이 칼을 들고 막아서면, 1만 명도 덤비지 못할 곳입니다. 육군과 수군에서 정예병을 뽑아 당나라 군대가 기벌포에 들어오지 못하게 하고 신라 군대가 탄현을 넘지 못하게 해야 합니다. 그렇게 하면서, 대왕께서는 도성을 지키고 있다가 적군의 양곡이 떨어지고 병사들이 지친 뒤에 공격하면 백전백승할 겁니다."

사람이 돌아와서 왕에게 보고하자, 임자 등은 성충의 잔당이 다시 기용될까봐 두려워했다. 그래서 그들은 "흥수가 오랫동안 귀양생활을 한 탓에 임금을 원망하고 성충의 은혜를 그리워하고 있습니다. 그래서 늘 보복의 마음을 품고 있습니다. 그는 이번 기회를 이용해서 성충의 유언 찌꺼기로 나라를 잘못되게 만들려 하고 있습니다. 그러므로 그의 말은 쓸 수 없습니다. 당나라 군대는 기벌포를 지나게 하고 신라 군대는 탄현을 넘게 한 뒤에 이들을 한 데 모아 공격하면, 주머니 속에든 자라를 잡는 것처럼 한꺼번에 두 적을 분쇄할 수 있습니다. 그런데 어찌 험한 곳을 막고 적과 대치하며 시일을 허비하고 군사들의 용기를 떨어뜨릴 필요가 있겠습니까?"라고 말했다. 왕은 이 말이 옳다고 생각했다. 왕은 다시 궁녀들에게 술 따르고 노래 부르게 했다. 그는 눈앞에 전쟁이 다가왔다는 것을 잊었다.

음력 7월 9일(양력 8월 20일_옮긴이)에 신라 대장 김유신·김품일 등이 5만 군대를 거느리고 탄현을 지나 황등야군黃登也郡(논산·연산 사이)에 이르렀다. 의자왕은 장군 부여계백을 보내 신라 군대를 막도록 했다. 계백은 출전에 앞서 "어허!" 하며 말하기를 "탄현의 요새를 지키지 않고 5천 병력으로 열 배의 적을 막으라고 하니, 내 앞일을 내가 알겠구나"라고 말했다. 그런 뒤 처자식을 불러 "남의 포로가 될 바에는 차라리 내 손에 죽어라"고 말하고 칼을 빼어 그 자리에서 쳐 죽였다. 그리고 군영에 나가 병사들을 모아놓고 "고구려 안시성 성주 양만춘은 5천 명으로 당나라 군대 70만을 격파했다. 우리 5천 병력이 각각 열 명씩 상대한다면, 신라군 5만 명을 겁낼 필요가 있겠는가!"라고 외친 뒤 황등야군까지 달려갔다. 계백은 여기서 험한 곳을 잡아 진영을 세 곳에 설치하고 형세를 뒤집었다. 김유신 등은 네 번 쫓아왔다가 네 번 다 패해 만여 명의 사상자를 냈다.

김유신은 싸워서는 승리할 수 없다는 판단이 들었다. 7월 10일의 약속이 급한지라 그는 김품일과 김흠순을 돌아보면서 "오늘 이기지 못하면 약속을 지키지 못한다. 당나라 군대가 단독으로 싸우다가 패배하면 신라의 수십 년 노력이 허사로 돌아갈 것이다. 만약 당나라 군대가 단독으로 승리하면, 비록 남의 힘으로 복수는 한다 하더라도 신라는 당나라의 모멸을 견디지 못할 것이다. 어쩌면 좋겠느냐?"라고 말했다. 김흠순과 김품일은 "오늘 열 배의 병력으로 백제를 이기지 못하면, 신라인은 다시 면목을 세우지 못할 것입니다. 먼저 내 자식을 죽인 뒤에 남의 자식에게 혈전을 독려하지 않으면 안 되겠습니다"라고 말했다.

김흠순은 아들 반굴을 부르고 김품일은 아들 관창을 불렀다. 김흠순과 김품일은 "신라 화랑은 충성과 용맹으로 이름을 날렸다. 지금 1만 명의 화랑 병력으로 수천 명의 백제 군대를 이기지 못하면 화랑도 망하고 신라도 망한다. 너희는 화랑의 두령으로서 화랑을 망칠 것인가? 신하가 되면 충성을 다해야 하고, 자식이 되면 효성을 다해야 한다. 위기 앞에서 목숨을 바쳐야 충과 효를 다했다고 할 수 있는 것이다. 충효를 다하고 명성을 얻는 것이 오늘의 임무가 아니겠는가?"라고 말했다. 반굴은 "예!" 하고 자기 부하들과 함께 백제 진영으로 달려들었다. 하지만 그들은 모두 전사했다.

관창은 겨우 열여섯 살로 화랑 중에서 가장 어렸다. 그는 반굴의 뒤를 이어 필마단창匹馬單槍[261]으로 백제군에 뛰어들어 여러 명을 벤 뒤에 사로잡혔다. 계백은 소년의 용맹이 대견해서 차마 해를 가하지 못하고 "어허!" 하면서 "신라에 소년 용사가 많으니 가상하구나" 하고 돌려보냈다. 관창은 아버지 김품일에게 "오늘 적진에 들어가서 적장을 베지 못했으니, 정말 부끄러운 일입니다"라고 말했다. 그는 물을 움켜 마시고 갈증을 해소한 다음에, 채찍으로 말을 몰며 장창을 들고 백제 진영에 들어갔다. 그러자 계백은 그의 목을 벤 뒤 그 머리를 말꼬리에 달아 신라 진영으로 보냈다.

이를 본 김품일은 도리어 기운이 나서 "내 아이의 얼굴이 산 사람 같

---

261 한 필의 말과 한 자루의 창. 간소한 전투 장비를 지칭한다.

구나. 나라를 위해 죽었으니 죽은 게 아니로다"라고 부르짖었다. 그러자 신라군은 감동하여 용기가 치솟았다. 이에 김유신이 총공격을 명하자, 수만 명이 일제히 돌진했다. 계백은 직접 북을 치며 싸움을 독려했다. 결국 양국 군대 사이에 육박전이 벌어졌다. 계백과 백제 군대가 용맹하고 강하다 해도, 숫자가 너무 달리니 어쩔 것인가. 성스러운 희생으로 백제의 최후를 장식하고 전장에 쓰러질 뿐이었다. 신라군은 승전가를 부르며 백제 왕도를 향해 나아갔다.

이때 당나라 장수 소정방은 백강 입구의 기벌포에 도착했다. 수리數里나 이어진 개펄 때문에 섣불리 상륙할 수 없었다. 초목을 베어 바닥에 간 뒤에야 간신히 상륙할 수 있었다. 백제왕은 임자의 말대로 자라가 주머니 속에 들어오면 잡겠다는 생각으로 백강(백마강) 입구를 지키지 않았다. 백제 수군은 백강 안쪽을 지키고 육군은 언덕 위에 진을 치고 있었다. 개펄을 지난 당나라 군대는 후퇴할 곳이 없기 때문에 그저 전진하는 수밖에 없었다. 당나라 군대가 용기가 끓어올라 백제 수군을 격파하며 언덕 위로 올라오자, 의직은 군대를 지휘하며 격렬히 싸우다가 죽었다. 의직은 비록 지략은 계백만 못했으나 용감함은 서로 비슷해 한때 당나라 군대의 간담을 서늘케 하였기 때문에, 신라인들은 의직이 죽은 곳을 조룡대釣龍臺라고 불렀다. 의직을 용에 비유하고 의직을 죽인 것을 용을 낚은 것에 비유한 모양이다.

그런데 《동국여지승람》에 따르면, 소정방이 백강에 도착할 때 비바람이 너무 심해서 행군할 수 없었다고 한다. 그래서 무당에게 물어보니 무당은 "강의 용이 백제를 지키고 있다"고 말했다고 한다. 소정방이 백마를 미끼로 그 용을 낚았기 때문에, 강을 백마강이라 부르고 대臺를 조룡대라고 불렀다고 한다.

사실, 백마라는 강 이름은 소정방이 도착하기 전부터 있었다. 성충의 상소문에도 백강 입구라는 말이 있었다. 백강은 백마강의 준말이다. 일본 역사책에서는 백촌강白村江이라고 했지만, 촌村은 '말'을 뜻하므로 백촌강은 백마강의 별칭이다. 《동국여지승람》에 실린 야사는 그 자체가 황당할 뿐 아니라 역사와도 모순된다. 《해상잡록》에 적힌 대로 이곳은 의직이 죽은 곳이라고 봐야 한다.

3. 의자왕의 체포와 백제 2대 도읍의 함락

계백을 격파한 김유신 등은 약속한 날짜가 하루 지난 음력 7월 11일에야 백강에 도착했다. 소정방은 약속 기한이 지났다면서 신라 독군督軍 김문영의 목을 베려고 했다. 그러자 김유신은 당나라가 신라를 속국으로 대하는 데 격분했다. 그는 눈에 불이 번쩍하면서, 순식간에 보검을 빼어 들었다. 그러고는 장수들을 돌아보며 "백제는 그냥 놔두고 당나라와 싸우자"고 말했다. 당나라 장수 중에서 이를 탐지한 자가 있었다. 그가 이 사실을 소정방에게 알리자, 소정방은 김문영을 놓아주었다. 뒤이어 양국 군대는 합세하여 '솝울(소부리)'을 공격했다.

의자왕에게는 태자 이외의 적자가 여럿이고 서자가 40여 명이었다. 전쟁이 나기 전에 왕은 그들 모두에게 좌평 직책을 주고 국가 운영에 참여하도록 했다. 이들 중에는 실권을 행사하는 이들도 있었다. 이때 이들은 대략 세 파로 갈렸다. 태자 부여효 등은 북경인 곰나루성으로 가서 전국의 의병을 소집하자고 했고, 둘째 왕자인 부여태는 솝울을 사수하고 왕·왕자·신하들이 힘껏 싸우면서 각지의 의병을 기다리자고 했고,

왕자 부여융은 소·술·비단을 적군에 바치고 철수를 요청하자고 했다. 4, 50명의 적·서자들이 각기 자기네 의견을 주장하면서 왕의 앞에서 떠들었다. 왕은 무엇을 따라야 할지를 몰라 왕자들의 의견을 다 들어주었다. 부여융에게는 강화 협상의 권한을 맡기고, 부여태에게는 수비의 권한을 맡겼다. 그런 뒤 본인은 태자와 함께 북경 곰나루성으로 도망갔다.

부여융은 소정방에게 편지를 보내 철군을 요청하고 소와 술을 보냈지만 전부 다 퇴짜를 맞았다. 그 사이에 둘째아들 부여태가 대왕의 자리에 올랐다. 그는 군사와 백성들을 독려하며 성을 수비했다. 그러자 태자의 아들인 부여문사는 "대왕과 태자가 생존해 계시는데, 숙부께서 어찌 스스로 왕이 되십니까? 만약 일이 평정되면 숙부를 좇는 자는 모두 역적죄로 죽을 것입니다"라고 말한 뒤 측근들을 거느리고 성을 빠져나갔다. 그러자 인민들도 따라나서고 군인들도 전의를 상실했다.

부여융은 화의를 성사시키지 못한 게 부끄러워 성 밖으로 나가 항복했다. 신라 군대와 당나라 군대는 성벽을 타고 성 위로 올라갔다. 왕후와 후궁과 태자의 비빈들은 적에게 욕을 당하지 않으려고 대왕포로 달아나 암석 위에서 강으로 떨어졌다. 낙화암이란 바위 명칭이 지금까지도 그 자취를 전하고 있다. 한편, 왕자들은 자살하거나 도주했다.

의자왕은 곰나루성을 지키고자 했다. 그런데 성을 지키는 대장이 임자의 일파였다. 그가 왕을 잡고 항복하려 하자, 왕은 스스로 목을 뗐지만 동맥이 끊어지지 않았다. 결국 왕은 태자 부여효 및 어린 아들 부여연과 함께 포로가 되어 당나라 군영에 끌려갔다. 당나라 장수 소정방은 스스로 목을 찔러 절반은 죽은 사람이나 다름없는 의자왕을 땅바닥에 굴리면서 "이래도 대국에 항거하겠느냐?"며 웃음거리로 만들었다. 신라 태자 김법민은 왕자 부여융을 굴리면서 "네 아비가 우리 누이의 부부를 죽인 일이 생각나느냐?"며 앙갚음을 했다.

신라 태종은 소정방에게 감사를 표하고자 금돌성에서 솝울로 달려갔다. 소정방은 '백제를 멸하거든 기회를 봐서 신라를 빼앗으라'는 당고종의 밀지를 받은 터라, 신라의 틈을 엿보고 있었다. 김유신이 이를 태종에게 보고하자, 태종은 어전회의를 열고 대응책을 논의했다. 이때 김다미는 "우리 병사들에게 백제 옷을 입혀 당나라 진영을 치면 당나라 군대는 출전을 하는 기회에 우리 진영에 도움을 요청할 겁니다. 그때 불시에 기습하면 당나라 군대를 격파하고 백제 전역을 차지할 수 있습니다. 그런 뒤에 북쪽으로 고구려와 화친하고 서쪽으로 당나라에 맞서면서, 백제 백성을 어루만지고 군대를 양성하며 때를 봐서 움직인다면 누가 우리를 업신여기겠습니까?"라고 말했다. 태종은 "당나라의 은혜로 적국을 멸하고 나서 당나라를 친다면 하늘이 어찌 우리를 돕겠느냐?"고 답했다. 김유신은 "개의 꼬리를 물면 주인일지라도 무는 법입니다. 지금 당나라는 우리의 주인이 아니면서도 우리의 꼬리를 밟고 머리까지 깨뜨리려고 합니다. 이런 상황에서 어찌 은혜를 생각하겠습니까?"라며 당나라를 칠 것을 확고히 주장했다. 하지만 태종은 듣지 않고, 엄중히 방비할 것을 군영에 명령할 뿐이었다. 신라의 경비 태세를 파악한 소정방은 음모를 중지했다. 민간의 어느 책에는 함창 당교唐橋에서 당나라 군대를 기습해서 격파했다는 이야기가 실려 있지만,《삼국유사》에서는 이것이 사실이 아니라고 고증했다.

백제는 백전百戰의 나라라서 백성들이 전쟁을 잘하고 정의로운 일에 용감하게 나섰다. 하지만 유교를 수입한 뒤부터 사회가 명분의 굴레에 목을 매기 시작했다. 성충과 흥수는 외적을 평정할 재주와 지략은 가졌지만 명림답부처럼 폭군을 벨 기백은 없었다. 계백과 의직은 자신과 가족을 희생할 충렬은 있었지만 연개소문처럼 국가 내부를 숙청할 수완은 없었다. 이 때문에 결국 광망한 의자왕을 처치하지 못했다. 그래서 임자 같은 소인배들이 수십 년간 정치의 중심 세력이 되어 평소에는 국가재정을 탕진하며 일신의 향락을 추구하다가 난시에는 국토를 들고 적에게 투항하게 된 것이다. 이때 중경中京과 상경上京은 왕자들의 성문 개방으로 점령되고, 그 외의 3경과 각 군현도 저항 없이 적의 소유가 되었다.

그러나 인민의 다물多勿 운동은 의외로 격렬하여 군왕과 관리들이 나라를 팔아먹은 뒤에 분연히 일어나 맨손으로 적병과 싸웠다. 이로써 최후의 망국사는 피비[血雨]로 장식되었다. 만약 그들이 유교의 명분론에 속지 않고 혁명의 의기를 품었다면, 어찌 구구한 간신배들이 나라를 망치도록 그냥 둘 수 있었겠는가. 이제, 다음 장에서 백제의 다물 운동에 관한 대략을 설명하고자 한다.

제5장

백제 의병의 봉기(부여복신의 역사)

1. 의자왕 체포 이후 각지의 의병

숩울이 적에게 함락되고 의자왕이 체포되자, 임자·충상 같은 매국 세력과 한패였던 고관·귀족의 대부분은 자신의 성읍을 바치고 적에게 항복했다. 하지만 성충의 일파로 몰려 퇴직했던 옛 관료와 초야의 의사義士들은 망국의 재앙을 물리치고자 각지에서 봉기했다. 신라 역사가들은 이 열렬한 다물 운동의 의사들을 잔적殘賊으로 몰고 그들의 발자취를 없애고 이름마저 지워버렸다. 이 얼마나 애석한 일인가.《삼국사기》의〈신라본기〉및〈김유신 열전〉,《해상잡록》,《당서》,《일본서기》등의 각종 기록을 살펴보면, 당시 백제 의병이 일어난 지방은 대략 세 곳이다. 하나는 백제 남부에서 동북부(지금의 전라도 동북부)에 해당하는 금산 내지 진안이고, 또 하나는 백제 서부의 서반부(지금의 충청도 서부)에 해당하는 대흥·공주 내지 임천이며, 마지막 하나는 백제 중부(지금의 충청남도 끝)에 해당하는 연기 등이다. 이제, 이 3대 지역에서 벌어진 일의 전모를 서술함으로써 백제 최후의 혈전을 일부나마 보여주고자 한다.

2. 중부·남부 의병의 패망과 서부 의병의 성공

서부 의병장 부여복신은 무왕의 조카다. 그는 일찍이 고구려와 당나라에 사신으로 가서 외교계의 인재로 이름을 날렸다. 서부 은솔 시절에 그는 임존성을 견고히 수리하고 성안의 창고에 군량미를 저축하는 동시에 대통에 쌀가루를 숨겨 장래에 있을지 모를 뜻밖의 일에 대비했다. 그가 임자의 참소를 당해 관직을 떠날 때는 군사와 백성들이 함께 울면서 차마 떠나보내지 못했다.

당나라 군대가 중경인 솝울과 상경인 곰나루를 함락하고 왕을 체포하자, 성안 군인들은 현직 은솔을 내쫓고 복신을 은솔로 추대하고 적군에 맞섰다. 이때 전前 좌평 자진(《당서》의 도침)은 주류성(〈김유신 열전〉의 두솔성이니, 지금의 연기군 원수산인 듯)을 점령하고, 전 좌평 정무는 두시이豆尸伊(지금의 무주 남쪽이며 신라의 이산현)를 점령했다. 이들은 병력을 합해서 곰나루를 '다물'하기 전에 복신에게 사람을 보내 함께 뭉칠 것을 제안했다. 복신은 이렇게 말했다.

"지금 적의 대군은 우리의 두 도읍과 각지의 요새를 빼앗고 우리의 군사 물자와 병장기를 몰수했습니다. 이런 상태에서 우리가 패잔병과 양민을 모아 죽창과 목봉으로 활·화살·검·창을 가진 저들을 들판에서 공격한다면, 이는 필패하는 일입니다. 우리 의병이 패망하면 백제의 운명도 끝입니다. 지금 당나라는 10여 만 군대를 동원하여 바다를 건너왔습니다. 그들의 군량미는 신라에서 공급한 것과 우리 백성에게서 약탈한 것뿐입니다. 신라는 매년 계속된 전쟁으로 국고가 소진됐기 때문에, 당나라에 무한정 군량미를 공급할 수는 없습니다. 그렇다고 우리나라 민간에 대한 약탈에 의존한다면, 수많은 병사들의 식량을 충당할 수 없을 뿐 아니라 우리 백성들의 반감을 초래해서 의병의 숫자만 늘려주게 될 겁니다. 당나라 사람들도 이것을 알기 때문에, 조만간 1, 2만의 수비 병력만 남겨두고 본진은 귀환하게 될 것입니다. 우리는 주요 성읍을 지키고 있다가 저들이 귀환하는 때를 틈타 저들의 수비 병력을 격파하고 조상의 나라를 되찾으면 됩니다. 따라서 지금 어찌 성급하게 요행의 승리를 바라겠습니까?"

정무 등은 이 말을 듣지 않았고 곰나루성 동남쪽인 진현성을 쳐서 의자왕 이하 대신과 장수들을 구출하려고 하다가 패하여 정무는 두시성으로, 자진은 주류성으로 달아나서 수비에 임했다.

얼마 뒤 당나라는 곰나루를 웅진도독부로 부르고, 당나라 장수 유인원의 1만 병력과 신라 왕자 김인태의 7천 병력이 이곳을 지키도록 했다. 그 외의 주요 성읍에도 양국 병력을 약간씩 배치했다. 한편, 신라 태종에게는 각지의 의병을 토벌할 책임을 맡겼다. 그러고 나서 당나라 장수 소정방은 10만 병력을 거느리고 음력 9월 3일(양력 10월 12일_옮긴이)에 귀환했다.

그러자 자진과 복신은 병력을 합쳐 곰나루성을 치기 위한 준비에 착수했다. 복신은 "아군이 패망한 뒤이기 때문에, 대승을 하지 못하면 민심을 끌 수 없습니다. 곰나루성은 지세가 험준해서 격파하기가 매우 힘드니, 차라리 정예병을 뽑아 신라군의 퇴로를 격퇴하는 게 낫습니다"라고 말했다. 그러나 자진은 또 듣지 않았다. 그는 대군을 끌고 곰나루성 동남쪽 진현성과 왕흥사 쪽 고개의 목책을 공격했다. 여기서 그는 군사 물자와 병장기를 많이 빼앗았다. 그런 뒤 곰나루성의 사방에 4, 5겹의 목책을 세우고 신라 군량미의 이동을 차단했다.

뒤이어 의병의 기세가 크게 일어나 남부 20여 성이 다 호응했다. 신라 태종은 태자 김법민 및 각간 김유신 등과 함께 여례성(지금의 무주 남쪽 경계)을 쳤다. 진무(문맥상 '정무'가 맞을 듯하다_옮긴이)는 출전했다가 패배해 죽었고, 진현성 의병도 신라군의 습격을 받아 1,500명의 사상자를 냈으며, 왕흥사 고개 목책의 의병 중에서도 700명이 전사했다. 이 틈을 타서 신라군은 임존성을 쳤지만, 부여복신의 방어가 주도면밀한 탓에 이기지 못했다. 이런 상태에서 군량미가 지속적으로 공급되지 않자 11월 1일(양력 12월 8일_옮긴이)에 회군했다.

3. 부여복신의 백전백승

이듬해 2월[262] 부여복신은 백강 서쪽 패잔병들을 모집한 뒤 강을 건너 진현성을 되찾았다. 당나라 장수(웅진도독부 낭장 유인원)가 정예병 1천 명을 파견했지만, 부여복신은 행군하는 그들에게 불의의 기습을 가했다. 그 1천 명 중 한 사람도 생환하지 못했다. 이에 유인원은 계속해서 사람을 신라에 보내 구원을 요청했다. 신라 태종은 이찬 품일을 대당大幢장군에, 잡찬 문충을 상주上州장군에, 아찬 의복을 하주下州장군에, 무홀·욱천 등을 남천주대감南川州大監에, 문품을 서당誓幢장군에, 의광을 낭당郎幢장군에 임명하고 이들을 지원군으로 보냈다.

---

262 양력 661년 3월 6일에서 4월 4일까지.

3월 5일(양력 4월 9일_옮긴이) 신라군 선발대가 두량윤성(지금의 정산定山)에 이르러 진지를 시찰하자, 이들의 대오가 정비되지 않은 것을 본 부여복신은 갑자기 튀어나가 전멸시키고 군사 물자를 탈취했다. 그는 목봉을 들고 있던 병사들에게 무기를 주고 성을 굳게 지키도록 했다. 신라 대군이 36일간이나 성을 포위했지만, 사상자만 많이 나고 성을 빼앗지 못하자 결국 회군했다.

이에 복신은 사방의 의병을 지휘하며 좌우로 공격을 가하여 수많은 장병들을 베고 군사 물자와 병장기를 전부 탈취하면서 진격했다. 가소천에 이르러서는 구원병으로 나온 신라 김흠순의 병력과 싸워 크게 이겼다. 김흠순 등은 말 한 필씩만 타고 도주했으며, 신라군은 다시는 출전하지 못했다.

부여복신은 왕자 부여풍을 왕으로 추대했다. 그는 곰나루성을 포위해서 신라 군량미의 수송로도 끊었다. 그러자 부여복신의 위세가 천하에 진동했다. 곳곳의 백제 성읍들이 다들 호응했다. 백제 사람들은 신라와 당나라가 임명한 관리를 죽이고 부여복신에게 호응했다. 고구려의 연남생도 구원병을 보내 북한산성(다음 장 참조)을 공격하는 방법으로 부여복신에게 성원을 보냈고, 일본에서도 화살 10만 개를 바치고 군수품 확보를 도왔다.

제6장

고구려의 당나라군 격퇴와
백제 의병의 융성(부여복신의 역사)

1. 연개소문 사후 고구려의 내정

고구려 최후의 역사는 지금까지《당서》의 허위 기록을 근거로 전해졌다. 연개소문의 사망 연도를 늦추고 연개소문이 요하 이서以西의 영토를 획득한 사실을 없앴으며, 연개소문의 생전과 사후에 있었던 고구려 대 당나라의 관계를 위조함으로써 고구려 멸망의 진상을 잘 알 수 없도록 만들었을 뿐 아니라 백제와 고구려의 관계도 알 수 없도록 만들었다.

연개소문이 서기 657년에 죽었다는 점은 제10편에서 이미 설명했다. 연개소문이 죽은 뒤에 그 뒤를 승계한 것은 아들 연남생이다. 연남생의 묘지문에서는 "(연남생이) 아홉 살 때부터 총명하여 조의선인의 일원이 되고, 아버지의 추천으로 낭관郎官이 되었으며 중리대형·중리위두대형의 요직을 역임한 뒤 스물네 살 때 막리지가 되어 삼군대장군을 겸직했다"고 했다. 따라서 연개소문이 죽은 뒤에 연남생이 지위를 승계한 것은 명백한 사실이다.

연개소문이 죽은 이후에 고구려와 당나라의 관계가 어땠는지에 관해서는 역사책에 명확한 기록이 나오지 않는다. 그런데 《구당서》·《신당서》의 〈고려 열전〉이나 〈정명진 열전〉에서는 당고종 영휘 6년[263]에 "정명진·소정방 등이 고구려를 쳤다. 5월[264]에 요하를 건너 귀단수에서 고구려 군대를 격파하고 천여 명을 죽이거나 사로잡았다"고 했고, 《구당서》〈유인궤 열전〉에서는 당고종 현경 2년[265]에 "유인궤가 정명진을 보좌하여 귀단수에서 고구려를 격파하고 3천 수급을 베었다"고 했다.

당태종은 안시성에서 연개소문에게 패해 돌아간 뒤, 화살에 맞은 눈의 상처가 덧나서 죽었다. 따라서 친아들인 고종과 신하들인 이적·소정방 등의 복수심이 얼마나 간절했을지 짐작할 수 있다. 그런 그들이 여러 해 동안 한 차례의 전쟁도 일으키지 못한 것은 그만큼 연개소문의 위세가 두려웠기 때문일 것이다. 이런 상황에서 그들이 귀단수 전쟁을 일으켰다면, 모종의 유리한 상황이 조성됐기 때문일 것이다. 그 기회란 무엇일까?

현경 2년은 서기 657년이며 연개소문이 사망한 해다. 당나라는 연개소문의 죽음을 기회로 공격을 감행한 것이다. 그럼, 《당서》〈고려 열전〉과 〈정명진 열전〉 등에서 귀단수 전쟁을 영휘 6년 즉 서기 655년의 사건, 다시 말해 연개소문이 죽기 2년 전의 사건으로 기록한 이유는 무엇일까?

당나라는 연개소문의 장례식을 틈타 이 전쟁을 일으켰다. 그런데 당

---

263 양력 655년 2월 12일부터 656년 1월 31일까지.
264 양력 655년 6월 10일부터 7월 8일까지.
265 양력 657년 1월 20일부터 658년 2월 7일까지.

나라 사관들이 연개소문의 사망 연도를 늦추고 보니, 전쟁의 발발 원인이 무엇인지 알 수 없게 되었다. '전쟁을 하려면 명분이 있어야 한다'는 말에 맞게 그들은 전쟁이 발발한 이유를 만들어내야 했다. 그래서 신라 태종이 즉위한 원년이자 신라 사신이 구원병을 요청한 연도를 이 전쟁이 일어난 해로 위조하여 각 열전에 기록한 것이다. 우연히도 〈유인궤열전〉을 쓸 때는 이 점을 확인하지 못하고, 전쟁의 발생 연도를 사실 그대로 적은 것이다.

따라서 이 전쟁은 연개소문 사후에 당나라가 고구려를 상대로 벌인제1차 전쟁이다. 승패가 어떠했는지는 전해지지 않지만, 연개소문이 점령한 산해관 이서의 영토 즉 당나라의 고토를 당나라가 회복하고 요하이동을 여러 차례 침입하다가 패퇴한 것으로 보인다. 이로 인해 당나라사람들은 당나라만의 국력으로는 도저히 고구려를 이길 수 없다고 생각하게 되었다. 그래서 신라와 연합하여 좌우로 협공하기를 갈망하게되었다.

이때 백제와 고구려는 신라를 협공하기 위해 신라 북쪽 변경으로 자주 출병했다. 그래서 새로 즉위한 신라 태종은 태자 김법민을 당나라에보내 구원병을 요청했다. 태종은 김법민을 통해, 백제 충신 성충이 죽고의자왕이 교만하고 난폭한 탓에 백제가 겉으로는 강성한 듯하지만 실상은 아무것도 아니기 때문에 양국 군대가 협공하면 백제를 멸망시킬수 있다고 말했다. 이 말을 들은 당나라 군주와 신하들은 매우 기뻤다.그래서 13만 대군을 동원하여 신라와 협력해서 백제를 멸한 것이다.

백제 멸망에 관한 사실을 앞의 장에서 약술하기는 했지만, 백제가 망할 때 연남생이 구원병을 백제에 보내지 못한 것은 매우 큰 실책이었다.백제가 망한 뒤에 당나라 군대가 철수하고 백제 의병이 봉기할 때에라도, 고구려 군대가 곰나루·솝울 등지로 가서 복신·자진 등과 연합해서 혈전을 벌였다면, 백제가 충분히 되살아났을 것이다. 백제가 살아났다면, 신라를 충분히 견제하고 당나라 군대에 대한 군량미 공급을 차단할 수 있었을 것이다. 신라가 지원하는 군량미가 없었다면, 고구려에 연개소문·양만춘 같은 영걸이 없더라도 당나라 군대가 평양까지 침입하지는 못했을 것이다. 설령 침입했다 하더라도 수양제의 군사들처럼 궤멸됐을 것이다.

사실, 고구려의 안전을 기약하려면 백제의 멸망부터 막았어야 했다. 그런데도 역사서에 따르면 신라·당나라 군대가 백제를 멸망시킨 뒤 고구려는 고작 소수의 병력을 보내 칠중성(지금의 적성)만 함락하고 그냥 돌아갔다. 또 부여복신이 기병하여 백제 전역이 거의 회복된 뒤에도 고구려는 겨우 수천 명을 동원하여 북한산성(남녀 합해서 겨우 2,700여 명뿐이었다)을 공격했다가 함락하지 못하고 돌아갔다. 신라인들이 지키고 있었던 이 성은 외따로 떨어진 곳이었다. 이런 사실 외는 고구려가 백제를 구원하기 위한 움직임이 없었으니, 연남생은 훗날 매국의 죄를 짓기 이전에 이미 나라를 잘못 운영한 죄도 적지 않게 지은 셈이다. 이처럼 용렬한 연남생에게 정권을 넘기고 죽었으니, 연개소문에게 어찌 죄가 없다고 하겠는가.

2. 평양의 당나라 군대와 웅진의 신라 군대의 대패

서기 662년, 당나라는 장군 임아상·계필하력·소정방·설인귀·방효태 등에게 35곳의 길을 통해 고구려로 진군하도록 했다. 또 하남·하북 및 회남에 있는 67개 주의 병력을 증강하여 평양을 침입하도록 했다. 또 낭장 유덕민을 합자도 총관으로 임명하고 신라에 보냈다. 그의 임무는 신라 군대와 함께 고구려의 남쪽 변경을 침입하고 신라의 군량미를 평양에 보내는 것이었다. 새로 즉위한 신라왕인 중종문무왕(김법민)은 태종(김춘추)의 장례식 기간인데도 불구하고 김유신·김인문·김양도 등 아홉 장군에게 전국 병력을 총동원하도록 하는 동시에, 대형 수레 20냥輛을 만들어 쌀 4천 석과 조租 2만 2천여 석을 평양의 당나라 군영에 보낼 준비를 했다.

이때 백제 의병이 태산兒山에 기지를 두고 부여복신을 지원하고 있었다. 당나라 웅진도독 유인궤는 중종에게 사람을 급히 보내 "만일 태산의 백제군을 그대로 둬서 세력이 공고해지도록 놔둔다면, 군량미 운송로가 끊어져 군영에 머무는 1만 7천 명의 양국 군사들이 다 아사할 것입니다. 그렇게 되면 웅진이 다시 백제의 것이 되고, 백제가 다시 회복될 겁니다. 백제가 회복되면 고구려를 도모하기가 힘들어질 겁니다. 그러니 먼저 태산을 쳐주십시오"라고 말했다.

중종은 김유신 등의 장수들과 함께 음력 9월 19일(양력 11월 5일_옮긴이) 태산성 앞에 가서 항복을 권유하면서 재물로 유혹했다. 높은 봉우리에 올라간 의병들은 "성은 비록 작지만 장병들은 다들 의롭고 용맹하다. 싸우다가 죽은 백제 귀신이 될지언정, 항복하여 사는 신라인이 되지는 않겠다"고 대답하고 항전에 나섰다. 8일 만에 성안의 수천 병력이 모두 전사하고 성은 함락됐다.

신라군은 더 나아가 우술성(지금의 회덕)을 포위했다. 우술성은 복신이 신라의 군량미 수송로를 끊기 위해 장수를 보내 지킨 곳이었다. 수십 일간 대치한 끝에 성안의 달솔 조복助服과 은솔 파가派伽가 내응하는 바람에, 성안 의병 1천 명이 모두 전사하고 성도 함락됐다. 이렇게 해서 신라가 웅진으로 군량미를 수송할 수 있는 길이 열리게 되었다.

하지만 평양의 당나라 군대는 고구려군에 대패했다. 패강도총관 임아상은 날아오는 화살에 맞아 죽었다. 옥저도총관 방효태는 열세 명의 아들과 함께 사수蛇水(지금의 보통강)에서 패배했으며, 그가 이끄는 전군도 몰살됐다. 한편, 한시성漢始城(지금 평양 부근의 서시촌)에 진을 친 소정방 등의 부대는 양식이 끊어졌다. 그래서 신라의 공급을 애타게 기다리며 사람을 계속 신라에 보냈다.

신라 대장군 김유신은 부대를 둘로 갈라, 한쪽은 자신이 직접 인솔하여 평양까지 군량미를 수송하고 또 한쪽은 김흠순이 인솔하여 웅진까지 양식을 운송하도록 했다. 그런데 칠중하七重河(임진강_옮긴이)에 당도한 뒤로는 장수들이 다들 겁을 내며 건너려고 하지 않았다. 김유신은 "고구려가 망하지 않으면 백제는 부활하고 신라가 위태해질 텐데, 우리가 어찌 위험을 꺼리랴!"라고 말한 뒤 장수들과 함께 샛길을 따라 이동해서 물을 건넜다.

김유신 부대는 고구려인들이 눈치 채지 않도록 하기 위해 산에서 험하고 가파른 데를 골라 이동한 탓에 수십 일 만에 평양에 당도했다. 그런 다음에 소정방에게 군량미를 공급했다. 실컷 배를 불린 소정방 군대는 이미 싸움에 졌기 때문에 또다시 싸울 수 없다면서 해로를 통해 달아났다. 신라군이 남아서 싸우려고 했지만, 수적으로 고구려의 상대가 될 수 없어 달아나기로 했다. 하지만 고구려군이 추격할 가능성이 있었다. 상황이 뜻대로 되지 않을 것이라고 판단되자, 김유신은 군영에 깃발을 그대로 꽂아두고 소와 말의 꼬리에 북과 북채를 매어놓았다. 북과 북채가 서로 부딪혀 소리가 나는 사이에 군사들은 조용히 빠져나와 돌아왔

는데, 추위와 배고픔 때문에 사상자가 많이 발생했다. 그리고 칠중하에
이르러서는 고구려의 추격을 받았으나 요행히 빠져나왔다. 웅진에 군량
미를 공급한 신라 병사들은 돌아가는 길에 폭설을 만났을 뿐 아니라 백
제군의 포위 공격까지 당해 살아서 돌아간 자가 100명에 한 사람도 되
지 못했다.

　부여복신은 다시 곰나루성에 가서 성의 사방에 목책을 세우고 신라·
당나라 군대와 외부의 교통을 차단했다. 그러자 백제 전역이 다 호응했
다. 백제인들은 신라·당나라가 임명한 관리들을 죽이고 자신들이 직접
관리를 임명했다. 이렇게 해서 부여복신의 지휘하에 모두가 통합되니,
백제의 다물 사업이 완성됐다고 할 만했다.

제7장

부여복신의 죽음과 고구려의 내란

1. 자진의 배신과 죽음

부여복신이 처음 기병할 당시, 어떤 사람이 그에게 "타인의 간섭을 받으면 대사를 그르치기 쉽습니다. 공은 무왕의 조카인 데다가 명성이 국내외에 퍼졌으니, 직접 왕이 되어 전국의 군대를 지휘해야 합니다"라고 말했다. 복신은 "그렇게 하면 인민에게 사심을 보이는 것이므로 의롭지 않습니다"라고 말했다. 그는 의자왕의 아들인 왕자 부여풍을 왕으로 추대했다. 또 의병을 맨 처음 일으킨 공로가 있고 이전에 좌평 관직을 지낸 대신이라 하여 자진에게 영군대장군領軍大將軍 자리를 양보했다. 그런 뒤 자기 자신은 상잠장군霜岑將軍을 맡아 백강 서쪽의 군사만을 관할했다.

복신이 신라·당나라 양국 군대를 여러 차례 격파하고 곰나루성을 포위하자 당나라 장수 유인궤는 감히 덤비지 못했고, 또 소정방 등이 평양에서 패하고 달아났다. 이로 인해 당나라 사람들이 낭패감을 느끼자 당고종은 유인궤에게 "고립된 웅진성을 지키기 힘드니, 전군을 거느리고 해로로 돌아오라"고 하여 유인궤 등이 도망하려 하자, 이를 눈치 챈 복신은 장수들을 모아 당나라 군대의 퇴로를 공격하고 유인궤를 사로잡기로 했다.

처음부터 자진은 복신의 재능과 명성이 자기보다 낫다는 점을 시기하고 있었다. 복신의 말을 들은 그는 복신이 더 큰 공로를 세울까봐 걱정했다. 결국 그는 유인궤에게 복신의 계책을 몰래 알려주고 "만약 백제가 국가를 이룰 수 있도록 당나라 황제가 허용해 준다면, 우리는 은혜에 감동하여 길이길이 당나라를 섬기고, 복신 등을 잡아서 바치겠다"고 유인궤에게 말했다. 그러자 도망할 생각을 버린 유인궤는 자진과의 사이에서 심부름꾼을 자주 교환했다.

복신의 부장인 사수원이 이 같은 모의의 흔적을 수집해서 복신에게 보고했다. 대노한 복신은 연회를 핑계로 장수들을 모아놓고 그 자리에서 자진을 잡아 죄를 선포했다. 그가 이 사실을 풍왕에게 보고하고 참형을 집행하려고 하자, 왕은 "자진이 비록 죄를 지었지만, 대신에게 극형을 가하는 것은 불가하다"며 형벌을 감하려고 했다. 그러나 복신은 나라를 배반한 자를 살려줄 수 없다고 고집을 부렸다. 결국 그는 자진을 참수했다.

2. 부여복신의 피살

풍왕은 복신의 추대를 받아 왕이 됐다. 풍왕은 병권이 장수들의 손에 있다는 사실에 대해 항상 불만을 품었다. 복신이 자진을 참수하고 전국의 병권을 장악하자, 왕의 측근들은 왕에게 "복신이 전횡을 일삼고 자의로 대장을 살육할 정도니, 그 안중에 대왕인들 있겠습니까? 만일 대왕께서 복신을 죽이지 않으신다면, 장차 복신이 대왕을 죽일 것입니다"라며 복신을 참소했다. 이들은 풍왕과 더불어 복신을 해할 음모를 꾸몄다.

동년(백제가 망하고 2년이 지난 663년_옮긴이) 6월[266], 복신이 병에 걸려 움집에서 치료를 받게 되자, 왕은 문병을 핑계로 측근들을 데리고 가서 복신을 결박했다. 왕은 왕명으로 좌평 이하 대신들을 불러 복신의 손바닥을 뚫어 가죽으로 꿴 뒤에 죄를 물었다. 복신이 죽으면 적군을 막을 이가 없다는 점을 풍왕도 잘 알고 있었다. 그래서 마음속으로 걱정이 들어 "복신의 죄가 사형에 해당하느냐?"고 질문했다. 달솔 득집은 "이처럼 악한 대역죄인은 죽여도 부족합니다"라고 대답했다. 복신은 득집에게 침을 뱉으며 "개 같은 미친놈아"라고 말하고는 희광(사형집행인)의 칼에 목을 바쳤다. 백제 인민들은 복신의 죽음을 보고 모두 눈물을 흘렸다.

《구당서》에서는 "용삭 2년(서기 662년) 7월[267]에 유인궤·유인원 등이 군영에 남아 있던 병력을 거느리고 웅진성 동쪽에서 복신의 잔당을 대파하고 지라성·윤성·대산大山·사정沙井 등의 성책을 차지했다. …… 그때 복신은 병권을 홀로 장악한 상태에서 부여풍과 더불어 상호 시기하면서 두 마음을 품었다. 병을 핑계로 움집에 누운 복신은 부여풍이 문안을 오면 죽이려는 음모를 꾸몄다. 부여풍은 이 사실을 알아채고 측근들을 데리고 가서 복신을 기습적으로 죽였다"고 했다. 《일본서기》에서는 "천지天智 2년(서기 663년) 6월에 백제왕 부여풍장은 복신이 역심을 품고 있지 않나 의심했다. 그래서 가죽으로 그의 손바닥을 꿰고 결박시켰다.

---

266 양력 7월 11일에서 8월 9일 사이.
267 양력 662년 7월 21일부터 8월 19일까지.

그때는 직접 처결하기 곤란해서 어떻게 해야 할지를 몰랐다. …… 달솔 득집이 '이처럼 악한 반역자는 그냥 둘 수 없습니다'라고 말했다. …… 목을 베고 머리를 잘라 장을 담갔다. 가을 8월, …… 갑오일에 신라는 …… 곧장 이 나라로 쳐들어가서 주유성을 먼저 차지하기로 했다"고 했다.

이처럼 두 책의 연도와 사실 관계가 상이하다. 복신이 죽은 연도와 관련해서는 〈신라 본기〉가 《일본서기》와 부합한다. 사실 관계를 놓고 보더라도, 대권을 이미 장악한 복신이 병권 없는 풍왕을 죽이고자 했다면 자기가 먼저 풍왕을 기습해서 죽이는 게 마땅하다. 움집에 누워 부여풍이 문병 오기를 기다리다가 죽이려 할 필요가 있겠는가. 이것이 첫 번째 의문점이다.

신라와 당나라가 복신에게 여러 차례 패하여 1만 7천 병력으로 성을 위태롭게 지키고 있었는데, 어떻게 아무런 정세변동도 없이 갑자기 출전하여 지라성 곧 주류성(지금의 연기군)·윤성(지금의 정산)·대산(지금의 한산)·사정(지금의 온양) 등지를 평정할 수 있겠는가. 《당서》에서 의심되는 두 번째 의문점은 이것이다.

의병이 계속 승리하여 백제 전역이 거의 회복된 상태에서는 풍왕이 복신을 죽여 왕권을 공고히 하려 하는 게 당연하다. 그러나 곳곳의 성책이 거의 함락된 뒤에, 금방 없어질 왕권을 차지하고자 복신을 해할 필요가 있었을까? 《당서》에서 의심되는 세 번째 의문은 이것이다.

따라서 《당서》를 버리고 《일본서기》를 따르는 동시에, 《해상잡록》을 토대로 백제 마지막 위인의 행적 중에서 빠진 부분을 보충한다.

3. 부여복신 사후 부여풍의 종말

유인궤가 곰나루성에 포위됐는데도 신라와 당나라는 부여복신이 두려워서 아무런 공격도 가하지 못했다. 당고종은 의자왕의 아들로 당나라에 포로로 와 있는 백제왕자 부여융을 백제왕에 책봉했다. 그러다가 복신이 죽었다는 소식이 들려오자, 당고종은 장군 손인사에게 2만 7천 병력을 주고 해로로 가서 덕물도에 상륙한 뒤 부여풍의 장군들에게 은밀히 사신을 보내어 다음과 같이 유혹했다. "부여풍은 잔인하고 의심이 많아서 자기를 옹립하고 큰 공을 세운 부여복신을 죽였다. 다른 장수들인들 그렇게 되지 않으란 법이 있는가. 당나라는 처음부터 백제의 영토를 가지려 하지 않았다. 그저 백제가 고구려와 한편이 된 게 미워서 신라와 더불어 백제를 쳤을 뿐이다. 지금 부여융은 선왕의 사랑을 받은 아들로서 대세를 잘 아는 데다가 황제(당나라 군주를 가리키는 말)의 신임을 얻고 있다. 당나라는 그에게 백제왕의 작위를 주고 대군을 동원해서 그를 호위하고 귀국하도록 하노니, 백제의 총명한 군사들이 짐의 말을 믿고 부여융을 왕으로 받든다면 전쟁의 고통 없이 옛 나라를 회복하고 부귀를 누릴 수 있을 것이다. 하지만 대군에 저항한다면 짐도 공들을 용서하지 않을 것이다. 공들은 잔인한 부여풍을 왕으로 추대한 탓에, 패배하면 대군의 살육을 당할 것이고, 승리하면 부여풍의 의심을 사서 복신처럼 비참하게 죽을 것이다. 이것이 어찌 지혜로운 자의 일이 될 수 있으랴!"

당시 남부달솔 흑치상지와 진현성주 사타상여는 부여풍이 복신을 죽인 일을 원망하고 있었다. 이들은 결국 자신들이 관할하는 200여 성과 함께 부여융에게 투항했다. 흑치상지는 서부달솔 지수신에게 보낸 편지에서, 부여풍은 잔인하여 백제를 중흥할 영웅이 아니라고 주장하면서 함께 항복하자고 권유했다.

지수신은 "우리가 상좌평(복신을 가리킴)과 함께 의병을 일으켜 백제를 부흥하려 했지만, 중도에 불행히도 간신 때문에 잘못되었습니다. 이것이 어찌 우리의 고통이 아니겠습니까? 그러나 상좌평이 의병을 제창한 것은 당나라를 쫓아내기 위해서였습니다. 그런데 상좌평의 죽음이 애통하다고 해서 그것을 복수하고자 당나라에 투항한다면, 이것은 상좌평만 배신하는 게 아니라 백제를 배신하는 것입니다. 만약 상좌평의 혼령이 계신다면, 이로 인한 마음의 고통은 손바닥을 꿰이거나 독약을 마시는 것보다 더 심할 것입니다. 나는 공이 마음을 바꾸고 제자리로 돌아가기를 바랍니다"라고 답변했다.

흑치상지는 반응을 보이지 않았다. 그는 음력 8월[268]에 신라·당나라 양국 군대의 선도가 되어 5만 병력을 거느리고 주류성을 포위했다. 이로써 백제는 두 나라로 갈라졌다. 지수신이 관할하는 서부는 부여풍에게 속해 서백제가 되고, 흑치상지가 관할하는 남부는 부여융에게 속해 남백제가 되었다. 서백제는 당나라와 싸우고 남백제는 당나라의 노예가 되어 그 지시에 따라 서백제를 쳤다.

아! 백제 중흥의 대업을 창피하게 만든 자는 부여풍, 상좌평 부여복신을 죽인 부여풍이다. 부여풍은 중흥하는 백제를 멸한 제1의 죄인이었다. 부여풍이 죄인이기는 하지만, 부여풍이 악하다는 이유로 백제를 배반하고 당나라의 노예가 되었으니, 흑치상지는 백제를 망가뜨린 제2의 죄인이다. 기존 역사서에서는 그저 《당서》의 평가에 따라 흑치상지를 찬미했으니, 이 어찌 미친 자들의 붓이 아니겠는가.

---

268 양력 663년 9월 8일에서 10월 6일까지.

복신을 죽인 부여풍은 적을 막을 방도가 없었다. 그래서 사신을 파견해서 고구려와 왜국에 구원병을 요청했다. 고구려는 당나라의 침략을 우려해서 군대를 보내지 못했고, 왜국은 병선 400척을 보내 원조했다. 왜국 군대는 백마강 위에, 서백제군은 강가에 포진한 채 남백제·신라·당나라 3국 군대와 전투를 벌였다. 강의 상류를 타고 내려온 신라 함선이 왜국 선박과 정면으로 충돌하여 불을 질러 배를 태우자, 왜국 군대는 패배하여 전부 물속에 빠져 죽었다. 강가에 있던 서백제 군대는 남백제 및 당나라 군대의 공격으로 무너졌다. 이에 삼국 군대가 총집결하여 주류성을 치니, 부여풍은 결국 도주하고 군사들은 전사했다.[269]

---

269 신채호의 《조선상고사》는 여기에서 미완인 채로 끝난다.

조선상고사

개정판 1쇄 인쇄일 2023년 11월 08일
개정판 1쇄 발행일 2023년 11월 20일

지은이 신채호
옮긴이 김종성

발행인 윤호권
사업총괄 정유한

편집 김남철 **디자인** 정효진 **마케팅** 명인수
발행처 ㈜시공사 **주소** 서울시 성동구 상원1길 22, 7-8층(우편번호 04779)
대표전화 02-3486-6877 **팩스(주문)** 02-585-1755
홈페이지 www.sigongsa.com / www.sigongjunior.com

글 ⓒ 김종성, 2023

*시공사는 시공간을 넘는 무한한 콘텐츠 세상을 만듭니다.
*시공사는 더 나은 내일을 함께 만들 여러분의 소중한 의견을 기다립니다.
*잘못 만들어진 책은 구입하신 곳에서 바꾸어 드립니다.